Dividendenausschüttung in der börsennotierten AG

Oliver Krauß

Dividendenausschüttung in der börsennotierten AG

Ausgewählte Probleme der verfrühten Ausschüttung im Lichte des Kapitalschutzes

PL ACADEMIC RESEARCH

Bibliografische Information der Deutschen Nationalbibliothek
Die Deutsche Nationalbibliothek verzeichnet diese Publikation in der Deutschen Nationalbibliografie; detaillierte bibliografische Daten sind im Internet über http://dnb.d-nb.de abrufbar.

Zugl.: Freiburg (Breisgau), Univ., Diss., 2013

Dekan: Prof. Dr. Alexander Bruns LL.M. (Duke Univ.)
Erstgutachter: Prof. Dr. Hanno Merkt, LL.M (Chicago)
Zweitgutachter: Prof. Dr. iur. Dr. rer. pol. Peter Sester
Dissertationsort: Freiburg im Breisgau
Datum der mündlichen Prüfung: 9. und 10. Juli 2013

D 25
ISBN 978-3-631-64886-5 (Print)
E-ISBN 978-3-653-03927-6 (E-Book)
DOI 10.3726/978-3-653-03927-6

PL Academic Research ist ein Imprint der Peter Lang GmbH.

Peter Lang – Frankfurt am Main · Bern · Bruxelles · New York · Oxford · Warszawa · Wien

www.peterlang.com

Meinen Eltern

Vorwort

Die vorliegende Arbeit wurde im Juni 2012 fertiggestellt und im Sommersemester 2013 von der Rechtswissenschaftlichen Fakultät der Albert-Ludwigs-Universität Freiburg als Dissertation angenommen.

Mein erster und besonderer Dank gebührt meinem Doktorvater, Herrn Prof. Dr. *Hanno Merkt*, LL.M, für die Betreuung bei der Erstellung der vorliegenden Arbeit sowie für ihre zeitnahe Begutachtung. Zudem danke ich Herrn Prof. Dr. iur. Dr. rer. pol. *Peter Sester* für die rasche Erstellung des Zweitgutachtens.

Weiterhin möchte ich mich herzlich bei meiner Mutter *Lotte Krauß*, meiner Schwester *Alexa Krauß* und Dr. *Anja Wiedemann* für ihre wertvollen Anregungen und Kommentare bedanken, die von ihnen mit größter Sorgfalt vorgenommen wurden und mir eine große Hilfe waren. Mein Dank gilt auch Herrn Dr. *Marcus Funke*, LL.M, der mir in organisatorischen Fragen hilfreich zur Seite gestanden hat.

Ganz besonders möchte ich mich aber bei meinen Eltern *Lotte* und *Theo Krauß* bedanken. Sie haben mich während meiner gesamten juristischen Ausbildung stets sehr großzügig unterstützt. Ihnen widme ich diese Arbeit.

Frankfurt, im September 2013 *Oliver Krauß*

Inhaltsübersicht

Inhaltsverzeichnis

Einleitung

A. Einführung

Einer Aktie kommen verschiedene Funktionen zu. Zum einen werden in ihr Rechte und Pflichten des Aktionärs als Mitglied der Gesellschaft verbrieft, sodass sie zudem eine Urkunde darstellt. Dies gilt jedenfalls für die Fälle, in denen physische Aktien existieren. Da die Entstehung der Mitgliedschaftsrechte von einer Verbriefung unabhängig ist, kann auf solche Urkunden auch verzichtet werden.[1] Zum anderen versteht man unter einer Aktie einen bestimmten Bruchteil des Grundkapitals der Aktiengesellschaft, § 1 Abs. 2 AktG. Für ein Unternehmen stellt die Errichtung einer Aktiengesellschaft eine Möglichkeit zur Beschaffung von Eigenkapital dar. Mit Erwerb einer Aktie, beispielsweise über eine Börse, wird der Erwerber in Höhe des erworbenen Anteils Miteigentümer der AG und trägt damit einerseits dessen wirtschaftliches Risiko, partizipiert andererseits aber ebenfalls am Erfolg der Gesellschaft. Heutzutage sind Aktien als Anlageform stark verbreitet. Dies gilt nicht nur für sogenannte institutionelle Anleger. Auch viele Privatanleger investieren vorhandenes Kapital in Aktien. Dabei ist die jeweilige Motivation mitunter sehr verschieden. Auf der einen Seite sollen Investments in Aktien, idealerweise als nur ein Baustein von vielen, der Altersvorsorge dienen. In diesem Fall wird jedoch eher selten in einzelne Werte investiert, sondern vielmehr in Aktienfonds oder sogar Dachfonds. Das Anlagerisiko kann mit dieser Form der Anlage reduziert werden. Auf der anderen Seite spekuliert so mancher Anleger auf Kurssteigerungen der erworbenen Aktie, falls sie denn an der Börse gehandelt wird, und versucht auf diese Weise sein eingesetztes Kapital zu vermehren. Des Weiteren erwirtschaften die Aktionäre durch ihr eingesetztes Kapital eine Rendite, wenn sie an den Gewinnen der Aktiengesellschaft beteiligt werden. Denn zum Abschluss des Geschäftsjahres schüttet die Gesellschaft, soweit das Geschäftsjahr erfolgreich verlaufen ist, üblicherweise den Gewinn oder zumindest Teile des Gewinns, in Form einer Dividende an ihre Aktionäre aus.[2] Auch zu diesem Zweck findet einmal im Jahr eine ordentliche Hauptversammlung statt, in deren

---

1 Vgl. Münch. Hdb. AG/*Wiesner*, 3. Aufl., § 12 Rdn. 3.

2 Vgl. zur Praxis der Ausschüttung Münch. Hdb. AG/*Hofmann-Becking*, 3. Aufl., § 46 Rdn. 14 ff.

Rahmen die Aktionäre über die Verwendung des Bilanzgewinns beschließen.[3] Diese Dividendenrendite mag für manchen Anleger Grund sein, sein Kapital in Aktien ganz bestimmter Gesellschaften zu investieren. Für das abgelaufene Geschäftsjahr 2011 wird mit einer Dividende aller im DAX 30 notierten Unternehmen von ungefähr 27 Mrd. Euro gerechnet.[4] Nur für das Geschäftsjahr 2007 wurde mit 27,2 Mrd. Euro eine ähnlich hohe Summe ausgeschüttet.[5] Schon allein dieses zeigt deutlich, dass der Dividende eine enorme wirtschaftliche Bedeutung zukommt und regelmäßig auch für die Frage, in welches Unternehmen das Kapital investiert werden soll, von maßgeb-licher Bedeutung ist. Die Höhe der ausgeschütteten Dividende variiert dabei von Unternehmen zu Unternehmen. Denn sie hängt zum einen von der Höhe des Bilanzgewinns der einzelnen Gesellschaft ab, zum anderen aber auch davon, in welcher Höhe die Hauptversammlung auf den Vorschlag des Vorstands hin die Ausschüttung des Gewinns an die Gesellschafter beschließt. Zudem setzt die Ausschüttung von Gewinn voraus, dass das Gesellschaftsvermögen den Nennbetrag des Grundkapitals übersteigt.[6] Aufgrund dieser unterschiedlichen Faktoren gibt es dividendenstärkere aber auch dividendenschwächere Aktiengesellschaften. Durch die Zahlung einer überdurchschnittlichen Dividende kann ein Unternehmen seine Akzeptanz am Kapitalmarkt positiv beeinflussen, weil diese zu einer höheren Rendite und zu verstärkter Nachfrage auf der Anlegerseite führen kann.

B. Gegenstand und Ziel der Untersuchung

Der vorliegenden Ausarbeitung liegt die vorherrschende Praxis der Ausschüttung von Dividenden zugrunde. Behandelt werden verschiedene rechtliche Fragestellungen und Probleme, die mit dieser Praxis einhergehen.

So will sie zum einen eine Antwort auf die Frage geben, wieso im Rahmen der Hauptversammlung einer Aktiengesellschaft in aller Regel die Anwesenheit eines Notars sowie die Beurkundung durch diesen vom Gesetzgeber gefordert werden.

---

3 Vgl. *Hüffer*, AktG. 10. Aufl., § 175 Rdn. 1; MünchKomm. AktG/*Kropff*, 2. Aufl., § 175 Rdn. 5; Spindler/Stilz/*Euler*, AktG, 2. Aufl., § 175 Rdn. 7.

4 Vgl. http://www.spiegel.de/wirtschaft/service/0,1518,817860,00.html, Zugriff am 25.06.2012.

5 Vgl. http://www.capital.de/finanzen/:Ausschuettungen–DAX-Konzerne-zahlen-Anlegern-256-Mrd--Euro-Dividende/100037338.html, Zugriff am 25.06.2012; vgl. *Claussen*, FS K. Schmidt, 217, 230, der von einer Dividendensumme von 28 Mrd. Euro bei den DAX 30-Unternehmen berichtet.

6 Vgl. Sudhoff/*Froning*, Unternehmensnachfolge, 5. Aufl., § 46 Rdn. 24.

Zu diesem Zweck soll die geschichtliche Entwicklung der Aktiengesellschaft in Deutschland im 19. Jahrhundert nachgezeichnet werden, die für die gesetzliche Einführung der notariellen Beurkundung im Jahr 1884 ausschlaggebend war. Auch wesentliche aktienrechtliche Grundsätze, wie beispielsweise die Kapitalaufbringung und die Kapitalerhaltung finden ihren Ursprung in der damaligen Zeit und den damals stattgefundenen Ereignissen. Sie haben ihre Bedeutung für das Wesen der Aktiengesellschaft stets behalten und diese entscheidend geprägt, sodass auch auf deren historische Entstehung und Weiterbildung eingegangen wird.[7]

Zum anderen verfolgt die Arbeit das Ziel, aufzuzeigen, welcher Zusammenhang zwischen der notariellen Niederschrift der Hauptversammlung, einem dort gefassten Gewinnverwendungsbeschluss und dem Anspruch der Aktionäre auf Erhalt der dort beschlossenen Dividende besteht. Die Ausschüttung einer Dividende als Gewinnbeteiligung des Aktionärs ist im weiteren Verlauf der Untersuchung der wesentliche Ausgangspunkt und von erheblicher Bedeutung. Vorausgesetzt wird, dass die Auszahlung dieses Gewinnbeteiligungsanspruchs am Tag nach der Hauptversammlung vorgenommen wird und der Notar die notarielle Niederschrift über die Hauptversammlung zu diesem Zeitpunkt noch nicht endgültig fertiggestellt hat. Beide Voraussetzungen entsprechen der gelebten Übung der Aktiengesellschaften.[8] Die Besonderheit des der Hauptversammlung folgenden Werktags als Zeitpunkt der Zahlung der Dividende ergibt sich aus einem Urteil des Bundesgerichtshofs aus dem Jahr 2009[9], welches im Rahmen dieser Untersuchung in den für das vorliegende Problem entscheidenden Punkten ebenfalls seine Darstellung findet. Festzustellen ist, soviel sei vorweggenommen, dass nach dieser Entscheidung im Moment der Dividendenausschüttung an die Aktionäre häufig noch keine wirksame notarielle Niederschrift im Sinne des § 130 Abs. 1 AktG vorliegt, sodass die von der Hauptversammlung gefassten Beschlüsse und somit auch der Gewinnverwendungsbeschluss in rechtlicher Hinsicht noch nicht wirksam sind. Die Aktionäre haben folglich noch keinen Anspruch auf die Dividende. Ihre Ausschüttung durch die Gesellschaft in diesem Moment kann deshalb zu erheblichen rechtlichen Problemen führen, deren Lösung bis jetzt in Teilen noch ungeklärt ist. Im Kern geht es um die Frage, ob der Aktionär die Dividende im Ergebnis zweimal erhalten kann. Dieser Gedanke bringt erhebliche Bedenken mit sich. Festzustellen

---

7 Diese Bedeutung hat sich beispielsweise im Rahmen des Gesetzes zur Modernisierung des GmbH-Rechts und zur Bekämpfung von Missbräuchen gezeigt (MoMiG), BGBl. I, S. 2026; vgl. nur die neu eingeführte Vorschrift des § 57 Abs. 1 S. 3 AktG.

8 Vgl. *Ludwig*, ZNotP 2008, 345, 350; näheres dazu im 3. Kapital auf Seite 57 ff.

9 BGHZ 180, 9 = NJW 2009, 2207 ff.

ist jedoch, dass die derzeitige Praxis auch nach Bekanntwerden der erwähnten Entscheidung des Bundesgerichtshofs ihre Fortsetzung findet.[10]

Wesentlicher Bestandteil der vorliegenden Ausarbeitung ist des Weiteren die Darstellung des Spannungsverhältnisses zwischen der häufig verfrühten Dividendenzahlung und dem aktienrechtlichen Kapitalerhaltungsgrundsatz, der seine Grundlage vor allem in der Regelung des § 57 Abs. 1 S. 1 AktG findet.[11] Es soll aufgezeigt werden, welche weitreichenden Probleme mit einer für viele Gesellschaften alltäglichen Sache wie der Ausschüttung einer Dividende einhergehen können. In diesem Zusammenhang sollen auch die Stellung und die Bedeutung des Kapitalerhaltungsgrundsatzes innerhalb und außerhalb des Aktienrechts untersucht werden. Hierbei finden sowohl die Nichtigkeitsbestimmung des § 134 BGB, die Generalklausel des § 242 BGB, die Erfüllung nach § 362 BGB als auch anwartschaftsrechtliche Fragen ihre Erwähnung, ebenso wie insolvenzrechtliche Aspekte. Eingegangen wird insbesondere auf die Vorschrift des § 62 Abs. 1 S. 1 AktG. Diese ist vor dem Hintergrund einer möglichen Anspruchskonkurrenz zur Vindikation von Bedeutung, zu der hier ebenfalls ausführlich Stellung genommen wird. Dieser Punkt gewinnt vor allem im Rahmen einer möglichen Insolvenz des Gesellschafters an Relevanz. Die Arbeit thematisiert zudem den Inhalt und die Reichweite der Privilegierung des § 62 Abs. 1 S. 2 AktG und ordnet diese in das System der §§ 57 ff. AktG ein. Insgesamt sind damit eine Reihe von Problemen angesprochen, die in der Literatur teilweise schon seit langem heftig umstritten sind[12], zum Teil aber auch, wenn überhaupt, erst geringe Beachtung gefunden haben[13]. Die vorliegende Untersuchung hat sich zum Ziel gesetzt, nach der Darstellung der in dieser Hinsicht soweit bereits bekannten Argumente, die geführte Diskussion um

10 Vgl. zur Praxis der Dividendenausschüttung den Finanzbericht folgender im DAX 30 gelisteter Unternehmen: Deutsche Bank AG: http://www.db.com/ir/de/content/finanzkalender.htm;
Deutsche Börse AG: http://deutsche-boerse.com/dbg/dispatch/de/kir/dbg_nav/investor_relations/40_Financial_Calendar;
Deutsche Post AG: http://www.dp-dhl.com/de/investoren/veranstaltungen_und_praesentationen/kalender.html; ThyssenKrupp AG: http://www.thyssenkrupp.com/de/investor/finanzkalender.html&period=2009/2010, Zugriff jeweils am 25.06.2012.

11 Vgl. Hirte, Kapitalgesellschaftsrecht, 6. Aufl., § 5 Rdn. 5.75.

12 Etwa die Frage der Nichtigkeit im Sinne des § 134 BGB als Rechtsfolge für den Fall eines Verstoßes gegen § 57 Abs. 1 S. 1 AktG.

13 Dies betrifft beispielsweise die hier später noch zu entwickelnde Erfüllungsfolge des § 62 Abs. 1 S. 2 AktG oder die Anwendbarkeit der Einreden „dolo agit, qui petit, quod statim redditurus est“ sowie „venire contra factum proprium“ im Rahmen der aktienrechtlichen Kapitalerhaltung.

einige neue Aspekte zu bereichern. Da zum Zeitpunkt der Aus-zahlung ein Anspruch der Aktionäre auf Erhalt der Dividende regelmäßig noch nicht gegeben ist, ist in aktienrechtlicher Hinsicht vor allem der in § 57 Abs. 1 S. 1 AktG normierte Grundsatz der Kapitalerhaltung betroffen. Dieser ist für die gesamte Ausarbeitung von maßgeblicher Bedeutung und wesentlicher Kern der angesprochenen Problematik. So ist auch dem Gesetzgeber nicht verborgen geblieben, dass der Kapitalerhaltungsgrundsatz in Einzelfällen mit Individualinteressen in Konflikt geraten kann, gilt dieser doch nicht stets und ausschließlich.[14] Inwieweit auch im vorliegenden Zusammenhang an diesem Grundsatz festzuhalten ist, will die Arbeit in ihrem weiteren Verlauf zeigen. Schließlich wird im Rahmen der Bearbeitung aufgezeigt, wer innerhalb der Gesellschaft im Fall der voreiligen Dividendenausschüttung für diese verantwortlich gemacht werden kann und welche Folgen dies für den Betroffenen, unter Umständen aber auch für die Gesellschaft selbst, nach sich ziehen kann.

Einschränkend ist jedoch vorwegzunehmen, dass einige der noch anzusprechenden Probleme zum Teil unter der Bedingung stehen, dass eine Verteilung der Dividende in der Form einer Barauszahlung an die Gesellschafter vorgenommen wird.[15] Dies mag jedoch allenfalls die Bedeutung der kommenden Ausführungen für die Praxis, und das auch nur teilweise, mindern. Das grundsätzliche Problem der verfrühten Ausschüttung an die Aktionäre bleibt davon unberührt.

C. Gliederung der Untersuchung

Die vorliegende Arbeit beginnt nach einer kurzen Einführung und einem allgemeinen Überblick über die Rechtslage mit zwei Fallbeispielen (1. Kapitel). Beide Beispiele dienen dem Zweck, die im Wesentlichen behandelten Themen anschaulich aufzuzeigen und in die jeweilige Problematik einzuführen. Sie enthalten verschiedene Fragestellungen, die zu einem Teil aufeinander aufbauen, zu einem anderen Teil aber auch unabhängig voneinander sind.

Dem schließt sich eine Darstellung des historischen Ursprungs der Beurkundungspflicht an (2. Kapitel). Diese beschränkt sich nicht nur auf beurkundungsrechtliche Aspekte, sondern geht auch auf materielle aktienrechtliche Zusammenhänge ein. Im Wesentlichen wird die Entwicklung der Aktiengesellschaft in Deutschland und in Europa im 19. Jahrhundert nachgezeichnet, die für

---

14 Beachte zum Beispiel die Privilegierung des § 62 Abs. 1 S. 2 AktG.

15 So zum Beispiel bei der Frage der konkurrierenden Anwendbarkeit von § 985 BGB und § 62 Abs. 1 S. 1 AktG.

die später durch den Gesetzgeber eingeführte Beurkundungspflicht ausschlaggebend war. Schwerpunkte innerhalb dieses geschichtlichen Rückblicks sind vor allem die 1870er Jahre sowie die Umstellung vom damaligen „Konzessionssystem“ auf das „Normativsystem“, welches bis heute Geltung besitzt. Die Untersuchung wird zeigen, dass schon die damalige Entwicklung mitursächlich für die Ausgestaltung des Aktienrechts in der heute bekannten Form war. Dies betrifft unter anderem den Grundsatz der Kapitalaufbringung, aber vor allem das für diese Untersuchung zentrale Prinzip der Kapitalerhaltung.

In einem weiteren Schritt wird die notarielle Tätigkeit im Rahmen der Hauptversammlung vorgestellt (3. Kapitel). Die heute in vielen Fällen gelebte Praxis ist für die später folgenden rechtlichen Ausführungen essentiell, denn nur ihretwegen kommt es zu den noch aufzuzeigenden rechtlichen Problemen. Von besonderer Relevanz erweist sich dabei die Tätigkeit des Notars im Anschluss an die Hauptversammlung. Eng mit dieser Tätigkeit verknüpft ist das schon oben angesprochene Urteil des Bundesgerichtshofs[16], das ebenfalls seine Erwähnung findet. Nicht zuletzt stellen sich die in der Ausarbeitung behandelten Probleme auch aufgrund dieser Entscheidung.

Zudem wird auf das Verhältnis von notarieller Niederschrift, Gewinnverwendungsbeschluss sowie Dividendenanspruch der Gesellschafter eingegangen (4. Kapitel). Dieses Verhältnis wird insbesondere vom Urteil des Bundesgerichtshofs geprägt und ist zusammen mit der Praxis der Dividendenausschüttung unmittelbarer Ausgangspunkt für die wesentlichen rechtlichen Fragen dieser Arbeit. Ziel ist es unter anderem aufzuzeigen, wieso die Wirksamkeit des Hauptversammlungsbeschlusses über die Gewinnverwendung von der notariellen Niederschrift abhängt und welche Folgen diese Abhängigkeit im Hinblick auf den Anspruch der einzelnen Aktionäre betreffend die Dividende selbst hat.

Kernstück der Untersuchung ist die umfassende Darstellung der rechtlichen Folgen, die sich aus der derzeitigen Dividendenpraxis der Aktiengesellschaften ergeben können (5. Kapitel). Dabei hängen die noch aufzuzeigenden Erwägungen teilweise vom Eintritt weiterer be-stimmter Umstände ab (Fallbeispiel 2)[17], teilweise können sie sich aber in grundsätzlich jedem Fall der verfrühten Dividendenausschüttung ergeben (Fallbeispiel 1)[18]. Im Rahmen des ersten Beispiels findet sich zudem ein umfassender Exkurs wieder, der sich mit dem Fall eines nichtigen

---

16 BGHZ 180, 9 ff. = BGH NJW 2009, 2207 ff.

17 Zum Beispiel das Konkurrenzverhältnis von § 62 Abs. 1 S. 1 AktG und § 985 BGB oder die Folgen eines über das Vermögen des Aktionärs eröffneten Insolvenzverfahrens.

18 Wie etwa die Frage eines doppelten Dividendenanspruchs.

Gewinnverwendungsbeschlusses auseinandersetzt. Dieser dient zum einen der Untersuchung, ob die für die Nichtigkeit im Folgenden noch darzustellende rechtliche Lösung ebenfalls auf die vorliegende Problemstellung übertragen werden kann. Zum anderen soll mit dessen Hilfe aber auch ein nichtigkeitsspezifisches Problem anschaulich angesprochen werden, welches in seiner konkreten Ausgestaltung in Literatur und Rechtsprechung bisher ersichtlich kaum Berücksichtigung gefunden hat und konkret das Verhältnis des Kapitalerhaltungsgrundsatzes zu dem allgemeinen Rechtsgrundsatz „Treu und Glauben“ im Sinne des § 242 BGB betrifft. Im Rahmen der dann weiteren rechtlichen Ausführungen geht es vor allem um das Verhältnis der betroffenen Gesellschaft zu ihrem Aktionär. Am Rande wird zudem auf die Stellung der Aktiengesellschaft zu ihren Organen und deren Beziehung zum Aktionär eingegangen. Dabei handelt es sich allgemein um für die Praxis besonders wichtige Rechtsfragen, die ihren Ursprung auf der Ebene des Verhältnisses von Aktiengesellschaft und Gesellschafter finden. Ebenfalls werden die Rolle des an der Hauptversammlung teilnehmenden Notars und sein Stand zur Gesellschaft beleuchtet und rechtlich gewürdigt.

Die Arbeit schließt mit einer Zusammenfassung der in dieser Untersuchung gefundenen Ergebnisse (6. Kapitel) und einem Schlusswort betreffend die Bedeutung der notariellen Tätigkeit im Rahmen der Hauptversammlung sowie die Auswirkungen der vorgestellten Entscheidung des Bundesgerichtshofs auf die übliche Dividendenpraxis (7. Kapitel). Außerdem findet sich ein Vorschlag des Bearbeiters, wie das Problem der verfrühten Zahlung für künftige Dividendenausschüttungen der betroffenen Aktiengesellschaften elegant gelöst und mögliche, noch näher darzustellende Nachteile für die Gesellschaft oder sonstige Beteiligte vermieden werden können.

D. Überblick über die Rechtslage

Vor der Darstellung der beiden Fallbeispiele sollen im Rahmen dieser Einleitung zum besseren Verständnis der Problematik und der entsprechenden rechtlichen Folgen einige rechtliche Aspekte skizziert werden. Diese bilden den Ausgangspunkt und die Grundlage der vorliegenden Ausarbeitung. Auf jeden einzelnen dieser Punkte wird im späteren Verlauf noch einmal vertieft und umfassend eingegangen.

Die Hauptversammlung ist eines von insgesamt drei Organen der Aktiengesellschaft, die der Gesetzgeber zwingend vorgeschrieben hat.[19] In ihr treffen die dort

19 Vgl. Münch. Hdb. AG/*Wiesner*, 3. Aufl., § 19 Rdn. 9; *Raiser/Veil*, Recht der Kapitalgesellschaften, 5. Aufl., § 13 Rdn. 7 ff.

versammelten Aktionäre, als Gesellschafter die Eigentümer der AG, für die Gesellschaft bedeutende Beschlüsse. Einer dieser zu fassenden Beschlüsse betrifft die Verwendung des Gewinns der Aktiengesellschaft. Wenn ein Gewinn erzielt wurde, wird dieser in der Folge üblicherweise, zumindest teilweise, in Form einer Dividende an die Aktionäre ausgeschüttet. Die Dividende wird den Aktionären in der Regel auf ihr Bankkonto überwiesen[20], meistens schon an dem der Hauptversammlung folgenden Werktag.[21] Der Anspruch der Aktionäre auf diese Gewinnbeteiligung setzt aus rechtlicher Sicht einen wirksamen Gewinnverwendungsbeschluss der Hauptversammlung voraus, welcher wiederum in der Praxis von einem finalisierten Hauptversammlungsprotokoll, der notariellen Niederschrift im Sinne des § 130 AktG, abhängig ist.[22] Tatsächlich kann es vorkommen, dass zum Zeitpunkt der Auszahlung der Dividende ein endgültiges Hauptversammlungsprotokoll und damit ein wirksamer Gewinnverwendungsbeschluss, noch nicht vorliegen. Denn es entspricht der notariellen Gepflogenheit, dass das Hauptversammlungsprotokoll zwar im unmittelbaren Anschluss an die Hauptversammlung vorläufig vom Notar unterzeichnet wird, die endgültige Unterzeichnung und Entlassung aus dem Gewahrsam des Notars aber erst einige wenige Tage später erfolgt, um noch Korrekturen und Ergänzungen am vorläufigen Hauptversammlungsprotokoll vornehmen zu können.[23] Die Entlassung aus dem Gewahrsam des Notars in den Rechtsverkehr wird in aller Regel dadurch herbeigeführt, dass der Notar dem Vorstand der AG eine öffentlich beglaubigte Abschrift der Niederschrift zukommen lässt, damit dieser seiner Pflicht zur Einreichung beim Handelsregister nachkommen kann, § 130 Abs. 5 AktG. Nach Ansicht des Bundesgerichtshofs liegt mit dem vom Notar erst vorläufig unterzeichneten Hauptversammlungsprotokoll daher ein bloßer Entwurf vor.[24] Solange dieses Protokoll also nicht final unterschrieben und in den Rechtsverkehr gegeben wurde, fehlt es folglich an einem rechtlichen Anspruch der Aktionäre auf Zahlung der beschlossenen Dividende. Im Wesentlichen

20 Von dieser Üblichkeit muss im Fallbeispiel 2 ausnahmsweise zugunsten einer Auszahlung in bar abgewichen werden.

21 Vgl. als Beispiel die Deutsche Börse AG, bei der in den Jahren 2008–2011 jeweils am Tag nach der Hauptversammlung die Auszahlung erfolgte: http://deutsche-boerse.com/dbg/dispatch/de/kir/dbg_nav/investor_relations/40_Financial_Calendar, Zugriff am 25.06.2012.

22 Vgl. Großkomm. AktG/*Henze*, 4. Aufl., § 58 Rdn. 92, 93; Heidel/*Drinhausen*, Aktienrecht und Kapitalmarktrecht, 3. Aufl., § 58 Rdn. 40, 41; Münch. Hdb. AG/*Hoffmann-Becking*, 3. Aufl., § 46 Rdn. 22; Spindler/Stilz/*Cahn/v. Spannenberg*, AktG, 2. Aufl., § 58 Rdn. 94, 95.

23 Vgl. nur *Winkler*, Beurkundungsgesetz, 16. Aufl., § 37 Rdn. 33.

24 BGHZ 180, 9 ff. = BGH NJW 2009, 2207 ff.

ist dementsprechend zu untersuchen, ob durch eine solche voreilige Ausschüttung der Dividende auf einen in diesem Moment tatsächlich noch nicht bestehenden Dividendenanspruch des Aktionärs, dieser seine Erfüllung, sei es gemäß § 362 BGB oder auf andere Weise, erfahren kann, oder ob nicht vielmehr aufgrund der Ausschüttung in diesem Moment ein Verstoß gegen den aktienrechtlichen Kapitalerhaltungsgrundsatz nach den §§ 57 ff. AktG gegeben ist.

1. Kapitel: Veranschaulichende Fallbeispiele

Die folgenden beiden Beispiele zeigen den wesentlichen Inhalt der Untersuchung auf. Der erste Fall dient dabei der Einführung in die eigentliche Problemstellung und behandelt in erster Linie den Kapitalerhaltungsgrundsatz und die Erfüllung von Dividendenansprüchen. Das zweite Beispiel weist diesbezüglich einige beachtliche Ergänzungen und Modifikationen auf. Auch dort geht es vor allem um Fragen des Kapitalerhaltungsrechts, die sich aber nunmehr vor dem Hintergrund einer Insolvenz des Aktionärs stellen. Insgesamt sollen verschiedene Probleme angesprochen werden, die infolge einer verfrühten Ausschüttung der Dividende auftreten können und in diesem Zusammenhang für die Gesellschaft aber auch für ihre Organe von erheblicher Bedeutung sind.

A. Fallbeispiel 1

Aktionär T ist mit 2% an der A-AG beteiligt. Die Hauptversammlung der A-AG fasst am 06.06. des Jahres einen Gewinnverwendungsbeschluss, demzufolge T eine Dividende in Höhe von insgesamt 400.000,00 Euro erhalten soll. Unmittelbar nach der Hauptversammlung unterschreibt der bestellte Notar N das von ihm erstellte Hauptversammlungsprotokoll, in welchem auch der Gewinnverwendungsbeschluss enthalten ist. Dieses Protokoll behält er jedoch zunächst in seinem Gewahrsam, um in den Folgetagen Ergänzungen vorzunehmen und eine Reinschrift anzufertigen. Seinem Sekretariat erteilt er die Weisung, dass, falls ihm bis zur Fertigstellung etwas zustoßen sollte, das vorläufige Hauptversammlungsprotokoll als öffentliche Urkunde zur Erfüllung des Beurkundungsauftrages zu behandeln sei.

An dem der Hauptversammlung folgenden Werktag, dem 07.06., wird T die beschlossene Dividende auf seinem Bankkonto gutgeschrieben. Allerdings liegt erst am 09.06 die endgültige Fassung des Hauptversammlungsprotokolls vor, von welcher der Notar nunmehr eine öffentlich beglaubigte Abschrift erstellt, die er dem Vorstand der Gesellschaft zur Einreichung beim zuständigen Handelsregister übergibt.

Am 10.06. fordert T die A-AG zur erneuten Zahlung der Dividende auf. Er trägt vor, die A-AG hätte die Dividende am 07.06. aufgrund eines damals noch nicht wirksamen Gewinnverwendungsbeschlusses nicht an ihn auszahlen dürfen, weil zu diesem Zeitpunkt ein entsprechender Anspruch nicht gegeben war. Da er von der ihm am 07.06. tatsächlich noch fehlenden Gewinnberechtigung keine Kenntnis hatte, dürfte er die voreilige Zahlung allerdings behalten. Die A-AG müsste jedoch nun seinen am 09.06. entstandenen Anspruch auf Gewinnberechtigung durch eine zweite Zahlung erfüllen. Denn durch die bereits erbrachte, jedoch verfrühte Zahlung hätte eine Erfüllung seines Anspruchs nicht herbeigeführt werden können.

Der Vorstand der A-AG tritt dieser Forderung entgegen und fordert seinerseits von T die Rückzahlung der bereits ausgezahlten Dividende. Dieser Anspruch ergebe sich eindeutig aus geltendem Aktienrecht. Jedenfalls aber bestehe für T ein Anspruch auf erneute Dividendenzahlung nicht, weil durch die erste, wenn auch zu frühe Dividendenausschüttung, bereits Erfüllung des Dividendenanspruchs eingetreten sei.

Sind die geltend gemachten Forderungen berechtigt?

B. Fallbeispiel 2

Auch die X-GmbH ist mit 5% an der A-AG beteiligt. Entsprechend dem von der Hauptversammlung am 06.06. gefassten Gewinnverwendungsbeschluss soll die X-GmbH eine Dividende in Höhe von insgesamt 1.000.000,00 Euro erhalten.

Als sich die Auszahlung der Dividende an die X-GmbH aufgrund technischer Schwierigkeiten zu verzögern droht, drängt ihr Geschäftsführer den verantwortlichen Vorstand der A-AG erfolgreich dazu, die Dividende am 07.06. ausnahmsweise in Form einer Barzahlung zu erbringen. Diese wird im firmeneigenen Safe als dessen alleiniger Inhalt verschlossen. Einen Tag später, am 08.06., wird vom zuständigen Amtsgericht über das Vermögen der X-GmbH das Insolvenzverfahren eröffnet. Erst am 09.06 liegt die endgültige Fassung des Hauptversammlungsprotokolls vor, von welcher der Notar N eine öffentlich beglaubigte Abschrift erstellt, die er dem Vorstand der Gesellschaft zur Einreichung beim zuständigen Handelsregister übergibt.

Der Insolvenzverwalter der X-GmbH fordert am 15.06. unter Verweis auf das erst am 09.06. vorliegende endgültige Hauptversammlungsprotokoll die A-AG zur erneuten Zahlung der Dividende in Höhe von 1.000.000,00 Euro auf. Gleichzeitig kündigt er die Rückzahlung der verfrühten Dividende in Höhe der entsprechenden Insolvenzquote von 20.000,00 Euro[25] an.

---

25 Es soll davon ausgegangen werden, dass nach Abschluss des Insolvenzverfahrens eine Insolvenzquote von 2% festgestellt wird.

Der Vorstand der A-AG tritt dieser Forderung entgegen und verlangt Rückzahlung der am 07.06. des Jahres geleisteten Dividende in voller Höhe. Schließlich habe der Geschäftsführer der X-GmbH gewusst, was unstreitig zutrifft, dass die Gesellschaft zum Zeitpunkt der Dividendenzahlung auf diese keinen Anspruch gehabt habe. Diese Kenntnis müsste sich die GmbH zurechnen lassen. Jedenfalls ergebe sich ein Rückzahlungsanspruch aus § 985 BGB, da die Gesellschaft aufgrund der voreiligen Auszahlung, die zudem bar abgewickelt wurde, ihr Eigentum am Geld nicht verloren habe, weil die Zahlung gegen geltendes Aktienrecht verstoßen habe. Eine Insolvenzquote von 2% müsse daher aufgrund einer Berechtigung der A-AG zur Aussonderung unbeachtlich sein.

Liegen die von den Parteien jeweils erhobenen Ansprüche vor?

C. Abwandlung zu Fallbeispiel 2

I. Vorbemerkung

Das Verhältnis zwischen Aktiengesellschaft und Aktionär findet im Rahmen der Abwandlung eine Erweiterung und rückt nunmehr die Verantwortlichkeit von Gesellschaftsorganen und Dritten für mögliche (finanzielle) Schäden ihrer Gesellschaft in den Mittelpunkt.

II. Abwandlung

Der pensionierte Oberstudienrat Z ist seit Jahren Aktionär der A-AG und verfügt über eine Aktie. Bei der Lektüre seines wöchentlichen Börsenbriefs erfährt er, dass die A-AG dem Verlangen des Insolvenzverwalters tatsächlich entsprochen und die Dividende in Höhe von 1.000.000,00 Euro gegen Erstattung der verfrühten Zahlung in Höhe von 20.000,00 Euro geleistet hat. Z findet diesen Vorgang unerhört. Er befürchtet nunmehr einen finanziellen Schaden der Gesellschaft und bangt deshalb um eine angemessene Verpflegung bei der nächsten Hauptversammlung. Daher möchte Z wissen, ob die A-AG ihrerseits sowohl den für die Auszahlung verantwortlichen Vorstand als auch die Mitglieder des Aufsichtsrats, da diese jedenfalls ihren Überwachungspflichten nicht nachgekommen seien, in Anspruch nehmen und so Befriedigung in Höhe des befürchteten Schadens finden könne. Ebenfalls fragt er, ob der Notar N die Gesellschaft nicht fehlerhaft beraten habe, weil dieser auf die Gefahr der zu frühen Dividendenausschüttung nicht hingewiesen habe, sodass er für den nunmehr entstandenen Schaden haften müsse.

Sind die angesprochenen Personen schadensersatzpflichtig?

2. Kapitel: Die Geschichte der Beurkundungspflicht

A. Einführung

Aus historischer Sicht hat die Anwesenheit eines Notars bei der Hauptversammlung und weitergehend die notarielle Beurkundung der dort gefassten Beschlüsse in Deutschland eine lange Tradition. Bereits das ADHGB von 1861 schrieb in seinem Art. 214 Abs. 1 vor, dass „jeder Beschluss der Generalversammlung[26], welcher die Fortsetzung der Gesellschaft oder eine Abänderung der Bestimmungen des Gesellschaftsvertrages zum Gegenstand hat, (…) zu seiner Gültigkeit der notariellen oder gerichtlichen Beurkundung“ bedurfte.[27]

Durch die später folgende Aktienrechtsnovelle vom 18. Juli 1884 wurde erstmals eine Pflicht zur öffentlichen Beurkundung aller Beschlüsse einer Hauptversammlung eingeführt.[28] So bestimmte der maßgebliche Artikel 238a ADHGB[29]:

> *„Jeder Beschluß der Generalversammlung bedarf zu seiner Gültigkeit der gerichtlichen oder notariellen Beurkundung.“*

Bis zur Novelle von 1884 waren die notarielle sowie die gerichtliche Beurkundung aufgrund handelsrechtlicher Vorschriften lediglich für den Abschluss des Gesellschaftsvertrages (Art. 209a, 209b ADHGB), die Fortsetzung oder Änderung der Statuten (Art. 214 ADHGB) und für die Auflösung der Gesellschaft (Art. 242 Ziff. 2 ADHGB) vorgeschrieben.[30] Durch die Ausweitung der Beurkundungspflicht auf alle Beschlüsse der Generalversammlung sollten Ungewissheiten über die von der Generalversammlung gefassten Beschlüsse ausgeschlossen werden.[31]

---

26 Die Generalversammlung entspricht der heutigen Hauptversammlung.

27 BGBl. des Norddeutschen Bundes, 1869, 404; vgl. *Priester*, DNotZ 2001, 661, 662.

28 Vgl. *Faßbender*, DNotZ 2009, 425, 426.

29 Abgedruckt bei: *Schubert/Hommelhoff*, Hundert Jahre modernes Aktienrecht, ZGR-Sonderheft 4, 1985, S. 400, 598.

30 Vgl. die offizielle Begründung des Gesetzesentwurfes zu Art. 238a ADHGB, abgedruckt bei: *Schubert/Hommelhoff*, a. a. O. (Fn. 28), S. 505 f.

31 Vgl. *Schubert/Hommelhoff*, a. a. O. (Fn. 29), S. 505 f.

Tatsächlich war es in der Praxis schon üblich, eine notarielle Beurkundung nicht nur in den vom Gesetz geforderten Fällen, sondern auch bei den übrigen Beschlüssen vorzunehmen.[32] Durch die Aktienrechtsnovelle 1884 passte sich der Gesetzgeber damit lediglich dem allgemeinen Brauch an.

Klärungsbedürftig ist aber die Frage, warum es eben diesem Brauch entsprach, bei allen Beschlüssen der Generalversammlung, auch ohne gesetzliche Verpflichtung, eine notarielle Beurkundung vorzunehmen, obwohl diese mit entsprechenden Kosten für den Notar verbunden war. Interessant ist ebenfalls die Überlegung, was den Gesetzgeber im Rahmen seiner Novellierung dazu veranlasste, die Pflicht zur notariellen Beurkundung auf sämtliche Beschlüsse der Generalversammlung auszuweiten.

Die hierfür wesentlichen Gesichtspunkte sollen nachfolgend im Zusammenhang mit der Geschichte des Aktienrechts im 19. Jahrhundert dargestellt werden. Dabei werden auch einige zentrale Probleme der einzelnen Novellierungen des Aktienrechts aufgezeigt, wobei der Schwerpunkt der Ausführungen auf dem Gründerkrach im Jahre 1873, seinen Ursachen und seinen Folgen liegt. Denn dieser war für die Einführung der notariellen Beurkundungspflicht von Beschlüssen der heutigen Hauptversammlung ebenso maßgeblich verantwortlich, wie die zunächst nur rudimentär geregelten Grundsätze der Kapitalaufbringung und Kapitalerhaltung.

B. Die Aktiengesellschaft im 19. Jahrhundert

I. Die Funktion der Aktiengesellschaft in der Gründerzeit

Der Ausgangspunkt für die Beantwortung dieser Fragen liegt in der sogenannten Gründerzeit. Diese bezeichnet eine Phase in Deutschland in der Mitte des 19. Jahrhunderts, die von einem wirtschaftlichen Aufschwung geprägt war.[33] Für diesen war zu einem hohen Anteil der Ausbau des Eisenbahnsystems verantwortlich, durch welches schrittweise die „Fragmentierung des Binnenmarktes“ überwunden wurde.[34] Deutsche Gebiete wurden an die wichtigen In-dustriezentren Europas angeschlossen und erschlossen so neue Absatzmärkte; auch der

32 Vgl. *Schubert/Hommelhoff*, a. a. O. (Fn. 29), S. 505 f.; *Faßbender*, DNotZ 2009, 425, 426 f.

33 Vgl. *Mommsen*, Das Ringen um den nationalen Staat, Band 7, Erster Teil, 1850 – 1890, S. 43.

34 Vgl. *Mommsen*, a. a. O. (Fn. 33), S. 37.

Warenverkehr gestaltete sich einfacher.[35] Durch die Ausweitung des Eisenbahnnetzes stieg die Nachfrage nach den dafür erforderlichen Materialien und Technologien, was die gesamte Industrialisierung, wie etwa den Bergbau oder die Eisen- und Stahlindustrie, in der Folgezeit stark begünstigte.[36] Der Streckenausbau war allerdings kapitalintensiv. Infolgedessen wurden zu dessen Finanzierung Eisenbahngesellschaften in der Form der Aktiengesellschaft gegründet, die das für den Ausbau erforderliche Kapital am Kapitalmarkt einsammelten.[37] Denn die Aktiengesellschaften erwiesen sich im Vergleich zur offenen Handelsgesellschaft und der Personalgesellschaften aufgrund ihrer „Kapitalsammelfunktion“[38] als die am besten geeignete Form. Viele Interessenten konnten sich auch mit niedrigen Beträgen an einer AG beteiligen. Diese Gesellschaften waren somit „Sammelbecken kleiner Kapitalien“[39], welche durch ihre bloße Quantität eine Größe erreichten, mit der die angedachten Vorhaben auch umgesetzt werden konnten. Allein zwischen den Jahren 1851 und 1870 wurden 20 Eisenbahnge-sellschaften in der Form der Aktiengesellschaft gegründet, die über ein Nominalkapital von insgesamt 1,7 Milliarden Mark verfügten.[40] Den Unternehmen gelang es dabei, schon in den ersten Geschäftsjahren große Gewinne zu erwirtschaften und konnten ihren Aktionären infolgedessen von Beginn an hohe Dividenden auszahlen, wodurch im Folgenden ein breites Anlegerpublikum angelockt wurde.[41] Die Anfänge der Eisenbahn sind daher unweigerlich mit der Aktiengesellschaft als Unternehmensform verknüpft.

Des Weiteren wurde der Aufschwung durch die bereits am 1. Januar 1834 unter der Führung Preußens erfolgte Gründung des Deutschen Zollvereins begünstigt, der in der Folgezeit maßgeblich ausgeweitet wurde.[42] Diesem gehörten zunächst 18 deutsche Staaten an, die mit ihrem Zusammenschluss bis dahin bestehende zwischenstaatliche Zölle und sonstige Handelshemmnisse abbauten, um einen

---

35 Vgl. *Mommsen*, a. a. O. (Fn. 33), S. 37.

36 Vgl. *Mommsen*, a. a. O. (Fn. 33), S. 37, 38.

37 Vgl. *Reich*, Die Entwicklung des deutschen Aktienrechtes im 19. Jahrhundert, S. 249.

38 So MünchKomm. AktG/*Habersack*, 3. Auflage, Einl. Rdn. 5.

39 *Reich*., a. a. O. (Fn. 37), S. 239, 240; vgl. *Drygala/Staake/Szalai*, Kapitalgesellschaftsrecht, 1. Aufl., § 18 Rdn. 1; dabei ist es bis heute geblieben, vgl. Marsch-Barner/Schäfer/*Marsch-Barner*, Handbuch börsennotierte AG, 2. Aufl., § 1 Rdn. 1.

40 Vgl. *Weigt*, Der deutsche Kapitalmarkt vor dem ersten Weltkrieg – Gründerboom, Gründerkrise und Effizienz des deutschen Aktienmarktes bis 1914, S. 6.

41 Vgl. *Gömmel*, Deutsche Börsengeschichte, S. 140; Hopt/*Merkt*, in: Börsenreform, Eine ökonomische, rechtsvergleichende und rechtspolitische Untersuchung, S. 52, der von Renditen in Höhe von durchschnittlich 300% und vereinzelt sogar 500% berichtet.

42 Vgl. *Mommsen*, a. a. O. (Fn. 33), S. 39.

flächendeckenden Handel innerhalb der Staaten zu unter-stützen.[43] Wenngleich dieser Zusammenschluss lediglich vertraglicher und nicht politischer Natur war, so wurde dadurch doch ein Wirtschaftsraum mit 23 Millionen Einwohnern geschaffen[44], der durch Rechtsvereinheitlichung geprägt war und schließlich im Jahr 1861 im Allgemeinen Deutschen Handelsgesetzbuch mündete.

Ebenfalls trug der Sieg Deutschlands im Deutsch-Französischen Krieg von 1870/71 am Ende der Gründerzeit zum wirtschaftlichen Erfolg bei. Die Reparationsleistungen Frankreichs in Höhe von ungefähr 4,2 Milliarden Goldmark wurden zur Tilgung der aufgrund von Kriegsanleihen entstandenen finanziellen Verpflichtungen sowie für öffentliche Aufträge, insbesondere den Ausbau des Eisenbahnnetzes, verwendet.[45] Die Tilgung bestehender Kriegsanleihen wurde in der Motivation vorgenommen, das 1871 gegründete Deutsche Reich ohne Schulden zu beginnen.[46] Dies führte zu einer Erhöhung der Liquidität und des für Anlagen am Kapitalmarkt zur Verfügung stehenden Kapitals.[47] Diesem Angebot an Kapital stand eine enorme Anzahl von neu gegründeten Aktiengesellschaften gegenüber, die um dieses Kapital nachfragten und damit einen regelrechten Boom auslösten.[48]

II. Die Geschichte des Konzessions-Systems

Für die Entwicklung des Aktienrechts waren die im Rahmen der Aktienrechtsnovelle vom 11. Juni 1870 beschlossene Aufgabe des Konzessions- und die Einführung des Normativ-Systems von besonderer Bedeutung.

In Preußen bedurfte die Gründung einer Aktiengesellschaft vor dieser Novellierung der staatlichen Erlaubnis. Daher wurde auch vom Konzessions-System Preußens gesprochen.[49] Dort herrschten in Bezug auf die AG großes Misstrauen und Zurückhaltung, wobei davon nicht unbedingt die Aktiengesellschaft als Gesellschaftsform betroffen war, sondern eher die durch diese Unternehmensform ermöglichten Großunternehmen. Es bestand die Befürchtung, die Macht

43 Vgl. *Weigt*, a. a. O. (Fn. 40), S. 5, 6.
44 Vgl. Habersack/Bayer/*Kießling*, Aktienrecht im Wandel, Band 1, S. 112 Rdn. 27; *Weigt*, a. a. O. (Fn. 40), S. 5.
45 Vgl. *Nipperdey*, Deutsche Geschichte Band 1, S. 283.
46 Vgl. *Weigt*, a. a. O. (Fn. 40), S. 10.
47 Vgl. *Nipperdey*, a. a. O. (Fn. 45), S. 283.
48 Vgl. Hopt/*Merkt*, a. a. O. (Fn. 41), S. 59.
49 Vgl. *Großfeld*, Aktiengesellschaft, Unternehmenskonzentration und Kleinaktionär, S. 125 f.

des Bürgertums könnte sich zu „einer Art Nebenregiment im Staat auswirken“[50]. Denn es war eben diese Gesellschaftsschicht, die im großen Umfang das von den Gesellschaften benötigte Kapital bereitstellte. Daneben wurde in Preußen aber auch die Entwicklung in den europäischen Nachbarländern misstrauisch beobachtet, aus denen nicht nur revolutionäre Bestrebungen kamen, sondern im Zuge derer auch vermehrt zur Gründung von Aktienge-sellschaften aufgefordert wurde.[51] So brachte in Frankreich die Revolution von 1789 die Gewerbefreiheit und damit auch die freie Gründung der sogenannten Kompagnien.[52] In Preußen hingegen war die Funktionsweise der Aktiengesellschaft im allgemeinen wirtschaftlichen Leben unbekannt, sodass mit der Konzessionspflicht die freie und unkontrollierte Gründung von Aktiengesellschaften verhindert werden sollte.[53] Man fürchtete, die Bündelung vieler kleiner Kapitalien zu einer großen Gesellschaft würde zu einer Gefahr für das Gemeinwohl führen, da diese aufgrund ihres Kapitals bereits bestehende Betriebe übernehmen könnten, was letztlich monopolistische Allgemeinbetriebe und somit auch weniger Wettbewerb zur Folge haben würde.[54]

Bei allem bestehenden Misstrauen war die Unternehmensform der Aktiengesellschaft für Preußen im Hinblick auf die wirtschaftliche Entwicklung jedoch notwendig, sollte der Anschluss an die Nachbarländer nicht verpasst werden. Im Zuge der Industrialisierung stand der schon erwähnte Eisenbahnbau an vorderster Stelle, da dieser für das wirtschaftliche Leben entscheidend und für die Entwicklung der Staaten aus volkswirtschaftlicher Sicht unabdingbar war. Allerdings waren die für den Ausbau des Eisenbahnnetzes erforderlichen finanziellen Mittel in Preußen knapp, sodass, trotz der Bedenken gegen die Aktiengesellschaft und ihre möglichen Gefahren für die Allgemeinheit, der preußische König dazu überging – vielmehr auch dazu übergehen musste – für den Bau der Eisenbahn Konzessionen an Private zu erteilen, die in der Folgezeit zum Zweck des Ausbaus des Eisenbahnnetzes Aktiengesellschaften gründeten.[55]

Im Weiteren sollen nun die für die Aktiengesellschaften damals maßgeblichen Regelwerke dargestellt werden. Angeknüpft wird hierbei an den schon im Jahr 1807 entstandenen Code de Commerce und die nachfolgenden Regelungen bis zum ADHGB von 1884.

---

50 *Großfeld*, a. a. O. (Fn. 49), S. 123.
51 Vgl. *Großfeld*, a. a. O. (Fn. 49), S. 123.
52 Vgl. *Dippel*, DRiZ 1965, 315, 316.
53 Vgl. *Großfeld*, a. a. O. (Fn. 49), S. 123.
54 Vgl. *Großfeld*, a. a. O. (Fn. 49), S. 123.
55 Vgl. *Schnorr*, Historie und Rechts des Aufsichtsrats, S. 11.

1. Der Code de Commerce von 1807[56]

Der C. d. C. von 1807 war die erste Kodifikation, welche die Gesellschaftsform der Aktiengesellschaft (société anonyme) enthielt. Zwar umfasste dieser mit seinen Artt. 19, 29 bis 38, 40 und 45[57] nur einige wenige Regelungen zur Aktiengesellschaft und erfand die Unternehmensform der AG nicht neu, da diese schon zu früherer Zeit in der Praxis gelebt wurde; er hatte jedoch große Bedeutung und Einfluss auf die Gesetzgebung der verschiedenen europäischen Staaten, da mit ihm zum ersten Mal eine gesetzliche Normierung der Aktiengesellschaft vorlag.[58] Der C. d. C. prägte das Wesen dieser mit der Bestimmung, dass der Verlust der Aktionäre auf die Höhe ihres Anteils an der Gesellschaft beschränkt war[59].

Aber auch der C. d. C. ging von einer Konzessionspflicht aus. Sein diesbezüglicher Art. 37 forderte[60]:

> *„Eine anonymische Gesellschaft kann nicht bestehen, als in sofern die Regierung sie gutheißt und den Act genehmigt wodurch sie errichtet wird; diese Genehmigung muß in der Form geschehen, welche in den die öffentliche Verwaltung betreffenden Vorschriften festgesetzt ist."*

Damit war klargestellt, dass die Gründung einer Erlaubnis bedurfte, wenngleich es sich bei dieser Erlaubnis um eine rein gewerbepolizeiliche Maßnahme handelte.[61] Dennoch lief diese Regelung darauf hinaus, dass die Unternehmung den Vorstellungen des Staates entsprechen musste, da ein Verstoß gegen die guten Sitten oder die gute Ordnung einer Konzession regelmäßig entgegenstand.[62] Hatte der Staat durch das Erfordernis der Konzession enormen Einfluss auf die Ausgestaltung des Unternehmens und die innere Verfassung der Aktienge-sellschaft, weil bei Nichtentsprechen die Konzession nämlich verweigert wurde, so wurde in der

---

56 Nachfolgend C. d. C. genannt.

57 Mit Ausnahme des Art. 38 befinden sich die Normen in deutscher Übersetzung in: *Bösselmann*, Die Entwicklung des deutschen Aktienwesens im 19. Jahrhundert, S. 203 f.

58 Vgl. Großkomm. AktG/*Assmann*, 4. Aufl., Einl. §§ 1–53 Rdn. 30, 39; Habersack/Bayer/*Deutsch*, Aktienrecht im Wandel, Band 1, S. 47 Rdn. 1; *Reich*, a. a. O. (Fn. 37), S. 242.

59 *„Les associés ne sont passible que de la perte du montant de leur intérêt dans la société."*, vgl. *Schnorr*, a. a. O. (Fn. 55), S. 9; *Reich*, a. a. O. (Fn. 37), S. 242.

60 Abgedruckt bei: *Bösselmann*, a. a. O. (Fn. 57), S. 203 f.

61 GroßkommAktG/*Assmann*, 4. Aufl., Einl. §§ 1–53 Rdn. 33.

62 Vgl. Habersack/Bayer/*Deutsch*, Aktienrecht im Wandel, Band 1, S. 48 Rdn. 2; *Reich*, a. a. O. (Fn. 37), S. 242; *Schnorr*, a. a. O. (Fn. 55), S. 9.

Praxis bei der Konzession immer mehr von solchen allgemeinen Grundsätzen Gebrauch gemacht, die in so genannten Ministerialinstruktionen niedergelegt waren und im Grunde mit den heutigen Verwaltungsvorschriften vergleichbar waren.[63]

2. Das Wetboek van Koophandel[64]

Neben dem C. d. C. diente im Übrigen das holländische W. v. K. aus dem Jahr 1838, welches seinerseits vom C. d. C. beeinflusst wurde, als Muster für die spätere Gesetzgebung Preußens.[65] Zwar enthielt dieses Gesetz schon Ansätze eines Normativ-Systems, da die Gründung einer Aktiengesellschaft nunmehr von der Erfüllung gesetzlich vorgegebener Voraussetzungen abhing. Im Übrigen hielt es jedoch weiter am Erfordernis der staatlichen Genehmigung fest, wenngleich die Genehmigung nur noch bei bestimmten Gründen versagt werden durfte und diese somit nicht mehr im ausschließlichen Ermessen der Behörden lag.[66] In Art. 37 W. v. K. wurde ein klagbarer Anspruch auf Genehmigung der Unternehmung konstituiert, soweit die Gesellschaft nicht gegen die öffentliche Ordnung oder die guten Sitten verstieß.[67] In diesem Punkt ist zwischen dem C. d. C. und seiner Praxis der Ministerialinstruktionen sowie dem W. v. K. und der Gewährung subjektiver Rechte schon eine langsame Entwicklung hin zu einem Normativsystem zu erkennen.

3. Das Gesetz über die Eisenbahn-Unternehmung vom 3. November 1838

Vor dem Erlass eines eigenen Aktiengesetzes ergab sich in Preußen das Genehmigungserfordernis für Eisenbahngesellschaften aus dem Gesetz über die Eisenbahn-Unternehmungen vom 3. November 1838[68] und den Eisenbahnkonzessionsbedingungen. Für Eisenbahngesellschaften war aus Gründen des hohen Finanzbedarfs, den der Bau einer Eisenbahnstrecke erforderte, die Aktiengesellschaft aufgrund der mit ihr erreichten Verteilung der Kosten auf möglichst viele Anleger die typische Gesellschaftsform, wenngleich sie nicht rechtlich vorgeschrieben war.[69] Die Konzessionsbedingungen regelten dabei nicht nur eisenbahnrechtliche

63 Vgl. Großkomm. AktG/*Assmann*, 4. Aufl., Einl. §§ 1–53 Rdn. 33.
64 Nachfolgend W. v. K. genannt.
65 Vgl. *Reich*, a. a. O. (Fn. 37), S. 242, 243.
66 Vgl. *Reich*, a. a. O. (Fn. 37), S. 242, 243.
67 Vgl. Habersack/Bayer/*Deutsch*, Aktienrecht im Wandel, Band 1, S. 90 Rdn. 85.
68 PrGS 1838, S. 305 ff.; auch Preußisches Eisenbahngesetz (prEG) genannt.
69 Vgl. Habersack/Bayer/*Kießling*, Aktienrecht im Wandel, Band 1, S. 153 Rdn. 55; *Reich*, a. a. O. (Fn. 37), S. 250.

Fragen, sondern enthielten auch aktienrechtliche Vorschriften. Die staatliche Konzession war sowohl zur Gründung der Eisenbahnaktiengesellschaft als auch zum Betrieb der Eisenbahnverbindung erforderlich.[70] Die später im Aktiengesetz fortgesetzte Konzessionierungspflicht diente der Verhinderung der unbegrenzten Gründung von Eisenbahngesellschaften, welche aufgrund ihrer schlechten Verwaltung und fehlenden Rentabilität bloßes Spekulationsobjekt waren, letztlich aber nur zu Verlusten bei den Anlegern, nicht selten auch durch Betrug, führten.[71] Da die Auffassung bestand, die Aktiengesellschaft sei zwar eine gefährliche, aber gerade für den so bedeutsamen Eisenbahnausbau auch wichtige Institution, gab es neben der Konzessionspflicht der gesellschaftlichen Statuten im entsprechenden Art. 3 Abs. 1 ebenfalls eine bedeutsame gesellschaftsrechtliche Regelung: Mit Genehmigung des Unternehmens wurde diesem gemäß Art. 46 Satz 1 ein Kommissar zugewiesen, der die Aufsichtsrechte des Staates ausübte. Jener hatte die Aufgabe und die Befugnis den Vorstand der Gesellschaft zusammenzurufen sowie an dessen Sitzungen teilzunehmen.[72]

4. Das erste preußische Aktiengesetz vom 9. November 1843

Im Zuge der Industrialisierung zeigte sich ein immer weiter wachsender Kapitalbedarf. Diesen meinte man mit der Verteilung der Kapitalien auf möglichst viele, nämlich durch Aktiengesellschaften, am ehesten decken zu können. Man sah aber auch, dass eine gesetzliche Regelung der Aktiengesellschaft bisher nur rudimentär gegeben war. So galten neben dem C. d. C. von 1807, welches allerdings nicht in allen Gebieten Geltung besaß und dem Allgemeinen Preußischen Landrecht[73], auch das Gesetz über die Eisenbahn-Unternehmung, dieses jedoch nur für die Eisenbahngesellschaften. Ein eigenständiges Aktiengesetz fehlte allerdings. Daher wurde am 13. Juli 1837 eine Verfügung erlassen, welche die Vorlage eines Entwurfs eines Aktiengesetzes verlangte.[74] Da der C. d. C. nach dem Anfall des Rheinlands an Preußen im Jahr 1815 auch in den rheinischen Gebieten Geltung besaß und auf dieser Grundlage schon etliche Aktiengesellschaften gegründet

---

70 Vgl. Habersack/Bayer/*Kießling*, Aktienrecht im Wandel, Band 1, S. 154 Rdn. 58.

71 Vgl. Habersack/Bayer/*Kießling*, Aktienrecht im Wandel, Band 1, S. 214 Rdn. 43.

72 *Schnoor*, a. a. O. (Fn. 55), S. 12.

73 Das APLR enthielt nur Vorschriften über Handelsgesellschaften, die auf die Aktiengesellschaften angewandt wurden und sah auch keine Konzessionspflicht vor, da die Aktiengesellschaft dem APLR unbekannt war.

74 Vgl. *Baums*, Gesetz über die Aktiengesellschaften für die Königlich Preussischen Staaten, S. 29; Großkomm. AktG/*Assmann*, 4. Aufl., Einl. §§ 1–53 Rdn. 53.

worden waren, wollte Preußen direkte Widersprüche zu diesem vermeiden.[75] Das erste preußische Aktiengesetz vom 9. November 1843 sowie die entsprechende Durchführungsverordnung vom 22. April 1845 enthielten daher dem C. d. C. entsprechende Vorschriften, nach denen die Ausgabe von Aktien von der Bewilligung durch die Behörden abhängig war.[76] Die Bewilligung setzte im Allgemeinen voraus, dass das Unternehmen im Hinblick des Gemeinnutzes der Förderung wert erschien und dessen Zweck aufgrund der Höhe des dafür erforderlichen Kapitals von einem Einzelnen nicht erreicht werden konnte.[77] Damit wollte man dem Misstrauen und der fehlenden Erfahrung im Hinblick auf die Aktiengesellschaft begegnen sowie die Aktionäre vor „unseriösen Gründungen" schützen.[78] Ein klagbarer Anspruch auf Genehmigung, wie es das W. v. K. kannte, war dagegen nicht Bestandteil dieses Aktiengesetzes.

Dieses Konzessionserfordernis war dann auch im Frühjahr des Jahres 1844 das Instrument, mit welchem Preußen dem einsetzenden Spekulationsfieber Einhalt gebieten wollte, welches durch die Gründung diverser Eisenbahngesellschaften verursacht wurde.[79] Der zuständige Finanzminister *von Bodelschwingh* befürchtete, dass durch die Gründung von neuen Eisenbahngesellschaften das am Kapitalmarkt zur Verfügung stehende Kapital aufgrund der bereits erlebten Renditen ausschließlich in diese investiert würde und dem Handel und Gewerbe damit die „nötigen Betriebskapitalien" entzogen würden.[80] Ebenfalls herrschte die Sorge, dass aufgrund der nicht selten eingetretenen Verluste die Anleger schließlich kein Kapital mehr für Staatsanleihen aufbringen könnten und damit die öffentliche Kreditvergabe gefährdet wäre.[81] Daher erklärte *von Bodelschwingh*, dass er einstweilen keine weiteren Eisenbahnen kon-zessionieren werde.[82] Auch warnte er davor, sogenannte Interimsscheine (Promessen) zu zeichnen, also Anteile an Unternehmen, deren Projekte noch nicht einmal genehmigt waren; dabei entsprach dies bis dahin der gängigen Praxis, und war mit einer Ministerialverfügung von

---

75 Vgl. Habersack/Bayer/*Deutsch*, Aktienrecht im Wandel, Band 1, S. 92 Rdn. 90; Habersack/Bayer/*Kießling*, Aktienrecht im Wandel, Band 1, S. 197 Rdn. 6; *Reich*, a. a. O. (Fn. 37), S. 251.

76 Vgl. *Gömmel*, a. a. O. (Fn. 41), S. 140.

77 So die Circularverfügung vom 22. April 1845; vgl. *Dippel*, DRiZ 1965, S. 315, 316.

78 *Drygala/Staake/Szalai*, a. a. O. (Fn. 39), § 18 Rdn. 1.

79 Eine Vermutung, welche durch eine Untersuchung der Handelskammer Köln nicht bestätigt werden konnte; vgl. *Gömmel*, a. a. O. (Fn. 41), S. 141; Habersack/Bayer/*Kießling*, Aktienrecht im Wandel, Band 1, S. 231 Rdn. 78.

80 Vgl. *Gömmel*, a. a. O. (Fn. 41), S. 140.

81 Vgl. Habersack/Bayer/*Kießling*, Aktienrecht im Wandel, Band 1, S. 199 Rdn. 13.

82 Vgl. *Gömmel*, a. a. O. (Fn. 41), S. 140.

1840 auch noch gestattet.[83] Zudem wurden bereits 1843 die Aktien der konzessionierten Eisenbahngesellschaften sogar für mündelsicher erklärt, was die Spekulation deutlich anfeuerte.[84] Alle Maßnahmen des Ministers, die Spekulation zurückzudrängen, waren jedoch wirkungslos[85] und konnten nicht verhindern, dass frisch emittierte Eisenbahnaktien mit einem Agio von 20 bis 40% gehandelt wurden.[86] Daher erklärte zum einen das preußische Staatsministerium durch eine Verordnung vom 24. Mai 1844 alle Geschäfte im Zusammenhang mit noch nicht konzessionierten Eisenbahngesellschaften für nichtig; zum anderen erfolgte ab dem 22. April 1845 eine Verschärfung der Konzessionsbedingungen.[87] Diese Maßnahmen führten jedoch dazu, dass die Anleger ihr Vertrauen in die Aktiengeschäfte verloren und ihr gesamtes Kapital abzogen, was zu fallenden Kursen und zu für die Investoren und Gläubiger erheblichen Verlusten führte.[88] Schließlich verursachten Missernten, hohe Arbeitslosigkeit, gedrückte Realeinkommen und revolutionäre Bestrebungen Ende der 1840er in Preußen weitere Kursverluste auf knapp 50% der Kurse von 1844/45.[89]

III. Die Aufgabe des Konzessionssystems

Waren die anfänglichen Regelungen, welche die Aktiengesellschaft betrafen, noch vom Konzessionssystem geprägt, wurde dieses im Laufe der Zeit aufgegeben. Dies zeigt die Ent-wicklung der maßgeblichen Gesetze. Den Anfang machte das ADHGB von 1861.

1. Das ADHGB von 1861

Mit dem Aufkommen des Liberalismus wurden Sinn und Zweck des Genehmigungserfordernisses zunehmend in Frage gestellt.[90] Gerade im Hinblick auf die Sicherung der Gläubiger und Aktionäre erwies sich das Konzessions-System als

---

83 Vgl. *Gömmel*, a. a. O. (Fn. 41), S. 140, 141; Großkomm. AktG/*Assmann*, 4. Aufl., Einl. §§ 1–53 Rdn. 52, 62.

84 Vgl. GroßkommAktG/*Assmann*, 4. Aufl., Einl. §§ 1–53 Rdn. 62.

85 Vgl. Hopt/*Merkt*, a. a. O. (Fn. 41), S. 53.

86 Vgl. *Gömmel*, a. a. O. (Fn. 41), S. 141.

87 Vgl. *Gömmel*, a. a. O. (Fn. 41), S. 141; Habersack/Bayer/*Kießling*, Aktienrecht im Wandel, Band 1, S. 232 Rdn. 81.

88 Vgl. Habersack/Bayer/*Kießling*, Aktienrecht im Wandel, Band 1, S. 232 Rdn. 82.

89 Vgl. *Gömmel*, a. a. O. (Fn. 41), S. 141; Hopt/*Merkt*, a. a. O. (Fn. 41), S. 53.

90 Vgl. *Großfeld*, a. a. O. (Fn. 49), S. 132; Habersack/Bayer/*Kießling*, Aktienrecht im Wandel, Band 1, S. 215 Rdn. 47; *Hirte*, a. a. O. (Fn. 11), § 1 Rdn. 1.42.

untauglich.[91] Wenngleich sich auch Vertreter fanden, die für eine Beibehaltung des Konzessions-Systems stritten[92], konnte sich dieses bei den Beratungen zum ADHGB im Jahre 1857 dennoch nicht durchsetzen. Zwar hielt der preußische Entwurf des ADHGB von 1857 in seinem Art. 181 Abs. 1 am Erfordernis der Konzession fest.[93] Dies stieß aber besonders bei den Vertretern der Hansestädte, die einen Konzessionszwang schon gewohnheitsrechtlich ablehnten, auf Widerstand. Diese führten an, gegen Missbräuche gäbe es nur das Mittel der Erfahrung des Anlegerpublikums und die Vorsicht des Einzelnen.[94] Schließlich einigte man sich auf einen Kompromiss, nach dem es den einzelnen Staaten erlaubt sein sollte, auf das Genehmigungserfordernis durch entsprechende Landesgesetze zu verzichten[95], wovon ein Teil der Staaten im Folgenden auch Gebrauch machte.[96] Mit der Implementierung einer solchen Verzichtsmöglichkeit in das ADHGB von 1861 begann der Niedergang des Konzessions-Systems, da mit der Entwicklung und Verbreitung liberaler Grundgedanken auch im Bereich der Aktiengesellschaft nun immer vehementer die Durchsetzung der Privatautonomie gefordert wurde.[97]

Gegen die Konzessionspflicht wurde vorgebracht, dass mit dieser bei Gläubigern und Aktionären nur der Schein des Schutzes geschaffen würde, da das Konzessions-System nach den gemachten Erfahrungen diese tatsächlich überhaupt nicht schützen könnte.[98] Vielmehr müsste ein solches System dazu führen, dass die Anleger

---

91 Vgl. *Großfeld*, a. a. O. (Fn. 49), S. 132.

92 So *von Mohl*, Die Aktiengesellschaft, in: Deutsche Viertelsjahresschrift 1856, Heft 4, S. 1 ff., 28 (zwar ist der Aufsatz anonym erschienen, nach *Schäfele*, Gesammelte Aufsätze, Band 1, Tübingen 1885, S. 196 N. 2 war von Mohl aber der Verfasser), bei: *Großfeld*, a. a. O. (Fn. 49), S. 131, Fn. 113.

93 Vgl. Habersack/Bayer/*Kießling*, Aktienrecht im Wandel, Band 1, S. 215 Rdn. 47, *Reich*, a. a. O. (Fn. 37), S. 258, 259.

94 Vgl. *Großfeld*, a. a. O. (Fn. 49), S. 134; Habersack/Bayer/*Pahlow*, Aktienrecht im Wandel, Band 1, S. 260 Rdn. 43.

95 **Art. 249 ADHGB lautete:**
Den Landesgesetzen bleibt vorbehalten, zu bestimmen, dass es der staatlichen Genehmigung zur Errichtung von Aktiengesellschaften im Allgemeinen oder von einzelnen Arten derselben nicht bedarf. Vgl. *Großfeld*, a. a. O. (Fn. 49), S. 134.

96 Vgl. *Großfeld*, a. a. O. (Fn. 49), S. 135; *Gömmel*, a. a. O. (Fn. 41), S. 151.; Habersack/Bayer/*Pahlow* Aktienrecht im Wandel, Band 1, S. 261 Rdn. 45; namentlich waren dies die drei damaligen Hansestädte, zudem Oldenburg, Sachsen sowie in beschränkten Umfang Württemberg und Baden (abhängig vom Geschäftsgegenstand der Aktiengesellschaft); *Reich*, a. a. O. (Fn. 37), S. 260 ff.

97 Vgl. *Großfeld*, a. a. O. (Fn. 49), S. 135; *Reich*, a. a. O. (Fn. 37), S. 264, 265.

98 Vgl. *Großfeld*, a. a. O. (Fn. 49), S. 135.

bei ihrer Anlageentscheidung stets auf ein Gelingen der Unternehmung vertrauten; denn wenn der preußische Staat eine Aktiengesellschaft zuließe, dann nur, weil das Unternehmen ein „ernsthaftes“ und kein „zwielichtiges“ oder „schwindelhaftes“ sei.[99] Tatsächlich aber war der Staat zu einer solchen Beurteilung der jeweiligen Gesellschaft nicht in der Lage. Zum einen bestand die Gefahr, dass sich für die Gesellschaft aufgrund des langen Zeitraums zwischen Antragstellung und Konzessionierung[100] die wirtschaftlichen Umstände dergestalt verändert hatten, dass die Unternehmung tatsächlich nur noch wenig Aussicht auf Gelingen hatte. Zum anderen führte die lange Prüfungsdauer dazu, dass manche Gesellschaft ihre Konzessionierung nur vortäuschte, tatsächlich aber zu keinem Zeitpunkt konzessionsfähig war.[101] Auch die allgemeinen Ansichten über die Stellung und Funktion der Aktiengesellschaft im wirtschaftlichen Leben hatten sich geändert. Herrschte zuvor noch die Befürchtung vor, die AG stellte eine Gefahr für die sozialen Belange der Allgemeinheit dar, sodass eine Konzessionspflicht erforderlich sein sollte[102], wurde nunmehr die Auffassung vertreten, dass einer solchen Gesellschaft natürliche Grenzen gesetzt seien, die diese weniger bedrohlich machten.[103] Die Macht der einzelnen Aktiengesellschaft sollte schon deshalb begrenzt sein, weil bei fehlender Konzessionspflicht und gleichzeitig nur begrenzt verfügbarem Anlagekapital der freie Markt für Wettbewerb durch mehrere Gesellschaften sorgen würde.[104] Ein solcher freier Wettbewerb könnte durch entsprechende Vorschriften auch in einem Normativ-System gewährleistet werden.[105] Schließlich forderte auch der 8. Deutsche Juristentag von 1870 die Abschaffung der Konzessionspflicht, da eine solche der allgemeinen Verkehrsfreiheit, einem Grundgedanken des Wirtschaftsliberalismus, widersprechen würde und somit vom Gesetzgeber aufzuheben wäre; dieser sollte nur zur Schaffung der Normen berechtigt sein, nach denen sich die Gründung von Aktiengesellschaften im Folgenden zu richten hatte.[106] Hinzu kamen die im norddeutschen Bund bereits gewährleisteten Freiheitsrechte in Form von

---

99 Vgl. *Großfeld*, a. a. O. (Fn. 49), S. 140; Habersack/Bayer/*Lieder*, Aktienrecht im Wandel, Band 1, S. 323 Rdn. 6.

100 Aufgrund der Anforderung einer Vielzahl verschiedener Dokumente durch die zuständigen Regierungsstellen wenigstens ein Jahr, vgl. Habersack/Bayer/*Lieder*, Aktienrecht im Wandel, Band 1, S. 323 Rdn. 5.

101 Vgl. Habersack/Bayer/*Lieder*, Aktienrecht im Wandel, Band 1, S. 323 Rdn. 5.

102 Siehe schon oben Fn. 78.

103 Vgl. *Großfeld*, a. a. O. (Fn. 49), S. 136; Habersack/Bayer/*Lieder*, Aktienrecht im Wandel, Band 1, S. 324 Rdn. 7.

104 Vgl. Habersack/Bayer/*Lieder*, Aktienrecht im Wandel, Band 1, S. 324 Rdn. 7.

105 Vgl. *Großfeld*, a. a. O. (Fn. 49), S. 137.

106 Vgl. *Reich*, a. a. O. (Fn. 37), S. 265.

Freizügigkeit und Gewerbefreiheit, die es den Staatsangehörigen ermöglichten, sich überall im Bundesgebiet aufzuhalten und sich niederzulassen.[107] Zudem hatten England und Frankreich die Konzessionspflicht ebenso verabschiedet, wie einige deutsche Staaten, die hierzu von der ihnen durch das ADHGB von 1861 geschaffenen Möglichkeit Gebrauch machten.[108]

2. Die Aktiennovelle von 1870

Am 11. Juni 1870 wurde die erste Aktienrechtsnovelle erlassen, durch die das Aktiengesetz dem damals herrschenden liberalen Grundverständnis[109] angepasst wurde und die von der Aufgabe des Konzessions-Systems geprägt war. Grundlage der ersten Novelle war ein Vorschlag des preußischen Handelsministeriums in Person des preußischen Handelsministers *Heinrich Fr. August Graf von Itzenplitz* im Jahr 1876.[110] Die Errichtung von Aktiengesellschaften sollte nunmehr nicht von einer Genehmigung durch den Staat abhängen, sondern von der Erfüllung gesetzlich normierter Voraussetzungen.[111] Insgesamt wurde in dieser Umstellung des Aktienrechts eine Aufgabe vom „Leitbild des Daueraktionärs" hin zu dem eines „spekulationsfreudigen Aktienkapitalisten" gesehen.[112] Die Novelle führte zu verschiedenen Änderungen, die vor allem den Kapitalschutz und die gesellschaftsrechtliche Ausgestaltung der Aktiengesellschaft betrafen und im Folgenden näher dargestellt werden sollen.

a) Der Kapitalschutz

Im Hinblick auf die nunmehr maßgeblichen normativen Voraussetzungen sind vor allem diejenigen beachtlich, die den Kapitalschutz betrafen. Das heute herrschende Verständnis, dass zum Ausgleich der grundsätzlichen Haftungsbeschränkung der Gesellschafter auf das Gesellschaftsvermögen ein entsprechender Schutz der Gesellschaftsgläubiger erforderlich sei, wie es heute durch das Prinzip der Kapitalaufbringung und Kapitalerhaltung gewährleistet ist, war damals unbekannt;

---

107 Vgl. Habersack/Bayer/*Lieder*, Aktienrecht im Wandel, Band 1, S. 326 Rdn. 10.

108 Siehe oben Fn. 96; Habersack/Bayer/*Lieder*, Aktienrecht im Wandel, Band 1, S. 326 Rdn. 10.

109 Dazu Habersack/Bayer/*Lieder*, Aktienrecht im Wandel, Band 1, S. 325 Rdn. 9; vgl. *Wiethölter*, Interessen und Organisation der Aktiengesellschaft im amerikanischen und deutschen Recht, S. 35.

110 Vgl. Habersack/Bayer/*Lieder*, Aktienrecht im Wandel, Band 1, S. 333 Rdn. 20.

111 Vgl. Art. 210a ADHGB 1870.

112 So Hopt/*Merkt*, a. a. O. (Fn. 41), S. 56.

nicht zuletzt auch deshalb, weil im Geschäftsverkehr Vorkasse üblich war, sodass die Gläubiger in der Regel keine offenen Forderungen gegen die Gesellschaft besaßen.[113] In der Praxis sollten sich die Mängel dieser den Kapitalschutz bezwekkenden Vorschriften schon bald zeigen und auch die Praxis der Beurkundung von Beschlüssen der einzelnen Gesellschaft beeinflussen.

aa) Einzahlung des Grundkapitals

Durch die Novellierung wurde nun die Pflicht geschaffen, vor Eintragung der Gesellschaft mindestens 10%, bei Versicherungsgesellschaften sogar mindestens 20%, des Grundkapitals einzuzahlen.[114] Dadurch sollte gewährleistet sein, dass eine bestimmte Haftungsmasse zur Verfügung stand, zugleich unterstrich dies die Ernsthaftigkeit der Gründungsabsicht. Im Vergleich zum früheren Konzessions-System stellte dies eine Neuerung dar. Denn damals konnten sich die Gründer der Erteilung der Konzession im Voraus nicht sicher sein, weshalb eine solche „Mindestmasse“ regelmäßig nicht existierte.[115] Wenn auch im Bundesrat sowohl der Sinn einer solchen Regelung als auch die Höhe der Mindesteinzahlungsquote umstritten waren[116], hatte dies auf die Gesetzgebung keinen weiteren Einfluss. Hinsichtlich der Kapitaleinzahlung wurde jedoch versäumt, ergänzende Regelungen zu schaffen, nach denen das Kapital auch zur freien Verfügbarkeit der Gesellschaft zu leisten sei, sowie solche zu der Frage, wie Zahlungen zu behandeln seien, die erst später an die Gesellschaft erbracht würden.[117] Tatsächlich wurde daher häufig nicht einmal die Mindestquote von 10% erbracht oder aber die Bücher der Gesellschaft wurden bereits seit der Gründung falsch geführt.[118] Häufig lag der erhoffte Haftungsstock daher tatsächlich doch nicht vor. Diese Missstände sollten erst durch die Novellierung von 1884 teilweise korrigiert werden.

bb) “Unterpariemission”[119]

Das Aktiengesetz von 1870 regelte ebenfalls nicht das Problem der sogenannten Unterpariemission. Darunter wurden solche Emissionen verstanden, bei denen

---

113 Vgl. Habersack/Bayer/*Lieder*, Aktienrecht im Wandel, Band 1, S. 342 Rdn. 39; *Hirte*, a. a. O (Fn. 11), § 5 Rdn. 5.17.

114 Vgl. Habersack/Bayer/*Lieder*, Aktienrecht im Wandel, Band 1, S. 343 Rdn. 41.

115 Vgl. Habersack/Bayer/*Lieder*, Aktienrecht im Wandel, Band 1, S. 343 Rdn. 41.

116 Diesbezüglich taten sich Bremen und Hamburg hervor, vgl. Habersack/Bayer/*Lieder*, Aktienrecht im Wandel, Band 1, S. 343 Rdn. 42.

117 Vgl. Habersack/Bayer/*Lieder*, Aktienrecht im Wandel, Band 1, S. 344 Rdn. 44.

118 Vgl. Habersack/Bayer/*Lieder*, Aktienrecht im Wandel, Band 1, S. 344 Rdn. 44.

119 *Schubert/Hommelhoff*, a. a. O. (Fn. 29), S. 325, 387, 455.

die Zeichner die Anteile zu einem Betrag erwarben, der unter dem eigentlichen Anteil am Grundkapital lag. Mit solchen Emissionen erhoffte man sich höhere Anreize zur Zeichnung der Anteile, glaubte also die Absatzfähigkeit zu erhöhen.[120] Die Aktiengesellschaft konnte somit ihr ausgewiesenes Grundkapital in voller Höhe mangels Einzahlung erst gar nicht erreichen, was sowohl die Gläubiger als auch das Anlegerpublikum beeinträchtigte, da die wahre finanzielle Situation der Gesellschaft nunmehr unbekannt blieb.[121] Das Entstehen einer Unterbilanz war zwingende Folge, eine dagegen steuernde Unterbilanzhaftung der Gesellschafter bestand nicht. Von der Zulässigkeit einer solchen Emission ging die herrschende Meinung im Schrifttum aus, auch weil die Motive zur Novelle von 1870 diese Frage unbeantwortet ließen.[122] Eine Umkehr sollte vielmehr erst durch die Novellierung von 1884 erfolgen.[123]

cc) Aktienliberierung

Bei der Kommanditgesellschaft auf Aktien sollten aus Gründen der Kapitalerhaltung die ursprünglichen Zeichner zur Einzahlung des auf ihre Anteile entfallenden Restbetrages verpflichtet bleiben und auch durch die Gesellschaft nicht von dieser Pflicht befreit werden können, bis der volle Betrag geleistet worden war.[124] Bei der Aktiengesellschaft hingegen bestand für die Aktionäre die Pflicht zur Einzahlung nur in Höhe von 40% ihrer Einlageverpflichtung, in einigen Bundesstaaten sogar nur in Höhe von 25%.[125] In Höhe der verbleibenden mindestens 60% konnte die Gesellschaft ihre Gesellschafter von der Einlagepflicht befreien.[126] Die Übertragung der Grundsätze der Kommanditgesellschaft auf Aktien wurde abgelehnt, weil der Gesetzgeber unter Kenntnis anders lautender Vorschriften im europäischen Ausland in Bezug auf die Höhe der Einzahlungsverpflichtung darauf vertraute, dass der Aktionär auch bei bereits teilweise geleisteter Einzahlungen seine

120 Vgl. *Schubert/Hommelhoff*, a. a. O. (Fn. 29), S. 325.

121 Vgl. Habersack/Bayer/*Lieder*, Aktienrecht im Wandel, Band 1, S. 345 Rdn. 46.; *Schubert/Hommelhoff*, a. a. O. (Fn. 29), S. 325, 326.

122 Vgl. *Schubert/Hommelhoff*, a. a. O. (Fn. 29), S. 387, 455; so auch die Verhandlungen der Aktienrechtskommission, abgedruckt bei: *Schubert/Hommelhoff*, a. a. O. (Fn. 29), S. 228, 325 ff.

123 Habersack/Bayer/*Lieder*, Aktienrecht im Wandel, Band 1, S. 345 Rdn. 46.

124 Vgl. Habersack/Bayer/*Lieder*, Aktienrecht im Wandel, Band 1, S. 345 Rdn. 47.

125 Vgl. Habersack/Bayer/*Lieder*, Aktienrecht im Wandel, Band 1, S. 345 Rdn. 47; *Schubert/Hommelhoff*, a. a. O. (Fn. 29), S. 78, 79.

126 Vgl. Habersack/Bayer/*Lieder*, Aktienrecht im Wandel, Band 1, S. 345 Rdn. 47; *Schubert/Hommelhoff*, a. a. O. (Fn. 29), S. 78, 79.

„Investition nicht im Stich lassen“ würde.[127] Der oben angesprochene Zusammenhang zwischen Haftungsbeschränkung und Kapitalaufbringung sowie Kapitalerhaltung war dem Gesetzgeber zur damaligen Zeit unbekannt.[128] Bestand nun die Möglichkeit von der Einzahlungsverpflichtung in bestimmter Höhe Befreiungen auszusprechen, wurde dies von den einzelnen Gesellschaften in regem Umfang genutzt. Dies führte nicht nur zu dem Problem, dass Publikum und Gesellschaftsgläubiger nicht wussten, in welcher Höhe das Grundkapital überhaupt bestand, sondern auch dazu, dass die nicht voll eingezahlten Aktien voll gehandelt werden konnten. Dies erhöhte die Spekulationsbereitschaft der Marktteilnehmer, denn der Verlust der Aktionäre beschränkte sich nunmehr nur auf maximal 40% des eigentlich einzuzahlenden Betrags.[129] Vertraute der Gesetzgeber auf den treuen und seriösen Anleger, der seine Gesellschaft schon nicht im Stich lassen würde, blieb der spekulative Anleger, dem es nur auf schnelle Gewinne ankam, unberücksichtigt.[130]

Eine besondere Problematik entwickelte sich dabei, wenn die AG ihre Gesellschafter von der Verpflichtung zur Kapitaleinzahlung in Höhe von 60% befreit hatte, die Gesellschaft aber in der Folgenzeit Geld benötigte. Es bestand seitens der Aktiengesellschaft keine Pflicht, dieses Geld von den Altaktionären einzufordern, die ihre Einlage erst in Höhe der nichtbefreiten 40% erbracht hatten. Die Gesellschaft konnte vielmehr jederzeit eine Grundkapitalerhöhung durchführen, um ihren Kapitalbedarf zu decken. Da sie bei der Ausgabe neuer Aktien zudem ein Agio verlangen konnte, war dies der bevorzugte Weg.[131] Das frische Grundkapital wurde allerdings meist ebenfalls nur in Höhe von 40% erbracht, was die Spanne zwischen rechnerischem Grundkapital und tatsächlichem Kapital weiter vergrößerte. Dieser Weg, der kein unendlicher sein konnte, musste früher oder später zu einem wirtschaftlichen Zusammenbruch des Unternehmens und damit auch zu einem Verlust der Einlage bei den Aktionären führen.[132] Gerade die Möglichkeit der Liberierung von der Einlagepflicht in Höhe von 60% ermöglichte es Schwindlern, die wahren finanzielle Verhältnisse der Gesellschaft Dritten gegenüber zu verschleiern, zumal das damalige Bilanzierungsrecht ebenfalls nur unzureichend ausgeprägt war.[133]

---

127 Vgl. Habersack/Bayer/*Lieder*, Aktienrecht im Wandel, Band 1, S. 346 Rdn. 49.

128 Siehe oben Fn. 113.

129 Vgl. Habersack/Bayer/*Lieder*, Aktienrecht im Wandel, Band 1, S. 347 Rdn. 50; *Schubert/Hommelhoff*, a. a. O. (Fn. 29), S. 78, 79.

130 So auch Habersack/Bayer/*Lieder*, Aktienrecht im Wandel, Band 1, S. 347 Rdn. 50.

131 Vgl. Habersack/Bayer/*Lieder*, Aktienrecht im Wandel, Band 1, S. 347 f. Rdn. 47, 48.

132 Vgl. Habersack/Bayer/*Lieder*, Aktienrecht im Wandel, Band 1, S. 348 Rdn. 51.

133 So auch Habersack/Bayer/*Lieder*, Aktienrecht im Wandel, Band 1, S. 365 f. Rdn. 84 f.; *Reich*, a. a. O. (Fn. 37), S. 267, 268.

dd) Die Sachgründung

Den Gründern einer AG wurde darüber hinaus die Möglichkeit eingeräumt, anstelle von Bareinlagen auch Sachwerte in die Gesellschaft einzubringen. Diesbezüglich waren entsprechende Angaben über den Wert oder die dafür erhaltenen Aktien im Gesellschaftsvertrag festzulegen. Dies sah Art. 209b ADHGB 1870 vor. Durch die Festsetzungen im Gesellschaftsvertrag sollten zukünftige Aktionäre den Wert der Sacheinlage überprüfen können und somit davor geschützt werden, dass Sacheinlagen mit einem überhöhten Wert eingebracht würden.[134] Eine solche Einlage konnte allerdings trotz der gesetzlichen Regelung nicht verhindert werden. Denn zum einen mussten zu diesen keine näheren Angaben gemacht werden, zum anderen fehlte es an einer Überprüfung zur Feststellung der Werthaltigkeit der entsprechenden Sacheinlage.[135] Die bloßen Festsetzungen im Gesellschaftsvertrag waren somit zwar bekannt, aber – und das ist entscheidend – nach der damaligen Konzeption nicht überprüfbar.

b) Der Aufsichtsrat

Mit dem Wegfall des Konzessions-System sollten Aktionäre und Gesellschaftsgläubiger nicht nur durch normative Regelungen zur Kapitalaufbringung und Kapitalerhaltung geschützt werden, welche tatsächlich jedoch unzureichend waren. Vielmehr sollte ein solcher Schutz auch durch gesellschaftsrechtliche Institute, wie dem Aufsichtsrat, erreicht werden. Die Errichtung eines solchen war vor der Novellierung zwar aufgrund gesetzlicher Vorschriften möglich, keinesfalls aber verpflichtend. Das ADHGB von 1861 sah die Möglichkeit eines Aufsichtsrates in seinem Art. 225 Abs. 1 vor[136]:

> *„Ist ein Aufsichtsrath bestellt, so überwacht derselbe die Geschäftsführung der Gesellschaft in allen Zweigen der Verwaltung; er kann sich von dem Gange der Angelegenheiten der Gesellschaft unterrichten, die Bücher und Schriften derselben jederzeit einsehen und den Bestand der Gesellschaftskasse untersuchen. Er hat die Jahresrechnungen, die Bilanzen und die Vorschläge zur Gewinnvertheilung zu prüfen und darüber alljährlich der Generalversammlung der Aktionaire Bericht zu erstatten. Er hat eine Generalversammlung zu berufen, wenn dies im Interesse der Gesellschaft erforderlich ist.“*

In der Praxis gab es den Aufsichtsrat schon vor dem ADHGB von 1861, wurde dort aber als „Verwaltungsrat“ bezeichnet. Zudem war die konkrete Tätigkeit

134 Vgl. Habersack/Bayer/*Lieder*, Aktienrecht im Wandel, Band 1, S. 350 Rdn. 55.

135 Vgl. Habersack/Bayer/*Lieder*, Aktienrecht im Wandel, Band 1, S. 350 Rdn. 55.

136 Abgedruckt bei: *Schubert*, Verhandlungen über die Entwürfe eines Allgemeinen Deutschen Handelsgesetzbuches und eines Einführungs-Gesetzes zu demselben in beiden Häusern des preußischen Landtages im Jahre 1861, S. 51.

dieses Organs zunächst nicht klar festgelegt, bei mehr als 20 Gesellschaften hatte dieser Verwaltungsrat Vertretungs- und Geschäftsführungsfunktion.[137] Damit war das ADHGB der erste Schritt in die heute bekannte und gesetzlich vorgeschriebene dreigliedrige Verfassung der Aktiengesellschaft[138], wenngleich die Einrichtung eines Aufsichtsrats noch fakultativ war. Da eine tatsächliche Aufsicht des Vorstands aber von der Errichtung eines Aufsichtsrats abhing, war diese nicht immer gewährleistet. Zudem waren die Aufgaben der damaligen Generalversammlung auf das Treffen weniger Grundsatzentscheidungen beschränkt, sodass auch diesem Organ eine besondere Kontrollwirkung nicht zukam.[139] Nach der Systematik des ADHGB von 1861 bot damit die Konzessionspflicht, soweit sie in den Staaten überhaupt noch bestand, die einzige Möglichkeit zu einer irgendwie gearteten Kontrolle der Gesellschaft und Verhinderung von Schwindeleien. Tatsächlich konnte das Mittel der Konzession einen Betrug auch nicht wirksam verhindern.[140]

Daher änderte sich mit der Novelle von 1870 und dem Übergang vom Konzessions-System hin zum Normativ-System ebenfalls die Bedeutung des Aufsichtsrats. Sahen einige in dem Konzessionszwang noch einen Schutz der Anleger und Gläubiger, so musste ein Schutz auch nach dieser Ansicht nunmehr in anderer Form erfolgen. Neben den schon dargestellten und neu eingeführten Regelungen zum Kapitalschutz wurde der bisher fakultative Aufsichtsrat in Art. 209 Nr. 6 ADHGB 1870 nunmehr als verpflichtend vorgeschrieben.[141] Der Gesetzgeber hoffte auf diesem Weg eine fortwährende Überwachung des Vorstands erreichen zu können, da die Generalversammlung aufgrund ihrer nur seltenen Zusammenkunft diese Aufgaben tatsächlich nicht wahrnehmen konnte. Die Aufgaben ergaben sich nunmehr aus Art. 225 ADHGB 1870, der vom Umfang unverändert blieb. Tatsächlich aber waren die Regelungen über den Aufsichtsrat insgesamt nur unzureichend. Auch wenn dieser für die Überwachung des Vorstands zuständig war, wurde diese Kontrollmöglichkeit häufig ausgeschaltet: Über die Besetzung des Aufsichtsrates entschied die Generalversammlung, die dortige Stimmverteilung richtete sich nach den Anteilen an der Gesellschaft. Zwar sah der damalige Art. 191 ADHGB 1861, der auch für die Aktiengesellschaft galt, vor, dass der erste Aufsichtsrat nur für eine Dauer von höchstens einem Jahr bestellt werden durfte. Dies schloss aber nicht aus, dass die Gründer, die in der ersten konstituierenden Generalversammlung regelmäßig die Mehrheit der Anteile besaßen, in dieser bereits eine zweite Generalversammlung

137 Vgl. Habersack/Bayer/*Pahlow*, Aktienrecht im Wandel, Band 1, S. 269 f. Rdn. 66.

138 Vgl. Münch. Hdb. AG/*Wiesner*, 3. Aufl., § 19 Rdn. 1.

139 Vgl. Habersack/Bayer/*Pahlow*, Aktienrecht im Wandel, Band 1, S. 272 f. Rdn. 70.

140 Siehe schon oben unter Fn. 71.

141 Vgl. Habersack/Bayer/*Lieder*, Aktienrecht im Wandel, Band 1, S. 357, Rdn. 69.

anberaumten, die kurze Zeit nach der ersten stattfand. Aufgrund der geringen Zeitspanne zur ersten Versammlung behielten die Gründer regelmäßig die Mehrheit der Anteile und bestellten nun für die Höchstdauer von fünf Jahren erneut den Aufsichtsrat, der üblicherweise mit dem bereits bestehenden Aufsichtsrat identisch war. Somit blieb ihnen der Einfluss für die nächsten fünf Jahre, auch wenn sie nun ihre Anteile veräußerten.[142] Der Vorstand wurde dementsprechend mit geschäftsunerfahrenen oder vom Aufsichtsrat abhängigen Personen besetzt. Zwar kannte das Gesetz keine Weisungsbefugnis des Aufsichtsrats gegenüber dem Vorstand, doch waren die Gesellschaften in der gesellschaftsvertraglichen Ausgestaltung damals sehr frei und konnten dem Aufsichtsrat weitere Befugnisse übertragen, sodass ein solches Weisungsrecht über diesen Umweg implementiert werden konnte.[143] Auf diese Weise konnte das Ziel, Anleger und Gläubiger der Gesellschaft durch Überwachung der für die Geschäftsführung verantwortlichen Entscheidungsträger zu schützen, nicht erreicht werden, da diese tatsächlich im Aufsichtsrat saßen, der einer Kontrolle nicht unterworfen war.[144]

3. Vom Gründerschwindel zum Gründerkrach

Zu Beginn der 1870er Jahre kam es zu einer explosionsartigen Vermehrung von Unternehmensgründungen in der Form von Aktiengesellschaften. Hervorgerufen wurde diese durch das mittlerweile zur Verfügung stehende Kapital und durch die Wachstumserwartungen an das nunmehr gegründete Deutsche Reich.[145] Der Großteil dieser neuen Unternehmen war allerdings schon zu Beginn entweder unrentabel oder sogar unseriös. Die veröffentlichten Prospekte schilderten das Unternehmen in völlig falscher Weise, sei es, dass Risiken verschwiegen wurden, falsche Zahlen angegeben wurden oder von zu hohen Renditen ausgegangen wurde.[146] Darüber hinaus verzichtete man auf dem Höhepunkt der Gründungswelle im Jahr 1872 sogar vollständig auf die Veröffentlichung von Prospekten und begnügte sich mit einer kurzen Ankündigung in der Zeitung.[147] Somit war manchem Aktionär teilweise nicht einmal bekannt, in welcher Branche seine Gesellschaft

---

142 So Habersack/Bayer/*Lieder*, Aktienrecht im Wandel, Band 1, S. 363 Rdn. 80; vgl. insgesamt die allgemeine Begründung, abgedruckt bei: *Schubert/Hommelhoff*, a. a. O. (Fn. 29), S. 459.

143 Vgl. dazu insgesamt Habersack/Bayer/*Lieder*, Aktienrecht im Wandel, Band 1, S. 361 f. Rdn. 77; *Schubert/Hommelhoff*, a. a. O. (Fn. 29), S. 86, 91.

144 Vgl. Habersack/Bayer/*Lieder*, Aktienrecht im Wandel, Band 1, S. 363 Rdn. 80.

145 Vgl. *Gömmel*, a. a. O. (Fn. 41), S. 153

146 Vgl. *Gömmel*, a. a. O. (Fn. 41), S. 153.

147 Vgl. *Gömmel*, a. a. O. (Fn. 41), S. 153.

überhaupt tätig war. Auch wurden bei der Gründung die bestehenden Normativbestimmungen entweder umgangen oder sie erwiesen sich zum Beispiel im Punkt der möglichen Liberierung von der Einzahlungspflicht in Höhe von 60% für einen effektiven Kapitalschutz als unzureichend.[148] Die Einsetzung des nun obligatorischen Aufsichtsrats verlor durch die bereits dargstellte Umgehungsmöglichkeit daher an Wirkung und förderte den Gründungsschwindel sogar noch. Nicht selten wurde die vorgeschriebene Mindesteinzahlung von 10% des Grundkapitals fingiert oder derselbe Geldbetrag für die Gründung mehrerer Unternehmen genutzt.[149] Das nachfolgende Beispiel war typisch[150]:

> *„Es sind Fälle vorgekommen, wo bei irgend einem Banquier die 10 Procent geliehen worden sind gegen ½ Procent Provision für eine halbe Stunde. In Anwesenheit des Notars kam der Diener, brachte das Geld, legte es auf den Tisch, und der Notar konstatirte, dass das Geld da war. Wenn der Notar weg war, nahm der Diener die 10 Procent mit und der Notar hatte das Attest gegeben, daß das Geld da war, d.h. die Herren geben sich im Grunde selbst das Attest“.*

Durch die Möglichkeit der Sacheinlage wurden die tatsächlichen Werte dieser verschleiert und viel zu hoch angesetzt; die Gesellschaft verfügte so zu keinem Zeitpunkt über das angebliche Grundkapital.[151] Eine Überprüfung der angegebenen Zahlen durch das Registergericht war in der Novelle nicht vorgesehen und unterblieb daher. Eine Prüfung durch den Aufsichtsrat erfolgte ebenfalls nicht, denn der Aufsichtsrat bestand in der Regel aus Personen, die dem Kreis der Gründer entstammten und nicht selten direkt am Schwindel beteiligt waren.[152]

Der erlebte Aufschwung war trotz der guten wirtschaftlichen Bedingungen zu einem großen Teil von der Spekulation getragen. Die Menschen erkannten in der Börse ein Instrument, ohne Arbeit reich zu werden und stellten dem Markt immer mehr Kapital zur Verfügung.[153] In der Spitze führte dies zur Gründung von Aktiengesellschaften, deren einziger Zweck praktisch darin bestand, die eigenen Aktien an diesem Unternehmen als Spekulationsobjekt zur Verfügung zu stellen; der

---

148 Zur Liberierung siehe oben Seite 38 f.; vgl. *Hirte*, a. a. O. (Fn. 11), § 1 Rdn. 1.43.

149 Vgl. *Reich*, a. a. O. (Fn. 37), S. 269.; vgl. auch die allgemeine Begründung für den Entwurf eines Gesetzes betreffend die KGaA und AG (1884), abgedruckt bei: *Schubert/Hommelhoff*, a. a. O. (Fn. 29), S. 407, 414.

150 Beispiel abgedruckt bei: Habersack/Bayer/*Lieder*, Aktienrecht im Wandel, Band 1, S. 353 f. Rdn. 63, Fn. 198; vgl. auch das Beispiel in Habersack/Bayer/*Hofer*, Aktienrecht im Wandel, Band 1, S. 389 Rdn. 2, Fn. 9.

151 Vgl. *Schnorr*, a. a. O. (Fn. 55), S. 24; *Schubert/Hommelhoff*, a. a. O. (Fn. 29), S. 64.

152 Siehe zum Aufsichtsrat oben Seite 40 ff.

153 Vgl. Habersack/Bayer/*Lieder*, Aktienrecht im Wandel, Band 1, S. 380 f. Rdn. 113.

eigentliche Unternehmensgegenstand war den Aktionären nicht wichtig.[154] Die Aktienkurse waren aufgrund der erwarteten Dividende bereits stark gestiegen. Da für den Anstieg jedoch die bloße Spekulation maßgeblich war, der erhoffte wirtschaftliche Erfolg der Unternehmen jedoch ausblieb, fehlte bald schlichtweg das Geld, um eine bezogen auf den Kurs angemessene Dividende und damit eine entsprechende Rendite zahlen zu können. Zudem stand dem Kapital bald ein Überangebot an Anlagemöglichkeiten in Form von immer weiteren, neu gegründeten Gesellschaften zur Verfügung, was schließlich zu erheblichen Kursverlusten führte.[155]

Die Phase des Gründerschwindels endete dann im Börsenkrach von 1873, der am 9. Mai des Jahres in Wien seinen Anfang nahm. Hatte die Franco-Ungarische Bank in Budapest für den 1. Juli 1873 noch eine Dividende von 12,5% angekündigt, so forderte sie nunmehr ihre Aktionäre zur Nachzahlung von noch offenen Einlagen auf das Grundkapital auf.[156] Daraufhin schränkte die Österreichische Kreditanstalt ihre bisherige Praxis der Kreditvergabe massiv ein und lehnte die Prolongation offener Kredite ab. Infolgedessen kam es zu einer Vertrauenskrise auf dem Kapitalmarkt und schließlich zum Entzug von Kapital bei den Gesellschaften, was sich wiederum in massiven Kursverlusten auswirkte. Diese Vertrauenskrise griff in der Folge auch auf andere Börsenplätze in Europa aber auch in den USA über. In New York folgte am 19. September 1873 die Pleite des Bankhauses „Jay Cooke & Company", die zu Panikverkäufen und schließlich zur Schließung der New Yorker Börse bis zum 29. September 1873 führte. Im Zuge dessen ereignete sich in Berlin im Oktober der Zusammenbruch der Vereinsbank Quistorp & Co., was zur Ausweitung der Krise nun auch im deutschen Reich führte. Die nun seitens der Banken geübte Zurückhaltung bei der Verlängerung von Krediten aufgrund des fehlenden Vertrauens in die Unternehmen war besonders für die deutschen Gesellschaften verheerend, weil diese stark kreditfinanziert waren.[157] Gerade im Punkt der Unternehmensfinanzierung sollten sich nun die ungenügenden Vorschriften zur Kapitalaufbringung betreffend die Aktiengesellschaft im ADHGB von 1870 zeigen, da fehlendes Eigenkapital zwingend zur Aufnahme von Krediten führen musste, was die Abhängigkeit der Unternehmen von den Banken und deren Anfälligkeit noch verstärkte. Am Ende stand ein Kursverlust bezogen auf den Vergleich der Jahre 1872 und 1873 von durchschnittlich

154 Vgl. Habersack/Bayer/*Lieder*, Aktienrecht im Wandel, Band 1, S. 379 f. Rdn. 112.

155 Vgl. Großkomm. AktG/*Assmann*, 4. Aufl., Einl. §§ 1–53 Rdn. 90; Habersack/Bayer/*Lieder*, Aktienrecht im Wandel, Band 1, S. 380 f. Rdn. 113.

156 Vgl. *Gömmel*, a. a. O. (Fn. 41), S. 155.

157 Vgl. Hopt/*Merkt*, a. a. O. (Fn. 41), S. 59, 60.

46% zu Buche.[158] Hatten die Aktionäre ihre Anteile nicht mehr rechtzeitig verkaufen können, so verloren sie ein Großteil ihres Vermögens und im Fall einer Insolvenz und Liquidierung der Gesellschaft dieses sogar vollständig. Insgesamt zeigte sich in der Krise aber auch, dass sie auch durch ein Konzessions-System nicht hätte verhindert werden können, wie es noch in früherer Zeit angeführt wurde. Denn ein solches galt zu diesem Zeitpunkt weiterhin in Österreich, wo der Gründerkrach seinen Anfang nahm.[159] Es sollte schließlich bis ins Jahr 1879 dauern, ehe die Wirtschaft eine leichte Erholung zeigte.

C. Die notarielle Beurkundung in der Praxis vor der 2. Aktienrechtsnovelle

Erwiesen sich die durch die erste Novelle von 1870 neu eingeführten Bestimmungen zum Schutz der Aktionäre und Gläubiger in der Praxis als unzureichend und leicht umgehbar, wurden nun Möglichkeiten gesucht, um beim Anlegerpublikum höheres Vertrauen in die einzelnen Gesellschaften zu schaffen. Denn nicht jedes Unternehmen war auf die schwindelhafte Bereicherung ihrer Gründer ausgelegt. Viele Gründer erkannten in der Aktiengesellschaft die einzige Möglichkeit ihr kapitalintensives Vorhaben umzusetzen, indem sie eine möglichst breite Masse an der Finanzierung und der später, so hoffentlich, folgenden Gewinnverteilung beteiligen wollten. Dementsprechend wichtig war es ihnen, ihre Seriösität auch nach außen zu demonstrieren. Dies zeigte sich besonders in Beschlüssen der Hauptversammlung, welche für die Aktionäre, den Vorstand, den Aufsichtsrat und die Gläubiger der Gesellschaft eine enorme Bedeutung hatten. Sah das ADHGB von 1870 in seinen aktienrechtlichen Vorschriften nur für den Fall des Abschlusses des Gesellschaftsvertrages (Art. 209a, 209b), für die Fortsetzung der Gesellschaft oder die Änderung der Statuten (Art. 214) und die Auflösung der Gesellschaft (Art. 242 Ziff. 2) die gerichtliche oder notarielle Beurkundung vor[160], wurde in der Praxis häufig bei jedem Beschluss der Generalversammlung dessen notarielle oder gerichtliche Beurkundung vorgenommen.[161] Man erhoffte sich, dass auf diese Weise sowohl das Gesetz als auch die

---

158 Vgl. *Gömmel*, a. a. O. (Fn. 41), S. 156.

159 Vgl. Habersack/Bayer/*Lieder*, Aktienrecht im Wandel, Band 1, S. 381 Rdn. 117; *Reich*, a. a. O. (Fn. 37), S. 269.

160 Die Vorschriften abgedruckt bei: *Schubert/Hommelhoff*, a. a. O. (Fn. 29), S. 107, 115 f., 117 f., 124.

161 So die besondere Begründung für den Entwurf eines Gesetzes betreffend die KGaA und AG (1884), abgedruckt bei: *Schubert/Hommelhoff*, a. a. O. (Fn. 29), S. 505 f.

Satzung der Gesellschaft sorgfältiger beachtet würden, was im Folgenden auch das Vertrauen in die Beschlussfassung der Gesellschaft erhöhen und die Gefahr von durch Betrug motivierte Beschlüsse verringern sollte. Ebenfalls wurde in dieser Art der Beurkundung aufgrund des damit einhergehenden erhöhten Vertrauens ein Vorteil im Wettbewerb um das begehrte Anlagekapital gesehen. Tatsächlich spiegelten sich in den Beschlüssen der Generalversammlungen eher augenblickliche Interessen wider, welche auf die Vergrößerung von Spekulationsgewinnen gerichtet waren, als solche, die eine Förderung des Unternehmens bezweckten.[162] Den Privaturkunden über die gefassten Beschlüsse kam insgesamt nur ein geringer Beweiswert zu, was zu einer gewissen Ungewissheit darüber führte, ob und welche Beschlüsse nun tatsächlich gefasst wurden.[163] Notarielle oder gerichtliche Beurkundungen genossen damit einen höheren Stellenwert und höheres Vertrauen. Der im Zuge der zweiten Aktienrechtsnovelle im Jahr 1884 neu gefasste Art. 238a ADHGB sollte dann schließlich vorsehen, dass, ähnlich dem heutigen § 130 Abs. 1 S. 1 AktG, jeder Beschluss der Generalversammlung zu seiner Gültigkeit der gerichtlichen oder notariellen Beurkundung bedurfte, sodass die damals schon gelebte Praxis Einzug ins Gesetz fand.

D. Die zweite Aktienrechtsnovelle vom 18. Juli 1884

Die besonders während des Gründerschwindels festgestellten und im Gründerkrach endenden Unzulänglichkeiten der ersten Novelle von 1870 sollten durch eine zweite Novelle im Jahr 1884 behoben werden.

I. Die Initiative der preußischen Staatsregierung im Jahr 1876

Bereits im März 1873 regte der nationalliberale Abgeordnete *Eduard Lasker* aufgrund der eingetretenen Missstände im Bereich des Aktienwesens beim Reichskanzler eine Reform des Aktienrechts an. Diese Anregung war nicht von Erfolg gekrönt, da der Justizausschuss, vom Reichskanzleramt 1874 eingeschaltet, vorschlug, eine Änderung des Aktienrechts bis zu einer Neufassung des ADHGB zu verschieben. Diesem Vorschlag schloss sich im Weiteren auch der Bundesrat an und wies die Forderung nach einer Novellierung daher zunächst noch zurück.[164]

---

162 Vgl. Großkomm. AktG/*Assmann*, 4. Aufl., Einl. §§ 1–53 Rdn. 90.

163 Vgl. *Faßbender*, RNotZ 2009, 425, 426, 427.

164 Vgl. insgesamt Habersack/Bayer/*Hofer*, Aktienrecht im Wandel, Band 1, S. 390 f. Rdn. 4 f.

Im Jahr 1876 beantragte die preußische Staatsregierung im Bundesrat eine Reform des Aktienrechts.[165] Man ging von einer baldigen Verbesserung der wirtschaftlichen Situation aus und wollte die damit einhergehende Gefahr einer Wiederholung des Gründerschwindels durch die Novellierung maßgeblicher aktienrechtlicher Vorschriften ausschließen.[166] Dem Antrag lag das Ergebnis einer Kommission zur Untersuchung der Missstände im deutschen Aktienwesen zugrunde, die in Preußen eingesetzt wurde und die eine Reform für unumgänglich hielt.[167] Insgesamt dauerte es jedoch bis 1883, ehe ein dementsprechender Entwurf in den Bundesrat eingebracht wurde und dieser am 14. August 1884 durch eine Neufassung der maßgeblichen Vorschriften des ADHGB in Kraft trat.[168]

II. Inhaltliche Änderungen

Wurden mit der Umstellung vom Konzessions-System auf das Normativ-System Regelungen geschaffen, die den nun entfallenden vermeintlichen Schutz der Anleger und Gläubiger durch die frühere Erlaubnispflicht ersetzen sollten, erwiesen sich diese in der Praxis als unzureichend.[169] Schließlich konnten die neu geschaffenen Regelungen nicht verhindern, dass die Aktiengesellschaften nicht über das ausgewiesene Grundkapital, welches die Haftungsmasse der Aktiengesellschaft darstellt, verfügten. Die maßgeblichen Vorschriften waren hierzu, wie aufgezeigt, bereits von Anfang an ungeeignet. Dies sollte durch die zweite Novelle entscheidend verbessert werden, sah man doch die Aktiengesellschaft als eine unbedingt erforderliche Unternehmensform an.[170]

Ebenfalls sollte eine Reform der Organisationsverfassung, gerade im Hinblick auf Generalversammlung und Aufsichtsrat erfolgen. Denn die hierzu bestehenden Regelungen führten nicht zu der erhofften Umsetzung des vom Gesetzgeber angedachten Grundkonzepts. Dieses sollte nun durch eine Änderung der maßgeblichen Vorschriften eine wesentliche Verbesserung erfahren.

---

165 Der schriftliche Antrag von 1877 vollständig abgedruckt bei: *Schubert/Hommelhoff*, a. a. O. (Fn. 29), S. 127 ff.

166 Vgl. Habersack/Bayer/*Hofer*, Aktienrecht im Wandel, Band 1, S. 392 Rdn. 7.

167 So *Reich*, a. a. O. (Fn. 37), S. 274.

168 RGBl. 1884, 123.

169 Siehe dazu oben Seite 36 ff.

170 Vgl. *Reich*, a. a. O. (Fn. 37), S. 271.

1. Der Kapitalschutz

Aufgrund der negativen Erfahrungen in den 1870ern stand die zweite Novelle unter der Leitlinie, den Schutz der Aktionäre sicherzustellen.[171] Dementsprechend sollte insbesondere das Gründungsrecht verbessert werden, denn gerade die unzureichenden Vorschriften zur Gründung begünstigten den erlebten Gründungsschwindel.

a) Aufbringung des Grundkapitals

War durch die erste Novelle des Aktienrechts nicht gewährleistet, dass die Gründer das Grundkapital auch vollständig aufgebracht hatten, so schuf der Gesetzgeber nun Regelungen, mit denen dies sichergestellt werden sollte.

Zum einen wurde ein gesellschaftsinternes Prüfungsverfahren eingeführt, im Rahmen dessen der Gründer gegenüber Vorstand und Aufsichtsrat als die Gründungsorgane erklären musste, dass sämtliche Aktien übernommen worden waren. Die Kontrolle der Kapitalaufbringung wurde den Gründern entzogen und besonderen Revisoren übertragen, um sicherzustellen, dass die Gründer zwar in die Gründungsorgane eintreten, die obligatorische Prüfung aber nicht beeinflussen konnten. Der Bericht über die Prüfung war bei der Registeranmeldung einzureichen. Damit wurde ergänzend überprüft, ob der oder die Gründer das Grundkapital rechtswirksam übernommen hatten, die Gesellschaft ihnen gegenüber also einen Anspruch auf Zahlung besaß.[172] Das interne Prüfungsverfahren war durch zivil- und strafrechtliche Sanktionen abgesichert, die teilweise noch heute Geltung besitzen.[173]

b) Erhöhung der Mindesteinzahlungsquote auf 25%

Litt die Novelle von 1870 nicht nur daran, dass die Einzahlung der Anteile keiner angemessenen Kontrolle unterlag, so erwies sich auch die Einzahlungspflicht in Höhe von 10 bzw. 20%, abhängig vom Unternehmensgegenstand, in der Praxis als unzureichend. Daher wurde eine Erhöhung der Einzahlungsquote gefordert, um eine „erhöhte Garantie für die Ernstlichkeit der Investition" zu schaffen.[174] Denn eine zu geringe Ersteinzahlung sollte nicht nur keine hinreichende Gewähr für die

171 Vgl. Habersack/Bayer/*Hofer*, Aktienrecht im Wandel, Band 1, S. 398 Rdn. 15.

172 Vgl. *Schubert/Hommelhoff*, a. a. O. (Fn. 29), S. 69 ff.

173 So zum Beispiel der Gedanke der Haftungskanalisierung, nach dem bei Verletzung von Gründungsvor-schriften mögliche Schadensersatzansprüche allein der Gesellschaft und nicht den Aktionären zustehen, vgl. hierzu § 43 Abs. 2, 3 GmbHG; vgl. *Schubert/Hommelhoff*, a. a. O. (Fn. 29), S. 71, 72.

174 Habersack/Bayer/*Lieder*, Aktienrecht im Wandel, Band 1, S. 345 Rdn. 45.

spätere Einzahlung des gesamten Gründungskapitals bieten können, vielmehr noch sollte eine solch geringe Einzahlungsquote die „Schwindelgründungen“ sogar begünstigen, bei denen es den Gründern nur auf möglichst hohe Ausgabeaufschläge auf die einzelnen Aktien ankam.[175] Als für die Zweckerreichung insgesamt ausreichend wurde eine Einzahlungsquote von 25% angesehen, deren Einhaltung durch die Gründungsprüfung gewährleistet war.[176] Vereinzelt wurde sogar gefordert, bei der Zeichnung müsste bereits das volle Grundkapital eingezahlt werden. Dies sah der Gesetzgeber aber als unwirtschaftlich an, denn in den allermeisten Fällen sollte für die Gesellschaften in diesem Zeitpunkt ein Bedürfnis nach voll eingezahltem Grundkapital nicht bestehen.[177] Zudem wurde befürchtet, die Gesellschaft könnte eine solche Geldmenge für unternehmensfremde Zwecke gebrauchen und so, wie zum Beispiel durch Spekulation, wieder teilweise oder sogar vollständig verlieren.[178]

c) Überprüfung der Sacheinlage

Aufgrund der nicht existierenden Überprüfung des tatsächlichen Wertes einer Sacheinlage und den sich daraus ergebenden Folgen, wurden Regelungen eingeführt, mit denen die Einbringung überhöhter Sacheinlagen verhindert werden sollte. Bei der Einbringung von Sacheinlagen mussten nunmehr alle diese betreffenden Einzelheiten angegeben werden, um eine ausreichende Publizität zu gewährleisten. So sollte erkannt werden, wenn ein Gegenstand durch mehrmalige Verkäufe zu immer höheren Preisen künstlich im Wert gesteigert wurde. Das Aufdecken sämtlicher Einzelheiten über die Sacheinlage wurde durch die Pflicht erreicht, dass der Name der Person, die die Sacheinlage erbrachte, der Gegenstand der Sacheinlage und die Anzahl der Aktien, die die Person für die Sacheinlage erhalten sollte, im Gesellschaftsvertrag aufzunehmen waren, Art. 209b Abs. 2 ADHGB 1884.[179] Des Weiteren wurden im Fall einer Sacheinlage die Erbringer dieser dazu verpflichtet, gegenüber der Gesellschaft eine Erklärung abzugeben, in der sie den im Gesellschaftsvertrag festgesetzten Wert der Sacheinlage

---

175 So die amtliche Begründung in: *Schubert/Hommelhoff*, a. a. O. (Fn. 29), S. 443.

176 Hierzu die amtliche Begründung bei: *Schubert/Hommelhoff*, a. a. O. (Fn. 29), S. 441; vgl. Art. 210 Abs. 3 S. 1; 209f - 209h ADHGB 1884.

177 Für den Bau einer Eisenbahnstrecke benötigten die Verantwortlichen das dafür erforderliche Kapital ent-sprechend dem Baufortschritt, so die allgemeine Gesetzesbegründung, in: *Schubert/Hommelhoff*, a. a. O. (Fn. 29), S. 444.

178 Vgl. *Schubert/Hommelhoff*, a. a. O. (Fn. 29), S. 443 f.

179 Eine Regelung, die bis heute im Recht der AG und GmbH Bestand hat, § 27 Abs. 1 AktG, § 5 Abs. 4 S. 1 GmbhG, vgl. *Schubert/Hommelhoff*, a. a. O. (Fn. 29), S. 74.

begründen und als angemessen rechtfertigen mussten.[180] Schließlich war noch die Wertentwicklung des Einlagegegenstandes in den vergangenen zwei Jahren darzulegen. Für den Fall, dass die Sacheinlage durch Vorstands- oder Aufsichtsratsmitglieder erbracht wurde, schalteten sich zudem zusätzlich besondere Revisoren ein, die die Angaben überprüften und einen Bericht hierüber anfertigten.[181]

d) Die Beseitigung der Aktienliberierung

Die oben bereits dargestellte Möglichkeit der Aktienliberierung in Höhe von 60% der Einlagepflicht nach dem ADHGB von 1870 führte dazu, dass viele Aktiengesellschaften zu keinem Zeitpunkt über das eingetragene Grundkapital verfügten.[182] Dies begünstigte den Gründungsschwindel in einem ungeheuren Maße, da hierdurch das Risiko des Verlustes für den Aktionär auf einen Betrag in Höhe von 40% seiner Einlageverpflichtung begrenzt werden konnte.[183] Häufig wurde auch bereits mit Aktien, deren Anteil nur zu 40% eingezahlt war, gehandelt. Es war ein wesentliches Anliegen des Gesetzgebers ein solches in Zukunft zu verhindern, sollte doch die Gründung „unseriöser Schwindelgründungen" zum Zweck der Aktienspekulation eingedämmt werden.[184] Dazu hob er die Haftungsbeschränkung des Aktionärs für den Fall der noch nicht in voller Höhe geleisteten Einlage auf (Artt. 219 Abs. 2, 184a Abs. 2 S. 4, Abs. 3 ADHGB) und erschwerte die Umlauffähigkeit solcher Anteile indem er schließlich die Ausgabe von Aktienurkunden vor Volleinzahlung verbot (Art. 215c Abs. 3 S. 1 ADHGB). Kam es dennoch zu einer Veräußerung, haftete der Veräußerer über einen Zeitraum von zwei Jahren für den Fall, dass der Erwerber die volle Einlage nicht erbringen sollte (Artt. 219 Abs. 2, 184b ADHGB).[185] Primär sollte der aktuelle Inhaber der Aktie zur Volleinzahlung verpflichtet sein.[186] Damit einhergehend wurde das Mitgliedschaftsrecht für die Gesellschaft zum Befriedigungsobjekt für die noch offene Einlageverpflichtung erklärt, sodass die Gesellschaft auf dieses nunmehr außerhalb der Zwangsvollstreckung unter erleichterten Umständen zugreifen konnte.[187]

---

180 Vorläufer des späteren Gründungsberichts nach § 32 Abs. 1 AktG, vgl. *Schubert/Hommelhoff*, a. a. O. (Fn. 29), S. 74.

181 Vgl. *Schubert/Hommelhoff*, a. a. O. (Fn. 29), S. 75.

182 Ob dieses auch dem Unternehmensgegenstand angemessen gewesen wäre, ist eine andere Frage.

183 Dazu siehe oben Fn. 129.

184 So *Schubert/Hommelhoff*, a. a. O. (Fn. 29), S. 79.

185 Diese Verantwortlichkeit war als subsidiäre Haftung ausgestaltet.

186 Vgl. Habersack/Bayer/*Hofer*, Aktienrecht im Wandel, Band 1, S. 409 Rdn. 35.

187 Vgl. *Schubert/Hommelhoff*, a. a. O. (Fn. 29), S. 79.

2. Organschaftliche Änderungen

Mit der zweiten Aktienrechtsnovelle ergingen auch organschaftliche Änderungen. Zum einen sollten die Rechte der Aktionäre gestärkt werden, zum anderen der Aufsichtsrat die ihm zugewiesene Funktion, nämlich die Überwachung des Vorstands, effektiv ausüben können.

a) Die Generalversammlung und die Beurkundungspflicht

Der Gesetzgeber sah es zur Vermeidung der Wiederholung des Gründerschwindels im kommenden Wirtschaftsaufschwung als erforderlich an, sämtliche Gesellschaftsorgane gegenüber den Gründern zu stärken.[188] Denn die Missstände des Aktienrechts von 1870 nutzten gerade die Gründer aus, da diese am ehesten profitieren konnten.

Die Wahl des Aufsichtsrates wurde daher zur zwingenden und unentziehbaren Pflicht der Generalversammlung.[189] Der Einfluss der Gründer in die Besetzung des Aufsichtsrates, der nach der Konzeption von 1870 in einem erheblichen Umfang bestand, wurde zugunsten der Generalversammlung zurückgenommen. Nunmehr endete die Bestellung des Gründungsaufsichtsrats, welcher durch die Gründer gewählt wurde, spätestens ein Jahr nach der Entstehung der Gesellschaft. Konnten die Gründer nach altem Recht in der konstituierenden Sitzung der Generalversammlung den Aufsichtsrat noch für die Höchstdauer von fünf Jahren bestellen, endete die Amtszeit dieses Aufsichtsrats nunmehr zwingend spätestens ein Jahr nach Ent-stehung der Gesellschaft. Innerhalb dieses Jahres konnte die Amtszeit nicht verlängert werden.[190] Somit musste der Aufsichtsrat am Ende seiner Periode zwingend von einer Generalversammlung neu gewählt werden, von der man ausging, dass die Gründer in dieser mangels ausreichender Aktien keinen bestimmenden Einfluss mehr hatten.[191]

Sämtliche Beschlüsse der Generalversammlung waren darüber hinaus notariell oder gerichtlich zu beurkunden. Wurde eine solche Beurkundung in der Praxis bereits in vielen Fällen einfach deshalb vorgenommen, um mehr Vertrauen

---

188 Vgl. *Schubert/Hommelhoff*, a. a. O. (Fn. 29), S. 87.

189 Artt. 224, 191 Abs. 1 ADHGB, abgedruckt bei: *Schubert/Hommelhoff*, a. a. O. (Fn. 29), S. 393, 399.

190 Artt. 224, 191 Abs. 2 ADHGB, abgedruckt bei: *Schubert/Hommelhoff*, a. a. O. (Fn. 29), S. 393, 399.

191 So die allgemeine Begründung, abgedruckt bei: *Schubert/Hommelhoff*, a. a. O. (Fn. 29), 459; vgl. *Schubert/Hommelhoff*, a. a. O. (Fn. 29), S. 87, 88.

in die Richtigkeit der Beschlüsse der Generalversammlung zu schaffen[192] und nur in einigen wenigen Fällen aufgrund gesetzlicher Anordnung, sah Art. 238a Abs. 1 ADHGB eine solche Beurkundungspflicht bei allen Beschlüssen der Generalversammlung vor, da der Gesetzgeber diesen erhöhte Wichtigkeit zumaß.[193] Zudem ging der Gesetzgeber davon aus, dass durch die Anwesenheit eines Richters oder Notars in der Generalversammlung „Gesetz und Statut" bei der Fassung der Beschlüsse sorgfältiger beachtet würden.[194] Damit im Zusammenhang stand die in Art. 238a Abs. 2 ADHGB statuierte Pflicht des Vorstandes, eine Abschrift des Beschlusses beim Handelsregister einzureichen, wodurch Dritten die Möglichkeit gegeben wurde, Einblick in die Vermögensverhältnisse und die rechtliche Ausgestaltung des Unternehmens zu nehmen, was sowohl zu einer Erhöhung des Anleger- aber auch des Gläubigerschutzes führte und die Bedeutung des Handelsregisters insgesamt erhöhte.[195]

b) Der Aufsichtsrat

Neben der aufgezeigten Stärkung der Generalversammlung gegenüber den Gründern, wollte der Gesetzgeber die bestehenden Regelungen über den Aufsichtsrat und dessen Überwachungspflichten verbessern.

Das Gesetz von 1870 bot noch die Möglichkeit der Übertragung weiterer Aufgaben auf den Aufsichtsrat und erfasste auch solche, die das operative Geschäft des Unternehmens betrafen. Dieses hatte nicht nur zur Folge, dass die Gründer über den Aufsichtsrat weiter Einfluss auf die Geschäfte des Unternehmens ausüben konnten, sondern führte auch dazu, dass der Aufsichtsrat aufgrund seiner Einbeziehung in die Geschäftsführung an einer Kontrolle seiner eigenen Maßnahmen typischerweise wenig Interesse hatte und seine Überwachungspflichten in der Folge häufig vernachlässigte.[196] Die Reform des Aktiengesetzes bestand, bezogen auf den Aufsichtsrat, folglich darin, Vorstand und Aufsichtsrat voneinander zu trennen, die eigentlichen Funktionen des Aufsichtsrats zu konkretisieren, die Überwachungspflichten zu verschärfen und Pflichtverstöße des Aufsichtsrats zu sanktionieren.[197]

---

192 Näheres oben Seite 45 f.

193 Vgl. *Priester*, DNotZ 2001, 661, 663.

194 Vgl. die amtliche Begründung bei: *Schubert/Hommelhoff*, a. a. O. (Fn. 29), S. 505, 506.

195 Vgl. die amtliche Begründung bei: *Schubert/Hommelhoff*, a. a. O. (Fn. 29), S. 505, 506.

196 So *Schubert/Hommelhoff*, a. a. O. (Fn. 29), S. 91.

197 Vgl. *Schubert/Hommelhoff*, a. a. O. (Fn. 29), S. 91.

aa) Trennung von Vorstand und Aufsichtsrat

Um eine solche Trennung zu erreichen, verbot die Novelle von 1884 die gleichzeitige Zugehörigkeit einer Person zu Vorstand und Aufsichtsrat und knüpfte für die Zugehörigkeit ehemaliger Vorstandsmitglieder zum Aufsichtsrat die Voraussetzung ihrer Entlastung.[198] Hinsichtlich der Trennung der Aufgaben von Vorstand und Aufsichtsrat lehnte es der Gesetzgeber ab, den Aufsichtsrat zu einem reinen Überwachungsorgan zu funktionalisieren. Denn für eine effektive Überwachung sollte eine Beteiligung an der Verwaltung erforderlich sein.[199] Daher wurde es dem Satzungsgeber überlassen, welche weiteren Aufgaben auf den Aufsichtsrat übertragen werden sollten.[200] Eine Verbesserung der Überwachungsfunktion sollte also nicht durch Beschneidung der Aufgabenverteilung erreicht werden, vielmehr wurden die Regelungen zur Überwachungspflicht verschärft. Das einzelne Aufsichtsratsmitglied sollte Adressat einer persönlichen Sanktion für den Fall eines Verstoßes gegen die Überwachungspflicht werden. Konkrete Überwachungspflichten wurden allerdings nicht aufgestellt, da diese zu sehr vom jeweiligen Einzelfall, der Gesellschaft und ihren Verhältnissen abhingen; es bestand für die Aufsichtsratsmitglieder somit ein Überwachungsermessen, welches pflichtgemäß auszuüben war.[201] Um schließlich zu gewährleisten, dass der Aufsichtsrat von fähigen Personen besetzt wurde, sah Art. 226 Abs. 1 ADHGB als Haftungsmaßstab die Sorgfalt eines ordentlichen Kaufmannes vor.

bb) Die Schadensersatzpflicht des Aufsichtrats

Im Fall eines Verstoßes des Organmitglieds gegen die oben aufgezeigten Pflichten kam der neu geschaffene Art. 226 ADHGB zum Zuge, der einen Schadensersatzanspruch der Gesellschaft gegen das einzelne Aufsichtsratsmitglied kodifizierte.[202] Daneben bestand eine weitere (Außen-)haftung der Aufsichtsratsmitglieder für den Fall des bestimmten Verstoßes gegen Einzelpflichten zur Kapitalerhaltung. Lag ein solcher vor, erhielten die Gesellschaftsgläubiger einen direkten Schadensersatzanspruch gegen

---

198 Art. 225a ADHGB, abgedruckt bei: *Schubert/Hommelhoff*, a. a. O. (Fn. 29), S. 399.

199 So die amtliche Begründung, abgedruckt bei: *Schubert/Hommelhoff*, a. a. O. (Fn. 29), S. 460.

200 Art. 225 Abs. 3 ADHGB. abgedruckt bei: *Schubert/Hommelhoff*, a. a. O. (Fn. 29), S. 399.

201 Vgl. *Schubert/Hommelhoff*, a. a. O. (Fn. 29), S. 95.

202 Dieser allgemeine Schadensersatzanspruch ist heute in §§ 116, 93 Abs. 2 AktG niedergelegt; Art. 226 ADHGB abgedruckt bei: *Schubert/Hommelhoff*, a. a. O. (Fn. 29), S. 399.

die einzelnen Aufsichtsratsmitglieder, wenn sie von der Gesellschaft keine Befriedigung erlangen konnten, Art. 226 Abs. 3 ADHGB.[203] Dies wurde damit begründet, dass die Aufsichtsratsmitglieder bei der Überwachung, wenigstens mittelbar, zugleich die Interessen der Gesellschaftsgläubiger wahrzunehmen hatten und eine persönliche Verantwortlichkeit damit nur gerechtfertigt war, wenn sie die Verwendung des den Gläubigern verhafteten Grundkapitals nicht ausreichend kontrollierten.[204] Aufgrund dieser Verantwortlichkeit wurde das Konzept des Gesetzgebers zur Verbesserung der Überwachungspflichten teilweise auch als „Haftung statt Organisation" bezeichnet.[205]

E. Wertende Betrachtung der geschichtlichen Entwicklung

Hatte der Gesetzgeber im Rahmen der ersten Novellierung des Aktienrechts zurecht erkannt, dass dem Genehmigungszwang von Aktiengesellschaften bei der damaligen Ausgestaltung kein eigenständiger Schutz der Aktionäre und Gesellschaftsgläubiger folgte, war der Übergang zum Normativ-System als die liberalere Form durch die Novelle von 1870 ein Schritt in die richtige Richtung. Dieser war auch aus ökonomischen Gründen erforderlich, um nicht den Anschluss an die Nachbarländer zu verlieren. So hatte das Konzessions-System gezeigt, wie aufwändig die Gründung einer Aktiengesellschaft in zeitlicher Hinsicht war.[206] Damit waren viele gute Geschäftsideen praktisch nicht umsetzbar. Die Einführung eines Normativ-Systems, bei dem die Gründung deutlich weniger Zeit bedurfte, war daher im innereuropäischen Wettbewerb mit Frankreich und England zwingend erforderlich. Diese hatten schon 1856 (Frankreich) und 1856/1857 (England) die Umstellung auf ein Normativ-System vorgenommen.[207] Zudem hatte auch das Beispiel Österreich gezeigt, dass ein Genehmigungszwang die wirtschaftliche Entwicklung in den Gründerjahren, die im Gründerkrach ihren Höhepunkt fand, nicht hätte verhindern können.[208] Die im Zuge dessen neu eingeführten gesetzlichen Regelungen waren allerdings unzureichend und konnten den eigentlich verfolgten Schutz nicht gewährleisten. Insbesondere die Vorschriften zur Kapitalaufbringung

203 Vgl. die amtliche Begründung bei: *Schubert/Hommelhoff*, a. a. O. (Fn. 29), S. 463.
204 Vgl. die amtliche Begründung bei: *Schubert/Hommelhoff*, a. a. O. (Fn. 29), S. 463.
205 So ausdrücklich *Schubert/Hommelhoff*, a. a. O. (Fn. 29), S. 94.
206 Siehe oben Fn. 100.
207 Vgl. *Reich*, a. a. O. (Fn. 37), S. 257 f.
208 Siehe oben Fn. 159.

und Kapitaler-haltung entsprachen nicht der wirtschaftlichen Realität und den wirklichen Erfordernissen.

Diese erlebte Entwicklung kann nur damit erklärt werden, dass die Aktiengesellschaft als solche im 19. Jahrhundert erst etabliert werden musste, die Staaten aber bis dahin erst wenige Erfahrungen mit dieser Unternehmensform gemacht hatten. Folglich waren grundlegende Zusammenhänge, wie zum Beispiel das Erfordernis eines ausreichenden Grundkapitals als Ausgleich für die Haftungsbeschränkung auf dieses, noch unbekannt. Vor allem waren die Aktionäre nur unzureichend geschützt, da die Rechte und Aufgaben der Generalversammlung allenfalls mäßig ausgestaltet waren. Es bestand mithin enormer Verbesserungsbedarf, was schließlich der sogenannte Gründerkrach besonders eindrucksvoll demonstrierte. Diesbezüglich kann die zweite Novellierung von 1884 auch als wesentliche Verbesserung bezeichnet werden, weil nunmehr die Regelungen zur Kapitalaufbringung und Kapitalerhaltung sowie Bedeutung und Zuständigkeiten der Generalversammlung gestärkt wurden. Die notarielle Beurkundung wurde in diesem Zusammenhang schon früh als ein Institut erkannt, mit dessen Hilfe bei Anlegern und Gläubigern Vertrauen in die Richtigkeit der getroffenen Beschlüsse der Generalversammlung geschaffen werden konnte. So griff zunächst die Praxis aus eigenem Antrieb und Interesse in vielen Fällen zu diesem Institut, im Jahr 1884 führte der Gesetzgeber dieses dann verpflichtend für die Beschlussfassung der Generalversammlung ein. Bis heute besteht die Pflicht der nunmehr nur noch notariellen Beurkundung bei Beschlüssen der Hauptversammlung in § 130 Abs. 1 S. 1 AktG fort, von der grundsätzlich nur im Fall einer fehlenden Börsennotierung abgewichen werden kann. Dies unter anderem deshalb, weil es in einem solchen Fall typischerweise auch an einem breiten Anlagepublikum fehlt und die Hauptversammlung nicht selten durch erhöhtes Vertrauen zwischen der Verwaltung und dem Gesellschafter geprägt ist.[209] Mit dieser Beurkundung soll für Aktionäre und Gläubiger die tatsächliche Willensbildung in der Hauptversammlung dokumentiert werden. Wie schon vom Gesetzgeber 1884 bezweckt, dient auch heute noch die Anwesenheit des Notars bei der Beschlussfassung der Hauptversammlung der Gewährleistung, dass die gesetzlichen Bestimmungen eingehalten werden.[210] Schließlich hat sich auch der Gedanke der Einreichung der beurkundeten Beschlüsse beim Handelsregister im heutigen § 130 Abs. 5 AktG fortgesetzt, um so für erhöhte Publizität zu sorgen. Bei der notariellen Niederschrift handelt es sich infolgedessen

---

209 Siehe § 130 Abs. 1 S. 3 AktG; vgl. Spindler/Stilz/*Wicke*, AktG, 2. Aufl., § 130 Rdn. 36.
210 Vgl. MünchKomm. AktG/*Kubis*, 3. Auflage, § 130 Rdn. 1.

auch um eine mit Beweiskraft ausgestattete öffentliche Urkunde im Sinne des § 415 ZPO, sodass der Beurkundung als Vorgang auch prozessual eine erhebliche Bedeutung zukommt.[211]

Die notarielle Beurkundung ist damit fester Bestandteil des Rechtssystems geworden und schon deshalb aus der Praxis nicht mehr wegzudenken. Die Zeit vor 1884 hat aber auch gezeigt, dass ihr über die gesetzliche Anordnung hinaus ein eigener Zweck und Nutzen zukommt, der ihre Existenz rechtfertigt. Besteht die Pflicht der notariellen Beurkundung auch heute noch, so dokumentiert dies die maßgebliche Bedeutung der Novelle von 1884. Ein Vergleich zu § 311b Abs. 1 BGB zeigt darüber hinaus, dass die Pflicht zur notariellen Beurkundung nicht stets aus den gleichen Gründen und zum Schutz der gleichen Rechtsgüter erfolgen muss. Steht bei der notariellen Beurkundung von Grundstücksgeschäften der Schutz der einzelnen am Vertragsschluss beteiligten Personen im Vordergrund, dient die notarielle Beurkundung von Hauptversammlungsprotokollen dem Schutz Mehrerer, nämlich mindestens aller der an der Gesellschaft Beteiligten. Zudem kann ihr eine kapitalmarktsichernde Funktion nicht abgesprochen werden, unterstützt und sichert sie doch die wahrheitsgemäße Publizität von Unternehmen in eigenen Belangen, wenn entsprechende Beschlüsse durch einen Notar aufgenommen werden. Was das Konzessionssystem und zumindest die erste Novelle des ADHGB von 1870 nicht gewährleisten konnten, gelang somit der zunächst nur praktizierten und später seit 1884 gesetzlich vorgeschriebenen Beurkundung, vor allem der notariellen, in einem weitaus besseren Maß: Die Schaffung von Vertrauen in die Rechtmäßigkeit gesellschaftsrechtlicher Vorgänge bei der Aktiengesellschaft beim Anlagepublikum. Zwar kann aufgrund der dem Konzessionssystem bereits anhaftenden Probleme nicht davon gesprochen werden, seine Aufgabe habe eine Lücke geschaffen, die durch die Einführung der Beurkundung geschlossen wurde. Aber die Abschaffung des Konzessions- und die Einführung des Normativsystems haben bereits bestehende Lücken offenbart, denen von dann an erfolgreich entgegengesteuert werden konnte.

Gleiches gilt für den durch die zweite Novellierung neu geregelten Schutz des Gesellschaftsvermögens betreffend die Kapitalaufbringung sowie die Kapitalerhaltung, der wesentliche Verbesserungen erfuhr und auch im heute geltenden Recht fest verankert ist. Diesem kommt eine enorme Bedeutung zu, da er letztlich Konsequenz der grundsätzlich nur beschränkten persönlichen Haftung des Aktionärs ist. Diese Zusammenhänge musste der damalige Gesetzgeber erst lernen, bevor die maßgeblichen Vorschriften der Novelle von 1870 durch die Neuregelung

---

211 Vgl. Großkomm. AktG/*Werner*, 4. Aufl., § 130 Rdn. 3.

im Jahr 1884 eine wesentliche Verbesserung erfuhren. Waren Gründe für den Ausmaß des Gründerkrachs auch in den mangelhaften gesetzlichen Vorschriften zur Aktiengesellschaft zu finden, wurde durch die Novelle von 1884 eine nachhaltige Besserung erreicht. Sowohl der Börsenkrach von 1929 als auch der Untergang des Neuen Marktes 2002 sind auf andere Ursachen zurückzuführen.

Schließlich sind mit Art. 226 ADHGB bereits die ersten Ansätze für eine persönliche Verantwortlichkeit der für die Gesellschaft handelnden Personen zu erkennen. Eine Schadensersatzpflicht der Mitglieder des Vorstands aber auch des Aufsichtsrats ist mittlerweile elementarer Bestandteil im geltenden Aktienrecht[212], was einmal mehr für die enorme Bedeutung der Novelle von 1884 und den dadurch erreichten Fortschritt spricht. Auf den Gedanken der persönlichen Verantwortlichkeit soll später noch einmal umfassend zurückgekommen werden.[213]

212 Vgl. die §§ 116, 93 AktG.
213 Siehe unten Seite 227 ff.

3. Kapitel: Die notarielle Tätigkeit in der Praxis der Hauptversammlung

A. Allgemeines

Bekanntlich besteht bereits seit 1884[214] in Deutschland eine grundsätzliche Beurkundungspflicht aller von der Hauptversammlung gefassten Beschlüsse. Diese ergibt sich aus § 130 Abs. 1 S. 1 AktG, soweit jedenfalls Beschlüsse einer „börsennotierten Aktiengesellschaft"[215] betroffen sind. § 130 Abs. 1 S. 1 AktG stellt insoweit eine zwingende Regelung dar, als dass die Satzung keine weniger strengen Vorschriften zur Beurkundung treffen darf.[216] Auf die streitigen Meinungen, ob es der Gesellschaft verwehrt ist, in der Satzung im Hinblick auf das Beurkundungserfordernis erschwerende Voraussetzungen zu treffen, so zum Beispiel hinsichtlich des Umfangs der zu protokollierenden Angaben, soll in diesem Zusammenhang nicht näher eingegangen werden.[217] Für das zu untersuchende Problem ist dieser Streit nicht von Relevanz.

Die notarielle Tätigkeit gestaltet sich im Rahmen einer Hauptversammlung äußerst umfassend. Sie kann für den Notar in der Phase vor, während und auch nach der Hauptversammlung angezeigt sein. Dabei ist ein Tätigwerden des Notars zwar nicht in jeder dieser Phasen vom Gesetzgeber vorgeschrieben, vielmehr ist sie im Einzelfall unter Umständen aber ge-boten. Denn bei Fehlern im Zusammenhang mit der Hauptversammlung droht gemäß § 241 Abs. 1 Nr. 2 AktG die Nichtigkeit der gefassten Beschlüsse. Diese kann bei großen börsennotierten Gesellschaften

---

214 Im Einzelnen dazu siehe oben Seite 50 f.; vgl. auch Schaaf/*Herdina*, Praxis der Hauptversammlung, 3. Aufl., Rdn. 1177.

215 Der Begriff der börsennotierten Aktiengesellschaft enthält in § 3 Abs. 2 AktG eine Legaldefinition.

216 Vgl. Münch. Hdb. AG/*Semler*, 3. Aufl., § 40 Rdn. 3.

217 Vgl. nur Großkomm. AktG/*Werner*, 4. Aufl., § 130 Rdn. 5, der in § 130 AktG eine abschließende Regelung sieht, wonach das Beurkundungserfordernis nicht erleichtert, aber aufgrund seines abschließenden Charakters gemäß § 23 Abs. 5 S. 2 AktG auch nicht erschwert werden darf; **a. A.** aber Münch. Hdb. AG/*Semler*, 3. Aufl., § 40 Rdn. 3, unter Verweis auf die im Falle des Erfordernisses der notariellen Beurkundung ergänzende Geltung der §§ 1 bis 5, 36 bis 43 BeurkG; sowie MünchKomm. AktG/*Kubis*, 3. Aufl., § 130 Rdn. 86.

sowohl in rechtlicher als auch finanzieller Hinsicht zu in der Regel nicht absehbaren Folgen führen, sodass eine möglichst frühe und umfassende Beratung durch den Notar neben seiner Beurkundungstätigkeit die Anfälligkeit für mögliche Fehler verringern kann.[218] Verstärkt wird das Risiko der Fehlerhaftigkeit noch durch die Anwesenheit sogenannter Berufskläger im Rahmen der Hauptversammlung. Hier besteht die Gefahr, dass Fehler bei der Beschlussfassung der Gesellschaft im Rahmen der Hauptversammlung durch Einzelne zunächst provoziert werden um diese Beschlüsse im Weiteren schließlich auf gerichtlichem Weg anzugreifen.[219] Insgesamt kann solchen Risiken durch entsprechende Vorbereitung im Vorfeld zum Teil entgegengewirkt und so potentielle Fehlerquellen reduziert werden.

Zunächst sollen die üblichen Tätigkeiten eines Notars im Hinblick auf die Hauptversammlung kurz übersichtsweise dargestellt werden (sub I. bis III.), bevor auf den wesentlichen Schwerpunkt näher eingegangen wird (B. und C.).

I. Tätigkeiten vor der Hauptversammlung

Die Tätigkeit des Notars in der Phase vor der Hauptversammlung ist üblicherweise dergestalt, dass der Notar über die Gesellschaft Informationen einholt. Dies kann geschehen, indem er sich die aktuelle Satzung der Gesellschaft beschafft, Niederschriften über die Hauptversammlungen in der Vergangenheit einsieht oder auch Einblick in den Geschäftsbericht, so ein solcher vorhanden ist, nimmt.[220] Ebenfalls sollte eine Überprüfung der geplanten Beschlüsse auf eine mögliche evidente Rechtswidrigkeit vorgenommen werden.[221] Eine Kontrolle dieser Beschlüsse im Hinblick auf ihre inhaltliche oder wirtschaftliche Zweckmäßigkeit findet dagegen nicht statt.[222] Zudem wird in der Regel ein Leitfaden für die Hauptversammlung angefertigt, der gewissermaßen ein „Fahrplan“ der Hauptversammlung darstellt und an dem sich der Notar später orientieren und somit leichter den Überblick behalten kann.[223]

Für das vorliegende Problem sind diese Tätigkeiten des Notars nicht von Bedeutung. Einzig die Erstellung eines Leitfadens für die Hauptversammlung steht

---

218 Siehe dazu unten Fn. 250.

219 Vgl. *Sigel/Schäfer*, BB 2005, 2137 ff.; siehe dazu auch OLG Frankfurt NZG 2009, 222 ff.; BGH NJW-Spezial 2012, 657.

220 Siehe dazu die näheren Darstellungen bei *Faßbender*, RNotZ 2009, 425, 434 f. sowie *Sigel/Schäfer*, BB 2005, 2137 ff.

221 Vgl. Münch. Hdb. AG/*Semler*, 3. Aufl., § 40 Rdn. 6.

222 Vgl. *Wilhelmi*, BB 1987, 1331, 1335.

223 Ein umfassendes Muster befindet sich bei *Schwartzkopff*, Vorbereitung und Durchführung der Hauptversammlung, S. 267 ff.

mit dem eigentlichen Untersuchungsgegenstand im Zusammenhang und soll hier im Weiteren Berücksichtigung finden. Die vorliegende Arbeit beschränkt sich im Hinblick auf die Tätigkeit des Notars auf jene Punkte, die mit der Beurkundung als solche und ihren Auswirkungen auf die Dividende in Verbindung stehen.

II. Tätigkeiten während der Hauptversammlung

Auch während der Hauptversammlung hat der Notar eine Vielzahl von Aufgaben.[224] Diese sind, soweit sie nicht nur das Hauptversammlungsprotokoll betreffen, im vorliegenden Zusammenhang von nur geringem Interesse. Auf eine einzelne Darstellung wird deshalb verzichtet.

Die Tätigkeit des Notars während der Hauptversammlung erstreckt sich im Besonderen aber auch auf die Anfertigung einer Niederschrift über die Hauptversammlung im Sinne des § 130 Abs. 1 S. 1 AktG. § 130 Abs. 2 AktG gibt den Inhalt der Niederschrift vor. Von enormer Bedeutung ist die Regelung des § 130 Abs. 4 AktG, folgt doch aus einer fehlenden Unterzeichnung der notariellen Niederschrift durch den Notar die Nichtigkeit des oder der gefassten Hauptversammlungsbeschlüsse nach § 241 Abs. 1 Nr. 2 AktG. Vorweggenommen sei in diesem Zusammenhang noch, dass die Unterschrift durch den Notar nicht in der Hauptversammlung erfolgen muss. Vielmehr ergibt sich der maßgebliche Zeitpunkt für die Vornahme dieser aus dem Erfordernis der unverzüglichen Einreichung zum Handelsregister nach § 130 Abs. 5 AktG.[225]

III. Tätigkeiten nach der Hauptversammlung

Für das gegenständliche Problem ist im Hinblick auf die notarielle Tätigkeit hauptsächlich die Phase nach der Hauptversammlung von Bedeutung.[226]

Dieses Interesse wird zum einen dadurch begründet, dass die Unterschrift des Notars nicht zwingend am Ende der Hauptversammlung vorgenommen werden muss, sondern noch nach der Hauptversammlung möglich ist, auch wenn sich eine

---

224 Vgl. *Faßbender*, RNotZ 2009, 425, 435 ff. sowie *Sigel/Schäfer*, BB 2005, 2137, 2138 ff.

225 Zu dieser „Unverzüglichkeit" siehe auch § 121 Abs. 1 S. 1 BGB; vgl. Armbrüster/Preuß/Renner/*Preuß*, BeurkG/DONot, 5. Aufl., § 37 Rdn. 25; *Hüffer*, AktG, 10. Aufl., § 130 Rdn. 26; K. Schmidt/Lutter/*Ziemons*, AktG, 2. Aufl., § 130 Rdn, 49.

226 Vgl. *Faßbender*, RNotZ 2009, 425, 447 ff. sowie *Sigel/Schäfer*, BB 2005, 2137, 2143 ff.

solche Unterschrift tatsächlich im unmittelbaren Anschluss an die Hauptversammlung anbietet. Zum anderen liegt die Besonderheit darin, dass der Notar auch noch im Anschluss an die Hauptversammlung die erstellte Niederschrift berichtigen und ergänzen darf, bevor er diese schließlich aus seinem Gewahrsam entlässt.[227] Von dieser Möglichkeit wird in der Praxis und das ist der Grund, warum diese Phase so interessant ist, gerade bei umfangreichen Hauptversammlungen größerer Aktiengesellschaften reger Gebrauch gemacht.[228]

IV. Zusammenfassung

Werden hinsichtlich der Niederschrift die Voraussetzungen des § 130 Abs. 1, 2 und 4 AktG nicht beachtet, so führt dies gemäß § 241 Nr. 2 AktG üblicherweise zur Nichtigkeit und damit zur Unwirksamkeit der Niederschrift und der in ihr aufgeführten Beschlüsse.[229] Die notarielle Beurkundung der einzelnen gefassten Beschlüsse erfolgt durch die Anfertigung einer notariellen Niederschrift über die beurkundungsbedürftigen Vorgänge in der Hauptversammlung in einem Hauptversammlungsprotokoll[230], welches gemäß § 130 Abs. 4 AktG abschließend vom Notar unterschrieben wird.[231] Bei den beurkundungsbedürftigen Vorgängen in der Haupt-versammlung handelt es sich rechtlich um Wahrnehmungen des Notars im Sinne des § 37 Abs. 1 Nr. 2 BeurkG, wenngleich das AktG für die Anfertigung der Niederschrift in § 130 Abs. 2 bis 4 speziellere Vorschriften vorsieht.[232]

B. Der Entwurf der Niederschrift

In der Phase vor der Hauptversammlung kommt der Erstellung des Leitfadens eine besondere Bedeutung zu.

---

227 Vgl. Schaaf/*Herdina*, a. a. O. (Fn. 214), Rdn. 1256 mit Verweis auf das Urteil des Bundesgerichtshofs in BGHZ 180, 9 ff. = BGH NJW 2009, 2207 ff.

228 Vgl. *Faßbender*, RNotZ 2009, 425, 447.

229 Vgl. Großkomm. AktG/*Werner*, 4. Aufl., § 130 Rdn. 111; *Hüffer*, AktG, 10. Aufl., § 130 Rdn. 30.

230 Begrifflich handelt es sich bei dem Hauptversammlungsprotokoll um die notarielle Niederschrift im Sinne des § 130 Abs. 1 S. 1 AktG, siehe auch BGHZ 180, 9, 13 Rdn. 8 = BGH NJW 2009, 2207 Rdn. 8.

231 Vgl. Armbrüster/Preuß/Renner/*Preuß*, BeurkG/DONot, 5. Aufl. § 37 Rdn. 7; *Winkler*, Beurkundungsgesetz, 16. Aufl., § 37 Rdn. 24.

232 So auch BGHZ 180, 9 ff. = BGH NJW 2009, 2207 ff.; vgl. Armbrüster/Preuß/Renner/*Preuß*, BeurkG/DONot, 5. Aufl., § 37 Rdn. 8; Spindler/Stilz/*Wicke*, AktG, 2. Aufl., § 130 Rdn. 16; *Winkler*, Beurkundungsgesetz, § 37 Rdn. 18.

Gemäß § 130 Abs. 1 S. 1 AktG ist „jeder Beschluss (...) durch eine über die Verhandlung notariell aufgenommene Niederschrift zu beurkunden". Mangels gesetzlicher Vorgaben muss die Beurkundung dabei nicht in der Hauptversammlung selbst erfolgen, wohl hat der Notar die Niederschrift in der Hauptversammlung stets persönlich durchzuführen.[233] Typischerweise werden im Rahmen der Hauptversammlung mehrere beurkundungspflichtige Beschlüsse gefasst. Diese werden im sogenannten Hauptversammlungsprotokoll vom Notar festgehalten, sodass mit Unterzeichnung des Hauptversammlungsprotokolls dem Erfordernis des § 130 Abs. 1, 4 AktG in Bezug auf die einzelnen gefassten Beschlüsse genügt wird.[234]

Für die Praxis der notariellen Beurkundung folgt daraus, dass der Notar üblicherweise einen Entwurf des Hauptversammlungsprotokolls erstellt und diesen in der Hauptversammlung verwendet.[235] Mit Blick auf die vorliegende Tagesordnung werden in diesem Leitfaden die wesentlichen Ereignisse und die zu erwartenden Geschehnisse aufgeführt, um dem Notar die Orientierung zu erleichtern und Fehler im Ablauf zu vermeiden. Während der Hauptversammlung ergänzt dieser dann die noch fehlenden Angaben, wie zum Beispiel den Beginn und das Ende der Versammlung, mögliche Fragen und Widersprüche von Aktionären sowie die Abstimmungsergebnisse der dort gefassten Beschlüsse.[236] Bei diesen Informationen handelt es sich jeweils um nicht vorhersehbare Ereignisse, sodass diese im Entwurf noch keine Berücksichtigung finden können. Ein solches Vorgehen ist zweckmäßig, da es dem Notar ermöglicht, der Hauptversammlung mit voller Aufmerksamkeit zu folgen, ohne durch zu umfangreiche Schreibarbeiten in seiner Konzentration gestört zu werden.[237]

Anders als Vorstand und Aufsichtsrat erfährt der Notar im Rahmen einer Hauptversammlung grundsätzlich keine Unterstützung durch ein sogenanntes

---

233 BGH NJW 2007, 2207 ff.; vgl. Armbrüster/Preuß/Renner/*Preuß*, BeurkG/DONot, 5. Aufl., § 37 Rdn. 25; *Hüffer*, AktG, 10. Aufl., § 130 Rdn. 26; K. Schmidt/Lutter/*Ziemons*, AktG, 2. Aufl., § 130 Rdn, 49; Schaaf/*Herdina*, a. a. O. (Fn. 214), Rdn. 1255.

234 Vgl. Happ/*Zimmermann*, Aktienrecht, 3. Aufl., 10.17 Rdn. 37; *Lamers*, DNotZ 1962, 287, 301.

235 Vgl. Armbrüster/Preuß/Renner/*Preuß*, BeurkG/DONot, 5. Aufl., § 37 Rdn. 25; Eckhardt/Hermanns/*Terbrack*, Kölner Handbuch Gesellschaftsrecht, S. 514 Rdn. 404; eine übersichtliche Darstellung der Praxis findet sich auch bei: *Görk*, MittBayNot 2007, 382 ff.; Happ/*Zimmermann*, Aktienrecht, 3. Aufl., 10.17 Rdn. 3; *Ludwig*, ZNotP 2008, 345.

236 Vgl. *Faßbender*, RNotZ 2009, 425, 435; *Kanzleiter*, DNotZ 2007, 804.

237 So auch Happ/*Zimmermann*, Aktienrecht, 3. Aufl., 10.17 Rdn. 3 sowie Schaaf/*Herdina*, a. a. O. (Fn. 214), Rdn. 1254.

„Backoffice", er ist also vielmehr auf sich allein gestellt, wodurch sich die Fehleranfälligkeit und damit auch die Haftungsgefahr des Notars signifikant erhöhen.[238] Nicht ausgeschlossen ist dabei für den Notar allerdings die Möglichkeit, sich der Hilfe eines weiteren Notars zu bedienen. Dieser Fall ist von dem zu unterscheiden, dass die Hauptversammlung durch zwei Notare protokolliert wird. Denn im ersten Fall ist der zweite Notar nur Hilfsperson des protokollierenden Notars und untersteht damit seiner Überwachung, während im zweiten Fall der weitere Notar selbständig tätig werden soll. Diese selbständige Tätigkeit ist solange unproblematisch, wie sie nur im Ersatzfall vorgesehen ist, falls also der eigentliche protokollierende Notar aus Krankheitsgründen ausfällt und so die Niederschrift nicht anfertigen kann.[239] So ist sichergestellt, dass es stets nur eine Niederschrift über die Hauptversammlung als Ganzes gibt. Soll der zweite Notar dagegen selbständig tätig werden, wie im Fall der Aufteilung der Protokollierung zwischen beiden Notaren, führt dies im Ergebnis zu zwei Niederschriften über eine Hauptversammlung, die sich unter Umständen widersprechen könnten, auch wenn sie unterschiedliche Teile der Hauptversammlung betreffen.[240] Im Hinblick auf die Beweisfunktion der notariellen Beurkundung nach § 415 ZPO ist ein Einsatz eines zweiten Notars mit dem Ziel der Arbeitsteilung daher bedenklich.[241] Ist der zweite Notar jedoch lediglich Hilfsperson des protokollierenden Notars, erfährt dieser eine gewisse Unterstützung, wenngleich er auch in diesem Fall die Hilfsperson ausreichend überwachen können und auch tatsächlich überwachen muss.[242] Dennoch stellt dies für den bestellten Notar eine Arbeitserleichterung dar, insbesondere wenn die Hauptversammlung „schwierig", weil umfangreich, zu werden verspricht.[243] Da es sich bei dem Hauptversammlungsprotokoll um einen Tatsachenbericht des Notars über beurkundungspflichtige Vorgänge der Hauptversammlung handelt, ist für die Dauer der Hauptversammlung die ständige Aufmerksamkeit des Notars erforderlich, damit dieser in seiner Niederschrift auch die tatsächlichen Vorgänge aufnimmt.[244]

---

238 Vgl. *Faßbender*, RNotZ 2009, 425, 426.
239 Vgl. Happ/*Zimmermann*, Aktienrecht, 3. Aufl., 10.17 Rdn. 1.
240 Vgl. Happ/*Zimmermann*, Aktienrecht, 3. Aufl., 10.17 Rdn. 1.
241 Vgl. Happ/*Zimmermann*, Aktienrecht, 3. Aufl., 10.17 Rdn. 1.
242 Vgl. Happ/*Zimmermann*, Aktienrecht, 3. Aufl., 10.17 Rdn. 1.
243 Vgl. Großkomm. AktG/*Werner*, 4. Aufl., § 130 Rdn. 74.
244 Vgl. Armbrüster/Preuß/Renner/*Preuß*, BeurkG/DONot, 5. Aufl, § 37 Rdn. 7; Eckhardt/Hermanns/*Terbrack*, a. a. O. (Fn. 235), S. 514 Rdn. 407.

C. Die Reinschrift in der Phase nach der Hauptversammlung

I. Einleitung

Nach der Hauptversammlung wird von dem Protokoll in aller Regel eine Reinschrift angefertigt. Im Folgenden soll das praktische Vorgehen bei der Erstellung dieser dargestellt werden. Auch soll dargestellt werden, wie diese Praxis rechtlich bewertet wird, war doch aufgrund einer umstrittenen Entscheidung des Oberlandesgerichts Frankfurt[245] kurzzeitig unklar, ob ein solches Vorgehen auch in Zukunft seine Fortsetzung würde finden können. Mit der erwähnten Entscheidung drohten für den handelnden Notar nämlich erhebliche Sanktionen bei Fortführung dieser Übung, sodass sie in der gewohnten Weise wohl nicht ihre Fortsetzung gefunden hätte, wenn sich der Bundesgerichtshof dieser rechtlichen Würdigung angeschlossen hätte. Auch würde sich unter Zugrundelegung des einschlägigen Beschlusses des Oberlandesgerichts Frankfurt, auf den noch eingegangen wird, das wesentliche Problem der Untersuchung in dieser Form und mit diesen Folgen nicht stellen.[246]

II. Vorgehen des Notars

Im Anschluss an die Hauptversammlung erstellt der Notar von dem Hauptversammlungsprotokoll in der Regel eine Reinschrift und ergänzt, korrigiert oder konkretisiert diese um seine im Laufe der Versammlung gemachten tatsächlichen Wahrnehmungen. Diesem Zweck dienen schließlich die im Verlauf der Hauptversammlung gemachten Notizen des Notars, die ihn in der späteren Wiedergabe seiner Wahrnehmungen unterstützen.[247] Dies gilt insbesondere für den Fall, dass der Notar sich der Hilfe eines Kollegen bedient hat, da ein umfassendes Hauptversammlungsprotokoll erstellt werden muss. Eine Fertigstellung des notariellen

245 Beschluss OLG Frankfurt MittBayNot 2007, 482 f.

246 Denn nach dem Beschluss des OLG Frankfurt liegt bereits mit der ersten Unterschrift eine finale Unterschrift im Sinne des § 130 Abs. 4 AktG und damit auch ein wirksamer Gewinnverwendungsbeschluss mit der Folge eines bestehenden Dividendenanspruchs vor. Eine verfrühte Dividendenzahlung wäre daher ausgeschlossen; vgl. auch Schaaf/*Herdina*, a. a. O. (Fn. 214), Rdn. 1256.

247 Vgl. Spindler/Stilz/*Wicke*, AktG, 2. Aufl., § 130 Rdn. 23; *Faßbender*, RNotZ 2009, 425, 447; *Kanzleiter*, DNotZ 2007, 804, 805.

Hauptversammlungsprotokolls wird daher häufig nicht schon am Ende der Hauptversammlung vorgenommen, sondern vielmehr erst kurze Zeit danach unter Beachtung der Vorgaben des § 130 Abs. 5 AktG. Da jedoch die Gefahr besteht, dass der Notar eine spätere Fertigstellung des Protokolls aufgrund bestimmter Umstände nicht mehr vornehmen kann, unterschreibt dieser in der Praxis bereits unmittelbar nach der Hauptversammlung das provisorische Hauptversammlungsprotokoll und erteilt die Weisung, im Fall des Eintritts gewisser Umstände das Provisorium als endgültige Niederschrift zu behandeln.[248] So soll verhindert werden, dass etwa im Fall der Handlungsunfähigkeit oder des Versterbens des Notars vor der eigentlichen Fertigstellung überhaupt keine Niederschrift des Notars vorliegt.[249] Wäre dies nämlich so, müsste die Hauptversammlung wiederholt werden um wirksame Beschlüsse herbeizuführen. Dies würde zu erneuten Kosten für die Gesellschaft führen, die aufgrund des Umfangs und der Komplexität nicht selten bei mehreren 100.000,00 € liegen können.[250] Zu der Frage, wann eine notarielle Beurkundung der notariellen Niederschrift, also des Hauptversammlungsprotokolls, im Sinne des § 130 Abs. 1 S. 1 AktG vorliegt, hat der Bundesgerichtshof wie folgt Stellung bezogen.

D. Die Entscheidung des Bundesgerichtshofs vom 16. Februar 2009[251]

I. Der zugrundeliegende Sachverhalt

Die oben aufgeführte Beurkundungspraxis war, unter anderem, Gegenstand einer Klage gegen Teile der Beschlussfassungen der Hauptversammlung der Deutschen Bank vom 10. Juni 2003, die später dem Bundesgerichtshof als Revisionsgericht[252]

---

248 Vgl. *Faßbender*, RNotZ 2009, 425, 447; Goette, DStR 2009, 2602, 2604; ein diesbezüglicher Formulierungsvorschlag bei *Ludwig*, ZNotP 2008, 345, 350; siehe das Fallbeispiel bei *Maaß*, ZNotP 2005, 377 Fn. 1; Marsch-Barner/Schäfer/*Marsch-Barner*, Handbuch börsennotierte AG, 2. Aufl., § 35 Rdn. 14; Spindler/Stilz/*Wicke*, AktG, 2. Aufl., § 130 Rdn. 23.

249 Vgl. *Wilhelmi*, BB 1987, 1331, 1335, 1336.

250 Vgl. *Görk*, MittBayNot 2007, 382; Heidel/*Pluta*, Aktienrecht und Kapitalmarktrecht, 3. Aufl., Vor §§ 118 ff. Rdn. 9; *Kanzleiter*, DNotZ 2007, 804, 805; *Langenbucher*, Aktien- und Kapitalmarktrecht, 2. Aufl., § 6 Rdn. 136; *Ludwig*, ZNotP 2008, 345; zu den Kosten einer Hauptversammlung allgemein siehe Henn/Frodermann/Jannott/*Göhmann*, Handbuch des Aktienrechts, 8. Aufl., § 9 Rdn. 60.

251 BGHZ 180, 9 ff. = BGH NJW 2009, 2207 ff.

252 Vorgehend LG Frankfurt ZIP 2006, 335 ff. und OLG Frankfurt ZIP 2007, 1463 ff.

zur Entscheidung vorlag. In dem zugrunde liegenden Sachverhalt hatte ein Notar für die Hauptversammlung der Deutschen Bank im Anschluss an diese zunächst seine handschriftlichen Aufzeichnungen als Hauptversammlungsprotokoll unterschrieben und sein Büro angewiesen, dieses Papier als seine Niederschrift der Beklagten zuzuleiten, falls ihm etwas zustoßen sollte und er daher die beabsichtigte Korrektur im Anschluss nicht mehr würde vornehmen können. Kurze Zeit später erstellte er für die Beklagte die endgültige Niederschrift, von der er selbst eine beglaubigte Abschrift beim Handelsregister einreichte. Anschließend vernichtete er die die am Tag der Haupt-versammlung unterzeichnete vorläufige Niederschrift. Die Kläger machten nunmehr im Wege der Revision zum Bundesgerichtshof geltend, dass aufgrund der Vernichtung der vorläufigen Niederschrift ein Nichtigkeitsgrund hinsichtlich der gefassten Beschlüsse gemäß § 241 Nr. 2 AktG vorliegen müsse, denn eine zweite, endgültige Niederschrift habe der Notar nicht wirksam erstellen können. Dem Notar sei es verwehrt gewesen, die bereits bestehende notarielle Niederschrift abzuändern, da er diese bereits unmittelbar im Anschluss an die Hauptversammlung abschliessend unterzeichnet habe.[253]

Sowohl das Landgericht Frankfurt als auch das Oberlandesgericht Frankfurt entschieden, dass diese Praxis der Beurkundung nicht zur Nichtigkeit der gefassten Beschlüsse im Sinne des § 241 Abs. 1 Nr. 2 AktG führen könne: Das Landgericht als Eingangsinstanz stellte fest, der Abschluss einer Hauptversammlungsniederschrift sei beurkundungsrechtlich erst mit Gelangen der Niederschrift in den Rechtsverkehr eingetreten, sodass die Vernichtung einer vorläufigen Niederschrift zu einem früheren Zeitpunkt unbeachtlich sei.[254] Das Oberlandesgericht begnügte sich als Berufungsinstanz mit der Feststellung, dass infolge dieser Beurkundungspraxis entweder mit der vorläufigen Niederschrift oder aber mit der abgeänderten Reinschrift jedenfalls die Voraussetzungen des § 130 Abs. 1 S. 1 AktG gewahrt seien, sodass ein Fall der Nichtigkeit nicht vorliege.[255] So musste letztlich der Bundesgerichtshof als Revisionsgericht zu dieser Frage abschließend Stellung nehmen.

II. Die Entscheidung des Bundesgerichtshofs

Der Bundesgerichtshof urteilte, dass es sich bei dem vorläufig unterzeichneten pro-vi-sorischen Hauptversammlungsprotokoll solange nicht um eine Urkunde im Sinne

---

253 Vgl. OLG Frankfurt, NJW 2007, 1221; *Eylmann*, ZNotP 2005, 300, 302; *Eylmann*, ZNotP 2005, 458.

254 So LG Frankfurt ZIP 2006, 335.

255 So OLG Frankfurt ZIP 2007, 1463, 1464.

des § 130 Abs. 1 S. 1 AktG handeln würde, wie der Notar diese noch in seinem Gewahrsam halte, diese also nicht als Endfassung autorisiert und sich ihrer entäußert habe.[256] Mache der Notar eine Weiterleitung des vorläufig unterschriebenen Protokolls von der Frage abhängig, ob ihm anschließend etwas zustoße, dann liege, solange ein solcher Fall nicht eingetreten sei, mit diesem lediglich ein bloßer Entwurf vor.

Zwar entschied der 2. Strafsenat des Oberlandesgerichts Frankfurt im Rahmen eines Klageerzwingungsverfahrens den unterzeichnenden Notar betreffend noch zuvor, dass die Bestimmung des § 13 BeurkG im Rahmen der Niederschrift der Hauptversammlung anwendbar sei und daher bereits unmittelbar mit Unterzeichnung durch den Notar eine wirksame notarielle Niederschrift mit Urkundsqualität – und damit auch ein wirksamer Beschluss – vorliege.[257] Der Bundesgerichtshof schloss allerdings die Anwendung des § 13 BeurkG in einem solchen Fall aus. Die Niederschrift der Hauptversammlung stelle einen Bericht des Notars über seine Wahrnehmungen dar, nicht dagegen eine Beurkundung von Willenserklärungen wie es § 13 BeurkG schon aufgrund seiner Stellung im zweiten Abschnitt des BeurkG voraussetze.[258] Vielmehr sei mit vorläufiger Unterzeichnung, aber noch nicht erfolgter Entlassung aus dem notariellen Gewahrsam, der Beurkundungsprozess im Sinne des § 44a Abs. 2 BeurkG noch nicht abgeschlossen, sodass eine Berichtigung unproblematisch möglich sei; maßgeblich sei insoweit, dass es sich bei der bisherigen Ausarbeitung noch um ein Internum handele.[259] Der Notar könne daher die vorläufige Niederschrift weiterhin bearbeiten und verändern. Er sei auch nicht daran gehindert, eine weitere Niederschrift zu erstellen und diese durch Herausgabe aus seinem Gewahrsam nach vorheriger Beurkundung schließlich zur endgültigen Niederschrift zu qualifizieren. Da mit dieser (zweiten) Niederschrift im zugrundeliegenden Fall die Voraussetzungen des § 130 Abs. 1 S. 1 AktG haben erfüllt werden können, habe ein Nichtigkeitsgrund bezüglich der angegriffenen Beschlüsse im Sinne des § 241 Nr. 2 AktG schließlich nicht vorgelegen.[260]

---

256 BGHZ 180, 9, 15 Rdn. 11 = BGH NJW 2009, 2207, 2208 Rdn. 11; *Bohrer*, NJW 2007, 2019, 2020; *Görk*, MittBayNot 2007, 382, 384; so auch Happ/*Zimmermann*, Aktienrecht, 3. Aufl., 10.17 Rdn. 48; *Winkler*, Beurkundungsgesetz, 16. Aufl., § 37 Rdn. 32.

257 Vgl. OLG Frankfurt NJW 2007, 1221 ff.; vgl. *Eylmann*, ZNotP 2005, 300, 302; a. A. LG Frankfurt ZIP 2007, 2358; näheres dazu unten Seite 66 ff.

258 So BGHZ 180, 9, 15 Rdn. 11 = BGH NJW 2009, 2207, 2208 Rdn. 11; vgl. Heidel/*Terbrack/Lohr*, Aktienrecht und Kapitalmarktrecht, 3. Aufl., § 130 Rdn. 15; Spindler/Stilz/*Wicke*, AktG, 2. Aufl., § 130 Rdn. 25.

259 Vgl. BGHZ 180, 9, 15 Rdn. 11 = BGH NJW 2009, 2207, 2208 Rdn. 11; Armbrüster/Preuß/Renner/*Preuß*, BeurkG/DONot, 5. Aufl., § 44 a Rdn. 22; *Bohrer*, NJW 2007, 2019, 2020 f.

260 So BGHZ 180, 9, 13 Rdn. 7 = BGH NJW 2009, 2207 Rdn. 7.

Abschließend ist daher festzustellen, dass mit der notariellen Unterschrift für die Wirksamkeit der Niederschrift zwar eine notwendige Bedingung vorliegt, nicht jedoch schon eine hinreichende, solange sich diese noch im Gewahrsam des Notars befindet.[261]

III. Auswirkungen des Urteils auf die Beurkundungspraxis

Mit seiner Entscheidung hat der Bundesgerichtshof zum einen klargestellt, dass die bisherige Art der Beurkundung in der Zukunft ihre Fortsetzung finden kann.[262] Mithin ist eine solche auch zu erwarten, da sie im Grundsatz den oben dargestellten Erfordernissen der Praxis der Hauptversammlung entspricht. Zumindest solange der Beurkundungsprozess im Sinne des § 44a Abs. 2 AktG noch nicht abgeschlossen ist[263], die Niederschrift sich also noch im Gewahrsam des Notars befindet, wird eine solche Reinschrift, auch mit Änderungen oder Ergänzungen, weiterhin möglich und zulässig sein. Das Hauptversammlungsprotokoll verlässt diesen erst dann, wenn der Notar von diesem Ausfertigungen oder Abschriften erteilt.[264]

Zum anderen hat der Bundesgerichtshof entschieden, dass eine strafrechtliche Verantwortlichkeit des Notars nach den §§ 274 Abs. 1 Nr. 1, 348 Abs. 1 StGB in dieser Phase bei einer Abänderung und Vernichtung der provisorischen Niederschrift nicht in Betracht kommt, fehlt es der notariellen Niederschrift zu diesem Zeitpunkt doch an der Urkundsqualität.[265] Vielmehr billigt der Bundesgerichtshof der Niederschrift bis zum Akt der Entäußerung gar nur Entwurfscharakter zu.[266] Bis zu dieser Entscheidung war die Frage der strafrechtlichen Relevanz besonders in der Literatur stark umstritten[267], was nicht zuletzt auf den oben erwähnten

261 So auch *Bohrer*, NJW 2007, 2019, 2020 f.

262 Vgl. *Hoffmann-Becking*, FS Hellwig, S. 153, 155 f.

263 Nach Abschluss ist eine Abänderung nur noch nach Maßgabe des § 44a Abs. 2 BeurkG möglich.

264 Vgl. *Butzke*, Die Hauptversammlung der Aktiengesellschaft, 5. Aufl., S. 489 Rdn. 22; Eckhardt/Hermanns/*Terbrack*, a. a. O. (Fn. 235), S. 525 Rdn. 467.

265 Vgl. BGHZ 180, 9, 13 Rdn. 9 = BGH NJW 2009, 2207, 2208 Rdn. 9: „Solange sich die Niederschrift noch im Gewahrsam des Notars befindet und er sich ihrer nicht entäußert hat, kann er sie auch vernichten und neu fertigen, wenn ihm Formulierungen nicht behagen oder er Unrichtigkeiten feststellt"; **a. A.** OLG Frankfurt NJW 2007, 1221 ff.; dazu auch *Hoffmann-Becking*, FS Hellwig, S. 153, 155.

266 BGHZ 180, 9, 15 Rdn. 11 = BGH NJW 2009, 2207, 2208 Rdn. 11.

267 Vgl. zum Streitstand *Kanzleiter*, DNotZ 2007, 804 ff.; LG Frankfurt ZIP 2006, 335 ff.; *Maaß*, ZNotP 2005, 377 ff.; *Wolfsteiner*, ZNotP 2005, 376 ff.; **a. A.** *Eylmann*, ZNotP 2005, 300 ff., 458 ff.; diesem folgend OLG Frankfurt NJW 2007, 1221 ff.

Beschluss des 2. Strafsenats des Oberlandesgerichts Frankfurt vom 29.11.2006[268] zurückzu-führen war. Dieser Beschluss löste unter den Notaren tiefe Empörung aus. Denn plötzlich ging mit einer gängigen Übung die Gefahr persönlicher strafrechtlicher Verantwortlichkeit einher. Diese Entrüstung zeigte sich dann auch in etlichen Beiträgen, die dem Beschluss unmittelbar nachfolgten und diesem in der rechtlichen Beurteilung vehement widersprachen.[269]

Ist nunmehr die Frage der Zulässigkeit dieser Beurkundungspraxis höchstgerichtlich geklärt, bedarf es nunmehr der Klärung, wie dieses vorläufige Hauptversammlungsprotokoll in seinem Stadium vor Reinschrift und Einbringung in den Rechtsverkehr rechtlich zu beurteilen ist. Diese Frage ist von erhöhter Relevanz, weil in der Praxis besonders eine wichtige unter-nehmerische Maßnahme aufgrund eines daher oft erst vorläufigen Hauptversammlungsprotokolls durchgeführt wird: Die Zahlung der Dividende durch die Gesellschaft an ihre Aktionäre in dem von der Hauptversammlung beschlossenen Umfang. So wird das Recht auf Gewinnbeteiligung, also der Anspruch auf Zahlung einer Dividende, auch als das „wichtigste mitgliedschaftliche Vermögensrecht des Aktionärs" bezeichnet.[270] Wird für das Geschäftsjahr 2011 eine Dividende aller im Dax 30 gelisteten Unternehmen von geschätzt 27 Mrd. Euro erwartet, so lässt sich die Bedeutung der Entscheidung für die jeweiligen Unternehmen nur allzu gut erkennen.

Die Folgen der notariellen Praxis für die Dividendenansprüche der Aktionäre stellen das wesentliche Problem der vorliegenden Untersuchung dar. Es wird zunächst zu zeigen sein, welche rechtliche Abhängigkeit zwischen dem einzelnen Gewinnverwendungsbeschluss durch die Hauptversammlung, dem Hauptversammlungsprotokoll und dem Anspruch der Aktionäre auf Auszahlung der Dividende besteht.

---

268 Vgl. OLG Frankfurt NJW 2007, 1221 ff.

269 Vgl. nur *Kanzleiter*, DNotZ 2007, 804 ff.; *Maaß*, ZNotP 2007, 326 ff.

270 Großkomm. AktG/*Henze*, 4. Aufl., § 58 Rdn. 85; MünchKomm. AktG/*Bayer*, 3. Aufl., § 58 Rdn. 96.

4. Kapitel: Die Folgen der notariellen Praxis für die Dividendenansprüche

A. Die Abhängigkeit des Dividendenanspruchs von der Wirksamkeit des Gewinnverwendungsbeschlusses und der notariellen Niederschrift

Das Aktiengesetz sieht in seinem § 58 Abs. 4 vor, dass der Aktionär grundsätzlich einen Anspruch auf den Bilanzgewinn hat. Gemeint ist damit der mitgliedschaftliche Gewinnanspruch, nicht etwa ein konkreter Zahlungsanspruch.[271] Einen solchen Anspruch kennt das Aktiengesetz nicht.[272] Vielmehr ist der Gewinnanspruch des Gesellschafters zunächst nur darauf gerichtet, dass die AG einen Hauptversammlungsbeschluss über die Gewinnverwendung herbeiführt, §§ 174 Abs. 2 Nr. 3, 58 Abs. 3 AktG.[273] Der Anspruch auf Zahlung einer Dividende entsprechend der Beteiligung des Aktionärs am einzelnen Unternehmen als ein schuldrechtlicher Anspruch entsteht daher erst mit dem Beschluss der Hauptversammlung über die Verwendung des Bilanzgewinns, sofern dieser nicht nichtig ist.[274] Mit dessen Wirksamkeit entfällt schließlich die Bindung des für die Dividendenzahlung

---

271 Vgl. Heidel/*Drinhausen*, Aktienrecht und Kapitalmarktrecht, 3. Aufl., § 58 Rdn. 39; *Hüffer*, AktG, 10. Aufl., § 58 Rdn. 26; *Langenbucher*, a. a. O. (Fn. 250), § 7 Rdn. 32 sowie § 9 Rdn. 43; Marsch-Barner/Schäfer/*Mimberg*, Handbuch börsennotierte AG, 2. Aufl., § 36 Rdn. 8; Spindler/Stilz/*Cahn/v. Spannenberg*, AktG, 2. Aufl., § 58 Rdn. 91.

272 Vgl. Henn/Frodermann/Janott/*Klein/Schreiner*, a. a. O. (Fn. 250), § 11 Rdn. 200; Großkomm. AktG/*Henze*, 4. Aufl., § 58 Rdn. 85; Münch. Hdb. AG/*Hoffmann-Becking*, 3. Aufl., § 46 Rdn. 22.

273 BGH BB 1994, 107, 109; vgl. *Hirte*, a. a. O. (Fn. 11), § 1 Rdn. 4.16a; MünchKomm. AktG/*Kropff*, 3. Aufl., § 174 Rdn. 16; Spindler/Stilz/*Cahn/v. Spannenberg*, AktG, 2. Aufl., § 58 Rdn. 91.

274 BGH BB 1994, 107, 109; BGHZ 139, 299, 302 ff. (für eine GmbH); vgl. Großkomm. AktG/*Henze*, 4. Aufl., § 58 Rdn. 92, 93; *Haertlein*, ZHR 168 (2004), 437, 438; Henn/Frodermann/Janott/*Jannott/Hagemann*, a. a. O. (Fn. 250), § 2 Rdn. 98; Münch. Hdb. AG/*Hoffmann-Becking*, 3. Aufl., § 46 Rdn. 22; *Schüppen*, FS Röhricht, S. 571, 574; Spindler/Stilz/*Cahn/v. Spannenberg*, AktG, 2. Aufl., § 58 Rdn. 94, 95; vgl. den Fall der Heilung eines nichtigen Gewinnverwendungsbeschlusses unten S. 127.

vorgesehenen Betrages an die Regelung des § 57 Abs. 1 S. 1 AktG.[275] Dieser zu fassende Beschluss ist im weiteren Verlauf, als einer von vielen, Inhalt des anzufertigenden Hauptversammlungsprotokolls, welches als Niederschrift im Sinne des § 130 AktG nach dessen Vorgaben zu behandeln ist.[276] Die Wirksamkeit des Gewinnverwendungsbeschlusses hängt damit in der Praxis auch von der wirksamen Errichtung des Hauptversammlungsprotokolls ab.[277] Mit der Unterzeichnung des Protokolls geht die Beurkundung des Beschlusses im Sinne des § 130 AktG also einher. Folglich entfaltet der von der Hauptversammlung gefasste Beschluss über die Gewinnverwendung vor dem Abschluss der notariellen Niederschrift durch die endgültige Unterschrift durch den Notar gemäß § 130 Abs. 4 AktG und schließlich ihrer Entlassung in den Rechtsverkehr noch keine rechtliche Wirkung.[278] Dies ergibt sich auch aus der Bestimmung des § 241 Nr. 2 AktG, die an eine Nichtbeachtung des § 130 Abs. 1, 2 und 4 AktG die Rechtsfolge der Nichtigkeit des gefassten Beschlusses knüpft.

Wenn somit der Anspruch des Aktionärs auf Zahlung der Dividende von der Wirksamkeit des Gewinnverwendungsbeschlusses und daher des Hauptversammlungsprotokolls abhängt, folglich auch von der Unterzeichnung nach § 130 Abs. 4 AktG, wirft dies die Frage auf, was im Fall der bloßen Vorläufigkeit dieses Protokolls für den Dividendenanspruch des einzelnen Gesellschafters gegen seine Gesellschaft gilt: Wenn also die Unterzeichnung zwar zur Sicherheit geleistet wurde, die Niederschrift aber noch nicht, wie vom Bundesgerichtshof gefordert, aus dem notariellen Gewahrsam entlassen wurde, was regelmäßig der Fall ist.[279] Denn nach dem oben erwähnten höchstrichterlichen Urteil liegt unter diesen Umständen lediglich eine noch abänderbare Niederschrift mit Entwurfscharakter vor und eben keine solche im Sinne des § 130 Abs. 4 AktG.[280] Dabei kommt dieser Frage besonders dann erhebliche Bedeutung zu, wenn die Gesellschaft im Hinblick auf die gefassten, aber noch nur vorläufigen Beschlüsse, bereits tätig wird. Das ist in der Praxis beispielsweise bei der Auszahlung der

---

275 Vgl. Großkomm. AktG/*Henze*, 4. Aufl., § 62 Rdn. 64.

276 Vgl. das Muster bei Happ/*Zimmermann*, Aktienrecht, 3. Aufl., 10.17.

277 Vgl. Henn/Frodermann/Janott/*Göhmann*, a. a. O. (Fn. 250), § 9 Rdn. 276; Hölters/*Drinhausen*, AktG, 1. Aufl., § 130 Rdn. 1; K. Schmidt/Lutter/*Ziemons*, AktG, 2. Aufl., § 130 Rdn. 25.

278 So auch *Lamers*, DNotZ 1962, 287, 301.

279 Vgl. *Haertlein*, ZHR 168 (2004), 437, 438; *Hüffer*, AktG, 10. Aufl., § 58 Rdn. 28; so auch in den oben dargestellten beiden Beispielsfällen; kritisch zur Abhängigkeit von der Inverkehrgabe der Niederschrift *Hoffmann-Becking*, FS Hellwig, S. 153, 156 f.

280 BGHZ 180, 9, 15 Rdn. 11 = BGH NJW 2009, 2207, 2208 Rdn. 11.

Dividende an den einzelnen Aktionär der Fall, da diese üblicherweise bereits unmittelbar an dem der Hauptversammlung nachfolgenden Werktag vorgenommen wird.[281] Damit erbringt die Gesellschaft dic Dividcnde zu einem Zeitpunkt, zu dem der einzelne Gesellschafter aus rechtlicher Sicht auf diese Ausschüttung mangels wirksamen Gewinnverwendungsbeschlusses noch keinen wirksamen Anspruch hat. Die Leistung kann demzufolge auch als verfrüht oder voreilig bezeichnet werden.

B. Rechtsnatur der Beschlüsse im Rahmen des vorläufigen Hauptversammlungsprotokolls am Beispiel des Gewinnverwendungsbeschlusses

Nachfolgend wird aufgezeigt, welche Rechtsnatur dem vorläufigen Hauptversammlungsprotokoll mit der Entscheidung des Bundesgerichtshofs zukommt (sub I.). Diese Bestimmung ist von besonderer Relevanz, da auf der Grundlage dieses Beschlusses die Gesellschaft unter Umständen eine aktienrechtswidrige Leistung an den einzelnen Aktionär erbringt. Ebenfalls wird untersucht, ob die Inverkehrgabe der finalisierten Niederschrift nicht auf den Moment der Beschlussfassung zurückwirkt, sodass der Gewinnverwendungsbeschluss als von Anfang an wirksam zu behandeln ist (sub II.). Im Rahmen des späteren Exkurses zum Fallbeispiel 1 wird auf die Frage einer Rückwirkung noch einmal aus einem anderen Blickwinkel zurückzukommen sein.[282] Schließlich findet noch die Frage Klärung, ob die Folgen, die sich aus der eigentlichen Rechtsnatur der Vorläufigkeit ergeben in der notariellen Praxis nicht dergestalt vermieden werden können, dass der Gewinnverwendungsbeschluss bereits im Anschluss an die Hauptversammlung von den übrigen Beschlüssen getrennt und eigenständig beurkundet wird, sodass auch nach der höchstrichterlichen Rechtsprechung dessen Wirksamkeit schon vor der Auszahlung der Dividende eintreten kann (sub III.).

---

281 Siehe als Beispiel die Deutsche Börse AG, bei der am Tag nach der Hauptversammlung die Auszahlung vorgenommen wurde: http://deutsche-boerse.com/dbg/dispatch/de/kir/dbg_nav/investor_relations/40_Financial_Calendar, Zugriff am 25.06.2012; vgl. *Ludwig*, ZNotP 2008, 345, 350; Münch. Hdb. AG/*Kraft*/*Hofmann-Becking*, 3. Aufl., § 46 Rdn. 24.

282 Siehe unten Seite 127 ff.

I. Die Rechtsnatur des vorläufigen Hauptversammlungsprotokolls

Der Bundesgerichtshof hat festgestellt, dass die im Wege einer wie oben beschriebenen Praxis herbeigeführten Beschlüsse nicht nichtig sind.[283] Ein Fall des § 241 Nr. 2 AktG liegt daher nicht vor. Vielmehr bleibt die Nichtigkeit „in der Schwebe“[284]. Entfaltet die provisorische Niederschrift also bis zum Abschluss des Beurkundungsprozesses keine rechtliche Wirkung, liegt bis dahin ein bloßes rechtliches Nullum vor, aufgrund dessen die Gesellschaft die Auszahlung der Dividende vornimmt. Der Fall ist mit dem Schweigen aus der Rechtsgeschäftslehre vergleichbar, dem grundsätzlich ein eigener Erklärungswert nicht zukommt und daher in der Regel keine rechtlichen Wirkungen herbeiführt.[285] Ein Fall der Nichtigkeit von gefassten Beschlüssen ist damit nicht gegeben. Nach dem Bundesgerichtshof hat die Niederschrift in diesem Stadium folglich – zu Recht – „nicht mehr Gewicht als ein Entwurf.“[286]

II. Rückwirkung der Inverkehrgabe auf den Zeitpunkt der Beschlussfassung

Für eine Rückwirkung der Inverkehrgabe der notariellen Niederschrift auf den Moment der Beschlussfassung werden verschiedene Argumente vorgebracht, die nachfolgend aufgezeigt werden sollen:

1. § 184 BGB

Teilweise wird für eine mögliche Rückwirkung auf den allgemeinen Rechtsgedanken auf die allgemeine Vorschrift des § 184 Abs. 1 BGB zurückgegriffen.[287] Nach § 184 Abs. 1 BGB wirkt die nachträgliche Zustimmung (Genehmigung) auf den Zeitpunkt der Vornahme des Rechtsgeschäfts zurück, soweit ein anderes nicht bestimmt ist. Durch die Genehmigung wird das vorgenommene, zunächst noch

283 So ausdrücklich BGHZ 180, 9, 13 Rdn. 7 = BGH NJW 2009, 2207 Rdn. 7.

284 BGHZ 180, 9, 17 Rdn. 14 = BGH NJW 2009, 2207, 2209 Rdn. 14

285 Vgl. Schulze/*Dörner*, Bürgerliches Gesetzbuch, 7. Aufl., Vorbemerkung zu §§ 116–144 Rdn. 2; Soergel/*Hefermehl*, Bürgerliches Gesetzbuch, 13. Aufl., Vor § 116 Rdn. 32.

286 BGHZ 180, 9, 15 Rdn. 11 = BGH NJW 2009, 2207, 2208 Rdn. 11.

287 Vgl. *Hoffmann-Becking*, FS Hellwig, S. 153, 159 ff.; *Roeckl-Schmidt/Stoll*, AG 2012, 225, 228.

schwebend unwirksame Rechtsgeschäft voll wirksam, was sowohl für Verpflichtungs- als auch Verfügungsgeschäfte gilt.[288] Von dieser allgemeinen Regelung des BGB soll auch der Hauptversammlungsbeschluss erfasst sein. Denn solange die notarielle Niederschrift noch nicht abgeschlossen ist, liegt ein Fall der schwebenden Unwirksamkeit vor.[289] Da auch eine behördliche Genehmigung zurückwirken kann, soll diese Wirkung erst recht für die Erstellung einer notariellen Niederschrift gelten, da es sich bei dieser, verglichen mit einer solchen Genehmigung, um eine bloße Tatsachenfeststellung ohne eigenen materiellen Gehalt handelt.[290] Für die Zulässigkeit einer solchen Rückwirkung soll auch die Bestimmung des § 181 Abs. 3 AktG sprechen:[291] § 181 Abs. 3 AktG bestimmt zwar, dass eine Änderung der Satzung erst mit ihrer Eintragung wirksam wird. Aus dieser Vorschrift kann aber nicht geschlossen werden, dass eine Rückwirkung stets ausgeschlossen ist. Vielmehr spricht die im Vergleich zur Satzungsänderung geringe Bedeutung der Protokollierung dafür, dass hier eine Rückwirkung anzunehmen ist.

2. § 16 GmbHG analog

Vereinzelt wird eine analoge Anwendung des § 16 GmbHG in Betracht gezogen.[292] Gemäß § 16 Abs. 1 S. 1 GmbHG gilt im Fall eines Wechsels in der Person des Gesellschafters im Verhältnis zur Gesellschaft derjenige als Gesellschafter, der in die Gesellschafterliste im Sinne des § 40 GmbHG eingetragen ist. § 16 Abs. 1 S. 2 GmbHG bestimmt, dass eine Rechtshandlung eines Gesellschafters betreffend das Gesellschaftsvermögen als von Anfang an wirksam gilt, wenn die Gesellschafterliste unverzüglich nach der Rechtshandlung in das Handelsregister aufgenommen wird. Eine Analogie erfordert eine vergleichbare Interessenlage sowie eine planwidrige Regelungslücke.[293] Eine vergleichbare Interessenlage liegt dann vor, wenn angenommen werden kann, dass der Gesetzgeber „bei einer Interessenabwägung, bei der er sich von den gleichen Grundsätzen hätte leiten lassen wie bei dem Erlass der herangezogenen Gesetzesvorschrift, zu dem gleichen Abwägungsergebnis gekommen" wäre.[294] Tatsächlich wird eine vergleichbare Interessenlage

---

288 Vgl. Erman/*Maier-Reimer*, BGB, 13. Aufl., § 184 Rdn. 12.

289 Vgl. *Roeckl-Schmidt/Stoll*, AG 2012, 225, 228.

290 Vgl. *Hoffmann-Becking*, FS Hellwig, S. 153, 159; *Roeckl-Schmidt/Stoll*, AG 2012, 225, 228.

291 Vgl. *Hoffmann-Becking*, FS Hellwig, S. 153, 161 f.

292 Vgl. *Roeckl-Schmidt/Stoll*, AG 2012, 225, 228 f.

293 Vgl. *Larenz/Canaris*, Methodenlehre der Rechtswissenschaft, 3. Aufl., S. 194 ff.

294 BGH NJW 2003, 2601, 2602; BGH NJW 1997, 2683, 2684.

in diesem Fall angenommen[295]: Der neue Gesellschafter soll durch die Vorschrift des § 16 Abs. 1 S. 2 GmbHG weiter handlungsfähig bleiben und wirksam Rechtshandlungen vornehmen können, auch wenn eine Eintragung im Handelsregister noch nicht erfolgt ist, diese aber unverzüglich folgen wird; ein solches Bedürfnis bestehe auch im Fall der nachträglichen Protokollierung. Dieser Annahme ist jedoch entgegenzutreten. Mit der Bestimmung des § 16 Abs. 1 GmbHG soll geregelt werden, wer gegenüber der Gesellschaft als Gesellschafter gilt. Zum einen soll die Gesellschafterstruktur transparenter werden, zum anderen soll Rechtssicherheit und Verkehrsschutz erhöht werden.[296] Dies erfordert auch die Möglichkeit der Rückwirkung unter den in § 16 Abs. 1 S. 2 GmbHG genannten Voraussetzungen. Auf diese Weise wird auch der Anwendungsbereich des gutgläubigen Erwerbs von Gesellschaftsanteilen erweitert.[297] Eine solche Aufgabe kommt der notariellen Beurkundung nicht zu. Mit ihr sollen eine klare Dokumentation der Willensbildung der Hauptversammlung gewährleistet und Zweifel über die Wirksamkeit der Beschlussfassung vermieden werden.[298] Berücksichtigt werden auch Interessen der Gesellschaftsgläubiger. Daher muss schon eine vergleichbare Interessenlage ausscheiden. Wird eine Rückwirkung vor dem Hintergrund einer Dividendenausschüttung für erforderlich gehalten, so ist im Rahmen des § 16 Abs. 1 S. 2 GmbHG zu beachten, dass diese Ausschüttung als Rechtshandlung der GmbH von der Rückwirkung gerade nicht erfasst ist.[299] Dies zeigt, dass die Sonderregelung des § 16 Abs. 1 S. 2 GmbHG einen anderen Zweck verfolgt. Folglich muss für diesen konkreten Fall eine analoge Anwendung im Aktienrecht ausscheiden.

3. § 130 in Verbindung mit § 37 BeurkG

Schließlich wird eine unmittelbare Rückwirkung der späteren endgültigen Beurkundung aus § 130 AktG in Verbindung mit § 37 BeurkG entnommen[300]: Ausgangspunkt ist die Bestimmung des § 130 Abs. 2 S. 1 AktG wonach in der Niederschrift unter anderem der Tag der Hauptversammlung anzugeben ist. § 130 AktG verdrängt die Vorschrift des § 37 Abs. 2 BeurkG, nach der der Tag der Errichtung der Niederschrift angegeben werden soll.[301] Das Aktiengesetz

---

295 So *Roeckl-Schmidt/Stoll*, AG 2012, 225, 229.
296 Vgl. Scholz/*Seibt*, GmbHG, 11. Aufl., § 16 Rdn. 4.
297 Vgl. Scholz/*Seibt*, GmbHG, 11. Aufl., § 16 Rdn. 1.
298 Vgl. Spindler/Stilz/*Wicke*, AktG, 2. Aufl. § 130 Rdn. 1.
299 Vgl. Henssler/Strohn/*Verse*, Gesellschaftsrecht, 1. Aufl., § 16 GmbHG Rdn. 24; *Wicke*, GmbHG, 2. Aufl., § 16 Rdn. 11.
300 So *Roeckl-Schmidt/Stoll*, AG 2012, 225, 229.
301 Vgl. Spindler/Stilz/*Wicke*, AktG, 2. Aufl. § 130 Rdn. 16.

bestimmt in § 241 Nr. 2, dass Nichtigkeit unter anderem nur bei einem Verstoß gegen § 130 Abs. 2 AktG eintritt. Ein Verstoß gegen § 37 Abs. 2 BeurkG ist dementsprechend unbeachtlich. Diese gesetzliche Annahme soll im Ergebnis gegen eine ex-nunc-Wirkung der nachträglichen Niederschrift sprechen, da es dem Gesetzgeber in einem stärkeren Maße auf den Zeitpunkt der Hauptvesammlung und nicht auf die notarielle Niederschrift ankommt. Dem ist entgegenzuhalten, dass § 130 Abs. 2 AktG auch deshalb auf den Tag der Hauptversammlung abstellt, weil die Willensbildung der Hauptversammlung im Vordergrund steht. Maßgeblich kommt es auf den Prozess der Willensbildung an.[302] Eine Rückwirkung, die an eine nachträgliche Korrektur der Niederschrift anknüpft, ist mit der Regelung in § 130 AktG nicht verbunden und dem Wortlaut nicht zu entnehmen.

III. Abspaltung des Gewinnverwendungsbeschlusses von den übrigen Beschlüssen der Hauptversammlung

Möglicherweise kann die rechtliche Bewertung des Gewinnverwendungsbeschlusses vor abschließender Unterzeichnung des notariellen Hauptversammlungsprotokoll und dessen Entlassung in den Rechtsverkehr als juristisches Nullum dadurch vermieden werden, dass der Gewinnverwendungsbeschluss unmittelbar im Anschluss an die Hauptversammlung separat vom Notar beurkundet und dem Vorstand von diesem eine öffentlich beurkundete Abschrift zur Einreichung zum Handelsregister gemäß § 130 Abs. 5 AktG übergeben wird.[303] Zum Zeitpunkt der Dividendenzahlung an dem der Hauptversammlung folgenden Werktag könnte somit ein wirksamer Dividendenanspruch der Aktionäre bestehen, sodass die Zahlung nunmehr nicht gegen § 57 Abs. 1 S. 1 AktG verstieße.[304]

Diesem Gedanken ist zuzugeben, dass der Notar im Hinblick auf die für den Gewinnverwendungsbeschluss maßgeblichen Tatsachen regelmäßig in der Lage sein dürfte, diesen bereits am Ende der Hauptversammlung zu finalisieren und in den Rechtsverkehr zu entlassen. Die wesentlichen Tatsachen dürften in aller Regel schon vorher bekannt sein.[305] Praktische Erwägungen streiten jedenfalls nicht gegen eine solche Abspaltung eines einzelnen Beschlusses von der notariellen Niederschrift.

302 BGH NJW 3094, 3095.

303 Vgl. *Ludwig*, ZNotP 2008, 345, 353 Fn. 36.

304 Näheres zum Kapitalerhaltungsgrundsatz siehe unten Seite 77 ff.

305 Vgl. Happ/*Ludwig*, Aktienrecht, 3. Aufl., 10.21 Rdn. 4.

Einem solchen Vorgehen stehen jedoch rechtliche Hinderungsgründe entgegen. Denn die Vorschrift des § 130 Abs. 5 AktG bezieht die der Ausfertigung folgende Einreichungspflicht des Vorstands nicht auf einzelne gefasste Beschlüsse, sondern auf die angefertigte Niederschrift in ihrer Gesamtheit. Diese besteht aber im Rahmen einer gewöhnlichen Jahreshauptversammlung nicht nur aus dem Gewinnverwendungsbeschluss, sondern aus diversen anderer gefasster Beschlüsse, wie etwa die Entlastung des Vorstands im Sinne des § 120 AktG. Diese Auslegung ergibt sich aus dem klaren Wortlaut des § 130 Abs. 1 S. 1 AktG. Ein wie oben beschriebenes Vorgehen würde damit eine Teilung der Niederschrift bedeuten, die im Aktienrecht keine entsprechende Regelung findet. Vielmehr geht § 130 Abs. 5 AktG davon aus, dass bei einheitlicher Hauptversammlung ein einheitliches Protokoll vorliegt.[306] Dieser Grundsatz ist zwingend zu beachten.

Eine Abspaltung des gefassten Gewinnverwendungsbeschlusses am Tag der Hauptversammlung im Sinne einer „Vorab(Teil-)erledigung“[307] zur Vermeidung einer voreiligen aktienrechtswidrigen Leistung kommt daher nicht in Betracht.

IV. Ergebnis

Abschließend ist festzuhalten, dass die Annahme einer Rückwirkung der nachträglichen Protokollierung auf den Zeitpunkt der Beschlussfassung mangels entsprechender aktienrechtlicher Regelung keinesfalls zwingend ist. Vielmehr ist zu kritisieren, dass auf aktienrechtsfremde Bestimmungen zurückgegriffen wird. Auf diesen Punkt wird später noch näher einzugehen sein.[308]

Damit stellen sich im Rahmen der verfrühten Ausschüttung bestimmte Fragen, die vor dem Hintergrund des aktienrechtlichen Kapitalerhaltungsgrundsatzes von wesentlicher Bedeutung sind und deren Relevanz nicht von der Hand zu weisen ist. Diese sollen im Rahmen dieser Untersuchung daher näher beleuchtet werden.

---

306 Vgl. *Hüffer*, AktG, 10. Aufl., § 130 Rdn. 14c; *Ludwig*, ZNotP 2008, 345, 353 Fn. 36; für eine Einheitlichkeit im Rahmen des § 130 Abs. 1 S. 3 AktG vgl. *Heckschen*, DNotZ 1995, 275, 284; *Hoffmann-Becking*, ZIP 1995, 1, 7; a. A. *Lutter*, AG 1994, 429, 440; gegen eine Teilung der Niederschrift auch Großkomm. AktG/*Werner*, 4. Aufl., § 130 Rdn. 62.

307 *Ludwig*, ZNotP 2008, 345, 353 Fn. 36.

308 Siehe unten Seite 160 f.

5. Kapitel: Die Fallbeispiele und ihre rechtliche Problematik

A. Fallbeispiel 1

Das oben vorgestellte erste Fallbeispiel ist als Ausgangsfall zu verstehen, der vor allem dazu dient, die maßgeblichen Grundlagen aufzuzeigen, auf die es für die Lösung der bereits angesprochenen und noch zu vertiefenden Problematik besonders ankommt. Hier stellen sich zwei ganz grundsätzliche Fragen: Zum einen ist zu prüfen, ob der vom Vorstand der AG geltend gemachte aktienrechtliche Erstattungsanspruch betreffend die vorzeitige Dividendenausschüttung besteht (dazu sub I.). Zum anderen ist festzustellen, ob der Aktionär in einem solchen Fall tatsächlich die erneute Auszahlung der Dividende fordern kann, nachdem der Notar das Protokoll endgültig unterschrieben und in den Rechtsverkehr gegeben hat (dazu sub II.). Dabei stellt der aktienrechtliche Kapitalerhaltungsgrundsatz den ganz wesentlichen Schwerpunkt dar. Verknüpft werden dieser Grundsatz und seine Ausprägungen mit Überlegungen zum Allgemeinen Teil des Schuldrechts, insbesondere mit Fragen der Erfüllung im Sinne des § 362 BGB. Der Ausgangsfall findet dann im Fallbeispiel 2 seine Weiterentwicklung.

Desweiteren findet sich im Rahmen des ersten Fallbeispiels ein Exkurs, der sich mit den Heilungsfolgen eines nichtigen Jahres- und Gewinnverwendungsbeschlusses auseinandersetzt. Im dortigen Zusammenhang sind die Einrede des „dolo agit, qui petit, quod statim redditurus est“ sowie das Verbot des „venire contra factum proprium“ als Ausprägung der Generalklausel „Treu und Glauben“ gemäß § 242 BGB, und ihr Verhältnis zum aktienrechtlichen Grundsatz der Kapitalerhaltung Gegenstand einer tiefergehenden Untersuchung.[309]

I. Die Erstattung der voreiligen Dividendenzahlung

Einführend wird zu prüfen sein, wie die Rückabwicklung der verfrühten Dividendenzahlung vorgenommen werden kann. Im Hinblick auf mögliche Anspruchsgrundlagen liegt das Augenmerk zunächst ausschließlich auf

309 Siehe unten Seite 127 ff.

aktienrechtlichen Regelungen. Weitere, für diese Fälle möglicherweise ebenfalls vorliegende Ansprüche nach anderen Vorschriften werden zu einem späteren Zeitpunkt in einer für diese anschaulicheren Konstellation eingehend besprochen, da deren Existenz umstritten ist.

Mit der zunächst aufgeworfenen Frage eines Erstattungsanspruchs der Gesellschaft sollen vor allem die Bestimmungen des § 57 AktG und § 62 AktG vorgestellt werden, bevor im Anschluss die weiteren Fragestellungen einer rechtlichen Lösung zugeführt werden.

1. Ausgangslage

Die A-AG macht einen Anspruch auf Rückzahlung der am 07.06. des Jahres an T geleisteten Dividende geltend. Ein solcher Anspruch ist im Aktiengesetz selbstständig geregelt und ergibt sich aus § 62 Abs. 1 S. 1 AktG, so seine Voraussetzungen denn vorliegen.[310]

§ 62 Abs. 1 S. 1 AktG statuiert einen speziellen aktienrechtlichen Rückgewähranspruch der Gesellschaft. Als lex specialis verdrängt diese Vorschrift die allgemeinen bereicherungsrechtlichen Herausgabeansprüche nach den §§ 812 bis 822 BGB vollständig.[311] Zum einen soll es auf diese Weise nicht zu einer Umgehung der speziellen Vorschrift des § 62 Abs. 1 S. 2 AktG kommen. Zum anderen sind die im allgemeinen Bereicherungsrecht teilweise enthaltenen Privilegierungen des Bereicherungsschuldners, wie die §§ 814, 817 S. 2, 818 Abs. 3 BGB, nicht mit dem Grundsatz der Kapitalerhaltung vereinbar, dem, mit Ausnahme des § 62 Abs. 1 S. 2 AktG, üblicherweise Vorrang vor individuellen Interessen des Bereicherungsschuldners zukommen muss.[312]

In einem ersten Schritt wird der Tatbestand des § 62 Abs. 1 S. 1 AktG, insbesondere der Kapitalerhaltungsgrundsatz im Aktienrecht aufgezeigt (sub a)), bevor im Weiteren die mit § 62 Abs. 1 S. 1 AktG einhergehenden Rechtsfolgen ihre

---

310 § 62 Abs. 1 S. 1 AktG beruht in seiner aktuellen Fassung auf Art. 16 der 2. EG-Richtlinie (77/91/EWG) vom 13.12.1976 (ABl. Nr. L 26/1 vom 31.1.1977) und dem DurchfG vom 13.12.1978 (BGBl. I 1959); vgl. dazu auch *Grundmann*, Europäisches Gesellschaftsrecht, 2. Aufl., § 10 Rdn. 314 ff., 344; Richtlinie abgedruckt bei *Lutter*, Europäisches Gesellschaftsrecht, 2. Aufl., S. 95 ff.

311 Vgl. Großkomm. AktG/*Henze*, 4. Aufl., § 62 Rdn. 59; *Hüffer*, AktG, 10. Aufl., § 62 Rdn. 8; K. Schmidt/Lutter/*Fleischer*, AktG, 2. Aufl., § 62 Rdn. 20; KölnKomm. AktG/*Drygala*, 3. Aufl., § 62 Rdn. 74; *Langenbucher*, a. a. O. (Fn. 250), § 6 Rdn. 329; *Raiser/Veil*, a. a. O. (Fn. 19), § 19 Rdn. 14.

312 Vgl. Großkomm. AktG/*Henze*, 4. Aufl., § 62 Rdn. 59, 61; MünchKomm. AktG/*Bayer*, 3. Aufl., § 62 Rdn. 7.

Darstellung finden (sub b)). Dem schließt sich die Vorstellung der Ausnahmeregelung des § 62 Abs. 1 S. 2 AktG an, die nach der hier vertretenen Lösung für die aufgeworfene Problematik von entscheidender Bedeutung sein wird, sodass auf diese noch vertieft eingegangen wird (2.).

a) Leistungen entgegen den Vorschriften des AktG

Ausschlaggebend für einen Anspruch der Gesellschaft auf Rückgewähr einer Leistung – mit der Ausschüttung der Dividende liegt eine Leistung im Sinne des § 62 Abs. 1 S. 1 AktG vor[313] – ist, dass diese entgegen den Vorschriften des Aktiengesetzes erbracht wird und demzufolge gegen ein aktienrechtliches Verbot verstößt.[314]

Im Fall der vorliegenden voreiligen Dividendenzahlung drängt sich ein Konflikt zu § 57 AktG und dem Grundsatz der Kapitalerhaltung auf. Denn wie schon oben festgestellt leistet die Gesellschaft an ihren Aktionär in einer Phase, in der ein rechtlicher Anspruch auf Zahlung der Dividende noch nicht entstanden ist, sondern dies erst noch bevorsteht.

aa) Verstoß gegen § 57 Abs. 1 S. 1 AktG

Die verfrühte Dividendenausschüttung steht damit unmittelbar in einem Spannungsverhältnis zur Vorschrift des § 57 AktG, welches es aufzulösen gilt.

(1) Der Kapitalerhaltungsgrundsatz im Aktienrecht

Im Recht der Aktiengesellschaft findet der Kaptalerhaltungsgrundsatz in § 57 AktG seine Grundlage. Diese Norm verbietet entsprechend ihrem Wortlaut in Abs. 1 S. 1 die Rückgewähr von Einlagen an die Aktionäre. Allerdings beschränkt sich das Verbot nicht nur auf die vom Gesellschafter erbrachte Einlage, wie § 57 Abs. 3 AktG zeigt. Es bezieht vielmehr das gesamte Vermögen der Gesellschaft ein.[315] Erlaubt ist, neben einigen anderen wenigen gesetzlichen Ausnahmen, vor allem die Verteilung des Bilanzgewinns der AG, § 58 Abs. 4 AktG.[316] Aus dieser Reichweite

---

313 Vgl. Heidel/*Drinhausen*, Aktienrecht und Kapitalmarktrecht, 3. Aufl., § 62 Rdn. 3.

314 Vgl. Großkomm. AktG/*Henze*, 4. Aufl., § 62 Rdn. 14; Heidel/*Drinhausen*, Aktienrecht und Kapitalmarktrecht, 3. Aufl., § 62 Rdn. 5.

315 OLG Frankfurt AG 1996, 324, 325; OLG Hamburg AG 1980, 275, 278; KG NZG 1999, 161; vgl. Bürgers/Körber/*Westermann*, AktG, 2. Aufl., § 57 Rdn. 1; Großkomm. AktG/*Henze*, 4. Aufl., § 57 Rdn. 9; KölnKomm. AktG/*Drygala*, 3. Aufl., § 57 Rdn. 17; dazu auch *Langenbucher*, a. a. O. (Fn. 250), § 9 Rdn. 1, 5 ff.; MünchKomm. AktG/*Bayer*, 3. Aufl., § 57 Rdn. 9.

316 BGH WM 1984, 625, 626; vgl. Großkomm. AktG/*Henze*, 4. Aufl., § 57 Rdn. 9; *Hoffmann-Becking*, ZIP 1995, 1, 5; *Hüffer*, AktG, 10. Aufl., § 57 Rdn. 2.

ergibt sich im Weiteren, dass das Verbot der Einlagenrückgewähr nach § 57 Abs. 1 S. 1 AktG begrifflich zu kurz greift. Daher wird auch nicht nur vom Verbot der Einlagenrückgewähr gesprochen, sondern vielmehr vom „Grundsatz der umfassenden Vermögensbindung“[317] der Aktiengesellschaft, den es zu beachten gilt.[318] Eine Ausschüttung ist daher nur unter bestimmten Voraussetzungen möglich: Zuerst muss das Vermögen der jeweiligen Gesellschaft auf der Basis einer Netto-Betrachtung, berechnet entsprechend den §§ 252 ff. HGB, das Grundkapital und die gesetzliche Rücklage nach ihren Ziffern übertreffen; weiterhin bedarf es hinsichtlich dieses Mehrs einer Ausweisung als förmlicher Bilanzgewinn, weil maximal nur in der Höhe dieser Ausweisung eine Ausschüttung vorgenommen werden darf; endlich müssen die Aktionäre in der Hauptversammlung diesen Gewinn, in voller Höhe oder nur zum Teil, zur Verteilung beschlossen haben.[319] In dieser Reichweite liegt der wesentliche Unterscheid zwischen der Kapitalerhaltung im Recht der AG und dem der GmbH, bei welcher sich der Grundsatz auf die Erhaltung des Stammkapitals nach § 30 Abs. 1 GmbHG beschränkt.[320] Der Kapitalerhaltungsgrundsatz verfolgt den Zweck, einmal aufgebrachtes Kapital an die Gesellschaft zu binden, da mit diesem die Gesellschafter von ihrer persönlichen Haftung freigestellt werden.[321] Dieser Zweck wird durch die nur wenigen Ausnahmen, in denen eine Rückgewähr von Gesellschaftsvermögen an die Aktionäre möglich ist, unterstrichen. Die Bindung des eingebrachten Kapitals und des gesamten Geellschaftsvermögens dient zum einen dem Schutz der Gläubiger der Gesellschaft, zum anderen aber auch dem Schutz der Aktionäre selbst sowie dem möglicher Anleger am Kapitalmarkt.[322] Die Gläubiger der Gesellschaft sind auf den Bestand des Gesellschaftsvermögens angewiesen, weil die Gesellschafter selbst nach dem Trennungsprinzip für die Verbindlichkeiten der AG grundsätzlich nicht haften, § 1 Abs. 1 S. 2 AktG.[323] Das aufgebrachte

---

317 Münch. Hdb. AG/*Wiesner*, 3. Aufl., § 16 Rdn. 42.

318 Vgl. Großkomm. AktG/*Henze*, 4. Aufl., § 57 Rdn. 8; KölnKomm. AktG/*Drygala*, 3. Aufl., § 57 Rdn. 16; *Raiser/Veil*, a. a. O. (Fn. 19), § 19 Rdn. 1.

319 Vgl. *Lutter*, FS Stiefel, 505, 526 f., der vom „Drei-Schranken-System“ spricht.

320 Vgl. zur Kapitalerhaltung im GmbH-Recht vor allem *Wilhelmi*, Der Grundsatz der Kapitalerhaltung im System des GmbH Rechts; eine vergleichende Darstellung findet sich in *Fabritius*, ZHR 144 (1980), 628 ff.; *Lutter*, FS Stiefel, 505, 527; auf die Kapitalerhaltung im Recht der GmbH wird unten noch näher eingegangen, siehe Seite 181 f.

321 Vgl. Großkomm. AktG/*Henze*, 4. Aufl., § 57 Rdn. 5; Hölters/*Solveen*, AktG, 1. Aufl., § 57 Rdn. 2; *Lutter*, FS Stiefel, 505, 506.

322 So Großkomm. AktG/*Henze*, 4. Aufl., § 57 Rdn. 7.

323 Vgl. Bürgers/Körber/*Westermann*, AktG, 2. Aufl., § 57 Rdn. 2; *Fabritius*, ZHR 144 (1980), 628, 631; *Fleischer*, WM 2007, 909, 910; Großkomm. AktG/*Henze*, 4. Aufl.,

Kapital ersetzt die persönliche Haftung des einzelnen Aktionärs, sodass dieses Vermögen für die Gläubiger regelmäßig die einzige Sicherheit darstellt.[324] Diese haben folglich ein gewichtiges Interesse daran, dass die Gesellschaft das Gläubigerrisiko nicht noch durch Ausschüttungen an ihre Aktionäre einseitig erhöht.[325] Daher ist die Auskehr von Gesellschaftsvermögen nur unter insgesamt engen Voraussetzungen möglich. Die Kapitalerhaltung dient aber auch dem Schutz der Aktionäre, besonders dem der Minderheitsaktionäre.[326] Denn aufgrund der Bindung wird eine Ungleichbehandlung der einzelnen Aktionäre vermieden. Ohne diese könnte ein Mehrheitsgesellschafter beispielsweise darauf hinwirken, dass zwischen der Gesellschaft und ihm ein Rechtgeschäft abgeschlossen würde, in dessen Rahmen die AG möglicherweise eine Leistung erbringen würde, welche tatsächlich nicht dem Wert der Gegenleistung des Gesellschafters entspricht. Auf diese Weise könnte dem Mehrheitsgesellschafter ein Gewinn ausgeschüttet werden, den der Minderheitsaktionär nicht bekäme, wodurch diesem unter Verletzung des § 53a AktG eine Benachteiligung widerfahren würde. Schließlich dient die Bindung des Gesellschaftsvermögens auch dem Schutz der Kapitalanleger. Denn § 57 AktG verbietet, dass die Gesellschaft Mittel außerhalb des Bilanzgewinns an die Gesellschafter als Dividende verteilt, um die Gesellschaft am Kapitalmarkt unter dem Gesichtspunkt der Rendite als besonders dividendenstark und damit für die Anleger, entgegen der tatsächlichen wirtschaftlichen Situation, als attraktiv erscheinen zu lassen.[327] § 57 AktG wird durch weitere Vorschriften, auf die im weiteren Verlauf noch einzugehen ist, näher ausgestaltet.[328] Die Bindung des Gesellschaftsvermögens kann im Rahmen der Satzung der Gesellschaft

---

§ 57 Rdn. 7; vgl. *Grundmann*, a. a. O (Fn. 310), § 10 Rdn. 318; Henssler/Strohn/*Lange*, Gesellschaftsrecht, 1. Aufl., § 1 AktG Rdn. 6; K. Schmidt/Lutter/*Fleischer*, AktG, 2. Aufl., § 57 Rdn. 3; *Merkt*, ZGR 2004, 305, 311 f.; **a. A.** KölnKomm. AktG/*Drygala*, 3. Aufl., § 57 Rdn. 10.

324 So auch *Drygala*, ZGR 2006, 587, 589.

325 Vgl. *Mülbert*, Der Konzern 2004, 151, 153, 159.

326 RGZ 107, 161, 168; vgl. *Bitter*, ZHR 168 (2004), 302, 310; *Drygala/Staake/Szalai*, a. a. O. (Fn. 39), § 20 Rdn. 27; Großkomm. AktG/*Henze*, 4. Aufl., § 57 Rdn. 7; vgl. *Grundmann*, a. a. O. (Fn. 310), § 10 Rdn. 319; KölnKomm. AktG/*Lutter*, 2. Aufl., § 57 Rdn. 2; diesem folgend auch KölnKomm. AktG/*Drygala*, 3. Aufl., § 57 Rdn. 13; *Lutter*, FS Stiefel, 505, 523, 524; a. A. *Fleischer*, WM 2007, 909, 910; K. Schmidt/Lutter/*Fleischer*, AktG, 2. Aufl., § 57 Rdn. 3.

327 Vgl. *Fleischer*, WM 2007, 909, 910; Großkomm. AktG/*Henze*, 4. Aufl., § 57 Rdn. 7; KölnKomm. AktG/*Lutter*, 2. Aufl., § 57 Rdn. 2; hierzu kritisch Lutter/*Ekkenga/Bayer*, Das Kapital der Aktiengesellschaft in Europa, ZGR-Sonderheft 17, S. 342, 351.

328 So zum Beispiel durch die §§ 59, 62, 66 Abs. 2 AktG.

weder erweitert noch beschränkt werden.[329] Auch auf diesen Gedanken der statutarischen Beschränkung wird im Verlauf der Untersuchung nochmals zurückzukommen sein.[330]

(2) Tatbestandliche Erfüllung des § 57 AktG

Vorliegend geht es in erster Linie um einen Verstoß gegen die Vorschrift des § 57 Abs. 1 S. 1 AktG im Rahmen der Ausschüttung von Dividenden als Bilanzgewinn der Gesellschaft.

Die von dem Verbot des § 57 Abs. 1 S. 1 AktG ausgenommene Verteilung des Bilanzgewinns wird durch die Zahlung einer Dividende an die Aktionäre der AG vorgenommen. Konkret ist im Fall der Dividendenzahlung nur die Verteilung eines solchen Betrags erlaubt, der in einem von der Hauptversammlung wirksam gefassten Gewinnverwendungsbeschluss zur Bedienung der Dividendenrechte förmlich festgesetzt ist, § 174 Abs. 2 Nr. 2 AktG.[331] Eine Festsetzung bedeutet aber, dass ein solcher Anspruch mit dieser tatsächlich auch wirksam entstanden ist. Denn eine diesem Erfordernis nicht folgende, schlicht als Dividende plakatierte Auszahlung, würde sich mangels rechtlicher Grundlage nicht von sonstigen anlasslosen Ausschüttungen an die Gesellschafter, die üblicherweise gegen § 57 Abs. 1 S. 1 AktG verstoßen, unterscheiden.[332] Eine weitergehende Nichtigkeit des Gewinnverwendungsbeschlusses ist dafür nicht erforderlich. Eine verbotswidrige Auszahlung liegt bereits vor, wenn dieser kein wirksamer Beschluss im Sinne des § 174 AktG zugrunde liegt.[333] Dies ist mit der obigen Feststellung des Bundesgerichtshofs, der Niederschrift komme bis zur Entlassung aus dem notariellen Gewahrsam nur Entwurfscharakter zu, der Fall.[334] Ein bloßes rechtliches Nullum vermag Rechtswirkungen nicht zu erzeugen und somit auch keine Dividendenansprüche herbeizuführen, sodass die verfrühte Zahlung schließlich keine erlaubte Rückgewähr in diesem Sinne darstellt.[335]

---

329 Vgl. *Ballerstedt*, Kapital, Gewinn und Ausschüttung bei Kapitalgesellschaften, S. 134; K. Schmidt/Lutter/*Fleischer*, AktG, 2. Aufl., § 57 Rdn. 4; KölnKomm. AktG/Lutter, 2. Aufl., § 57 Rdn. 11; MünchKomm. AktG/*Bayer*, 3. Aufl., § 57 Rdn. 4.

330 Dazu noch unten Seite 107 ff.

331 Vgl. Großkomm. AktG/*Henze*, 4. Aufl., § 57 Rdn. 182.

332 Vgl. Hölters/*Solveen*, AktG, 1. Aufl., § 62 Rdn. 13; KölnKomm. AktG/*Lutter*, 2. Aufl., § 62 Rdn. 32.

333 Vgl. *Langenbucher*, a. a. O. (Fn. 250), § 9 Rdn. 36; MünchKomm. AktG/*Bayer*, 3. Aufl., § 57 Rdn. 76.

334 So BGHZ 180, 9 ff. = BGH NJW 2009, 2207 ff.

335 Vgl. Palandt/*Ellenberger*, BGB, 71. Aufl., Einf v § 116 Rdn. 7 für den oben erwähnten Fall des Schweigens, siehe oben Fn. 285.

§ 57 Abs. 1 S. 1 AktG verbietet sowohl einseitige Leistungen der Gesellschaft an ihre Aktionäre als auch einen (zweiseitigen) Leistungsaustausch zwischen AG und Gesellschafter. Ein solcher zeichnet sich dadurch aus, dass die ausgetauschten Leistungen nicht gleichwertig sind, soweit die fehlende Gleichwertigkeit zum Nachteil der Gesellschaft gereicht. Im ersten Fall wird auch von offenen, im zweiten Fall von verdeckten Verstößen gesprochen.[336] Hier liegt ein sogenannter offener Verstoß gegen den Kapitalerhaltungsgrundsatz vor, weil die Zahlung an den Aktionär eine einseitige Zuwendung von Vermögen ohne die Leistung eines entsprechenden Gegenwertes durch den Gesellschafter darstellt.[337] Vielmehr kann es in einem solchen Fall auch nur zu einem offenen Verstoß kommen. Denn es entspricht dem Wesen der Dividendenzahlung, dass der Gesellschafter bei dieser eine Gegenleistung gerade nicht erbringen muss. Die Verteilung einer Dividende findet ihre maßgebliche Grundlage im Anspruch des Aktionärs an der Beteiligung am Gewinn der Gesellschaft und ergibt sich aus seiner Stellung als Gesellschafter, nicht aus einem schuldrechtlichen Vertragsverhältnis, wie beispielsweise einem Kaufvertrag.

bb) Ausnahme im Sinne des § 57 Abs. 1 S. 3 Alt. 2 AktG

Ein Verstoß gegen § 57 Abs. 1 S. 1 AktG scheidet allerdings regelmäßig dann aus, wenn ein Ausnahmefall nach § 57 Abs. 1 S. 3 Alt. 2 AktG gegeben ist.[338] Demnach ist der Kapitalerhaltungsgrundsatz dann nicht verletzt, wenn die von der Gesellschaft erbrachte Leistung durch einen vollwertigen Gegenleistungs- oder Rückgewähranspruch gegen den Aktionär gedeckt ist. Diese Regelung wurde mit dem Gesetz zur Modernisierung des GmbH-Rechts und zur Bekämpfung von Missbräuchen neu eingeführt.[339] Ob die Bindung des Gesellschaftsvermögens betroffen ist, hängt damit (wieder) von einer bilanziellen Betrachtungsweise[340] ab: Der Tatbestand des § 57 Abs. 1 S. 1 AktG soll nur dann erfüllt sein, wenn nicht lediglich

336 Vgl. *Drygala/Staake/Szalai*, a. a. O. (Fn. 39), § 20 Rdn. 28; *Hüffer*, AktG, 10. Aufl., § 57 Rdn. 5; MünchKomm. AktG/*Bayer*, 3. Aufl., § 57 Rdn. 30; Spindler/Stilz/*Cahn/v. Spannenberg*, AktG, 2. Aufl., § 57 Rdn. 14.

337 Vgl. Großkomm. AktG/*Henze*, 4. Aufl., § 57 Rdn. 25.

338 Im Rahmen dieser Fragestellung kommt es besonders auf die Vorschrift des § 62 AktG an. Auf diese wird weiter unten noch vertieft eingegangen, Seite 91 ff.

339 MoMiG, BGBl. I S. 2026; vgl. Spindler/Stilz/*Cahn/v. Spannenberg*, AktG, 2. Aufl., § 57 Rdn. 138.

340 Vgl. Drygala/Staake/Szalai, a. a. O. (Fn. 39), § 20 Rdn. 29; *Habersack*, FS K. Schmidt, 523, 541; *Hirte*, a. a. O. (Fn. 11), § 5 Rdn. 5.76a; *Hüffer*, AktG, 10. Aufl., § 57 Rdn. 19; *K. Schmidt*, GmbHR 2007, 1072, 1074 f.; K. Schmidt/Lutter/*Fleischer*, AktG, 2. Aufl., § 57 Rdn. 39.

ein bloßer Aktivtausch in der Bilanz stattgefunden hat. Dies ist nämlich der Fall, wenn beispielsweise die AG ihrem Gesellschafter ein Darlehen gewährt, welches voll besichert ist und die Rückzahlung daher gesichert erscheint.[341] Würde in einem solchen Sachverhalt ein Verstoß gegen § 57 Abs. 1 S. 1 AktG angenommen[342], hätte dies zur Folge, dass die Gewährung von Darlehen der Gesellschaft an ihre Aktionäre, wie es zum Beispiel im Rahmen des konzerninternen Cash-Pooling vorkommt, vor dem Hintergrund des § 57 Abs. 1 S. 1 AktG äußert risikobehaftet wäre.[343] Da der Gesetzgeber gerade das Cash-Pooling im Konzern für sinnvoll erachtet und dieses auch dem Interesse der Konzerntöchter dient[344], hat er als Reaktion auf das oben erwähnte November-Urteil des Bundesgerichtshofs zur Klarstellung für die Praxis die Vorschrift des § 57 Abs. 1 S. 3 Alt. 2 AktG eingeführt.[345]

Wenig beachtet ist die Überlegung, inwieweit die Regelung des § 62 Abs. 1 AktG im Rahmen der neu eingeführten Bestimmung Berücksichtigung findet. § 62 Abs. 1 AktG statuiert in seinem S. 1 einen Rückgewähranspruch der Gesellschaft für den Fall eines Verstoßes gegen § 57 Abs. 1 S. 1 AktG. Daher könnte es naheliegen eine Verletzung des Kapitalerhaltungsgrundsatzes abzulehnen, wenn und soweit dieser Rückgewähranspruch vollwertig im Sinne des § 57 Abs. 1 S. 3 Alt. 2 AktG ist. Der bloße Wortlaut lässt anderes zunächst nicht vermuten, da § 62 Abs. 1 S. 1 AktG ausdrücklich von „zurückgewähren" spricht, sodass jedenfalls ein Rückgewähranspruch vorliegt. Ein Vergleich zum daneben möglichen Gegenleistungsanspruch lässt jedoch die Überlegung aufkommen, dass eine Deckung durch vollwertige Ansprüche als Ausnahme nur im Rahmen von zweiseitigen Rechtsgeschäften in Betracht kommt. Ziel der Vorschrift ist vor allem die Erleichterung von Vertragsverhältnissen in einem Konzern, besonders Leistungen innerhalb dieses.[346] Damit zielt der Gesetzgeber auf zweiseitige Rechtsgeschäfte ab, nicht jedoch auf offene Verstöße gegen § 57 Abs. 1 S. 1 AktG. Der Rückgewähranspruch ist bei einem solchen Verstoß, anders als zum Beispiel

---

341 Vgl. K. Schmidt/Lutter/*Fleischer*, AktG, 2. Aufl., § 57 Rdn. 46 f.; *Winter*, DStR 2007, 1484, 1485 f.

342 So der Bundesgerichtshof in seinem sogenannten November-Urteil, BGH DStR 2003, 427 ff.; auch wenn dieses Urteil eine GmbH betraf, so sprach viel dafür, dass die dort entwickelten Grundsätze auch für die Aktiengesellschaft Geltung haben sollten, vgl. Spindler/Stilz/*Cahn/v. Spannenberg*, AktG, 2. Aufl., § 57 Rdn. 138.

343 Vgl. Hölters/*Solveen*, AktG, 1. Aufl., § 57 Rdn. 17.

344 So die Begründung des Regierungsentwurfs, BT-Drucks. 16/6140, S. 41.

345 Vgl. auch das sogenannte MPS-Urteil des BGH NZG 2009, 107 ff.; zu § 30 GmbHG *Grunewald*, WM 2006, 2333, 2334; K. Schmidt/Lutter/*Fleischer*, AktG, 2. Aufl., § 57 Rdn. 39 f.; *Winter*, DStR 2007, 1484, 1488 f.

346 So die Begründung des Regierungsentwurfes, BT-Drucks. 16/6140, S. 41.

die Rückgewährpflicht eines Darlehens, gesetzlicher Natur und nicht Bestandteil einer separaten Vereinbarung zwischen Gesellschaft und Aktionär. Daher ist zu vermuten, dass der Begriff des Rückgewähranspruchs weniger auf § 62 Abs. 1 S. 1 AktG gerichtet ist als vielmehr auf eben diese Pflicht im Rahmen einer beipielsweise darlehensvertraglichen Beziehung.

Zudem soll bei der Frage der Vollwertigkeit von Rückgewähransprüchen eine bilanzielle Betrachtung maßgeblich sein. Dabei kommt es im Hinblick auf die Vollwertigkeit vor allem auf die Durchsetzbarkeit des Anspruchs und damit auf die Bonität des Schuldners an.[347] Wenn für diese Bewertung eine kaufmännische Beurteilung entscheidend ist[348], dann kann der gesetzliche Rückgewähranspruch nach § 62 Abs. 1 S. 1 AktG von § 57 Abs. 1 S. 3 Alt. 2 AktG nicht erfasst sein. Denn zumindest im Rahmen einer solchen voreiligen Dividendenzahlung geht die Gesellschaft nicht davon aus, dass ihr ein Rückgewähranspruch zusteht. Eine bewusste und zweckbestimmte Bewertung der Bonität des Gesellschafters wird demnach nicht vorgenommen.[349] Wären die Rechtsgrundlosigkeit und damit der Verstoß gegen die §§ 57 ff. AktG dieser Leistung auf Seiten der AG nämlich bekannt, dann würde die Dividendenzahlung nicht unter Berücksichtigung der Bonität des Aktionärs im Hinblick auf seine Rückgewährpflicht nach § 62 Abs. 1 S. 1 AktG vorgenommen. Vielmehr würde sie unter diesen Umständen in vollem Umfang unterbleiben, unabhängig von der Bonität des Gesellschafters, da ein vernünftiger Kaufmann ohne Rechtsgrundlage in aller Regel solche Leistungen nicht erbringen wird, wenn damit ein Verstoß gegen gesetzliche Vorschriften einhergeht.

Der erforderlichen Vollwertigkeit eines Rückgewähranspruchs steht zudem § 62 Abs. 1 S. 2 AktG entgegen, wonach in bestimmten Fällen der Aktionär die empfangene Leistung nicht zurückzugewähren braucht. Vollwertigkeit in diesem Sinne liegt aber nur vor, wenn im Hinblick auf die Bonität des Schuldners das Risiko auf das allgemeine Kreditrisiko beschränkt ist.[350] Mit der Regelung des § 62 Abs. 1 S. 2 AktG besteht aber ein zusätzliches Risiko, was erheblichen Einfluss auf die Realisierbarkeit der Rückforderung und damit auf die Bi-lanzierung dieses Anspruchs hat, weil der Aktionär bei Gutgläubigkeit zu einer Erstattung nicht verpflichtet ist.[351] Aber auch in Fällen des fehlenden guten Glaubens

347 Vgl. K. Schmidt/Lutter/*Fleischer*, AktG, 2. Aufl., § 57 Rdn. 46 f.

348 So K. Schmidt/Lutter/*Fleischer*, AktG, 2. Aufl., § 57 Rdn. 46 f.

349 Vgl. hierzu ausführlich Spindler/Stilz/*Cahn/v. Spannenberg*, AktG, 2. Aufl., § 57 Rdn. 141, 142 ff.

350 Vgl. *Mülbert/Leuschner*, NZG 2009, 281, 282.

351 Vgl. *Kiefner/Theusinger*, NZG 2008, 801, 804.

kann ein Anderes nicht gelten. Denn die Vollwertigkeit muss im Moment der Erbringung der Leistung vorliegen.[352] Für das Fehlen des guten Glaubens ist aber die AG beweispflichtig.[353] Ob ihr dieser Beweis gelingt, ist ein prozessuales Problem und kann erst im Rahmen eines Prozesses geklärt werden, sodass im Moment der Leistung jedenfalls ein Risiko besteht, welches über das allgemeine Kreditrisiko des Aktionärs hinausgeht. Ein bloßer Aktivtausch ist demzufolge bei einer solchen einseitigen Leistung wie im Fall der verfrühten Dividendenzahlung nicht gegeben.

Festgestellt werden kann damit zum einen, dass der vom Gesetzgeber verfolgte Zweck dafür spricht, die Bestimmung des § 57 Abs. 1 S. 3 Alt. 2 AktG nur auf zweiseitige Rechtsgeschäfte Anwendung finden zu lassen. Denn diese sollen mit der Neuregelung durch das Gesetz zur Modernisierung des GmbH-Rechts und zur Bekämpfung von Missbräuchen gerade erleichtert werden. Zum anderen haben auch die obigen Ausführungen gezeigt, dass die Ausnahmevorschrift des § 57 Abs. 1 S. 3 Alt. 2 AktG im Rahmen solcher einseitigen Leistungen aus vielen Gründen ausscheiden muss. Hier fehlt es unter anderem schon an einem Rückgewähranspruch der Gesellschaft im Sinne der Bestimmung, jedenfalls aufgrund der Regelung des § 62 Abs. 1 S. 2 AktG aber auch an einer Vollwertigkeit eines solchen (nicht bestehenden) Anspruchs.[354] Auf das Deckungsgebot kommt es mangels Anspruchs nicht an.[355]

cc) Ausnahmsweise erlaubt nach § 59 Abs. 1 AktG

Ein Verstoß gegen 57 Abs. 1 S. 1 AktG liegt jedoch dann nicht vor, wenn in der verfrühten Dividendenzahlung eine Abschlagszahlung auf die Dividende im Sinne des § 59 Abs. 1 AktG zu sehen ist. Dabei erfasst § 59 Abs. 1 AktG typischerweise den Fall, dass ein Gewinn-verwendungsbeschluss derzeit noch fehlt, welcher einen Ausschüttungsbetrag nach § 174 Abs. 2 Nr. 2 AktG ausweisen könnte.[356]

---

352 Vgl. *Habersack,* FS Schaumburg, S. 1291, 1302; Hölters/*Solveen*, AktG, 1. Aufl., § 57 Rdn. 18; *Hüffer*, AktG, 10. Aufl., § 57 Rdn. 20; *Mülbert/Leuschner*, NZG 2009, 281, 282; für § 30 GmbHG siehe auch BGH NJW 2003, 3629, 3631.

353 Vgl. *Hüffer*, AktG, 10. Aufl., § 62 Rdn. 12; KölnKomm. AktG/*Drygala*, 3. Aufl., § 62 Rdn. 34; MünchKomm. AktG/*Bayer*, 3. Aufl., § 62 Rdn. 71.

354 So auch ausdrücklich KölnKomm. AktG/*Drygala*, 3. Aufl., § 57 Rdn. 37.

355 Vgl. dazu K. Schmidt/Lutter/*Fleischer*, AktG, 2. Aufl., § 57 Rdn. 53 f.; *Kiefner/Theusinger*, NZG 2008, 801, 804.

356 Vgl. Großkomm. AktG/*Henze*, 4. Aufl., § 57 Rdn. 186.

(1) Sinn des § 59 AktG

Die Möglichkeit zur Zahlung einer Abschlagsdividende mit § 59 AktG ist erst seit der Reform des Aktiengesetzes im Jahr 1965 gegeben.[357] Mit der Einführung dieser Vorschrift sollte für die Aktiengesellschaften die Berechtigung geschaffen werden, einen häufigeren Geldfluss zu den Aktionären hin vorzunehmen, insbesondere um einen Gleichlauf zur Zinszahlung hinsichtlich festverzinslicher Schuldverschreibungen zu schaffen, bei denen früher eine halbjährliche Auszahlung vorgenommen wurde; die Aktie sollte dadurch für die Anleger an Attraktivität gewinnen und einen kontinuierlicheren Zahlungsstrom gewährleisten.[358] Da die Praxis mittlerweile dazu übergegangen ist, auch bei festverzinslichen Schuldverschreibungen eine jährliche Zinszahlung vorzunehmen, hat die Möglichkeit der Abschlagsdividende in diesem Punkt an Relevanz verloren.[359]

Allerdings kommt der Regelung des § 59 AktG aus rechtsvergleichender Sicht eine gewisse Bedeutung zu. Insbesondere in den USA werden Dividenden auch quartals- oder halbjahresweise ausgeschüttet, was für die Aktionäre, dies können auch institutionelle Investoren sein, den Vorteil einer früheren Zahlung bietet.[360] In Deutschland sind solche Zahlungen auf den vorläufigen Bilanzgewinn des laufenden Geschäftsjahres nicht zulässig[361], weil § 59 Abs. 2 AktG für die Abschlagsdividende den Ablauf des Geschäftsjahres gerade voraussetzt, wobei für die folgende Zahlung ein vorläufiger Jahresabschluss genügt. Dennoch bestünde die Möglichkeit durch § 59 AktG einen ähnlichen Effekt herbeizuführen, nämlich die Zahlung einer Dividende, aufgeteilt auf zwei Zeitpunkte.[362]

Zwar hat sich die Zahlung einer Abschlagsdividende bisher in der Praxis in Deutschland nicht durchgesetzt.[363] Dennoch soll im vorliegenden Fall geprüft

357 Vgl. Großkomm. AktG/*Henze*, 4. Aufl., § 59 Rdn. 1; KölnKomm. AktG/*Drygala*, 3. Aufl., § 59 Rdn. 1.

358 Vgl. K. Schmidt/Lutter/*Fleischer*, AktG, 2. Aufl., § 59 Rdn. 2; KölnKomm. AktG/*Drygala*, 3. Aufl., § 59 Rdn. 3.

359 Vgl. KölnKomm. AktG/*Drygala*, 3. Aufl., § 59 Rdn. 3.

360 Um beispielsweise eigene bestehende Verpflichtungen zu erfüllen oder aber Zinsvorteile durch eine frühere Anlagemöglichkeit zu erhalten; vgl. Großkomm. AktG/*Henze*, 4. Aufl., § 59 Rdn. 2; Hölters/*Waclawik*, AktG, 1. Aufl., § 59 Rdn. 1; K. Schmidt/Lutter/*Fleischer*, AktG, 2. Aufl., § 62 Rdn. 18; KölnKomm. AktG/*Drygala*, 3. Aufl., § 59 Rdn. 4.

361 Vgl. K. Schmidt/Lutter/*Fleischer*, AktG, 2. Aufl., § 62 Rdn. 18.

362 Vgl. Fn. 358.

363 Vgl. Großkomm. AktG/*Henze*, 4. Aufl., § 59 Rdn. 2; K. Schmidt/Lutter/*Fleischer*, AktG, 2. Aufl., § 59 Rdn. 2; KölnKomm. AktG/*Drygala*, 3. Aufl., § 59 Rdn. 5; vereinzelte Anwendungsfälle bei *Siebel/Gebauer*, AG 1999, 385, 389.

werden, ob eine solche verfrühte Dividendenzahlung rechtlich als Abschlagsdividende qualifiziert werden kann, sodass ein Verstoß dieser gegen den Grundsatz des § 57 Abs. 1 S. 1 AktG infolgedessen möglicherweise ausscheidet. Auf diese Weise würde schon der Anwendungsbereich des § 62 Abs. 1 S. 1 AktG nicht eröffnet und ein Anspruch der Gesellschaft gegen den Aktionär auf Rückzahlung der erhaltenen Leistung wäre, zumindest nach dieser Vorschrift, ebenfalls nicht gegeben.

(2) Voraussetzungen des § 59 AktG

Damit die voreilige Dividendenausschüttung als Abschlagsdividende im Sinne des § 59 Abs. 1 AktG qualifiziert werden kann, muss sie die Voraussetzungen einer solchen erfüllen.[364] Dabei ist zu berücksichtigen, dass die verfrühte Zahlung von der Gesellschaft als Dividende geleistet werden soll und daher nicht explizit als Abschlagsdividende bezeichnet wird. Einer Behandlung der bereits erbrachten Zahlung als Abschlagsdividende gemäß § 59 AktG könnte daher entgegenstehen, dass weitere Voraussetzungen einer Abschlagsdividende nicht beachtet wurden und ein Anspruch im Sinne des § 59 AktG als Ausnahme des § 57 Abs. 1 S. 1 AktG tatsächlich nicht geschaffen werden kann.

(a) Satzungsermächtigung

Nach § 59 Abs. 1, 2 AktG bestimmt der Vorstand über die Zahlung einer Abschlagsdividende und damit, zumindest teilweise, auch über die Gewinnverwendung. Dies stellt aber ein ureigenes Recht der Hauptversammlung dar, wie sich aus der Vorschrift des § 174 Abs. 1 AktG ergibt. Durch die Möglichkeit einer Abschlagsdividende wird jedoch in das Recht der Hauptversammlung, über die Gewinnverwendung zu beschließen, eingegriffen. Daher bedarf es hierzu einer Ermächtigung durch die Satzung, über welche die Hauptversammlung abschließend entscheidet, wenn eine diesbezügliche Regelung noch fehlt.[365] Liegt eine solche Satzungsermächtigung spätestens nach Abstimmung der Hauptversammlung über diese Frage vor, ist der Vorstand zur Auszahlung einer Abschlagsdividende hinsichtlich des abgelaufenen Geschäftsjahres an die Aktionäre ermächtigt. Verpflichtet wird er durch eine solche Satzungsermächtigung jedoch nicht.[366]

---

364 Vgl. zu den Voraussetzungen des § 59 AktG auch *Eder*, BB 1994, 1260 ff.

365 Vgl. *Hüffer*, AktG, 10 Aufl., § 59 Rdn. 2; KölnKomm. AktG/*Drygala*, 3. Aufl., § 59 Rdn. 8; Spindler/Stilz/*Cahn*, AktG, 2. Aufl., § 59 Rdn. 5.

366 Vgl. Happ/*Pühler*, Aktienrecht, 3. Aufl., 1.01 Rdn. 98; MünchKomm. AktG/*Bayer*, 3. Aufl., § 59 Rdn. 5.

(b) Beschluss des Vorstands

Neben einer ausdrücklichen Ermächtigung des Vorstands durch die Satzung bedarf die Abschlagsdividende eines separaten Beschlusses durch ihn. Diesen müssen die Mitglieder des Vorstands gemeinsam fassen, da es sich um eine Maßnahme der Geschäftsführung handelt, § 77 Abs. 1 S. 1 AktG.[367]

(c) Zustimmung durch den Aufsichtsrat

Des Weiteren ist nach § 59 Abs. 3 AktG für die Zahlung eines Abschlags die Zustimmung des gesamten Aufsichtsrats vor der Zahlung erforderlich. Es bedarf also einer Einwilligung im Sinne des § 183 BGB.[368] Dieser kann die Entscheidung nicht auf einen Ausschuss übertragen, sondern er muss einen Beschluss nach den §§ 107 Abs. 3 S. 3, 108 AktG fassen.[369]

(d) Weitere Voraussetzungen nach § 59 Abs. 2 AktG

Neben diesen allgemeinen Voraussetzungen gelten im Einzelfall weitere Voraussetzungen, die insbesondere die zulässige Höhe der Abschlagsdividende betreffen. Inwieweit diese erfüllt sind, hängt vom konkreten Einzelfall ab. Diesbezüglich kommt es unter anderem auf die Höhe des vorjährigen Bilanzgewinns sowie auf den diesjährigen Jahresüberschuss unter Berücksichtigung des § 272 Abs. 3 HGB an.[370]

(e) Im vorliegenden Fall

Auf die weiteren Voraussetzungen des § 59 Abs. 2 AktG kommt es vorliegend aber nicht an, da schon die allgemeinen Voraussetzungen für den Fall der voreilig geleisteten Dividende nicht vorliegen.

Das Erfordernis einer Satzungsermächtigung, eines Vorstandsbeschlusses sowie eines Aufsichtsratsbeschlusses zeigt klar, dass eine Abschlagszahlung als solche auch gewollt und bewusst vorgenommen worden sein muss. Damit ist ausgeschlossen, eine bloß voreilige Zahlung in eine Abschlagsdividende umzuqualifizieren. Zwar reicht für die Satzungsermächtigung aus, dass diese schon bei der Gründung der Gesellschaft beschlossen wurde.[371] Sie muss also nicht notwendigerweise im

367 Vgl. *Hüffer*, AktG, 10 Aufl., § 59 Rdn. 2; MünchKomm. AktG/*Bayer*, 3. Aufl., § 59 Rdn. 9.

368 Vgl. Großkomm. AktG/*Henze*, 4. Aufl., § 59 Rdn. 15 ff.

369 Vgl. Großkomm. AktG/*Henze*, 4. Aufl., § 59 Rdn. 18; *Hüffer*, AktG, 10 Aufl., § 59 Rdn. 2.

370 Näheres bei KölnKomm. AktG/*Drygala*, 3. Aufl., § 59 Rdn. 13 ff.

371 Vgl. Hölters/*Waclawik*, AktG, 1. Aufl., § 59 Rdn. 4.

Zusammenhang mit der konkreten Dividendenzahlung ergehen. Der Vorstandsbeschluss nach § 59 Abs. 2 S. 1 AktG sowie die Zustimmung des Aufsichtrates nach § 59 Abs. 3 AktG beziehen sich aber konkret auf die Abschlagsdividende und werden auch in einem zeitlichen Zusammenhang mit dieser gefasst.[372] Dies steht einer Behandlung der Zahlung als Abschlagsdividende entgegen. Das Problem der verfrühten Dividende stellt sich nicht deshalb, weil die Gesellschaft vor einem wirksamen Gewinnverwendungsbeschluss leisten *möchte*, sondern weil die Gesellschaft aufgrund der notariellen Praxis bei der Hauptversammlung schlicht zu früh leistet. Dieser Umstand muss dem Vorstand der Gesellschaft nicht einmal bewusst sein. Vielmehr dürfte dieses fehlende Bewusstsein sogar der Regel entsprechen, da von einem vorsätzlichen Verstoß des Vorstands gegen den Kapitalerhaltungsgrundsatz aufgrund der damit einhergehenden Haftungsfolgen für die verantwortliche Person in aller Regel nicht ausgegangen werden kann.[373] Eine Leistung im Sinne des § 59 AktG liegt demnach nicht vor. Infolgedessen ist weiterhin von einem Verstoß gegen § 57 Abs. 1 S. 1 AktG und von einem Anspruch der Gesellschaft auf Rückzahlung nach § 62 Abs. 1 S. 1 AktG auszugehen.[374]

Nicht ausgeschlossen ist jedoch, dass eine Gesellschaft in einem solchen Fall tatsächlich eine Abschlagsdividende erbracht hat, wenn die erforderlichen Beschlüsse diesbezüglich willentlich gefasst wurden. Dann müssten weiterhin die Voraussetzungen des § 59 Abs. 2 AktG hinsichtlich der eigentlichen Dividendenhöhe gewahrt sein. Allerdings handelt es sich dann nicht mehr um ein Problem der oben beschriebenen verfrühten Dividendenzahlung.[375] Denn mit dem Fall des § 59 AktG liegt, anders als bei der schlicht zu früh vorgenommenen Ausschüttung der Dividende, ein solcher Rechtsgrund für die erbrachte Zahlung vor, der einem Verstoß gegen den Grundsatz des § 57 Abs. 1 S. 1 AktG entgegensteht.

dd) Ausnahme vom Verbot des § 57 AktG aufgrund des hinreichend sicheren Ent-stehens des Dividendenanspruchs

Ist die Dividendenzahlung bei einem wirksamen Gewinnverwendungsbeschluss zulässig und unterliegt sie folglich nicht dem Verbot des § 57 Abs. 1 S. 1 AktG, stellt sich die Frage, ob Gleiches nicht auch für die Fälle gelten kann, in denen die

372 Die Zustimmung des Aufsichtsrats muss beispielsweise in Form einer Einwilligung gemäß § 183 BGB vor der eigentlichen Zahlung vorliegen, siehe oben Fn. 368.

373 Auf die Folgen eines Verstoßes für den verantwortlichen Vorstand wird in der Abwandlung näher eingegangen, siehe Seite 227 ff.

374 Vgl. Henn/Frodermann/Janott/*Schwintowski*, a. a. O. (Fn. 250), § 6 Rdn. 19.

375 BGHZ 180, 9 ff. = BGH NJW 2009, 2207 ff.

Entstehung eines Dividendenanspruchs mit der Folge einer anschließend zulässigen Dividendenzahlung bereits als hin-reichend sicher gilt. Zwar kommt der vorläufigen Niederschrift mit dem Bundesgerichtshof lediglich Entwurfscharakter zu. Die Finalisierung und die Inverkehrgabe der Niederschrift, die zur Wirksamkeit der gefassten Beschlüsse führen, hängen aber nur noch von einer entsprechenden abschließenden Handlung des Notars ab. Alle übrigen Voraussetzungen für einen Dividendenanspruch der Aktionäre liegen bereits vor. In einem solchen Sinn kann auch die Ausnahme des § 59 AktG verstanden werden, wonach unter bestimmten Umständen eine (Teil-)Auszahlung noch ohne wirksamen Gewinnverwendungsbeschluss möglich sein soll, weil dieser der vorläufigen Zahlung alsbald folgen wird. Dies ergibt sich auch aus der Rückzahlungsverpflichtung des Empfängers der Abschlagsdividende für den Fall, dass die Abschlagszahlung entweder den im Jahresabschluss ausgewiesenen Bilanzgewinn übersteigt oder vielmehr die einzelnen Tatbestandsvoraussetzungen des § 59 AktG nicht vorliegen.[376] Mithin geht auch § 59 AktG im Fall der Abschlagszahlung davon aus, dass der eigentliche Anspruch noch entstehen wird, sodass unter Beachtung der dort entsprechend niedergelegten Voraussetzungen ein Verstoß gegen § 57 AktG nicht vorliegt. Anderenfalls drohte der Kapitalerhaltungsgrundsatz im Aktienrecht, zumindest in Teilen, ausgehöhlt zu werden.

Hängt die Frage des Entstehens des Dividendenanspruchs nur noch von der finalisierenden Unterschrift des Notars und der Entlassung aus seinem Gewahrsam ab, so sind die Voraussetzungen, die für den Dividendenanspruch erfüllt sein müssen, zu einem Großteil positiv gegeben. Somit könnte es bereits auf der Tatbestandsebene des § 57 Abs. 1 S. 1 AktG an einem Verstoß gegen den Kapitalerhaltungsgrundsatz fehlen, da möglicherweise entweder ein ungeschriebener, dividendenähnlicher Anspruch im Sinne des § 58 Abs. 4 AktG besteht oder aber ein mit dem Grundgedanken des § 59 AktG vergleichbarer Fall vorliegt.

Dies wirft die Frage auf, ob, unter anderem, neben dem Fall des wirksamen Gewinnverwendungsbeschlusses und der Möglichkeit des § 59 AktG eine weitere Ausnahme vom grundsätzlich strikten Grundsatz der Kapitalerhaltung zuzulassen ist. Wenn nämlich der Dividendenanspruch der Aktionäre in seiner Entstehung kurz bevorsteht. Aufgrund dieser Nähe könnte im Fall des unmittelbar bevorstehenden Dividendenanspruchs ein für die Ausschüttung ausreichendes aliud vorliegen. Denn aus der Sicht der Gesellschaft und auch aus der Sicht des Aktionärs wurde die Dividende bereits beschlossen, wenn auch noch die Beurkundung fehlte. Dabei

376 Vgl. Henssler/Strohn/*Lange*, Gesellschaftsrecht, 1. Aufl., § 59 AktG Rdn. 4; Hölters/*Waclawik*, AktG, 1. Aufl., § 59 Rdn. 14; K. Schmidt/Lutter/*Fleischer*, AktG, 2. Aufl., § 59 Rdn. 15 ff.; KölnKomm. AktG/*Drygala*, 3. Aufl., § 59 Rdn. 19 ff.

ist jedoch zu beachten, dass die bereits bestehenden Ausnahmen auf einer gesetzlichen Regelung beruhen und damit dem ausdrücklichen Willen des Gesetzgebers entsprechen. Bei einer Erweiterung dieser Grundsätze auf nicht geregelte Fälle ist dies nicht unbedingt so.

(1) Vergleich zum wirksamen Gewinnverwendungsbeschluss

Ein Abfluss von Geldmitteln aus dem Gesellschaftsvermögen ist im Hinblick auf § 57 AktG, wie bereits aufgezeigt, unter anderem dann zulässig, wenn ein wirksamer Gewinnverwendungsbeschluss vorliegt.[377] Weitergehend verpflichtet ein solcher die Gesellschaft zur Ausschüttung dieser Mittel, weil den Gesellschaftern mit diesem ein Anspruch gegen die Gesellschaft auf Gewinnbeteiligung eingeräumt wird, was wiederum Ausfluss eines wesentlichen Gedanken der Gesellschaftsform der Aktiengesellschaft ist.[378] In der verfrühten Ausschüttung der Dividende kann ein mit diesem vergleichbarer Fall jedoch nicht erkannt werden. Es besteht nämlich zum Zeitpunkt der Auszahlung, das ist der wesentliche Unterschied zur normalen Dividendenzahlung, noch kein Anspruch der Aktionäre auf eine solche Zahlung, womit es folglich auch an einer Verpflichtung der Gesellschaft fehlt. Die Ausschüttung einer Dividende aus Gesellschaftsmitteln verstößt aber unter anderem nur deshalb nicht gegen § 57 AktG, weil aufgrund des gefassten Beschlusses bereits die rechtliche Verpflichtung der Gesellschaft zur Zahlung der Dividende rechtswirksam besteht und nach dem Willen des Gesetzes auch bestehen darf. Mit Wirksamkeit des Gewinnverwendungsbeschlusses ist das Vermögen der Gesellschaft schon belastet, nämlich um die Dividendenansprüche der Aktionäre. Die diesem folgende Auszahlung führt aufgrund der bloßen Erfüllung nicht zu einer weiteren Belastung der Gesellschaft. Zwar tritt ein Mittelabfluss ein, dieser ist aber, soweit dem Beschluss entsprochen wird, notwendige und zulässige Folge bei der Erfüllung von, gemessen an § 57 AktG, wirksam bestehenden Verpflichtungen. Ob eine gegen den Kapitalerhaltungsgrundsatz verstoßende Minderung des Gesellschaftsvermögens eintritt, hängt also in diesem Zusammenhang bereits von der schuldrechtlichen Verpflichtung ab, welche Grundlage für die folgende Leistung ist und nicht nur von der Erfüllung dieser.[379] Die Bedeutung des schuldrechtlichen Geschäfts für

---

377 Vgl. Großkomm. AktG/*Henze*, 4. Aufl., § 59 Rdn. 26, 182; MünchKomm. AktG/*Bayer*, 3. Aufl., § 59 Rdn. 76.

378 *Hirte*, a. a. O (Fn. 11), § 4 Rdn. 4.8.

379 Vgl. Großkomm. AktG/*Henze*, 4. Aufl., § 57 Rdn. 12, 201; Heidel/*Drinhausen*, Aktienrecht und Kapitalmarktrecht, 3. Aufl., § 57 Rdn. 5; MünchKomm. AktG/*Bayer*, 3. Aufl., § 57 Rdn. 11.

die Beurteilung eines Verstoßes gegen aktienrechtliche Bestimmungen zeigt sich auch am Beispiel eines vorgenommenen Austauschgeschäfts zwischen einer AG und ihrem Gesellschafter: Eine vom Leistungsempfänger zu erbringende Gegenleistung muss bei der Frage der Gleichwertigkeit der Leistungen Berücksichtigung finden, da grundsätzlich nur im Falle einer solchen Gleichwertigkeit eine Minderung des Gesellschaftsvermögens nicht eintritt und damit auch ein Verstoß gegen § 57 Abs. 1 S. 1 AktG ausscheidet.[380] Bei der Frage der Gleichwertigkeit der ausgetauschten Leistungen kommt es auf einen Drittvergleich an, durch den festgestellt werden soll, ob die jeweiligen Leistungen tatsächlich einem marktüblichen Wert entsprechen. Dabei soll den Beteiligten ein gewisser unternehmerischer Spielraum verbleiben.[381] Abgestellt wird bei diesem Drittvergleich zunächst auf die getroffenen schuldrechtlichen Vereinbarungen. Gemessen an diesem führt jedoch die Zahlung einer Dividende bei einem noch fehlenden Gewinnverwendungsbeschluss genauso zu einem Verstoß gegen § 57 AktG, wie im Fall eines nichtigen Gewinnverwendungsbeschlusses. Denn es ist eben die Verpflichtung der Gesellschaft, die noch fehlt und die durch die Zahlung erfüllt werden soll.[382]

Kommt es zu einer Leistung durch die AG ohne eine dieser entsprechenden wirksamen Verbindlichkeit, ist ein Verstoß gegen das Prinzip der umfassenden Vermögensbindung der Aktiengesellschaft gegeben. Im Fall der zu früh vorgenommenen Dividendenausschüttung liegt mit dem Entwurf der Niederschrift daher kein ein dem wirksamen Gewinnverwendungsbeschluss entsprechendes aliud vor, sondern vielmehr nur ein minus. Daher ist, mangels Vergleichbarkeit, eine entsprechende Behandlung bei der Feststellung eines Verstoßes gegen § 57 AktG abzulehnen. Ob aus der Sicht der Gesellschaft und ihrer Aktionäre die Hauptversammlung eine Ausschüttung beschlossen hat, ist in diesem Zusammenhang unbeachtlich. Der Entwurf kann daher auch als bloße Vorstufe der notariellen Niederschrift bezeichnet werden, die aus rechtlicher Sicht unbeachtlich ist.

(2) Vergleich zu § 59 AktG

Zu untersuchen ist, ob nicht ein mit § 59 AktG vergleichbarer Fall vorliegt. Denn im Rahmen dieser Bestimmung liegt ein wirksamer Gewinnverwendungsbeschluss

---

380 Vgl. Großkomm. AktG/*Henze*, 4. Aufl., § 57 Rdn. 11.

381 Vgl. für die GmbH BGH NJW 1996, 589 sowie BGH NJW 1987, 1194 f.; für die AG OLG Frankfurt AG 1992, 194, 196; *Fleischer*, WM 2007, 909, 912; Henn/Frodermann/Jannott/*Schwintowski*, a. a. O. (Fn. 250), § 6 Rdn. 150; K. Schmidt/Lutter/*Fleischer*, AktG, 2. Aufl., § 57 Rdn. 11 ff.; *Langenbucher*, a. a. O. (Fn. 250), § 9 Rdn. 12; MünchKomm. AktG/*Bayer*, 3. Aufl., § 57 Rdn. 42.

382 Vgl. KölnKomm. AktG/*Drygala*, 3. Aufl., § 57 Rdn. 34.

ebenfalls noch nicht vor, geht es doch um die Zahlung eines Abschlags auf die zu erwartende Dividende.

Bei § 59 AktG ist jedoch zu beachten, dass an die Möglichkeit der Abschlagsdividende erhöhte Voraussetzungen geknüpft sind, die jedenfalls erfüllt sein müssen, damit ein Verstoß gegen § 57 AktG nicht vorliegt.[383] Anders jedoch bei der verfrühten Dividende: In diesem Fall leistet die Gesellschaft einfach nur, ohne dass ihr dieses möglicherweise bewusst ist. Dieses fehlende Bewusstsein kann nicht durch zusätzliche Beschlussfassungen kompensiert werden, wie es im Fall des § 59 AktG bei einem noch fehlenden Gewinnverwendungsbeschluss möglich ist.

Auch im Verhältnis zu § 59 AktG liegt damit kein aliud sondern ein minus vor, womit eine Vergleichbarkeit ausscheiden muss. Zudem sind Ausnahmen vom Verbot des § 57 AktG im Hinblick auf den für das Aktienrecht wesentlichen Grundsatz der Kapitalerhaltung nicht ohne Weiteres möglich. Vielmehr sind solche ausschließlich in den vom Gesetz zugelassenen Fällen möglich, wie etwa die Möglichkeit der Dividendenzahlung aufgrund eines wirksamen Gewinnverwendungsbeschlusses.[384] Die Zahlung einer Dividende ohne Bestehen eines wirksamen Gewinnverwendungsbeschlusses stellt im Gesetz aber keine solche Ausnahme dar. Es handelt es sich um einen klassischen Fall der offenen Einlagenrückgewähr, die gegen § 57 AktG verstößt und die Rechtsfolge des § 62 Abs. 1 S. 1 AktG zur Durchsetzung des Grundsatzes der Kapitalerhaltung auslöst.[385]

Eine Erweiterung der bestehenden Ausnahmen vom Verbot des § 57 AktG, gewissermaßen bereits auf Tatbestandsebene, ist somit aufgrund der klaren gesetzlichen Regelung nicht angebracht und hat daher zwingend außer Betracht zu bleiben.

b) Die Rechtsfolge: Rückgewähr

Haben Aktionäre der Gesellschaft Leistungen entgegen den aktienrechtlichen Vorschriften empfangen, besteht nach § 62 Abs. 1 S. 1 AktG zur Wahrung des Kapitalerhaltungsgrundsatzes eine Verpflichtung der Gesellschafter diese an die AG zurückzugewähren.[386] Ob die Rückgewähr auf den geleisteten Gegenstand oder eine Wertersatzpflicht abzielt soll weiter unten geklärt werden.[387] Vorliegend ist T jedenfalls grundsätzlich verpflichtet, die bereits empfangene Dividende in Höhe

---

383 Siehe schon oben Seite 85 f.

384 Vgl. Großkomm. AktG/*Henze*, 4. Aufl., § 57 Rdn. 182; Heidel/*Drinhausen*, Aktienrecht und Kapitalmarktrecht, 3. Aufl., § 57 Rdn. 30.

385 Vgl. *Hüffer*, AktG, 10. Aufl., § 57 Rdn. 5; K. Schmidt/Lutter/*Fleischer*, AktG, 2. Aufl., § 57 Rdn. 10; KölnKomm. AktG/*Drygala*, 3. Aufl., § 57 Rdn. 34.

386 Vgl. nur MünchKomm. AktG/*Bayer*, 3. Aufl., § 62 Rdn. 1.

387 Siehe unten Seite 211 f.

von 400.000,00 Euro an die A-AG zurückzuzahlen, wenn nicht ein Ausnahmefall des § 62 Abs. 1 S. 2 AktG gegeben ist.

2. Die Einwendung des § 62 Abs. 1 S. 2 AktG

Der regelmäßige Anspruch der Gesellschaft auf Rückgewähr verbotswidrig ausgezahlter Leistungen ist Ausfluss und Folge des Kapitalerhaltungsgrundsatzes. Diese Rechtsfolge gilt jedoch nicht ausnahmslos. Nach § 62 Abs. 1 S. 2 AktG kann ein solcher Rückgewähranspruch der Gesellschaft unter bestimmten Umständen entfallen. Diese Bestimmung des § 62 AktG gelangt hauptsächlich im Fall eines nichtigen oder erfolgreich angefochtenen Gewinnverwendungsbeschluss zur Anwendung, ohne dass diese Fälle jedoch abschließender Natur sind.[388]

a) Rechtsnatur des § 62 Abs. 1 S. 2 AktG

§ 62 Abs. 1 S. 2 AktG stellt eine rechtsvernichtende Einwendung dar, die bei Vorliegen der tatbestandlichen Voraussetzungen zu einem Untergang des Erstattungsanspruchs der Gesellschaft aus § 62 Abs. 1 S. 1 AktG führt.[389] Eine solche rechtliche Qualifizierung entspricht dem Wortlaut dieser gesetzlichen Ausnahme, wonach mit Vorliegen der nötigen Vorraussetzungen unmittelbar die Verpflichtung zur Erstattung wegfällt. Für eine solche Auslegung spricht auch die Vergleichbarkeit zur Bestimmung des § 818 Abs. 3 BGB, die von § 62 Abs. 1 S. 2 AktG als speziellere Vorschrift verdrängt wird. Auch bei § 818 Abs. 3 BGB handelt es sich um eine rechtsvernichtende Einwendung, die zum Untergang des Anspruchs führt.[390] Als Folge des Untergangs kann dieser von der Gesellschaft gegenüber dem Aktionär nicht mehr geltend gemacht werden. Der Gesellschafter darf die empfangene, wenn auch aktienrechtswidrige Leistung folglich behalten.

b) Rechtfertigung des § 62 Abs. 1 S. 2 AktG

Im Hinblick auf die Bedeutung des Grundsatzes der Kapitalerhaltung im Aktienrecht stellt sich die Frage, warum die Erstattung des Erlangten nicht stets die Rechtsfolge für aktienrechtswidrige Leistungen ist. Denn durch die Ausnahme erfährt der Grundsatz eine gewisse Einschränkung.

---

388 Vgl. Großkomm. AktG/*Henze*, 4. Aufl., § 62 Rdn. 71; *Grumann/Gillmann*, NZG 2004, 839, 843; *Hüffer*, AktG, 10. Aufl., § 62 Rdn. 11.

389 Vgl. Großkomm. AktG/*Barz*, 3. Aufl., § 62 Anm. 6., der von einem Ausschluss des Rückgewähranspruchs spricht; KölnKomm. AktG/*Drygala*, 3. Aufl., § 62 Rdn. 77, der von einem Entfallen des Rückgewähranspruchs spricht.

390 Vgl. MünchKomm. BGB/*Schwab*, 5. Aufl., § 818 Rdn. 116.

Hier gilt es zunächst zu beachten, wie der Anspruch auf die Dividende entsteht. Wie bereits dargestellt, hat der Aktionär zunächst lediglich einen Anspruch darauf, dass die Gesellschaft einen Gewinnverwendungsbeschluss fasst, § 174 Abs. 2 Nr. 3, 58 Abs. 3 AktG. Erst wenn dieser herbeigeführt wurde, entsteht auch für den Aktionär ein Anspruch auf Zahlung der Dividende.[391] Dies bedeutet jedoch nicht, dass der Anspruch damit jedenfalls endgültig entstanden ist oder bestehen bleibt. Es gibt stets die Möglichkeit, dass im Hinblick auf den Gewinnverwendungsbeschluss dessen Nichtigkeit vorliegt oder eine Anfechtungsklage gegen den Beschluss erhoben wird. Die hierfür maßgeblichen näheren Umstände sind dem Aktionär in der Regel unbekannt, da er in die Interna der Gesellschaft nicht einzublicken vermag.[392] Er weiß also üblicherweise nicht, dass trotz der Beschlussfassung ein Anspruch auf die Dividende nicht entstanden ist oder dieser aber zu einem späteren Zeitpunkt wieder entfallen wird. Der Aktionär geht infolgedessen davon aus, dass die Leistung der Gesellschaft rechtmäßig ist, wenn er die Dividende erhält. Dies gilt auch für Fälle, in denen eine endgültig unterschriebene Niederschrift im Sinne des § 130 Abs. 4 AktG sowie ihre Entlassung aus dem notariellen Gewahrsam noch nicht vorliegen. Würde die Regelung des § 62 Abs. 1 S. 1 AktG nun ausnahmslos gelten, müsste sich jeder Aktionär potentiell der Gefahr ausgesetzt sehen, empfangene Dividenden wieder zurückzuerstatten, auch wenn er von der Wirksamkeit des Gewinnverwendungsbeschlusses und damit vom Bestehen eines Dividendenanspruchs ausgegangen ist. Da dieses für den Aktionär eine unbillige Folge wäre, knüpft die Ausnahmeregelung des § 62 Abs. 1 S. 2 AktG daran an, dass im Falle des gutgläubigen Bezugs von Gewinnanteilen eine Rückzahlungspflicht schließlich entfallen soll. Genauer: Eine Rückgewährspflicht besteht nur, wenn die Aktionäre „wussten oder infolge von Fahrlässigkeit nicht wussten, dass sie zum Bezug nicht berechtigt waren." Damit wird der für die Aktionäre fehlenden Möglichkeit Rechnung getragen, interne Vorgänge der Gesellschaft, die zur Nichtigkeit eines Gewinnverwendungsbeschlusses oder einer erfolgreichen Anfechtungsklage führen können, einzusehen. Unter Berücksichtigung des für die einzelnen Aktionäre fehlenden Einblicks sowie dem Erfordernis, dass stets Gutgläubigkeit des Aktionärs vorliegen muss, ist die Regelung des § 62 Abs. 1 S. 2 AktG als angemessener Ausgleich zu betrachten. Bewertet werden das Interesse der Gesellschaft, ihrer Gläubiger und Aktionäre an

391 Vgl. auch Großkomm. AktG/*Henze*, 4. Aufl., § 58 Rdn. 92, 93; Heidel/*Drinhausen*, Aktienrecht und Kapitalmarktrecht, 3. Aufl., § 58 Rdn. 40, 41; *Hüffer*, AktG, 10. Aufl., § 58 Rdn. 28.

392 Vgl. Großkomm. AktG/*Henze*, 4. Aufl., § 62 Rdn. 64; KölnKomm. AktG/*Drygala*, 3. Aufl., § 62 Rdn. 77; Spindler/Stilz/*Cahn*, AktG, 2. Aufl., § 62 Rdn. 25.

der Kapitalerhaltung und das Interesse des einzelnen Aktionärs, in einem solchen Fall die Dividende behalten zu dürfen.[393] Mithin geht es um den Vertrauensschutz als Ergebnis einer Abwägung sich gegenüberstehender Interessen.

Eine absolute Rückzahlungspflicht würde des Weiteren negative Auswirkungen auf den Kapitalmarkt mit sich bringen. Wie bereits ausgeführt, spielt die Dividende für manchen Anleger bei der Wahl des Investments eine entscheidende Rolle, kommt es ihm doch auf eine möglichst hohe Dividendenrendite an.[394] Würde er in diesem für ihn wesentlichen Punkt durch das Gesetz nicht ausnahmsweise vor einer Rückzahlungspflicht geschützt, nämlich wenn ein solcher Schutz angemessen ist, so bestünde die nicht auszuschließende Gefahr dass ein sehr vorsichtiger Interessent von einem Investment in dieser Gesellschaft Abstand nimmt, um dieses Risiko, so gering es auch sein mag, völlig auszuschließen. Damit wäre eine Beeinträchtigung des Aktienhandels insgesamt nicht von der Hand zu weisen, da die Aktie so allgemein an Attraktivität verlieren könnte. Die Regelung des § 62 Abs. 1 S. 2 AktG schafft daher auch das für die Aktie als Anlageform erforderliche Vertrauen am Kapitalmarkt.[395]

c) Voraussetzungen des § 62 Abs. 1 S. 2 AktG

Die Ausnahme des § 62 Abs. 1 S. 2 AktG gilt ausdrücklich seines Wortlautes nur für solche Leistungen, die als Gewinnanteile erbracht wurden. Denn diese unterfallen grundsätzlich nicht dem Verbot des § 57 AktG sondern stellen sogar ein wesentliches Recht des Aktionärs dar, dessen Ursprung in der Mitgliedschaft des Aktionärs liegt. Somit ist die Ausnahme des § 62 Abs. 1 S. 2 AktG per se schon eng begrenzt. Dieser enge Anwendungsbereich der Vorschrift ist auf die hohe Bedeutung des Grundsatzes der Kapitalerhaltung für die Gesellschaft zurückzuführen, dem grundsätzlich Vorrang vor den Interessen Einzelner zukommt.

aa) Gewinnanteile

Unter Gewinnanteile im Sinne des § 62 Abs. 1 S. 2 AktG sind aufgrund der engen Umgrenzung des Begriffs nur solche Beträge gemeint, die auch als solche bezogen werden.[396] Anhand objektiver Kriterien muss die Leistung als Gewinnanteil charakterisiert werden und ihren Ursprung in der Mitgliedschaft des Aktionärs finden

---

393 So auch Großkomm. AktG/*Henze*, 4. Aufl., § 62 Rdn. 64.

394 Siehe dazu oben Seite 15.

395 Vgl. MünchKomm. AktG/*Bayer*, 3. Aufl., § 62 Rdn. 59; Spindler/Stilz/*Cahn*, AktG, 2. Aufl., § 62 Rdn. 25.

396 Vgl. MünchKomm. AktG/*Bayer*, 3. Aufl., § 62 Rdn. 57.

können; hierfür kommt es auf § 58 Abs. 4 AktG an.[397] Die bloße Bezeichnung der Leistungen ist für ihre rechtliche Qualifikation unerheblich.[398] Vielmehr sind die Vorgaben des Gesetzes zwingend und abschließend, sodass Leistungen, die nicht auf der Grundlage des § 58 Abs. 4 AktG beruhen, sondern auf schuldrechtlichen Vereinbarungen der Parteien, gleich welcher Art, von der Regelung des § 62 Abs. 1 S. 2 AktG auszunehmen sind.[399] Priviligiert sind damit vor allem Leistungen, die auf der Grundlage eines Beschlusses nach § 174 Abs. 2 Nr. 2, 60 AktG, also als Dividende oder gemäß § 59 AktG als Dividendenabschlag erbracht werden.[400] Denn diese Ansprüche folgen aus dem Mitgliedschaftsrecht des Aktionärs, § 58 Abs. 4 AktG.

Im Fall der verfrühten Dividende ist für alle Beteiligten erkennbar, dass die Leistung als Dividende erbracht werden soll, um den mitgliedschaftlichen Anspruch auf Gewinnbeteiligung zu erfüllen. Grundlage ist ein Gewinnverwendungsbeschluss der Gesellschaft, der in dieser Phase zwar nur Entwurfscharakter besitzt, mit Finalisierung und Entlassung aus dem Gewahrsam durch den Notar aber volle Wirksamkeit entfalten wird. Die Abstimmung durch die Hauptversammlung hat bereits stattgefunden. Dies hat zur Folge, dass der durchschnittliche Aktionär die voreilige Zahlung, wie etwa im Fall eines nichtigen Gewinnverwendungsbeschlusses, regelmäßig als rechtmäßige Dividendenzahlung auffasst und auch auffassen darf. Zudem zeigt die Ausschüttung, dass die Gesellschaft selbst vom Bestehen des Anspruchs des einzelnen Gesellschafters ausgeht.

bb) Gutgläubigkeit

Weiterhin darf der betroffene Aktionär nicht gewusst haben, dass er zum Bezug dieser Leistungen nicht berechtigt ist. Ab bereits fahrlässiger Unkenntnis des Empfängers liegt dessen Schutzunwürdigkeit vor, sodass im Umkehrschluss von einem Erstattungsanspruch der AG auszugehen ist. Anknüpfungspunkt für die Beurteilung dieses subjektiven Umstands ist die für den durchschnittlichen Gesellschafter bereits erwähnte fehlende Möglichkeit, in die Interna der Gesellschaft Einblick zu nehmen. Diese mangelnde Einsichtsmöglichkeit ist für die dann fehlende Kenntnis des von einem Rückgewähranspruch betroffenen Aktionärs mitursächlich. Weiß er allerdings von der fehlenden Gewinnberechtigung, so fehlt ihm regelmäßig auch nicht der Einblick in die Interna der Gesellschaft, die zur fehlenden Berechtigung geführt haben. Da die Regelung des § 62 Abs. 1 S. 2 AktG das Ergebnis einer Abwägung

397 Vgl. Großkomm. AktG/*Henze*, 4. Aufl., § 62 Rdn. 65.
398 Vgl. Großkomm. AktG/*Henze*, 4. Aufl., § 62 Rdn. 66.
399 Vgl. Großkomm. AktG/*Henze*, 4. Aufl., § 62 Rdn. 67.
400 Vgl. KölnKomm. AktG/*Drygala*, 3. Aufl., § 62 Rdn. 79; MünchKomm. AktG/*Bayer*, 3. Aufl., § 62 Rdn. 61; zum Dividendenabschlag siehe schon oben Seite 83 ff.

widerstreitender Interessen von Gesellschaft und Aktionär darstellt, ist im Fall der Kenntnis des Aktionärs dessen Interesse weniger Gewicht zuzumessen, als dem der Gesellschaft.[401] Somit entfällt auch ein Schutz vor Rückgewähransprüchen, weil der Aktionär nicht darauf vertrauen konnte, die Leistung behalten zu dürfen.

Entscheidend ist daher die Feststellung, wann eine solche den Gesellschafter privilegierende Gutgläubigkeit vorliegt. In diesem Zusammenhang stellt sich auch die Frage, ob für den normalen Aktionär die gleichen Maßstäbe gelten, wie für den institutionellen Anleger. Dieser verfügt regelmäßig über eine lange Erfahrung und entsprechendes Wissen. Diese Umstände müssen Eingang finden, da der Schutz des § 62 Abs. 1 S. 2 AktG, wie vorstehend erläutert, auf einer Bewertung entgegenstehender Interessen beruht. Wie diese vorzunehmen ist und welche Anforderungen an den einzelnen Aktionär zu stellen sind, damit der Schutz des § 62 Abs. 1 S. 2 AktG greift, hängt vom konkreten Einzelfall und seinen genauen Umständen ab. Diese sollen nunmehr dargestellt werden.

(1) Kenntnis

Unproblematisch ist der Fall der positiven Kenntnis von der Rechtswidrigkeit der bereits empfangenen Leistungen. In diesem Zusammenhang spielt es keine Rolle, um welchen Anlegertyp es sich handelt, da positive Kenntnis stets schädlich ist. Eine Privilegierung des Aktionärs gemäß § 62 Abs. 1 S. 1 AktG ist dann ausgeschlossen.

(2) Fahrlässige Unkenntnis

Anderes gilt dagegen bei der Frage, ob der Empfänger der Leistung die Rechtswidrigkeit dieser fahrlässig nicht gekannt hat. Hier hängt es von den ganz konkreten Umständen des Einzelfalls ab, ob der Leistungsempfänger die Grenze des § 62 Abs. 1 S. 2 AktG überschritten hat oder ob er sich auf den Schutz vor Rückgewähr berufen kann.[402] Geht der Empfänger der Leistung ohne jedes Verschulden davon aus, zum Bezug der Gewinnanteile berechtigt gewesen zu sein, so liegt guter Glaube vor.[403]

Im Rahmen des § 62 Abs. 1 S. 2 AktG ist die allgemeine Regelung des § 276 Abs. 1 BGB bei der Frage des Verschuldens des Schuldners, hier also des möglicherweise zur Erstattung verpflichteten Aktionärs, von maßgeblicher Bedeutung.

---

401 Vgl. Großkomm. AktG/*Henze*, 4. Aufl., § 62 Rdn. 64; MünchKomm. AktG/*Bayer*, 3. Aufl., § 62 Rdn. 58; Spindler/Stilz/*Cahn*, AktG, 2. Aufl., § 62 Rdn. 27.

402 Vgl. Großkomm. AktG/*Henze*, 4. Aufl., § 62 Rdn. 79.

403 Vgl. MünchKomm. AktG/*Bayer*, 3. Aufl., § 62 Rdn. 64; Spindler/Stilz/*Cahn*, AktG, 2. Aufl., § 62 Rdn. 27.

Nach § 276 Abs. 1 BGB handelt der Schuldner grundsätzlich schuldhaft, wenn ihm mindestens der Vorwurf der Fahrlässigkeit gemacht werden kann. Wann Fahrlässigkeit in diesem Sinne vorliegt, wird nach § 276 Abs. 2 BGB beurteilt. Entscheidend ist, ob der Betroffene die im Verkehr erforderliche Sorgfalt außer Acht gelassen hat. Dazu wird ein objektiver Sorgfaltsmaßstab herangezogen, bei dem die unterschiedlichen Verkehrskreise berücksichtigt werden.[404] In diesem Zusammenhang kommt es auf den einzelnen Gesellschafter an: An einen Kleinaktionär sind geringere Anforderungen zu stellen.[405] Dieser verfügt in einem nur geringen Umfang über Aktien, sodass der Empfang einer Dividende für ihn nicht als alltäglich zu bezeichnen ist. Ebenfalls verfügt der Klein-aktionär in der Regel auch nicht über tiefere rechtliche Kenntnisse[406], wenngleich dieses nicht ausgeschlossen ist. Ist dies der Fall, muss dieser Umstand jedenfalls bei der Bewertung der Sorgfaltspflichten Berücksichtigung finden. Handelt es sich bei dem Aktionär jedoch um ein Unternehmen oder einen Großaktionär, ist der Maßstab in der Regel ein anderer. An diesen werden regelmäßig höhere Anforderungen gestellt, weil er über deutlich mehr Erfahrung und entsprechende Kenntnisse verfügt.[407]

Ausschlaggebend ist daher vorliegend, ob ein Aktionär, der im Anschluss an eine Hauptversammlung nach Fassung eines Gewinnverwendungsbeschlusses die beschlossene Dividende empfängt, darauf vertrauen darf, dass ein dieser Zahlung zugrundeliegender Anspruch auch besteht. Zum Vergleich: Für den Fall einer Anfechtungsklage gegen den Gewinnbeschluss der Hauptversammlung fehlt es für alle Verkehrskreise, die von der Anfechtungsklage Kenntnis erlangen, an einer Gutgläubigkeit im Sinne des § 62 Abs. 1 S. 2 AktG, denn der Aktionär darf nicht darauf vertrauen, dass der Beschluss Geltung behalten wird.[408] Im Fall der verfrühten Dividendenzahlung hängt es jedoch vom jeweiligen Einzelfall ab, ob der Notar im Anschluss an die Hauptversammlung das Protokoll nur provisorisch unterzeichnet, um dieses nochmals zu überarbeiten, oder ob er die Unterschrift bereits abschließend im Sinne der Rechtsprechung des Bundesgerichtshofs[409] vornimmt

---

404 Vgl. MünchKomm. AktG/*Bayer*, 3. Aufl., § 62 Rdn. 69; MünchKomm. BGB/*Grundmann*, 6. Aufl., § 276 Rdn. 54.

405 Vgl. Großkomm. AktG/*Henze*, 4. Aufl., § 62 Rdn. 79; *Hüffer*, AktG, 10. Aufl., § 62 Rdn. 11; MünchKomm. AktG/*Bayer*, 3. Aufl., § 62 Rdn. 69.

406 Vgl. Großkomm. AktG/*Henze*, 4. Aufl., § 62 Rdn. 79.

407 Vgl. Geßler/Hefermehl/*Hefermehl/Bungeroth*, AktG, 1. Aufl., § 62 Rdn. 39; Großkomm. AktG/*Henze*, 4. Aufl., § 62 Rdn. 79; Spindler/Stilz/*Cahn*, AktG, 2. Aufl., § 62 Rdn. 27.

408 Vgl. Großkomm. AktG/*Henze*, 4. Aufl., § 62 Rdn. 79; dem zustimmend MünchKomm. AktG/*Bayer*, 3. Aufl., § 62 Rdn. 69.

409 BGHZ 180, 9 ff. = BGH NJW 2009, 2207 ff.

und aus seinem Gewahrsam entlässt. Denn jedenfalls hängt von der folgenden Handlung des Notars ab, ob die am nächsten Tag vorgenommene Auszahlung der Dividende auf einer bestehenden Rechtsgrundlage erfolgte oder nicht. Sowohl dem Kleinaktionär als auch dem erfahrenen Großaktionär sind solche konkreten Umstände regelmäßig unbekannt, da sie auf einer Absprache zwischen Gesellschaft und Notar beruhen, welche zu den Interna einer Gesellschaft zu zählen ist und für die einzelnen Gesellschafter in aller Regel verborgen bleibt. Die äußeren Umstände lassen in einem Fall wie dem vorliegenden daher für den durchschnittlich informierten Anleger nicht darauf schließen, dass nach der Beschlussfassung durch die Hauptversammlung ein Anspruch auf die Dividende tatsächlich (noch) nicht vorliegt, was grundsätzlich zum Eintritt der Privilegierungswirkung des § 62 Abs. 1 S. 2 AktG führt.

Offen ist in diesem Zusammenhang, ob die Kenntnis des Aktionärs von der entsprechenden Rechtsprechung des Bundesgerichtshofs dazu führen kann, dass der Gesellschafter nicht darauf vertrauen darf, dass mit Empfang der Dividende auch eine finalisierte und dem Rechtsverkehr bekannte Ausführung des Hauptversammlungsprotokolls vorliegt. Bei einer solchen Annahme würde allerdings von der potentiellen Möglichkeit des Nichtbestehens eines Dividendenanspruchs auf die fehlende Schutzwürdigkeit des Aktionärs geschlossen. So reicht im Fall der Anfechtung eines Gewinnverwendungsbeschlusses für die Annahme der fehlenden Gutgläubigkeit auch nicht aus, dass der einzelne Aktionär die abstrakte aktienrechtliche Möglichkeit der Anfechtung kennt. Er muss darüber hinaus wissen, dass eine Anfechtungsklage konkret erhoben worden ist.[410] Das Wissen um die höchstrichterliche Rechtsprechung ist folglich unschädlich.

Schließlich drängt sich die Überlegung auf, ob der einzelne Aktionär in diesem Zusammenhang, unabhängig von der Frage ob schon ein endgültiges Hauptversammlungsprotokoll vorliegt, nicht stets von der Rechtmäßigkeit der Dividendenzahlung ausgehen darf, weil die Ausschüttung der Dividende bereits am der Hauptversammlung folgenden Tag der gängigen Praxis vieler Aktiengesellschaften entspricht.[411] Damit könnte ein übergesetzliches Vertrauen der Aktionäre entstanden sein. Dieser Ansatzpunkt ist allerdings nur für die Fälle von Relevanz, in denen der Gesellschafter bereits von der fehlenden Finalisierung des Hauptversammlungsprotokolls und dessen Verbleib beim Notar vor dem Zeitpunkt der

---

410 Vgl. Großkomm. AktG/*Henze*, 4. Aufl., § 62 Rdn. 79.

411 Vgl. für die Deutsche Börse AG als ein Beispiel von vielen: http://deutsche-boerse.com/dbg/dispatch/de/kir/dbg_nav/investor_relations/40_Financial_Calendar, Zugriff am 25.06.2012; siehe oben Fn. 10.

Dividendenzahlung weiß. Denn in allen anderen Fällen ist der Aktionär schon gutgläubig. Weiß der Anteilsinhaber aber von der noch fehlenden Finalisierung des Hauptversammlungsprotokolls und damit von dem fehlenden Anspruch auf die Dividendenzahlung, mithin von der Rechtswidrigkeit der Leistung im Sinne des § 62 Abs. 1 S. 1 AktG, kann er sich auch nicht auf die gängige Praxis der Gesellschaften im Hinblick auf die Dividendenausschüttung berufen. Aufgrund der besonderen Bedeutung der Kapitalerhaltung für die Aktiengesellschaft, insbesondere für ihre Gläubiger, darf eine Schutzwürdigkeit des einzelnen Aktionärs nur durch Gesetz geschaffen werden und nicht durch eine Praxis der Gesellschaften, da ansonsten eine Umgehung drohte. Die Regelung des § 62 Abs. 1 S. 2 AktG ist als Ausnahme von der grundsätzlichen Pflicht zur Rückgewähr verbotener Leistungen im Sinne des § 57 AktG eng auszulegen.[412] Der Schutz des Gesellschafters vor einer Rückgewähr der empfangenen Leistung muss daher in § 62 Abs. 1 S. 2 AktG angelegt sein. Liegt einmal Kenntnis des Aktionärs vor, kann eine bestimmte Praxis oder ständige Übung der Gesellschaften die Dividendenzahlung betreffend aufgrund des eindeutigen Wortlautes des § 62 Abs. 1 S. 2 AktG nicht zugunsten des Anteilsinhabers berücksichtigt werden und diesen privilegieren.

3. Ergebnis

Aus dem Vorstehenden lässt sich für die Lösung der bisher aufgeworfenen Überlegungen sowie zur Funktion der Privilegierung des § 62 Abs. 1 S. 2 AktG zusammenfassend Folgendes sagen:

a) Zu § 62 Abs. 1 S. 2 AktG

§ 62 Abs. 1 S. 2 AktG ist als Ausnahme vom Verbot des § 57 AktG zu verstehen. Gerechtfertigt ist diese Regelung, weil in bestimmten Fällen widerstreitende Interessen aufeinander treffen. Für diesen Fall gewährt § 62 Abs. 1 S. 2 AktG unter bestimmten Bedingungen dem Interesse des Einzelnen Vorrang vor dem Interesse der Gesellschaft, deren Gläubigern sowie den übrigen Aktionären. Findet diese Regelung hauptsächlich dann Anwendung, wenn ein nichtiger oder für nichtig erklärter Gewinnverwendungsbeschluss vorliegt, erweitert sich sein Anwendungsbereich spätestens nach der Entscheidung des Bundesgerichtshofs um die Konstellationen, in denen die Dividende ausgeschüttet wurde, obwohl ein den Anforderungen des § 130 Abs. 4 AktG entsprechender Gewinnverwendungsbeschluss

---

412 Vgl. Heidel/*Drinhausen*, Aktienrecht und Kapitalmarktrecht, 3. Aufl., § 62 Rdn. 26; KölnKomm. AktG/*Drygala*, 3. Aufl., § 62 Rdn. 78.

noch nicht vorliegt. Ein Fall der Nichtigkeit ist für § 62 Abs. 1 S. 2 AktG daher nicht unbedingt erforderlich. Mangels Einblick des einzelnen Gesellschafters in die Interna seiner AG liegt in der Regel auch guter Glaube im Sinne des § 62 Abs. 1 S. 2 AktG vor. Ein Rückerstattungsanspruch der Gesellschaft nach § 62 Abs. 1 S. 1 AktG besteht daher unter diesen Voraussetzungen häufig nicht. Neben dem Ausschluss des Rückerstattungsanspruchs treten mit § 62 Abs. 1 S. 2 AktG aber auch weitere Rechtsfolgen ein, die im Rahmen dieser Untersuchung noch eine nähere Darstellung erfahren werden.

b) Zum Erstattungsverlangen der Aktiengesellschaft

Die Auszahlung der Dividende an die Gesellschafter verstößt in einem Fall wie dem vorliegenden gegen § 57 Abs. 1 S. 1 AktG. Dennoch liegt ein Anspruch der Gesellschaft gegen ihren Aktionär auf Rückzahlung der erbrachten Leistung unter diesen Umständen nicht vor. Hier kann sich T erfolgreich darauf berufen, dass er seine tatsächlich fehlende Gewinnberechtigung weder kannte noch hätte kennen müssen. Fordert die A-AG von T daher nach § 62 Abs. 1 S. 1 AktG die Erstattung der voreiligen Dividende in Höhe von 400.000,00 Euro, kann er diesem Anspruch die Ausnahme des § 62 Abs. 1 S. 2 AktG entgegenhalten und dem Verlangen der Aktiengesellschaft erfolgreich widersprechen.[413]

II. Der weitere Anspruch auf die Dividende

Darf der Aktionär die verfrüht geleistete Dividende daher aufgrund seiner oben dargestellten Privilegierung behalten, ist nunmehr zu klären, welche Auswirkungen dieses auf den künftigen Dividendenanspruch des einzelnen Gesellschafters hat. Die Ausgangslage stellt sich in rechtlicher Hinsicht zusammengefasst folgendermaßen dar:

1. Ausgangslage

Die voreilige Zahlung ist von der eigentlichen Dividendenausschüttung rechtlich zu unterscheiden, auch wenn die Gesellschaft zur Erfüllung des Dividendenanspruches leistet. Denn bei der ersten Zahlung fehlt es noch an einem wirksamen Gewinnverwendungsbeschluss und damit an einem entsprechenden Anspruch des

---

413 Die Frage nach einem möglichen Anspruch der Gesellschaft nach § 985 BGB war nach der Aufgabenstellung nicht zu beantworten und wird in diesem Zusammenhang noch zurückgestellt. Diese Problematik kommt weiter unten noch vertieft zur Sprache, siehe unten Seite 176 ff.

Gesellschafters. Daher liegt lediglich eine rechtsgrundlose Leistung vor, die zwar unter das Verbot des § 57 Abs. 1 S. 1 AktG fällt, allerdings vom Schutz des § 62 Abs. 1 S. 2 AktG erfasst wird. § 62 Abs. 1 S. 2 AktG bewirkt als rechtsvernichtende Einwendung den Untergang des Erstattungsanspruchs der Aktiengesellschaft nach § 62 Abs. 1 S. 1 AktG.

Fordert der Anteilsinhaber in dieser Konstellation, wie hier T, die erneute Dividendenzahlung, dann setzt ein solcher Anspruch voraus, dass dieser zum einen entstanden und zum anderen noch nicht untergegangen ist. Mit der Rechtsprechung des Bundesgerichtshofs[414] entsteht der Anspruch auf die Dividende, da er von der Wirksamkeit des Gewinnverwendungsbeschlusses und damit von der notariellen Niederschrift insgesamt abhängt, zeitlich gesehen erst nach der zu frühen Dividendenzahlung.[415] Inwieweit der spätere Anspruch durch die verfrühte Leistung erfüllt werden kann, ist daher wesentlicher Gegenstand der folgenden Untersuchung. Zwischen der Ausschüttungspraxis der AG und der Kapitalerhaltung offenbart sich ein Konflikt, der im Ergebnis möglicherweise zu einer doppelten Dividendenzahlung führt: Die verfrühte Leistung der Gesellschaft braucht der Aktionär aufgrund seiner Privilegierung nicht zu erstatten. Der spätere tatsächliche Anspruch des Gesellschafters bleibt von der zu frühen Zahlung unter Umständen unberührt, sodass er mit Wirksamkeit der Niederschrift und der in ihr enthaltenen Beschlüsse erstmalig zugunsten des Aktionärs entsteht. Es droht die Gefahr einer doppelten Ausschüttung.

Könnte bereits durch die voreilige Zahlung die Erfüllung des erst später entstehenden Dividendenanspruchs eintreten, dann entfiele möglicherweise nicht nur der oben bereits vorgestellte und grundsätzlich bestehende Anspruch der Gesellschaft auf Rückgewähr nach § 62 Abs. 1 S. 1 AktG. Da Erfüllung grundsätzlich das Bestehen eines Anspruchs voraussetzt, würde mit der Möglichkeit einer Erfüllung auch eine aktienrechtlich unzulässige Leistung im Sinne des § 62 AktG nicht (mehr) vorliegen. Zudem käme es darüber hinaus auch nicht auf die Privilegierung des Aktionärs nach § 62 Abs. 1 S. 2 AktG an und aufgrund der bereits eingetretenen Erfüllung bestünde des Weiteren von vornherein kein Anspruch auf eine erneute Dividendenzahlung. Insoweit wäre die Forderung des T gegenüber der A-AG als unberechtigt zurückzuweisen. Im Mittelpunkt steht damit die Frage, inwieweit einer solchen, eigentlich verfrühten Leistung, im Hinblick auf den erst später entstehenden Anspruch eine zu beachtende Erfüllungswirkung zukommen kann.

In diesem Zusammenhang werden nachfolgend verschiedene Möglichkeiten der Erfüllung dargestellt und auf ihre rechtliche Zulässigkeit hin eingehend

414 BGHZ 180, 9 ff. = BGH NJW 2009, 2207 ff.

415 Im ersten Beispiel ist dies am 08.06. des Jahres der Fall.

untersucht (2. – 7.). Im Rahmen der möglichen Lösungen findet sich zudem ein umfangreicher Exkurs, der den Fall eines nichtigen aber seine Heilung erwartenden Gewinnverwendungsbeschlusses betrifft (6.). Zum einen stellt sich die Frage, inwieweit die dort gefundene Lösung auf den vorliegenden Fall übertragen werden kann. Zum anderen soll untersucht werden, ob sich der Gesellschafter bei einem Erstattungsverlangen der AG im Hinblick auf eine bereits erbrachte Dividendenausschüttung erfolgreich auf die Generalklausel des § 242 BGB berufen kann. Auf diese Weise könnte er nämlich versuchen, die Erstattung der zum Zeitpunkt ihrer Erbringung aktienrechtswidrigen Leistung zu vermeiden. Betroffen ist damit das Verhältnis der Kapitalerhaltungsregeln zu bestimmten Ausflüssen von „Treu und Glauben".[416]

2. Erfüllung als Folge der Leistung der verfrühten Dividende nach § 362 BGB

Gemäß § 362 Abs. 1 BGB erlischt ein Schuldverhältnis, wenn die geschuldete Leistung an den Gläubiger bewirkt wird. Dabei ist seit jeher umstritten, unter welchen Voraussetzungen ein Bewirken der Leistung vorliegt, wodurch schließlich die Erfüllung herbeigeführt wird. Teilweise wird vertreten, dass für eine Erfüllungswirkung zusätzlich eine hierauf gerichtete Einigung der jeweiligen Parteien erforderlich ist; dokumentiert werden kann eine solche Einigung durch den Abschluss eines entsprechenden Vertrages, der seinerseits wiederum Angebot und Annahme voraussetzt.[417] Nach der mittlerweile herrschenden Meinung steht dem Erfordernis einer vertraglichen Vereinbarung im Rahmen der Erfüllung nach § 362 BGB aber vor allem der von § 362 BGB abweichende Wortlaut des § 364 Abs. 1 BGB entgegen[418]: Im Rahmen des § 364 Abs. 1 BGB bedarf es neben dem Akt der realen Erfüllung auch einer vertraglichen Abrede. Wäre diese ebenfalls für die Erfüllung nach § 362 BGB erforderlich, dann hätte dies durch einen dem § 364 Abs. 1 BGB entsprechenden Wortlaut angezeigt werden müssen. Ein solches hat der Gesetzgeber aber unterlassen. Weiterhin widerspricht die Regelung des

---

416 Gemeint sind die Grundsätze „dolo agit, qui petit, quod statim redditurus est" sowie „venire contra factum proprium".

417 Vgl. *Larenz*, Lehrbuch des Schuldrechts Band 1, 14. Aufl., § 18 I, S. 237; Soergel/*Schreiber*, Bürgerliches Gesetzbuch, 13. Aufl., Vor § 362 Rdn. 4; zu den Vertragstheorien näheres bei MünchKomm. BGB/*Wenzel*, 5. Aufl., § 362 Rdn. 5 ff., knapper dazu in der Neuaflage MünchKomm. BGB/*Fetzer*, 6. Aufl., § 362 Rdn. 6, 7.

418 Siehe dazu MünchKomm. BGB/*Fetzer*, 6. Aufl., § 362 Rdn. 8; Soergel/*Schreiber*, Bürgerliches Gesetzbuch, 13. Aufl., Vor § 362 Rdn. 5.

§ 366 BGB dem Erfordernis einer vertraglichen Vereinbarung, da für die in dieser Vorschrift geregelte Tilgungsbestimmung des Schuldners bei Bestehen mehrerer Forderungen einseitiges Handeln ausreichen soll, ansonsten aber stets beidseitige Vereinbarungen nötig sein sollen. Daher versteht ein Großteil der Stimmen in Rechtsprechung[419] und Literatur die Erfüllung als einen realen Tilgungsakt, sodass auch von der Theorie der realen Leistungsbewirkung gesprochen wird[420]: Zur Erfüllung ausreichend ist allein die Herbeiführung des Leistungserfolges als Tatbestandsvoraussetzung der Erfüllung. Erbrachte und geschuldete Leistung müssen demnach übereinstimmen. So fügt sich auch die Regelung des § 366 BGB ein: Nur wenn die erbrachte Leistung nicht mit der geschuldeten Leistung übereinstimmt, weil die erbrachte Leistung nur einen Teil der geschuldeten darstellt, kann der Schuldner einseitig bestimmen, welche Schuld erfüllt werden soll. Dieser muss eine solche Bestimmung aber nicht vornehmen, weil sie nur im Fall des § 267 BGB erforderlich ist. Wenn nach § 366 Abs. 2 BGB dennoch Erfüllung eintreten kann, spricht auch dies für die Theorie der realen Leistungsbewirkung.[421]

Mit dem Schuldverhältnis im Sinne des § 362 BGB ist die einzelne Leistungspflicht gemeint.[422] Daher ist im Falle der Dividendenausschüttung nur der konkrete Dividendenanspruch des Aktionärs vom Erlöschen betroffen, nicht seine mitgliedschaftliche Stellung als Gesellschafter. Diese ist mit dem Eigentum an der Aktie verknüpft.[423] Voraussetzung für ein Erlöschen gemäß § 362 BGB ist jedoch grundsätzlich, dass ein Anspruch des Leistungsempfängers besteht, damit ein Leistungserfolg herbeigeführt werden kann.[424] Ein solcher ist im Fall der voreiligen Auszahlung der Dividende aber gerade nicht gegeben, weil der Anspruch mangels Wirksamkeit des Gewinnverwendungsbeschlusses zum Zeitpunkt der Zahlung (noch) nicht entstanden ist und eine von der Gesellschaft geschuldete Leistung folglich nicht besteht. Deshalb unterfällt die Leistung der Gesellschaft als aktienrechtlich unzulässige Zahlung an Gesellschafter in aller Regel auch der Rückgewährpflicht gemäß § 62 Abs. 1 S. 1 AktG.[425]

---

419 BGH NJW 1991, 1294, 1295; 1992, 2698, 2699; BAG NJW 1993, 2397, 2398.

420 Vgl. MünchKomm. BGB/*Fetzer*, 6. Aufl., § 362 Rdn. 7; Soergel/*Schreiber*, Bürgerliches Gesetzbuch, 13. Aufl., Vor § 362 Rdn. 6; Staudinger/*Olzen*, BGB (2011), Vorbem zu § 362 Rdn. 10.

421 Vgl. MünchKomm. BGB/*Fetzer*, 6. Aufl., § 362 Rdn. 9.

422 BGH NJW 1954, 231, 232; MünchKomm. BGB/*Fetzer*, 6. Aufl., § 362 Rdn. 1.

423 Vgl. *Langenbucher*, a. a. O. (Fn. 250), § 7 Rdn. 1; Münch. Hdb. AG/*Wiesner*, 3. Aufl., § 17 Rdn. 1, 2.

424 Vgl. Staudinger/*Olzen*, BGB (2011), § 362 Rdn. 4.

425 Beachte die Ausnahme nach § 62 Abs. 1 S. 2 AktG.

Die Theorie der realen Leistungsbewirkung kann unter diesen Umständen eine Erfüllung im Sinne des § 362 BGB durch die schlicht verfrühte Leistung nicht bewirken.

3. Vorausleistung im Sinne des § 362 BGB

Die Erfüllungsfolge des § 362 Abs. 1 BGB kann aber grundsätzlich auch durch eine sogenannte Vorausleistung des Schuldners herbeigeführt werden. Ob dieser Grundsatz ebenfalls für das Aktienrecht gilt, stellt gerade vor dem Hintergrund der Kapitalerhaltung eine interessante Frage dar. Auf diese ist nunmehr näher einzugehen.

a) Die Vorausleistung

Unter dem Begriff der Vorausleistung werden in Rechtsprechung und Literatur verschiedene Fallkonstellationen verstanden. Zu diesen ist auch die Konstellation zu zählen, in der auf eine künftige aber noch nicht entstandene Verbindlichkeit, deren Rechtsgrund bereits gelegt ist, geleistet wird.[426]

In einem solchen Fall erbringt der künftige Schuldner im Hinblick auf eine zu erwartende Schuld eine Leistung, also bevor der ihn zu dieser Leistung verpflichtende Anspruch des Gläubigers besteht. Dabei ist allgemein gleichgültig, ob die Vorausleistung eine bereits entstandene aber noch nicht fällige Forderung oder ein künftiges Schuldverhältnis betrifft.[427] Da die Forderung, ihr Bestehen vorausgesetzt, gemäß § 271 BGB regelmäßig erst mit Eintritt der Fälligkeit erfüllbar wird, bedarf es zur Vorauserfüllung der Zustimmung des Gläubigers.[428] Gleiches muss auch für die Fälle gelten, in denen es neben der Fälligkeit des Anspruchs am Anspruch überhaupt mangelt. Zudem besteht die Besonderheit, dass aus Schuldnersicht auf eine noch nicht entstandene Verpflichtung geleistet wird. Damit die Leistung der zukünftigen Verpflichtung zugeordnet werden kann, bedarf es nach herrschender Meinung einer sogenannten Anrechnungsabrede zwischen den Parteien.[429] Praktischerweise kann in diese auch die Zustimmung des Gläubigers zur Vorauserfüllung aufgenommen werden. Durch diese Anrechnungsabrede soll vermieden werden, dass die Leistung des Schuldners als rechtsgrundlos qualifiziert werden kann, denn schließlich fehlen im Moment der Leistungserbringung ein

---

426 Vgl. BGHZ 58, 60, 64; vgl. *Singer*, JR 1983, 356, 357.
427 Vgl. MünchKomm. BGB/*Fetzer*, 6. Aufl., § 362 Rdn. 15.
428 Vgl. MünchKomm. BGB/*Fetzer*, 6. Aufl., § 362 Rdn. 15.
429 Vgl. MünchKomm. BGB/*Fetzer*, 6. Aufl., § 362 Rdn. 15.

Anspruch des Gläubigers und damit eine Verpflichtung des Schuldners.[430] Eine solche Qualifikation könnte nämlich dazu führen, dass innerhalb des Verhältnisses von zukünftigem Schuldner und Glaübiger bereicherungsrechtliche Bestimmungen zur Anwendung gelangen. Dies wäre aus Sicht der Parteien aber nicht erwünscht, weil der Schuldner mit seiner Leistung die Erfüllung bezweckt und es auch dem Gegenüber auf diese ankommt. Die Möglichkeit einer Anrechnungsabrede betreffend die Tilgungsbestimmung der zu frühen Leistung ist auch von der Regelung des § 366 Abs. 1 BGB gedeckt. Zwar bezieht sich § 366 Abs. 1 BGB auf eine Verpflichtung des Schuldners aus mehreren Schuldverhältnissen, wobei im vorliegenden Fall tatsächlich noch überhaupt keine Verpflichtung besteht. Dies ist jedoch unbeachtlich, weil diese Regelung nicht abschließender Natur ist. Vielmehr ist die Möglichkeit einer entsprechenden Anwendung in von § 366 Abs. 1 BGB abweichenden, aber vergleichbaren Fällen gegeben.[431] Liegt eine Leistung vor, die einer künftigen entsprechenden Verpflichtung des Schuldners zuzuordnen ist und kann eine Qualifizierung der Leistung als rechtsgrundlos infolgedessen ausgeschlossen werde, bietet eine Anrechnungsabrede zwischen den Parteien eine hierzu geeignete und zulässige Möglichkeit.

b) Die Anrechnungsabrede

Wäre vorliegend eine solche Abrede zwischen den Parteien gegeben, könnte mit Entstehung des Anspruchs, hier also mit Wirksamkeit des Gewinnverwendungsbeschlusses und dem Entstehen des Dividendenanspruchs, möglicherweise Erfüllung aufgrund der separat getroffenen Abrede eintreten.[432] Gerade diese Anrechnungsabrede bedarf nunmehr einer näheren Darstellung, da diese der Rechtsgrund einer rechtsgrundlosen Leistung sein soll und als schuldrechtliche Vereinbarung mit der Regelung des § 57 Abs. 1 S. 1 AktG in Konflikt geraten kann.

aa) Das Erfordernis einer Anrechnungsabrede

Vereinzelt wird vorgebracht, eine Anrechnungsabrede sei im Rahmen der Vorausleistung entbehrlich.[433] Auf diese Meinung soll nachfolgend kurz eingegangen werden, bevor die weitere Problematik dargestellt wird.

---

430 Vgl. BGH NJW 1986, 248.

431 Vgl. Staudinger/*Olzen*, BGB (2011), § 366 Rdn. 13.

432 Vgl. BGH NJW 1983, 563, 564; BGH NJW 1984, 974; MünchKomm. BGB/*Fetzer*, 6. Aufl., § 362 Rdn. 15; Staudinger/*Olzen*, BGB (2011), § 362 Rdn. 23.

433 Vgl. *Singer*, JR 1983, 356.

(1) Allgemeines

Zum Teil wird vertreten, dass es genüge, wenn die erbrachte Leistung dem künftigen Schuldverhältnis zugeordnet werden könne. Für diese Zuordnung soll es, wie schon bei der Theorie der realen Leistungsbewirkung, ausschließlich auf objektive Umstände ankommen, wie etwa die Übereinstimmung von Leistung und späterer Verpflichtung oder die Tatsache, dass zwischen den Parteien nur ein Schuldverhältnis besteht.[434] Subjektive Zuordnungsmomente, wie beispielsweise eine Anrechnungsabrede, sollen nicht erforderlich sein, weil es auf diese auch im Rahmen der Erfüllung nach § 362 BGB nicht ankommt.[435]

Übertragen auf den zu untersuchenden Fall, soll eine voreilige Leistung genügen, solange diese dem künftigen Dividendenanspruch zugeordnet werden kann. Eine solche Zuordbarkeit ist in einer Konstellation wie der vorliegenden allerdings nicht ohne Weiteres gegeben.

(2) Zweck der Abrede

Durch die Anrechnungsabrede soll vor allem eine Zurechnung zum künftigen Schuldverhältnis erreicht und dadurch insbesondere die Rechtsgrundlosigkeit der erbrachten Leistung ausgeschlossen werden.[436] Keine Anwendung findet in diesem Zusammenhang daher die These, dass auch bloße objektive Umstände die Zurechnung einer Leistung zu einer später korrespondierenden Verpflichtung herbeiführen können, da eine Übereinstimmung objektiver Gegebenheiten im Moment der verfrühten Leistung noch nicht gegeben ist. Zu diesem Zeitpunkt ist der Anspruch, der mit dieser übereinstimmen soll, nämlich noch nicht entstanden. Der Wille des Schuldners auf die spätere Verpflichtung jetzt schon zu leisten, muss aber nach außen manifestiert werden können, wenn eine Abgrenzung zur rechtsgrundlosen Leistung erreicht werden soll.[437] Denn mit der Leistung will der Schuldner schließlich die Erfüllung eines ihm gegenüber bestehenden Anspruchs herbeiführen und sich nicht auf bereicherungsrechtliche Ansprüche verweisen lassen müssen.[438] Zwar kann eine Übereinstimmung zwischen Leistung und Verpflichtung mit dem Moment der Entstehung des Schuldverhältnisses „Dividendenanspruch“ festgestellt werden.[439] Auf

434 Vgl. *Singer*, JR 1983, 356, 357.

435 Vgl. *Singer*, JR 1983, 356, 357 f.

436 Vgl. BGH NJW 1986, 248.

437 Vgl. BGH NJW 1986, 248.

438 Insbesondere nicht auf die Gefahren der §§ 814, 817, 818 Abs. 3 BGB.

439 Vgl. MünchKomm. BGB/*Fetzer*, 6. Aufl., § 362 Rdn. 15; Staudinger/*Olzen*, BGB (2011), § 362 Rdn. 23.

diesen späteren Moment kommt es aber nicht an. Schon im Augenblick der Leistungserbringung muss ihre eigentliche rechtliche Natur qualifiziert werden können, der Wille des Leistenden sich auch in rechtlicher Sicht zeigen und zum Ausdruck kommen. Das lässt sich gerade an den Möglichkeiten, die das Gesetz mit § 366 BGB und § 367 BGB bietet, erkennen: Der Schuldner kann die Tilgungswirkung seiner Leistung durch nach herrschender Meinung einseitige empfangsbedürftige Willenserklärung selber bestimmen.[440] Dieses Recht zur Tilgungsbestimmung aus § 366 Abs. 1 BGB übt der hierzu berechtigte Schuldner aber im Moment der Leistung als Vorgang aus.[441] Eine Bestimmung nach der Erbringung der Leistung ist grundsätzlich unwirksam, es sei denn, die Parteien haben eine dementsprechende Vereinbarung geschlossen oder der Schuldner hat bei der Leistung einen entsprechenden Vorbehalt erklärt.[442] Solche Vereinbarungen oder Vorbehalte liegen zwischen Gesellschaft und Gesellschafter in aller Regel jedoch nicht vor. Demzufolge muss auch die verfrühte Dividendenausschüttung schon zum Zeitpunkt ihrer Erbringung dem später entstehenden Dividendenanspruch zugeordnet werden können. Da aber die objektiven Umstände erst mit Entstehen des Anspruchs übereinstimmen können, bedarf es für eine frühere Zuordnung zur Vermeidung einer Rechtsgrundlosigkeit daher in einem solchen Fall jedenfalls einer Anrechnungsabrede zwischen künftigem Schuldner und künftigem Gläubiger, hier also zwischen der Aktiengesellschaft und ihrem Aktionär.[443]

(3) Die Mitgliedschaft als Schuldverhältnis

Anderes könnte dann gelten, wenn als das für die Zuordnung der erbrachten Leistung erforderliches Schuldverhältnis auch die Mitgliedschaft des Gesellschafters an der AG herangezogen werden könnte. Denn bei dieser handelt es sich ebenfalls um ein Schuldverhältnis, welches zudem bereits zum Zeitpunkt der voreiligen Dividendenausschüttung besteht, nämlich bereits mit Erwerb mindestens einer Aktie.[444] Das Problem der Künftigkeit des Schuldverhältnisses könnte auf diese Weise unter Umständen umgangen werden. Diesem An-knüpfungspunkt steht jedoch entgegen,

---

440 Vgl. Staudinger/*Olzen*, BGB (2011), § 366 Rdn. 27.

441 Vgl. *Gernhuber*, Die Erfüllung und ihre Surrogate, § 5 III 3; Staudinger/*Olzen*, BGB (2011), § 366 Rdn. 31.

442 BGHZ 51, 157, 160 f.; OLG Frankfurt VersR 1971, 186; vgl. Staudinger/*Olzen*, BGB (2011), § 366 Rdn. 31, 32.

443 Vgl. BGHZ 85, 315, 318; MünchKomm. BGB/*Fetzer*, 6. Aufl., § 362 Rdn. 15; Staudinger/*Olzen*, BGB (2011), § 362 Rdn. 23.

444 Vgl. *Langenbucher*, a. a. O. (Fn. 250), § 7 Rdn. 1; Münch. Hdb. AG/*Wiesner*, 3. Aufl., § 17 Rdn. 2.

dass sich aus der Stellung als Aktionär einer Gesellschaft zwar Mitverwaltungsrechte und besonders Vermögensrechte ergeben.[445] Die Möglichkeit einer Zuordnung der Leistung zu diesem Schuldverhältnis muss im Ergebnis aber dennoch ausscheiden: Die Mitgliedschaft des Aktionärs gestaltet nämlich nicht die konkreten Umstände der Dividendenberechtigung, wie zum Beispiel die Höhe des Dividendenanspruchs. Vielmehr besteht aufgrund der Mitgliedschaft auch nur ein Anspruch auf Fassung eines Gewinnverwendungsbeschluss.[446] Für die Übereinstimmung von Leistung und Anspruch muss daher auf den konkreten Dividendenanspruch nach § 58 Abs. 4 AktG, also auf dieses konkrete Schuldverhältnis abgestellt werden. Dieses ist aber im Moment der verfrühten Leistung noch nicht entstanden, da hierfür, wie gezeigt, ein wirksamer Beschluss der Hauptversammlung erforderlich ist. Dies steht einer Anknüpfung an die Mitgliedschaft des Gesellschafters entgegen.

bb) Die Anrechnungsabrede in der Praxis

Bedarf es daher im Rahmen der Vorauserfüllung zumindest grundsätzlich und vorliegend in jedem Fall einer Anrechnungsabrede, geht es nun darum herauszuarbeiten, ob das Aktienrecht den Abschluss einer solchen Vereinbarung zulässt. Steht das Aktiengesetz einer solchen nicht entgegen, würde diese vorzugsweise im Wege einer vertraglichen Vereinbarung getroffen, in deren Rahmen der Aktionär der voreiligen Leistung der Dividende zustimmen könnte.[447] In der Praxis gestaltet sich der Abschluss solcher Vereinbarungen zwischen der AG und dem Gesellschafter allerdings äußerst schwierig: Hier stellt sich etwa die Frage, wie im Fall von Inhaberaktien eine Gesellschaft mit ihrem Aktionär eine solche Vereinbarung treffen kann, wenn dieser der Gesellschaft regelmäßig schon namentlich nicht bekannt ist. Auch könnte der jeweilige Anteilseigner im Fall einer Börsennotierung seine Anteilsscheine erst kurz vor der Hauptversammlung, aber immer noch mit Gewinnberechtigung, erworben haben, ohne dass dies der Gesellschaft bekannt geworden sein muss. Dies würde mindestens praktische Probleme mit sich bringen, wenn die AG kurz vor der Hauptversammlung eine Vereinbarung mit ihrem Gesellschafter treffen wollte.

Mithin ist festzustellen, dass eine mit dem jeweiligen Gesellschafter gesondert abgeschlossene Vereinbarung in der Praxis nicht durchführbar ist. Eine Ausnahme kann in diesem Zusammenhang einzig für mögliche Großaktionäre gemacht werden, die der Gesellschaft, auch im Falle von Inhaberaktien, häufig namentlich bekannt sein dürften.[448]

---

445 Vgl. Münch. Hdb. AG/*Wiesner*, 3. Aufl., § 17 Rdn. 3 ff.
446 Vgl. MünchKomm. AktG/*Kropff*, 3. Aufl., § 174 Rdn. 16.
447 Vgl. MünchKomm. BGB/*Fetzer*, 6. Aufl., § 362 Rdn. 15.
448 Vgl. *Ludwig*, ZNotP 2008, 345, 350.

(1) Im Rahmen der Satzung

Daher bietet es sich aufgrund der Vielzahl der Aktionäre, die, sollte die Gesellschaft Inhaberaktien ausgegeben haben, zudem meistens unbekannt sind, an, eine solche Vereinbarung im Rahmen der Satzung der Gesellschaft zu treffen. Im Fall einer Veräußerung der Aktien an Dritte könnten die sich aus der Vereinbarung als Bestandteil der Satzung ergebenden Rechte und Pflichten auf den Rechtsnachfolger übergehen, ohne dass eine erneute Vereinbarung mit dem neuen Aktionär geschlossen werden müsste.[449] Bei der Satzung der Gesellschaft handelt es sich um solches Innenrecht, welches auch die mitgliedschaftlichen Beziehungen zwischen Gesellschaft und Aktionär festlegt.[450]

Allerdings gilt es die aktienrechtliche Satzungsstrenge, § 23 Abs. 5 AktG, zu beachten: Bei den Bestimmungen des Aktiengesetzes handelt es sich in Gänze um zwingendes Recht. Für die Vertragsfreiheit findet sich im Aktienrecht zum Schutz der Anleger und Aktionäre grundsätzlich kein Platz.[451] Ein Abweichen von den Vorschriften ist nur zulässig, wenn dies ausdrücklich zugelassen ist; ergänzende Regelungen innerhalb der Satzung sind nur erlaubt, wenn das Gesetz diesbezüglich eine abschließende Regelung nicht enthält.[452] Mangels ausdrücklicher gesetzlicher Zulassung kann eine Anrechnungsabrede zwischen Gesellschaft und Aktionär nur im Wege einer ergänzenden Regelung nach § 23 Abs. 5 S. 2 AktG in Betracht kommen. Weil eine solche Vereinbarung zur Folge hat, dass der verfrühten Dividendenzahlung ein Rechtsgrund zugeordnet wird bevor der eigentliche Anspruch entstanden ist[453], drängt sich ein Konflikt zu § 57 Abs. 1 S. 1 AktG auf. Denn auf diese Weise droht eine Umgehung der aktienrechtlichen Kapitalerhaltung. Eine ergänzende Regelung ist jedoch nur zulässig, wenn keine abschließende gesetzliche Regelung existiert. Daher ist nachfolgend erst zu klären, ob eine Lücke vorliegt, die eine ergänzende Regelung innerhalb der Satzung zulässt.[454] Dies ist mittels Auslegung zu ermitteln, wobei es maßgeblich auf den Sinn und Zweck der fraglichen Vorschrift ankommt.[455]

---

449 Vgl. Großkomm. AktG/*Röhricht*, 4. Aufl., § 23 Rdn. 238.

450 Vgl. Großkomm. AktG/*Röhricht*, 4. Aufl., § 23 Rdn. 17.

451 Vgl. Großkomm. AktG/*Röhricht*, 4. Aufl., § 23 Rdn. 167; *Hüffer*, AktG, 10. Aufl., § 23 Rdn. 34; KölnKomm. AktG/*Arnold*, 3. Aufl., § 23 Rdn. 129; Marsch-Barner/Schäfer/*Gätsch*, Handbuch börsennotierte AG, 2. Aufl., § 4 Rdn. 5; *Raiser/Veil*, a. a. O. (Fn. 19), § 11 Rdn. 1.

452 So § 23 Abs. 5 S. 1, S. 2 AktG.

453 Vgl. BGH NJW 1986, 248.

454 Vgl. Marsch-Barner/Schäfer/*Gätsch*, Handbuch börsennotierte AG, 2. Aufl., § 4 Rdn. 28; MünchKomm. AktG/*Pentz*, 3. Aufl., § 23 Rdn. 157.

455 Vgl. MünchKomm. AktG/*Pentz*, 3. Aufl., § 23 Rdn. 157.

Mit dem Wortlaut des § 23 Abs. 5 S. 2 AktG („es sei denn“) ist davon auszugehen, dass eine abschließende gesetzliche Regelung nur ausnahmsweise vorliegt und in diesem Fall eine besondere Begründung erfahren muss.[456]

(a) Vorliegen einer Regelungslücke

Zwar regelt das Aktiengesetz nicht positiv, ob Gesellschaft und Aktionär im Zusammenhang mit der Dividendenzahlung eine Anrechnungsabrede treffen können. Allerdings finden sich zu der übergeordneteten Frage, inwieweit die Gesellschaft an ihre Gesellschafter Leistungen, insbesondere Geldzahlungen, erbringen darf, abschließende Bestimmungen: Nach § 58 Abs. 4 AktG haben die Aktionäre Anspruch auf den Bilanzgewinn, soweit er von der Verteilung jedenfalls nicht ausgeschlossen ist. Der Anspruch entsteht mit Wirksamwerden des Gewinnverwendungsbeschlusses.[457] Verbietet § 57 Abs. 1 S. 1 AktG der AG generell, an die Aktionäre Zahlungen aus dem Gesellschaftsvermögen vorzunehmen, stellt die Ausschüttung von Bilanzgewinn bekanntlich eine Ausnahme von diesem Verbot dar.[458] Es gilt nunmehr zu klären, was für die Leistung aufgrund einer getroffenen Anrechnungsabrede gilt: Einerseits könnte es sich bei dieser schlicht um eine andere Form der unter bestimmten Umständen erlaubten Dividendenzahlung handeln, die infolgedessen vom Verbot des § 57 AktG ausgenommen ist. Andererseits könnte diese aber auch als ein aliud zu qualifizieren sein, welches dem Grundsatz der Kapitalerhaltung gerade unterliegt. Verbietet § 57 AktG eine solche Anrechnungsabrede von seinem Sinn und Zweck her, weil es an einer Vergleichbarkeit zur erlaubten Gewinnausschüttung fehlt, dann muss in dessen Konsequenz auch eine Regelungslücke abgelehnt werden. Denn mit einem Verbot liegt eine ausdrückliche Regelung gerade vor. Die Vereinbarung einer Anrechnungsabrede im Rahmen der Satzung wäre dann nicht möglich.

(aa) Leistung aufgrund des Gewinnverwendungsbeschlusses unter Berücksichtigung von § 57 AktG

Bekanntlich stellt die Ausschüttung von Gesellschaftsvermögen aufgrund eines Gewinnverwendungsbeschlusses der Hauptversammlung eine Ausnahme vom Verbot des § 57 AktG dar. Diese ist erst mit Wirksamkeit des Gewinnverwendungsbeschlusses erlaubt, da erst ab diesem Moment der Rechtsgrund für die Leistung

---

456 Vgl. KölnKomm. AktG/*Zöllner*, 2. Aufl., § 179 Rdn. 69.

457 Vgl. Münch. Hdb. AG/*Hoffmann-Becking*, 3. Aufl., § 46 Rdn. 22; MünchKomm. AktG/*Bayer*, 3. Aufl., § 58 Rdn. 103.

458 Vgl. *Hüffer*, AktG, 10. Aufl., § 57 Rdn. 2; MünchKomm. AktG/*Bayer*, 3. Aufl., § 57 Rdn. 2.

entstehen kann. Bei einer Leistung vor diesem Zeitpunkt sieht § 62 Abs. 1 S. 1 AktG die oben dargestellte regelmäßige Pflicht des Gesellschafters zur Erstattung der empfangenen Leistung an die Gesellschaft vor.

Dividendenzahlungen vor Wirksamkeit des Gewinnverwendungsbeschlusses sind dem Aktienrecht daher grundsätzlich fremd und unterliegen somit dem speziellen Rückgewähranspruch nach § 62 Abs. 1 S. 1 AktG. Eine der wenigen Ausnahmen findet sich in der schon erwähnten Bestimmung des § 59 AktG.

(bb) Leistung aufgrund einer Anrechnungsabrede unter Berücksichtigung des § 57 Abs. 1 S. 1 AktG

Nunmehr soll bestimmt werden, ob eine Leistung aufgrund einer getroffenen Anrechnungsvereinbarung zu einer grundsätzlich möglichen Dividendenzahlung zu rechnen ist. Dafür spricht, dass die Erfüllung des Anspruchs erst mit Wirksamkeit des gefassten Gewinnverwendungsbeschlusses eintritt. Dem entgegengesetzt ist aber auch zu untersuchen, ob nicht die Anrechungsabrede vielmehr einen separaten Rechtsgrund für die erbrachte Leistung darstellt[459], der mangels Entsprechung im Aktienrecht unzulässig ist und somit auch nicht im Wege einer ergänzenden Satzungsvereinbarung getroffen werden darf.

Mit der Anrechnungsabrede wird von der Aktiengesellschaft eine von der späteren Dividendenschuld separat zu betrachtende Verpflichtung eingegangen. Sie stellt einen eigenen Rechtsgrund dar und begründet so einen eigenständigen Anspruch des Gesellschafters, bevor die eigentliche diesem zugrundeliegende Schuld entstanden ist. Damit hat sie konstitutive Wirkung.[460] In diesem Zusammenhang ist die Anrechnungsabrede als ein solches Rechtsinstitut zu verstehen, welches mit Entstehen des eigentlichen Anspruchs von dieser neuen Verpflichtung unmittelbar ersetzt wird, da ihr nur der Zweck zukommt, die Zuordnung zum späteren Schuldverhältnis zu ermöglichen.[461] Das bedeutet folgendes: Die Anrechnungsabrede fungiert als Zuordnungselement einzig zur Vermeidung der Rechtsgrundlosigkeit der erbrachten Leistung, welches mit Entstehen des eigentlichen Anspruchs seinen Zweck und damit seine Zuordnungsfähigkeit verliert. Mit Entstehen des Anspruchs tritt daher aufgrund der vorher getroffenen Anrechungsabrede Erfüllung ein und zwar Erfüllung des konkreten Dividendenanspruchs.[462] Dabei muss die Anrechnungsabrede für ihre Zulässigkeit im Hinblick auf das Aktiengesetz vor

459 Als ein Ausnahmefall vom Verbot des § 57 Abs. 1 S. 1 AktG.

460 Vgl. BGH NJW 1986, 248; MünchKomm. BGB/*Fetzer*, 6. Aufl., § 362 Rdn. 15.

461 Vgl. *Singer*, JR 1983, 356, 357.

462 Vgl. MünchKomm. BGB/*Fetzer*, 6. Aufl., § 362 Rdn. 15; Staudinger/*Olzen*, BGB (2011), § 362 Rdn. 23.

allem mit der Bestimmung des § 57 Abs. 1 S. 1 AktG im Einklang stehen. Da sie der AG eine Leistung ermöglichen soll, deren Gegenstand das Gesellschaftsvermögen betrifft, bedeutet dies, dass die Abrede der verfrühten Leistung für die Möglichkeit der Vorauserfüllung nicht nur einen Rechtsgrund als solchen bieten muss, sondern dieser weiter auch im Einklang mit dem aktienrechtlichen Kapitalerhaltungsgrundsatz zu stehen hat, wenn dieser nicht verletzt werden soll. Denn die Erstattungspflicht des Aktionärs knüpft nicht an die Rechtsgrundlosigkeit der Zahlung an, sondern vielmehr an die Aktienrechtswidrigkeit des zugrundeliegenden Schuldverhältnisses[463], wodurch für die Zulässigkeit einer Erbringung von Leistungen höhere Hürden geschaffen werden: Ein bestehender Rechtsgrund steht einer Erstattungspflicht des Leistungsempfängers nämlich nicht entgegen, solange er gegen aktienrechtliche Vorschriften verstößt.[464]

Mit dem zeitlich früheren Anspruch auf Vorausleistung aufgrund der Anrechnungsabrede und dem später entstehenden Dividendenanspruch liegen somit zwei verschiedene Ansprüche vor, wenn auch der frühere Anspruch in den späteren Anspruch übergeht: Entscheidend ist der Zeitpunkt der Zahlung. Dieser liegt nämlich vor dem eigentlichen Entstehen des Dividendenanspruchs. Damit erfolgt auch der Vermögensabfluss in Höhe der voreiligen Dividende zu Lasten des Gesellschaftsvermögens zu einem Moment, der dem Aktiengesetz fremd ist. Aufgrund der eigenständigen rechtlichen Qualifikation der Leistung, welche der Anrechnungsvereinbarung zugrunde liegt, besteht ein Konflikt mit § 57 AktG und dem Grundsatz der Kapitalerhaltung.[465] Das Aktienrecht kennt zwar mit § 59 AktG eine Möglichkeit, Dividendenzahlungen vor dem eigentlichen Entstehen der Ansprüche vorzunehmen. Dies verlangt aber mindestens die Erfüllung weiterer formaler Voraussetzungen.[466] Dürfte die Gesellschaft nun aufgrund einer Anrechnungsvereinbarung eine Leistung erbringen, die als Dividendenzahlung erbracht werden soll, läg eine Aushöhlung des § 59 AktG und damit auch des § 57 Abs. 1 S. 1 AktG vor. Zudem – und dieser Aspekt steckt unter anderem hinter dem Gedanken der Kapitalerhaltung – tritt durch die Vorausleistung ein weiteres Risiko für die leistende Aktiengesellschaft ein: Das Insolvenzrisiko des Gesellschafters. Kommt es nämlich nachfolgend, aus welchen Gründen auch immer, nicht zu einem wirksamen Gewinnverwendungsbeschluss, dann entsteht auch ein Anspruch der Gesellschafter auf Dividendenzahlung nicht. Die Gesellschaft hätte

463 Vgl. *Langenbucher*, a. a. O. (Fn. 250), § 9 Rdn. 36.

464 Insbesondere § 57 Abs. 1 S. 1 AktG; vgl. Großkomm. AktG/*Henze*, 4. Aufl., § 62 Rdn. 14; K. Schmidt/Lutter/*Fleischer*, AktG, 2. Aufl., § 62 Rdn. 7.

465 Vgl. Großkomm. AktG/*Henze*, 4. Aufl., § 57 Rdn. 9.

466 Siehe dazu oben Seite 83 ff.

dann zwar grundsätzlich einen Anspruch auf Rückgewähr der erbrachten Leistung nach § 62 Abs. 1 S. 1 AktG, da die Anrechnungsabrede das spätere Entstehen des eigentlichen Dividendenanspruchs voraussetzt. Dieser hängt aber praktisch auch davon ab, ob der Schuldner des Rückgewähranspruches in der Lage ist, diesen zu erfüllen. Fehlen ihm die dazu erforderlichen finanziellen Mittel, weil er beispielsweise die erhaltene Leistung bereits konsumiert hat, tritt ein Umstand ein, der bei einer Zahlung der Dividende erst nach Entstehen des Anspruchs nicht eingetreten wäre: Eine Schmälerung des Gesellschaftsvermögens in Höhe des Betrages, der Gegenstand der Anrechnungsabrede ist. Denn kommt ein wirksamer Gewinnverwendungsbeschluss nicht zustande, hätte die Gesellschaft auch eine solche Ausschüttung von Gesellschaftsmitteln nicht vorgenommen, sodass das Risiko der Rückholbarkeit der verfrühten Leistung sie nie getroffen hätte.

Schließlich handelt es sich bei einer solchen Anrechnungsabrede im Rahmen der Satzung um nichts anderes, als um eine statutarische Einschränkung des Verbots des § 57 Abs. 1 S. 1 AktG. Diese ist aber, wie schon vorstehend erwähnt, unzulässig und steht einer Vorauserfüllung daher entgegen.

(b) Teilergebnis

Insgesamt zeigt sich, dass die Leistung aufgrund der Anrechnungsabrede im Aktiengesetz keine Entsprechung findet, sondern vielmehr mit § 57 Abs. 1 S. 1 AktG gegen wesentliche Grundsätze verstößt. Die Anrechnungsabrede führt zu einem voreiligen Abfluss von Gesellschaftsvermögen.[467] Bei späterem Nichtbestehen des Dividendenanspruchs bestünde zwar ein Erstattungsanspruch, dieser könnte aber im Falle einer Insolvenz wertlos sein. Im Ergebnis wird der Grundsatz der Kapitalerhaltung durch eine solche Möglichkeit in unzulässiger Weise durchbrochen. Die aktienrechtliche Kapitalerhaltung stellt daher eine abschließende Regelung im Sinne des § 23 Abs. 5 S. 2 AktG dar, die einer ergänzenden Bestimmung der Satzung entgegensteht.

(2) Als Nebenabrede außerhalb der Satzung

Vereinbarungen können Gesellschaft und Aktionär aber auch außerhalb der Satzung treffen. Von der Zulässigkeit solcher Abreden wird heute allgemein ausgegangen.[468] Bei diesen handelt es sich um bloße schuldrechtliche Abreden, mit denen die Beteiligten das zwischen ihnen bestehende Rechtsverhältnis ausgestalten

---

467 Nämlich vor Entstehen des Dividendenanspruchs.

468 Vgl. BGH NJW 1983, 1910; BGH ZIP 1987, 293, 294; BGHZ 123, 15; Großkomm. AktG/*Röhricht*, 4. Aufl., § 23 Rdn. 238; *Hüffer*, AktG, 10. Aufl., § 23 Rdn. 45.

können.[469] Gesellschaft und Aktionäre haben die Möglichkeit Vereinbarungen einzugehen, die in der Satzung keine Entsprechung finden.[470] Die Beteiligten können darüber hinaus Absprachen treffen, die sie im Rahmen der Satzung nicht niederlegen können, wobei sie nur dann gebunden werden, wenn kein Verstoß gegen die Satzung vorliegt.[471] Häufig haben solche Nebenabreden Vorkaufsrechte oder Stimmbindungsvereinbarungen zum Inhalt. Sie können aber auch die Benennung von Aufsichtsratsmitgliedern zum Gegenstand haben, ebenso wie Abreden zwischen den Gesellschaftern über die Besetzung des Vorstandes. Treffen die Gesellschafter neben der Satzung weitere Vereinbarungen, bietet dies den Vorteil, dass der Inhalt der Abreden geheim bleibt. Zwar muss nach § 37 Abs. 4 Nr. 1 AktG die Satzung beim Handelsregister eingereicht werden, eventuelle bestehende Nebenabreden sind von dieser Pflicht aber nicht erfasst, sodass diese in aller Regel auch nicht publik werden.[472] Ein weiteres, im Vergleich zur Satzung im vorliegenden Zusammenhang jedoch nachteiliges Merkmal ist, dass die schuldrechtlichen Nebenabreden nicht das mitgliedschaftliche Verhältnis zwischen Gesellschaft und Aktionär berühren, sodass bei einem Gesellschafterwechsel der neue Aktionär grundsätzlich nicht an die Nebenabrede gebunden ist.[473] Diese grundsätzliche fehlende Bindung des Neuaktionärs stellt sich als ein praktisches Problem dar, welches im Fall einer Regelung in der Satzung aufgrund der Bindung der Gesellschafter an diese nicht bestünde. Da in der Regel jeder Aktionär zum Bezug der Dividende berechtigt ist, müsste mit jedem einzelnen Aktionär eine solche Nebenabrede getroffen werden, wobei stets auf das Hinzukommen von Neuaktionären geachtet werden müsste. Aufgrund der Fungibilität sowie der Tatsache, dass viele Aktionäre, gerade wenn die Gesellschaft Inhaberaktien führt, namentlich nicht bekannt sind, dürfte die praktische Umsetzung solcher individuellen Vereinbarungen zu einem unvertretbar hohen Verwaltungs- und Kostenaufwand führen wenn nicht sogar faktisch nahezu unmöglich sein.

Neben diesen praktischen Problemen muss aber auch geklärt werden, ob eine solche Vereinbarung im Rahmen einer schuldrechtlichen Nebenabrede überhaupt rechtlich zulässig ist. Denn mit schuldrechtlichen Abreden entstehen Rechte und

469 Vgl. MünchKomm. AktG/*Pentz*, 3. Aufl., § 23 Rdn. 187 f.

470 Vgl. *Mayer*, MittBayNot 2006, 281.

471 Vgl. MünchKomm. AktG/*Pentz*, 3. Aufl., § 23 Rdn. 188; Spindler/Stilz/*Limmer*, AktG, 2. Aufl., § 23 Rdn. 41.

472 Vgl. KölnKomm. AktG/*Arnold*, 3. Aufl., § 23 Rdn. 173; *Mayer*, MittBayNot 2006, 281, 282; MünchKomm. AktG/*Pentz*, 3. Aufl., § 23 Rdn. 189.

473 Vgl. Großkomm. AktG/*Röhricht*, 4. Aufl., § 23 Rdn. 259, 270; *Hüffer*, AktG, 10. Aufl., § 23 Rdn. 45; Spindler/Stilz/*Limmer*, AktG, 2. Aufl., § 23 Rdn. 41a.

Pflichten, insbesondere ein Anspruch auf Erfüllung der Abrede, der notfalls auf dem Klageweg durchgesetzt werden kann.[474] Auch wenn die Vereinbarung außerhalb der Satzung getroffen wird und damit nicht dem Grundsatz der Satzungsstrenge nach § 23 Abs. 5 AktG unterliegt, muss bestehendes und insbesondere entgegenstehendes Recht, Beachtung finden: Die Parteien sind daher in der Gestaltung ihrer Vereinbarung nicht völlig frei.[475]

Vereinbarungen zwischen der Gesellschaft und ihrem Aktionär über die Vorausleistung von künftigen Dividendenansprüchen gehören nicht zu den zwingenden Satzungsbestandteilen des § 23 AktG. Zumindest insoweit scheint eine Anrechnungsabrede grundsätzlich möglich. Die Möglichkeit von schuldrechtlichen Nebenabreden findet ihre Grenzen jedoch in den zwingend geltenden gesetzlichen Regelungen. Diese Bereiche sind von Beginn an einer separaten schuldrechtlichen Vereinbarung entzogen.[476] Zu diesen zwingenden gesetzlichen Regelungen gehört auch das schon erörterte grundsätzliche Verbot des § 57 AktG, Gesellschaftsmittel an die Aktionäre auszuschütten.[477] Genau eine solche verbotene Auszahlung würde aufgrund einer Anrechnungsabrede vorgenommen, weil diese einen eigenständigen Rechtsgrund für die Zahlung darstellt, der im Aktiengesetz jedoch keine Entsprechung findet und damit als aktienrechtswidrig zu qualifiezieren ist. Infolgedessen entfällt aus rechtlichen Gründen die Möglichkeit einer schuldrechtlichen Nebenabrede über die Vorausleistung ebenso wie die einer ergänzenden Satzungsregelung, denn mit § 57 Abs. 1 S. 1 AktG steht ein zwingender aktienrechtlicher Grundsatz entgegen.

c) Ergebnis zur Vorausleistung

Die Aktienrechtswidrigkeit der verfrühten Leistung kann nicht durch eine Anrechnungsabrede zwischen Gesellschafter und Aktionär im Rahmen einer Vorausleistung nach § 362 BGB beseitigt werden, da solche Abreden im Aktienrecht keine Grundlage finden und aufgrund ihrer konstitutiven Wirkung sogar gegen den Grundsatz der Kapitalerhaltung verstoßen. Damit ist eine Erfüllung auf diesem Weg nicht möglich, sodass der Anspruch des Gesellschafters auf die Verteilung der Dividende an ihn zunächst bestehen bleibt.

---

474 Vgl. MünchKomm. AktG/*Pentz*, 3. Aufl., § 23 Rdn. 196.

475 Vgl. KölnKomm. AktG/*Arnold*, 3. Aufl., § 23 Rdn. 181; *Mayer*, MittBayNot 2006, 281, 282; MünchKomm. AktG/*Pentz*, 3. Aufl., § 23 Rdn. 188.

476 Vgl. KölnKomm. AktG/*Arnold*, 3. Aufl., § 23 Rdn. 181.

477 Vgl. Großkomm. AktG/*Röhricht*, 4. Aufl., § 23 Rdn. 256, 258; *Mayer*, MittBayNot 2006, 281, 283; MünchKomm. AktG/*Pentz*, 3. Aufl., § 23 Rdn. 188.

4. Anwartschaftsrechtliche Lösung

Vereinzelt wird angenommen, dass die Gesellschaft in der vorliegenden Situation schon vor dem eigentlichen Entstehen der Verpflichtung auf die künftige Schuld leisten dürfte, da diese jedenfalls später entstehen werde.[478] Der Aktionär soll in dieser Phase bereits ein Anwartschaftsrecht an der Dividende besitzen. Dieses berechtigt ihn zwar nicht dazu die Leistung vor Anspruchsentstehung zu verlangen, dem Schuldner wird dadurch aber eine vorzeitige Erfüllungsbefugnis dieser Schuld eingeräumt. Durch diese Erfüllungsbefugnis des Schuldners erfährt die Regelung des § 362 BGB eine zeitliche Ausweitung, wenn nicht nur bereits entstandene, sondern auch schon mit Sicherheit künftig entstehende Ansprüche erfüllt werden können.[479] Mit Wirksamkeit des Hauptversammlungsprotokolls und des darin enthaltenen Gewinnverwendungsbeschlusses soll unmittelbar nach Entstehung des Anspruchs aufgrund der vorher erbrachten und zuordbaren Leistung Erfüllung eintreten. Durch die Leistung auf ein Anwartschaftsrecht wird dieser voreiligen Zahlung ihre eigentliche Rechtsgrundlosigkeit genommen, sodass, wie im Fall einer Anrechnungsabrede, eine Zuordbarkeit zum künftigen Anspruch erreicht werden kann. Gemäß dieser Ansicht soll es auch wertungsmäßig gerechtfertigt sein, dass eine solche Zuordnung in Form eines Anwartschaftsrechtes und einer frühzeitigen Leistungsbefreiungsbefugnis besteht, weil mit dem Gewinnverwendungsbeschluss der gesetzlich normierte Anspruch der Aktionäre auf Gewinnbeteiligung umgesetzt wird, wohingegen die endgültige Protokollierung durch den Notar ein bloß formaler Akt sein soll, der sich dem Dividendenanspruch unterordnen muss.[480]

Dieser Lösungsansatz setzt voraus, dass ein Anwartschaftsrecht des Aktionärs an der künftigen Dividende tatsächlich besteht. Ob dies der Fall ist oder ob diesem nicht vielmehr aktienrechtliche Regelungen entgegenstehen, ist Gegenstand der nachfolgenden Untersuchung. Festzustellen ist jedenfalls, dass der Aktionär über seinen künftigen Dividendenanspruch durchaus verfügen kann, auch wenn dieser

---

478 Vgl. dazu im Folgenden *Ludwig*, ZNotP 2008, 345, 351.

479 So *Ludwig*, ZNotP 2008, 345, 351.

480 So *Ludwig*, ZNotP 2008, 345, 351; mit der Rechtsprechung des Bundesgerichtshofs kommt dem Erfordernis der endgültigen Protokollierung durch den Notar allerdings materiellrechtliche Wirkung zu, da erst mit dieser der Anspruch des einzelnen Gesellschafters auf den Bezug der Dividende wirksam entsteht, vgl. BGHZ 180, 9 ff. = BGH NJW 2009, 2207 ff.

noch nicht entstanden ist.[481] Hierfür reicht es aus, dass im Moment einer etwaigen Abtretung die künftige Entstehung möglich erscheint.[482]

a) Das Anwartschaftsrecht

Ein Anwartschaftsrecht ist gegeben, wenn von einem mehrstufigen Entstehungstatbestand eines Rechts schon so viele Erfordernisse erfüllt sind, dass von einer gesicherten Rechtsposition des Erwerbers gesprochen werden kann, die der Veräußerer nicht mehr durch eine einseitige Handlung zerstören kann.[483]

Ausgangspunkt für das Anwartschaftsrecht ist das Bestehen eines subjektiven Rechts. Dieses zeichnet sich dadurch aus, dass es sich im Begriff des Entstehens befindet und der Vorgang dabei nicht abgeschlossen ist sodass eine endgültige Rechtslage noch nicht besteht.[484] Strukturelle Voraussetzung für ein Anwartschaftsrecht ist, dass der dem subjektiven Recht zugrundeliegende und dieses begründende Lebenssachverhalt, der Tatbestand, so ausgestaltet ist, dass es zum Entstehen des Rechts mehrerer Schritte bedarf. Der eigentliche Rechtserwerb muss dabei schon begonnen haben, wobei der Beginn durch die Rechtsordnung festgelegt wird.[485] Unzureichend sind daher bloße Erwartungen oder Aussichten, Inhaber eines Rechts zu werden, denn diese finden in der Rechtsordnung keine Berücksichtigung. Das Erfordernis der Mehraktigkeit, mit der ein subjektives Recht entstehen muss, erklärt sich mit dem Anwendungsbereich des Anwartschaftsrechts: Ist das Anwartschaftsrecht ein Mehr als die bloße Aussicht oder Hoffnung auf ein Recht, aber weniger als das Vollrecht, da zum Erwerb einer endgültigen Rechtsposition eben noch nicht alle Voraussetzungen erfüllt sind, muss ein Tatbestand gegeben sein, der auch nur teilweise erfüllt sein kann und folglich aus mehreren Voraussetzungen besteht.[486] Ist zum Erwerb des Vollrechts die Erfüllung nur einer Tatbestandsvoraussetzung erforderlich, kommt ein Anwartschaftsrecht damit nicht in Betracht. Muss mindestens eine Voraussetzung im Tatbestand erfüllt sein, sodass die Erwartung auf rechtlicher Ebene Entsprechung finden kann und

481 Vgl. *Hüffer*, AktG, 10. Aufl. § 58 Rdn. 28; Münch. Hdb. AG/*Kraft/Hofmann-Becking*, 3. Aufl., § 46 Rdn. 22; MünchKomm. AktG/*Bayer*, 3. Aufl., § 58 Rdn. 113; zum Beispiel im Fall des Divivendenverzichts durch Erlassvertrag zwischen Gesellschaft und Aktionär, vgl. MünchKomm. AktG/*Bayer*, 3. Aufl., § 60 Rdn. 38.

482 Vgl. Staudinger/*Busche*, BGB (2005), § 398 Rdn. 64.

483 So BGH NJW 1955, 554.

484 Vgl. *Forkel*, Grundfragen der Lehre vom privatrechtlichen Anwartschaftsrecht, S. 17, § 2 I., II.; Staudinger/*Bork*, BGB (2010), Vorbem zu §§ 158 ff Rdn. 53.

485 Vgl. *Forkel*, a. a. O. (Fn. 484), S. 18, II. 1.

486 Vgl. *Forkel*, a. a. O. (Fn. 484), S. 20, 3.

eine Abgrenzung zur bloßen Aussicht gelingt, darf das Vollrecht sich allerdings noch nicht verwirklicht haben.[487] Mit Entstehen des Vollrechts entfällt nämlich das Bedürfnis eines Anwartschaftsrechts.

Grundsätzlich wird ein Recht erst mit seinem Entstehen rechtlich geschützt. Das normierte Recht ist vor allem auf das Vollrecht ausgerichtet.[488] Nichtsdestotrotz können bereits vor dem Entstehen des Vollrechts schutzwürdige Interessen bestehen. Diese Interessen können durch ein Anwartschaftsrecht des künftigen Gläubigers rechtlich Berücksichtigung finden. Wichtig ist dabei, dass dieses Recht als Folge der in zeitlicher Hinsicht erst teilweisen Erfüllung des konkreten Tatbestandes nicht die gleichen Rechtsfolgen herbeiführen kann wie ein vollständig erfüllter Tatbestand. Denn dann würde das Anwartschaftsrecht dem Vollrecht entsprechen.[489] Das Anwartschaftsrecht ist zudem kein eigenständiges Recht, wie es beispielsweise das Recht aus dem Eigentum ist.[490] Wäre das der Fall, hätte dies zu einer dementsprechend umfangreichen und ausdrücklichen gesetzlichen Normierung führen müssen. Es handelt sich bei diesem vielmehr um eine Rechtsposition, die der künftige Erwerber eines Rechts innehat weil der jeweilige Sachverhalt dem Erwerber eine solche Rechtsposition zubilligt.[491] Die eigentliche Ausgestaltung des Anwartschaftsrechts hängt daher vom Einzelfall ab und kann verschiedentlich sein. Die Gewährung eines solchen Rechts folgt aus der ganz bestimmten Situation, in der sich, beispielsweise bei einem Kaufvertrag, der künftige Erwerber aber auch der Veräußerer befinden. Zum einen kann es angebracht sein, den zu erwartenden Rechtserwerb rechtlich zu sichern, wenn anderenfalls für den Erwerber Gefahren drohen, die für diesen in Anbetracht seiner künftigen Stellung nicht hinnehmbar sind. Als Beispiel sei § 161 BGB erwähnt, der grundsätzlich verhindert, dass im Falle einer Veräußerung unter einer Bedingung, etwa der Zahlung des vollständigen Kaufpreises, der Veräußerer über den Kaufgegenstand weiterhin wirksam zugunsten eines Dritten verfügen kann und so die Erwartungen des Erwerbers gefährdet werden.[492] Zum anderen kann die Zubilligung eines Anwartschaftsrechts auch dazu dienen, für den künftigen Erwerber eine Verfügungsmöglichkeit zu schaffen. Das Anwartschaftsrecht des Erwerbers drückt aus, dass er eine bestimmte Nähe zum Vollrecht erlangt hat. Daher besteht besonders unter wirtschaftlichen Gesichtpunkten ein Interesse des Erwerbers, dieses Recht auch zu nutzen. Eine solche Nutzung kann insbesondere dadurch

---

487 Vgl. *Forkel*, a. a. O. (Fn. 484), S. 20, 3.

488 Vgl. *Forkel*, a. a. O. (Fn. 484), S. 25, 2. a).

489 Vgl. dazu *Forkel*, a. a. O. (Fn. 484), S. 26, b).

490 Vgl. Staudinger/*Bork*, BGB (2010), Vorbem zu §§ 158 ff. Rdn. 58.

491 Vgl. Staudinger/*Bork*, BGB (2010), Vorbem zu §§ 158 ff. Rdn. 57 ff.

492 Vgl. *Forkel*, a. a. O. (Fn. 484), S. 29, 1. a).

geschaffen werden, dass das Recht handelbar ist.[493] Dies ist etwa für den Kaufmann, welcher Waren unter Eigentumsvorbehalt bezieht und diese nun weiterveräußern möchte, von herausragender Bedeutung. Er kann zwar nicht über das Eigentum wirksam verfügen, jedoch über sein Anwartschaftsrecht, auf welches dann auch Dritte vertrauen können. Solange die Waren noch nicht vollständig bezahlt sind, erwerben Dritte dann immerhin dieses Anwartschaftsrecht.

Unterscheidet sich die Möglichkeit des Erwerbers, bereits das Anwartschaftsrecht zu übertragen, nicht vom Falle des Vollrechtes, welches auch übertragen werden kann, zeigt jedoch der Fall des § 161 BGB, dass dem Anwartschaftsrecht außerhalb der Übertragungsmöglichkeit Besonderheiten zuteil werden können, die das Vollrecht nicht betreffen. Denn § 161 BGB schützt gerade das Interesse des Inhabers eines Anwartschaftsrechts. Dies zeigt wiederum, dass dem Anwartschaftsrecht keine einheitliche Funktion zukommt, sondern eine dem Einzelfall entsprechende. Es geht dabei immer um den gleichen wesentlichen Gedanken: Den Schutz der Rechtsposition des Erwerbers.

b) Die Ausgestaltung des Anwartschaftsrechts im konkreten Fall

Im hier interessierenden Fall ist für das Vorhandensein eines Anwartschaftsrechts zum einen erforderlich, dass eine schutzwürdige Position des Aktionärs besteht. Diese muss sich aus der gesetzlichen Regelung der Dividende ableiten und erkennen lassen (dazu c)). Zum anderen muss das Anwartschaftsrecht eine gewisse eigenständige Ausprägung besitzen, da es als Recht des Erwerbers zum Vollrecht des Veräußerers hinzutritt. Auch wenn es kein eigenständiges Recht ist, stellt es doch eine eigenständige Rechtsposition dar, die eigenen Entstehungsbedingungen unterliegt.[494] Wenngleich das durch das Anwartschaftsrecht geschützte Interesse mit dem Vollrecht übereinstimmen kann, wie das Beispiel der Verfügungsmöglichkeit zeigt, ist dies nicht zwingend erforderlich, wie sich wiederum aus § 161 BGB ergibt. Wenn vertreten wird, der Aktionär habe mit der vorläufigen Unterzeichnung des Hauptversammlungsprotokolls ein Anwartschaftsrecht an der Dividende erworben, was im konkreten Fall eine Zuordnung der Leistung zu dem später entstehenden Anspruch ermöglichen und damit im Ergebnis zu einer Leistungsbefreiungsbefugnis des Schuldners dieses künftigen Anspruchs führen soll,[495] ist

---

493 Vgl. *Forkel*, a. a. O. (Fn. 484), S. 30, b).

494 Vgl. *Wilhelm*, Sachenrecht, 4. Aufl., S. 904, Rdn. 2329 Fn. 3532.

495 So *Ludwig*, ZNotP 2008, 345, 351: auf diese Weise soll eine Kondiktionsfestigkeit der verfrühten Zahlung erreicht werden, was dazu führt dass das Anwartschaftsrecht als selbstständiger Anspruch zu verstehen ist; vgl. *Wilhelm*, a. a. O. (Fn. 494), S. 904, Rdn. 2329 Fn. 3532.

nachfolgend zu untersuchen, ob dabei die Besonderheiten des Aktienrechts ausreichend berücksichtigt werden. Dies gilt vor allem im Hinblick auf die rechtliche Eigenständigkeit des Anwartschaftsrechts. Denn fraglich ist, ob das Aktienrecht ein solches Recht überhaupt zulässt (dazu d)). Bekanntlich kommt es nach § 62 Abs. 1 S. 1 AktG für einen Erstattungsanspruch nicht auf die Rechtsgrundlosigkeit sondern die Aktienrechtswidrigkeit der Leistung an.

c) Entstehen des Dividendenanspruchs

Ist für ein Anwartschaftsrecht prägend, dass der Inhaber dem Vollrecht nahe steht, ist im vorliegenden Fall zu untersuchen wie hinreichend sicher der Dividendenanspruch der Aktionäre bereits in der Phase der vorläufigen Unterzeichnung des Hauptversammlungsprotokolls ist. Die Frage lautet also, wie nahe der Aktionär diesem Anspruch steht. Eine hinreichende Nähe zum Vollrecht ist überhaupt Voraussetzung für ein mögliches Anwartschaftsrecht, denn diese zeichnet ein solches eben aus. Dafür kommt es besonders auf die Rolle des Notars an. Denn ihm obliegt sowohl die endgültige Unterzeichnung des Hauptversammlungsprotokolls als auch dessen Einbringung in den Rechtsverkehr.

aa) Die Rolle des Notars

Im Hinblick auf das Entstehen des Dividendenanspruchs ist im Folgenden auf die dem Notar zukommende Rolle im Rahmen einer Hauptversammlung näher einzugehen.

(1) Allgemeines

Der Notar hat nach § 130 Abs. 1 AktG die Niederschrift über die Hauptversammlung in notarieller Form anzufertigen. Bei der notariellen Niederschrift handelt es sich um eine öffentliche Urkunde im Sinne des § 415 Abs. 1 ZPO. Diese erbringt den vollen Beweis dafür, dass die in ihr beurkundeten Vorgänge wie niedergelegt und nicht anders stattgefunden haben.[496] Nach § 415 Abs. 2 ZPO ist der diesbezügliche Gegenbeweis zulässig.[497] Der Notar beurkundet damit lediglich den konkreten Ablauf einer Hauptversammlung; seine Aufgabe ist es, die Ergebnisermittlung durch den Versammlungsleiter zu protokollieren.[498] Neben dieser aktienrechtlich normierten Protokollierungspflicht tritt die aus der Stellung des Notars als Träger

---

496 Vgl. *Ek*, Praxisleitfaden für die Hauptversammlung, § 15 Rdn. 367.
497 So BGH WM 1993, 2244, 2246.
498 Vgl. Happ/*Zimmermann*, Aktienrecht, 3. Aufl., 10.17 Rdn. 47.

eines öffentlichen Amtes und Organ der Rechtspflege resultierende Betreuungspflicht, § 14 Abs. 1 BNotO.[499] Er hat einen ordnungsgemäßen Ablauf der Hauptversammlung und wirksam gefasste Beschlüsse sicherzustellen. Er ist weder Berater der Gesellschaft, des Vorstands oder Aufsichtsrats, noch der Aktionäre.[500] An der Entscheidung über die Gewinnverteilung sind nach § 58 Abs. 1 bis 3 AktG Vorstand und Aufsichtsrat sowie die Hauptversammlung beteiligt. Der Notar ist als solcher[501] in diese unternehmerische Frage nicht einbezogen. Ihm kommt lediglich die Aufgabe zu, den gefassten Beschlüssen die vorgeschriebene Form zu vermitteln.

(2) Der Einfluss des Notars auf die Niederschrift

Entscheidende Bedeutung kommt der Frage zu, inwieweit der Notar auf die Entstehung des Dividendenanspruchs Einfluss hat. Je größer der Einfluss des Notars ist, desto eher kann er das Entstehen des Dividendenanspruchs verhindern. Bei der Bewertung eines möglichen Anwartschaftsrechts des Aktionärs, welches in dem vorläufigen Hauptversammlungsprotokoll seinen Grundstein gefunden hat, spielt dieser Einfluss eine hervorzuhebende Rolle. Hängt es doch auch von der Beantwortung dieser Frage ab, mit welcher Sicherheit der zukünftige Dividendenanspruch zustande kommt. Je konkreter der Dividendenanspruch des Gesellschafters bereits durch ein vorläufiges Hauptversammlungsprotokoll ist, desto eher könnte so etwas wie ein Anwartschaftsrecht des Aktionärs an der zukünftigen Forderung bestehen.[502]

Da der Notar nicht über unternehmerische Entscheidungsgewalt verfügt, hat er auf die Dividendenzahlung nur insoweit Einfluss, als der Anspruch der Gesellschafter auf Zahlung der Dividende, soweit eine solche beschlossen worden ist, von der Finalisierung des Hauptversammlungsprotokolls und der Einbringung in den Rechtsverkehr durch ihn abhängt. Entscheidend dürfte somit sein, inwieweit den Notar eine Beurkundungspflicht des gefassten Gewinnverwendungsbeschlusses trifft.

(a) Kein Verbot der Mitwirkung

Voraussetzung ist, dass dem Notar die Mitwirkung als solcher nicht nach § 3 BeurkG verboten ist. Besteht ein solches Verbot, führt dies zu einem Wegfall der Beurkundungspflicht. Auch wenn der Wortlaut des § 3 BeurkG von „soll"

499 Vgl. Happ/*Zimmermann*, Aktienrecht, 3. Aufl., 10.17 Rdn. 1.

500 Vgl. Happ/*Zimmermann*, Aktienrecht, 3. Aufl., 10.17 Rdn. 1.

501 Dies entspricht auch dem Mitwirkungsverbot nach § 3 Abs. 1 Nr. 4 BeurkG, Großkomm. AktG/*Werner*, 4. Aufl., § 130 Rdn. 81.

502 Vgl. zum Anwartschaftsrecht bei Forderungen BGH NJW 1955, 544.

spricht, steht dies einer solchen Folge nicht entgegen. Mit der Verwendung des Wortes „soll" ist nicht ein Ermessen des Notars im Hinblick auf seine Tätigkeit gemeint. Dieses dient lediglich der Hervorhebung der Rechtsfolge der relativen Unwirksamkeit des Beurkundungsvorganges, im Gegensatz zur absoluten Unwirksamkeit im Rahmen der §§ 6, 7 BeurkG.[503]

(b) Die Pflicht zur Niederschrift

Nach § 15 Abs. 1 S. 1 BNotO darf der Notar seine Urkundstätigkeit nicht ohne ausreichenden Grund verweigern.[504] Somit besteht grundsätzlich eine Pflicht des Notars zur Beurkundung im Allgemeinen und zur endgültigen Unterzeichnung des Hauptversammlungsprotokolls im Speziellen.

(aa) Die Pflicht zur Ablehnung

Für die Fälle, in denen mit einem Hauptversammlungsbeschluss erkennbar unerlaubte oder unredliche Zwecke verfolgt werden, besteht schon gemäß § 4 BeurkG und § 14 Abs. 2 BNotO die Pflicht des Notars zur Ablehnung. Dies ist etwa dann der Fall, wenn der Beschluss gegen ein Strafgesetz verstoßen würde und die beurkundende Tätigkeit des Notars als Beihilfe zu werten wäre.[505]

Hält der Notar den gefassten Beschluss für gesellschaftsrechtlich bedenklich, ist er nicht dazu verpflichtet, die Beurkundung zu verweigern. Diesbezüglich gibt es weder eine aktienrechtliche noch standesrechtliche Regelung, die ihn an der Beurkundung hindert; vielmehr kann er die Überprüfung der Rechtmäßigkeit des Beschlusses den Gerichten überlassen.[506] Über die Fälle des § 4 BeurkG und § 14 Abs. 2 BNotO hinaus gibt es für den Notar damit keine Pflicht zur Ablehnung. Folglich, so wird vertreten, müsse wohl im Umkehrschluss eine Pflicht des Notars zur Beurkundung für die Fälle angenommen werden, in denen ihm diese nicht ausdrücklich durch das Gesetz untersagt wird, weil nur dann ein ausreichender Grund im Sinne des § 15 Abs. 1 S. 1 BNotO vorliege.[507]

(bb) Das Recht zur Ablehnung

Unter dieser Prämisse ist zu überlegen, inwieweit der Notar das Recht hat, die Beurkundung von Beschlüssen abzulehnen. Diese Fälle spielen dann eine Rolle,

---

503 Vgl. *Lerch*, Beurkundungsgesetz, 4. Aufl., § 3 Rdn. 2.

504 Vgl. Schippel/Bracker/*Reithmann*, Bundesnotarordnung, 9. Aufl., § 15 Rdn. 2.

505 Vgl. Großkomm. AktG/*Werner*, 4. Aufl., § 130 Rdn. 89; Heidel/*Terbrack/Lohr*, Aktienrecht und Kapitalmarktrecht, 3. Aufl., § 130 Rdn. 20.

506 Vgl. Großkomm. AktG/*Werner*, 4. Aufl., § 130 Rdn. 90.

507 Vgl. Großkomm. AktG/*Werner*, 4. Aufl., § 130 Rdn. 94.

wenn ein zwingender Grund für die Versagung der Beurkundung nicht vorliegt, der Notar den gefassten Beschluss jedoch für nichtig oder anfechtbar hält.

Diese Frage ist umstritten.[508] So wird angenommen, dass ein Recht des Notars zur Ablehnung der Beurkundung für den Fall bestehen solle, dass sich die Nichtigkeit des Beschlusses nicht nur aus der persönlichen Ansicht des Notars, sondern auch aus der allgemein akzeptierten Auslegung des Gesetzes ergebe.[509] Für den Fall der Anfechtbarkeit von Beschlüssen soll dann ein Recht zur Ablehnung der Beurkundung bestehen, wenn der die Anfechtbarkeit des Beschlusses begründende Gesetzesverstoß eindeutig ist. Nicht ausreichend ist dagegen ein Verstoß gegen die Satzung.[510] Demgegenüber wird im Einklang mit den Ausführungen zur Frage der Ablehnungspflicht der Beurkundung vertreten, dass ein Recht zur Ablehnung nicht bestehe, wenn es keine Pflicht zur Verweigerung der Beurkundung gebe. Das Aktiengesetz kennt Vorschriften, nach denen unter bestimmten Umständen die Heilung nichtiger Beschlüsse möglich ist, so zum Beispiel § 242 Abs. 1 AktG. Diese Bestimmungen liefen nunmehr leer, wenn der Notar die Beurkundung solcher Beschlüsse ablehnen dürfte, denn sie setzen voraus, dass ein nichtiger Beschluss zustande kommen kann.[511]

In Anbetracht der gesetzlichen Regelungen über nichtige und anfechtbare Beschlüsse ist daher davon auszugehen, dass die Ablehnung der Beurkundung nicht im Ermessen des Notars liegen kann. Vielmehr ist entscheidend, welchen Mangel der Beschluss aufweist. Die Folgen hinsichtlich der Beurkundung ergeben sich damit aus dem objektiven Gehalt des Beschlusses. Die Beurkundung ist nicht in das Ermessen des Notars gestellt.

Da es für die Frage der Beurkundung nunmehr auf den objektiven Gehalt eines Beschlusses ankommt, kann bereits am Tag der Hauptversammlung bei Fassung des Gewinnverwendungsbeschlusses festgestellt werden, inwieweit dieser auch durch endgültige Niederschrift durch den Notar zustande kommen und damit einen Anspruch für die Aktionäre begründen wird. Dies ist auch vor dem Hintergrund zu sehen, dass aufgrund der langen Vorlaufzeit einer Hauptversammlung gerade die Frage der Gewinnverwendung häufig wenig Überraschendes bietet.[512]

---

508 Vgl. Großkomm. AktG/*Werner*, 4. Aufl., § 130 Rdn. 92 ff.; Heidel/*Terbrack/Lohr*, Aktienrecht und Kapitalmarktrecht, 3. Aufl., § 130 Rdn. 24; KölnKommAktG/*Zöllner*, 1. Aufl., § 130 Rdn. 13 ff.

509 Vgl. KölnKommAktG/*Zöllner*, 1. Aufl., § 130 Rdn. 14.

510 Vgl. KölnKommAktG/*Zöllner*, 1. Aufl., § 130 Rdn. 15; *Wilhelmi*, BB 1987, 1331, 1333.

511 Vgl. Großkomm. AktG/*Werner*, 4. Aufl., § 130 Rdn. 93; Heidel/*Terbrack/Lohr*, Aktienrecht und Kapitalmarktrecht, 3. Aufl., § 130 Rdn. 24.

512 Vgl. Happ/*Ludwig*, Aktienrecht, 3. Aufl., 10.21 Rdn. 4.

(c) Das vorläufige Hauptversammlungsprotokoll

Schließlich ist bei der Frage der Sicherheit des Entstehens des Dividendenanspruchs zu berücksichtigen, was im Fall der Verhinderung des Notars geschieht weil dieser beispielsweise nach Leistung der vorläufigen Unterschrift verstirbt.[513] In diesem Fall wird das vorläufige unterschriebene Hauptversammlungsprotokoll aus dem Gewahrsam des Notars entlassen, eine entsprechende Anweisung an das Sekretariat vorausgesetzt und stellt damit eine wirksame Niederschrift des § 130 Abs. 1 S. 1 AktG dar.[514] Denn gerade für diesen Fall wurde die vorsorgliche Unterschrift geleistet und die im ersten Fallbeispiel dargestellte Weisung zur Weggabe des Hauptversammlungsprotokolls in den Rechtsverkehr erteilt. Der Entwurf wird damit zur öffentlichen Urkunde.[515] Eine solche Wandlung tritt nicht ein, wenn der Notar die endgültige Niederschrift leistet. Dann liegt eine eigenständige und wirksame Niederschrift im Sinne des § 130 AktG vor, sodass der Anspruch auf Zahlung der Dividende entsteht.[516]

bb) Zwischenergebnis

Zusammenfassend wird man dem Notar bei der Dividendenzahlung nur in der Frage des „Wann" Einfluss einräumen können. Denn grundsätzlich besteht eine Beurkundungspflicht des Notars, sodass er in der Frage des „Ob" keine Rolle spielt.[517] Ausnahmen bestehen nur in solchen Fällen, in welchen der Notar durch die Beurkundung seine Amtspflichten verletzen würde, so bei Handlungen, bei denen erkennbar unerlaubte oder unredliche Zwecke verfolgt werden.[518] Die künftige Entstehung des Anspruchs der Aktionäre auf Zahlung der Dividende ist damit in der Phase des nur vorläufigen Hauptversammlungsprotokolls aufgrund des objektiven Gehalts des Beschlusses absehbar und kalkulierbar. Die nötigen Voraussetzungen und Einzelheiten liegen vor. Im Übrigen ist die Entstehung des Dividendenanspruchs nur eine Frage der Zeit, denn jedenfalls wird eine wirksame Niederschrift gemäß § 130 Abs. 1 S. 1 AktG vorliegen.[519] Für den Fall der

513 Vgl. *Faßbender*, RNotZ 2009, 425, 447; *Maaß*, ZNotP 2005, 377 Fn. 1.

514 Vgl. *Hoffmann-Becking*, FS Hellwig, S. 153, 156; offengelassen vom Bundesgerichtshof in BGHZ 180, 9, 15 Rdn. 11 = BGH NJW 2009, 2207, 2208 Rdn. 11.

515 Vgl. *Ludwig*, ZNotP 2008, 345, 351.

516 Vgl. MünchKomm. AktG/*Bayer*, 3. Aufl., § 58 Rdn. 103.

517 Vgl. Schüppen/Schaub/*Bohnet*, MünchAnwalts Hdb. Aktienrecht, 2. Aufl., § 27 Rdn. 115a.

518 Vgl. Schüppen/Schaub/*Bohnet*, MünchAnwalts Hdb. Aktienrecht, 2. Aufl., § 27 Rdn. 115a.

519 Mögliche Nichtigkeits- oder Anfechtungsgründe seien dahingestellt; diese zeitliche Nähe berechtigt auf der anderen Seite jedoch nicht auch zur vorzeitigen Leistung der Dividende.

Verhinderung führt die vorsorgliche Unterschrift des Notars verbunden mit der späteren Hingabe nach außen zu einem wirksam unterzeichneten Hauptversammlungsprotokoll gemäß § 130 Abs. 4 AktG, mit der Folge, dass der Dividendenanspruch des Aktionärs entsteht.

Für den Aktionär folgt daraus, dass ein Anwartschaftsrecht an der künftigen Dividende nicht aus Gründen, die im Anwartschaftsrecht selbst liegen, auszuschließen ist. Der Dividendenanspruch hängt nur noch von der endgültigen Unterschrift des Notars sowie seiner Entlassung in den Rechtsverkehr oder einer Verhinderung in seiner Person ab. Die Hauptversammlung ist bereits im erforderlichen Umfang tätig geworden und ein auch vorhandener und damit auszuschüttender Gewinn der Gesellschaft soll angenommen werden. Die Position des Aktionärs weist in seiner Struktur aufgrund seiner Nähe zum Dividendenanspruch daher anwartschaftsrechtliche Züge auf. Die Entstehung eines Anwartschaftsrechts an der Dividende könnte nur noch durch einen rechtzeitigen Verkauf der Anteile ohne Dividendenabschlag durch den Aktionär selber verhindert werden.[520]

d) Kritik am Anwartschaftsrecht

Auch wenn spezifische anwartschaftsrechtliche Aspekte nicht entgegenstehen, kann nicht in jedem Fall vom Bestehen eines Anwartschaftsrechts ausgegangen werden. Denn einem solchen können auch aktienrechtliche Besonderheiten entgegenstehen, die vorstehend noch nicht berücksichtigt worden sind. Die Bestimmung eines Anwartschaftsrechts hängt, wie bereits erwähnt, schließlich vom Einzelfall ab.

aa) Das Anwartschaftsrecht an der Dividende

Gemäß den vorstehenden Ausführungen sollen die Aktionäre mit der vorsorglichen Unterschrift des Notars unter dem Hauptversammlungsprotokoll ein Anwartschaftsrecht an der künftigen Dividende erlangen können, da mit der höchstrichterlichen Entscheidungung und der notariellen Praxis ein Anspruch auf die Dividende mit Sicherheit entstehen wird. Daraus folgt, dass der Schuldner, die Gesellschaft, mit Blick auf § 271 Abs. 2 BGB zur frühzeitigen Leistung berechtigt sein soll.[521] Mit der Zahlung auf das rechtlich eigenständige Anwartschaftsrecht liegt eine Leistung vor, die dem künftigen Dividendenanspruch zuordbar ist. Infolgedessen entfällt im Hinblick auf diese verfrühte Leistung auch ein

---

520 Vgl. *Ludwig*, ZNotP 2008, 345, 351.

521 Vgl. *Ludwig*, ZNotP 2008, 345, 351.

Rückgewähranspruch der Gesellschaft analog § 813 Abs. 2 BGB.[522] Mit Entstehen des Dividendenanspruchs tritt schließlich Erfüllung ein.

Es bedarf jedoch einer kritischen Untersuchung, ob bereits die theoretische Annahme eines Anwartschaftsrechts an der Dividende im Einklang mit den Grundsätzen des Aktienrechts steht und damit ein solches überhaupt existieren kann. Denn ein Anwartschaftsrecht besteht, wie schon ausgeführt, nicht als grundsätzliches Minus zum Vollrecht. Vielmehr hängt dieses von der konkreten gesetzlichen Struktur und Systematik, hier dem Aktiengesetz, ab. Zudem stellt es für die Leistung, und dies ist im Folgenden von wesentlicher Bedeutung, eine selbstständige Rechtsposition und damit einen vom Vollrecht getrennt zu betrachtenden Rechtsgrund dar.[523] Das Anwartschaftsrecht ist damit vor dem Hintergrund des Kapitalerhaltungsgrundsatzes zu betrachten.

Bei einem Anwartschaftsrecht handelt es sich um eine eigenständige Rechtsposition des zukünftigen Gläubigers.[524] Gemäß der vorgestellten Lösung soll diese Rechtsposition eine eigene Rechtsgrundlage für die verfrühte Zahlung durch die Gesellschaft darstellen und sogar die Kondiktionsfestigkeit analog § 813 Abs. 2 BGB herbeiführen. Dieser Gedanke greift aber im Hinblick auf das Aktiengesetz zu kurz: Stellt das Anwartschaftsrecht eine eigenständige und vom Dividendenanspruch getrennt zu betrachtende Rechtsposition des Aktionärs dar, so verhindert § 57 Abs. 1 S. 1 AktG eben das Entstehen einer solchen eigenständigen Rechtsposition. Diese Vorschrift verbietet grundsätzlich die Ausschüttung von Gesellschaftsvermögen. Die Zahlung auf einen bestehenden Dividendenanspruch stellt in diesem Zusammenhang eine der wenigen Ausnahmen dar. Die Dividendenausschüttung ist aber auch nach § 57 Abs. 1 S. 1 AktG nur ausnahmsweise erlaubt, weil das Aktiengesetz eine entsprechende Beteiligung der Aktionäre am Gewinn der Gesellschaft nach § 58 Abs. 4 AktG unter Vorliegen weiterer Voraussetzungen vorsieht.[525] Soll die voreilige Leistung auf ein Anwartschaftsrecht zulässig sein, würde mit dessen Bestehen das Verbot des § 57 AktG umgangen. Zwar ist ein Anspruch des Aktionärs auf die Dividende noch nicht entstanden, der Aktionär kann die Zahlung an sich noch nicht verlangen, eine verfrühte Leistung durch die Gesellschaft und damit ein Mittelabfluss wären aber dennoch möglich, ohne dass das Aktienrecht eine entsprechende Grundlage hierfür bietet. Das Anwartschaftsrecht ist folglich eine Rechtsposition, die mit dem Aktiengesetz nicht in Einklang zu bringen ist.

---

522 Vgl. *Ludwig*, ZNotP 2008, 345, 351.

523 Vgl. Staudinger/*Bork*, BGB (2010), Vorbem zu §§ 158 ff Rdn. 56; *Wilhelm*, a. a. O. (Fn. 494), S. 904, Rdn. 2329 Fn. 3532.

524 Vgl. Staudinger/*Bork*, BGB (2010), Vorbem zu §§ 158 ff Rdn. 56.

525 Vgl. Spindler/Stilz/*Cahn/v. Spannenberg*, AktG, 2. Aufl., § 57 Rdn. 10.

Zudem soll diese Zahlung über die analoge Anwendung des § 813 Abs. 2 BGB kondiktionsfest sein. Die Behauptung der Kondiktionsfestigkeit widerspricht ebenfalls aktienrechtlichen Besonderheiten: Die § 812 ff. BGB finden nämlich keine Anwendung, sobald wegen eines Verstoßes gegen § 57 AktG der Anwendungsbereich des Rückgewähranspruchs nach § 62 Abs. 1 S. 1 AktG eröffnet ist.[526] Eine analoge Anwendung des § 813 Abs. 2 BGB mit der Folge der Kondiktionsfestigkeit muss daher schon mangels Regelungslücke entfallen. § 62 AktG kennt einen entsprechenden Fall des § 813 Abs. 2 BGB selbst nicht. Auf eine Kondiktionsfestigkeit kommt es auch nicht an, weil die Erstattungsfolge des § 62 Abs. 1 S. 1 AktG nicht von der Rechtsgrundlosigkeit einer Leistung abhängt, sondern von einem Verstoß dieser gegen § 57 Abs. 1 S. 1 AktG. Das Aktiengesetz bietet folglich für ein Anwartschaftsrecht keine Anwendungsmöglichkeit. Eine schützenswerte Rechtsposition ist mit der vorsorglichen Unterschrift des Hauptversammlungsprotokolls durch den Notar nicht entstanden. Der Schutz des Gesellschaftsvermögens steht diesem schließlich entgegen.

Die Annahme eines Anwartschaftsrechts des Aktionärs an der künftigen Dividende ist daher insgesamt wenig überzeugend und in diesem Zusammenhang rechtlich sogar unzulässig sodass ein solches abzulehnen ist. Der dargestellten anwartschaftsrechtlichen Lösung steht mit dem Kapitalerhaltungsgrundsatz ein wesentliches Prinzip des Aktienrechts entgegen, das vor allem in der Vorschrift des § 57 Abs. 1 S. 1 AktG seine gesetzliche Normierung gefunden hat und nur begrenzt Ausnahmen zulässt.[527] Gemäß den aktienrechtlichen Bestimmungen handelt es sich bei der voreiligen Zahlung somit um eine aktienrechtswidrige Leistung, die keinen Bezug zum künftigen Dividendenanspruch aufweist. Daher liegt ein Rückgewähranspruch der Gesellschaft gemäß § 62 Abs. 1 S. 1 AktG vor. Die bereits erbrachte Leistung kann unter dem Gesichtspunkt des Anwartschaftsrechts nicht zur späteren Erfüllung der Verpflichtung der Gesellschaft führen.

bb) Das Anwartschaftsrecht im Vergleich zur Anrechnungsabrede

Eine anwartschaftsrechtliche Lösung widerspricht zudem den für die Frage der Vorausleistung gefundenen Ergebnissen:

Der Bundesgerichtshof fordert im Rahmen der Vorausleistung eine Anrechnungsabrede zwischen den Parteien, wenn die hier voreilige Leistung zu dem später entstehenden Anspruch in Bezug gesetzt werden soll und damit schließlich ein

526 Vgl. Großkomm. AktG/*Henze*, 4. Aufl., § 62 Rdn. 59.

527 Vgl. Großkomm. AktG/*Henze*, 4. Aufl., § 57 Rdn. 4.

eigenständiger Rechtsgrund herbeigeführt wird.[528] Eine vergleichbare Abrede fehlt im Rahmen einer anwartschaftsrechtlichen Lösung jedoch. Vielmehr soll diese nach vereinzelter Ansicht durch die bloß verfrühte Leistung des Schuldners ersetzt werden, weil der Gesetzgeber der notariellen Niederschrift einen bloßen Beweiszweck zuspricht, der hinter dem Anspruch der Aktionäre auf Dividendenzahlung zurücktreten soll, soweit er mit der vorläufigen Niederschrift hinreichend gesichert ist.[529] Zwar ist der Anspruch auf Dividendenzahlung mit der vorläufigen Niederschrift hinreichend gesichert. Grundlage einer Leistung wäre trotzdem der bloße Entwurf einer Niederschrift, der als Entwurf und damit als rechtliches Nullum nach der höchstrichterlichen Entscheidung grundsätzlich keine Rechtsfolgen herbeiführen kann.[530] Die Möglichkeit einer solchen Erfüllung wäre an eine objektiv bestehende Rechtslage geknüpft und würde rechtsgeschäftliches Handeln nicht voraussetzen. Zu berücksichtigen wäre in diesem Zusammenhang, dass der Bundesgerichtshof im Fall einer Vorauserfüllung einer diese begründenden Erfüllungsabrede konstitutive Wirkung zukommen lässt.[531] Ob das bloße Leisten bei einer bestimmten objektiv gegebenen Lage ebenfalls eine solche konstitutive Wirkung haben kann, scheint angesichts der Rechtsprechung ausgeschlossen, wenn der Bundesgerichtshof eine Abrede der Parteien doch ausdrücklich fordert. Er begründet das Erfordernis einer solchen Abrede damit, dass für die Leistung ein eigener Rechtsgrund für die zu erwartende Zahlung geschaffen werden muss.[532] Gleiches müsste daher auch für eine anwartschaftsrechtliche Lösung gelten, wenn ein solches Recht vorliegen würde. Das Anwartschaftsrecht als bloße Rechtsposition kann eine Zuordnung der Leistung zur späteren Verpflichtung der Gesellschaft, wodurch eine Rechtsgrundlosigkeit der Zahlung verhindert werden könnte, aufgrund seiner bloßen objektiven Lage jedoch nicht erreichen. Ebenso wie die konstitutive Wirkung einer Anrechnungsabrede und die darauf folgende Möglichkeit der Leistung der Gesellschaft vor dem eigentlichen Entstehen des Dividendenanspruchs, steht auch ein Anwartschaftsrecht im Widerspruch zu § 57 AktG. Denn dieses führt zu einem für die verfrühte Leistung von dem Dividendenanspruch getrennt zu betrachtenden eigenständigen Rechtsgrund, der die Gesellschaft zur voreiligen Leistung berechtigen soll. Zudem kommt es im Rahmen des § 62 Abs. 1 AktG nicht auf die Rechtsgrundlosigkeit einer Leistung, sondern dessen Aktienrechtswidrigkeit an, von der hier mit den bisherigen Ausführungen ausgegangen werden kann.

528 Dieser ist im vorliegenden Fall zudem an § 57 Abs. 1 S. 1 AktG zu messen.

529 So *Ludwig*, ZNotP 2008, 345, 351.

530 BGHZ 180, 9, 15 Rdn. 11 = BGH NJW 2009, 2207, 2208 Rdn. 11.

531 BGH NJW 1984, 974, 975.

532 BGH NJW 1984, 974, 975; vgl. *Backhaus*, JuS 1985, 512, 516, 517.

Dem steht auch nicht entgegen, dass der Aktionär als künftiger Gläubiger über seinen Dividendenanspruch verfügen kann.[533] Wird in diesem Zusammenhang die wahrscheinliche Entstehung des Anspruchs als Grundlage für ausreichend erachtet, liegt der wesentliche Unterschied darin, dass die Abtretung nicht zu einem Mittelabfluss bei der Gesellschaft führt, da auch ein abgetretener Anspruch erst mit seinem Entstehen zu erfüllen ist. Allein weil also eine hinreichende Wahrscheinlichkeit des Anspruchs im Rahmen einer etwaigen Verfügung des Gesellschafters besteht, führt dies nicht gleichfalls zur Entstehung eines Anwartschaftsrechts und weiter zu einer Erfüllungsbefugnis der Gesellschaft.

5. Untergang des Dividendenanspruchs durch Aufrechnung?

Weiter ist festzustellen, ob der Dividendenanspruch des Aktionärs gegen die Gesellschaft mit seinem Entstehen möglicherweise deshalb untergehen kann, weil die AG gegen diese Forderung mit ihrem aktienrechtlichen Erstattungsanspruch nach § 62 Abs. 1 S. 1 AktG die Aufrechnung erklären kann, §§ 387, 389 BGB.

Eine Aufrechnung setzt nach § 387 BGB eine Aufrechnungslage voraus. Dies bedeutet, dass Aktiengesellschaft und Gesellschafter dem jeweils anderen eine gleichartige Leistung schulden müssen, also Schuldner und Gläubiger ihres jeweiligen Gegenübers sind.[534] Ist der Aktionär jedoch wie im vorliegenden Fall privilegiert im Sinne des § 62 Abs. 1 S. 2 AktG, fehlt es an einem solchen Erstattungsanspruch der Aktiengesellschaft. Infolgedessen entfällt für die Gesellschaft die Möglichkeit der Aufrechnung.

6. Exkurs: Der nichtige Gewinnverwendungsbeschluss und die Dividendenzahlung

Nachfolgend ist auf den Fall eines nichtigen Gewinnverwendungsbeschlusses einzugehen, der seine Heilung erfahren soll.

a) Einleitung

In manchen Fällen schüttet die Gesellschaft die Dividende an ihre Aktionäre aus, obwohl der dieser Leistung zugrundeliegende Gewinnverwendungsbeschluss nichtig ist. Die Nichtigkeit des Gewinnverwendungsbeschlusses kann dabei unter anderem auf der Nichtigkeit des Jahresabschlusses gemäß § 256 AktG beruhen,

---

533 Vgl. RGZ 98, 318, 320 (für die GmbH); Großkomm. AktG/*Henze*, 4. Aufl., § 58 Rdn. 94; MünchKomm. AktG/*Bayer*, 3. Aufl., § 58 Rdn. 113.

534 Vgl. MünchKomm. BGB/*Schlüter*, 5. Aufl., § 387 Rdn. 6.

§ 253 Abs. 1 S. 1 AktG.[535] Der Fall eines solchen nichtigen Gewinnverwendungsbeschlusses, welcher Grundlage der vorgenommenen Dividendenausschüttung ist, soll dem Fall des Gewinnverwendungsbeschlusses als noch juristisches Nullum[536] gegenübergestellt werden. Dabei ist herauszuarbeiten, inwieweit aus der für den Fall der Nichtigkeit bestehenden Lösung des Problems der Dividendenausschüttung Rückschlüsse für den Fall des noch fehlenden wirksamen Gewinnverwendungsbeschlusses gezogen werden können. Möglicherweise kann dieses Ergebnis sogar seine Übernahme finden. Im Kern wird untersucht, ob die Heilung eines nichtigen Gewinnverwendungsbeschlusses ex-tunc oder ex-nunc-Wirkung entfaltet. Für den Fall einer ex-tunc-Wirkung ist zu prüfen, ob eine Übernahme dieser Lösung auch für die Problemstellung des ersten Fallbeispiels möglich ist. Für diesen Fall könnte unter Umständen mit der endgültigen Unterzeichnung des Hauptversammlungsprotokolls sowie seiner Entlassung in den Rechtsverkehr auch eine Rückwirkung dieser Anspruchsentstehung auf den Moment der vorläufigen Unterschrift eintreten. Schließlich beginnt mit ihr die Entstehung des Dividendenanspruchs, auch wenn noch nicht alle Tatbestandsvoraussetzungen erfüllt sind.[537] Ginge mit der endgültigen Anspruchsentstehung eine solche Rückwirkung einher, wäre die verfrühte Dividendenzahlung aus einer ex-post Betrachtung, nach Eintritt der Heilung, möglicherweise rechtmäßig und ein Verstoß gegen die Bestimmung des § 57 Abs. 1 S. 1 AktG in diesem späteren Moment abzulehnen.[538] Dann könnten sowohl ein grundsätzlicher Erstattungsanspruch der Aktiengesellschaft nach § 62 Abs. 1 S. 1 AktG entfallen als auch der Dividendenanspruch des Aktionärs erfüllt worden sein. Ein weiterer Anspruch auf Dividendenzahlung würde dann nicht bestehen.

Neben dieser Frage, die auf den ersten Beispielsfall unmittelbar Einfluss hat, soll im Rahmen des zu behandelnden Falles aber auch auf eine für die Nichtigkeit spezifische Überlegung eingegangen werden. Es soll geprüft werden, inwieweit ein Aktionär bei einem nichtigen Gewinnverwendungsbeschluss[539], dessen Heilung jedoch zu erwarten ist, vor dem Eintritt dieser einem möglichen Erstattungsverlangen der Gesellschaft nach § 62 Abs. 1 S. 1 AktG die Einreden der Generalklausel des § 242 BGB in der Form von „dolo agit“ sowie „venire contra factum proprium“ entgegenhalten kann, um so eine tatsächliche Rückzahlung der erhaltenen Dividende zu vermeiden.

---

535 Vgl. *Hüffer*, AktG, 10. Aufl., § 253 Rdn. 5; Spindler/Stilz/*Stilz*, AktG, 2. Aufl., § 253 Rdn. 12; *Weber/Kersjes*, Hauptversammlungsbeschlüsse vor Gericht, § 1 Rdn. 241.

536 Vgl. Fallbeispiel 1.

537 Siehe oben zur Frage des Anwartschaftsrechts Seite 114 ff.

538 Die Heilung vorausgesetzt.

539 Vgl. Großkomm. AktG/*Henze*, 4. Aufl., § 62 Rdn. 71.

Zunächst soll aber das dem Exkurs zugrunde liegende Fallbeispiel einführend dargestellt werden.

b) Fallbeispiel zum Exkurs

Die Hauptversammlung der C-AG fasst einen Gewinnverwendungsbeschluss, nach dem jeder Aktionär eine Dividende von 1 Euro je Aktie erhalten soll. Allerdings wird in der Folge die Nichtigkeit des Jahresabschlusses festgestellt, weil der Anhang im Sinne der §§ 284 ff. HGB fehlt.[540] Dennoch erhält Aktionär D kurze Zeit später eine Dividende von 1.000,00 Euro, die auf sein Konto überwiesen wird. Trotz der Nichtigkeit sind sich Vorstand und Aufsichtsrat einig, dass der festgestellte Jahresabschluss Bestand haben soll. Rechtsanwalt R weist auf Nachfrage den Vorstand darauf hin, dass die Nichtigkeit nicht mehr geltend gemacht werden kann, wenn seit der Bekanntmachung des Jahresabschlusses nach § 256 Abs. 6 AktG in Verbindung mit § 325 Abs. 2 HGB drei Jahre verstrichen sind. Der Vorstand hofft nun, dass diese Frist im Hinblick auf eine Heilung erfolgreich verstreichen wird. D, der von der Nichtigkeit wusste, bittet Rechtsanwalt Z um Rat.[541] Er möchte wissen, ob die Gesellschaft vor Ablauf der Frist die ausgeschüttete Dividende zurückfordern kann. Für den Fall, dass eine solche Forderung gegen ihn erhoben wird, fragt er, ob er im Hinblick auf die vom Vorstand erhoffte und verfolgte Heilung der Nichtigkeit, nicht erfolgreich vorbringen könne, dass dieses der AG zurechenbare Verhalten des Vorstands rechtsmissbräuchlich sei und er eine Erstattung mit dieser Begründung folglich verweigern könne.

Hat die Gesellschaft einen durchsetzbaren Anspruch auf Erstattung der Dividende gegen ihren Aktionär?

c) Die Nichtigkeit des Gewinnverwendungsbeschlusses nach § 253 Abs. 1 S. 1 AktG

Den Ausgangspunkt der nun folgenden Überlegungen stellt ein nichtiger Gewinnverwendungsbeschluss der Gesellschaft dar. Die Gründe für die Nichtigkeit können unterschiedlicher Art sein. § 253 AktG enthält diesbezüglich ausweislich seines Wortlautes („außer in den Fällen (…) nur dann nichtig, wenn…") eine abschließende

540 Vgl. BGH NJW 2000, 210 f.

541 Diese Konstellation ist nur bei Bösgläubigkeit des Aktionärs von Interesse, da im Fall des guten Glaubens im Sinne des § 62 Abs. 1 S. 2 AktG der Aktionär priviligiert ist und die Erstattung schon deshalb verweigern kann, sodass sich die Frage weitere Einreden nicht stellt.

Zusammenfassung über die Gründe, die zu einer Nichtigkeit führen können.[542] Für den vorliegenden Fall soll die Nichtigkeit des Gewinnverwendungsbeschlusses dabei gemäß § 253 Abs. 1 S. 1 AktG auf der Nichtigkeit des Jahresabschlusses der Gesellschaft beruhen. Die Nichtigkeit bezieht sich in diesem Zusammenhang jedoch nicht auf den Jahresabschluss als bloßes Zahlenwerk.[543] Vielmehr meint Nichtigkeit des Jahresabschlusses die „Nichtigkeit des korporationsrechtlichen Rechtsgeschäfts der Feststellung dieses Jahresabschlusses"[544]. Damit ist in der Regel die Feststellung des Jahresabschlusses durch Vorstand und Aufsichtsrat nach § 172 AktG gemeint.[545] Ein festgestellter Jahresabschluss ist also Voraussetzung für eine mögliche Nichtigkeit, weil diesem erst mit seiner Feststellung über seinen Charakter als reines Zahlenwerk hinaus Rechtsverbindlichkeit und damit auch Nichtigkeit zukommen kann.[546] Es ist also die Feststellung an sich, welche mangelbehaftet ist. Für eine solche Nichtigkeit des Jahresabschlusses finden sich in § 256 AktG abschließend geregelte Fälle. Liegt ein Fall des § 256 AktG nicht vor, ist im Umkehrschluss zwingend von der Gültigkeit des Jahresabschlusses auszugehen.[547] Jedenfalls ist zu beachten, dass die Nichtigkeit des Jahresabschlusses hier auf einem Mangel beruhen muss, welcher der Heilung zugänglich ist. Denn Ziel des Beispiels ist es, die Folgen aufzuzeigen, welche die Heilung eines Jahresabschlusses im Hinblick auf den Gewinnverwendungsbeschluss und damit auch auf die Dividendenzahlung herbeiführt. Wenig sachdienlich wäre daher die Annahme eines unheilbaren Mangels. Dabei sind nicht alle von § 256 AktG erfassten Mängel einer Heilung zugänglich. Liegt ein Mangel im Sinne des § 256 Abs. 1 Nr. 2 AktG oder des § 256 Abs. 3 Nr. 3 AktG vor, entfällt gemäß dem Wortlaut des § 256 Abs. 6 AktG die Möglichkeit einer Heilung.[548] Vorliegend soll demnach davon ausgegangen werden, dass der Jahresabschluss einen Mangel gemäß § 256 Abs. 1 Nr. 1 AktG aufweist, sodass dieser durch den Inhalt solche Vorschriften verletzt, die ausschließlich oder überwiegend dem Schutz der Gläubiger dienen.[549] Hier fehlt der erforderliche Anhang nach den §§ 284 ff. HGB.

---

542 Vgl. *Weber/Kersjes*, a. a. O. (Fn. 535), § 1 Rdn. 248.

543 Vgl. Spindler/Stilz/*Rölike*, AktG, 2. Aufl., § 256 Rdn. 14.

544 So Münch. Hdb. AG/*Kraft/Hoffmann-Becking*, 3. Aufl., § 47 Rdn. 1; näheres bei MünchKomm. AktG/*Hüffer*, 3. Aufl., § 256 Rdn. 9.

545 Vgl. *Hennrichs*, ZHR 168 (2004), S. 383, 387; die Feststellung des Jahresabschlusses durch die Hauptversammlung nach § 173 AktG stellt eine Ausnahme dar.

546 Vgl. Spindler/Stilz/*Rölike*, AktG, 2. Aufl., § 256 Rdn. 14.

547 Vgl. BGH NJW 1994, 520 ff.; MünchKomm. AktG/*Hüffer*, 3. Aufl., § 256 Rdn. 6; Spindler/Stilz/*Rölike*, AktG, 2. Aufl., § 256 Rdn. 1.

548 Vgl. auch *Weber/Kersjes*, a. a. O. (Fn. 535), § 1 Rdn. 283.

549 Hierzu *Weber/Kersjes*, a. a. O. (Fn. 535), § 1 Rdn. 252.

d) Heilung

Entsprechend dem Wortlaut des § 256 Abs. 6 S. 1 AktG kann die Nichtigkeit des Jahresabschlusses nicht mehr geltend gemacht werden, wenn im Fall des § 256 Abs. 1 Nr. 1 AktG seit der nach § 325 HGB vorgeschriebenen Bekanntmachung im Bundesanzeiger drei Jahre vergangen sind.[550] Diskutiert wird in diesem Zusammenhang, was unter der Formulierung „die Nichtigkeit (…) kann nicht mehr geltend gemacht werden" zu verstehen ist. Vereinzelt wird vertreten, dass der Wortlaut des § 256 Abs. 6 AktG maßgeblich ist und es auch nach Ablauf von drei Jahren im Hinblick auf den Jahresabschluss bei der angeordneten Nichtigkeitsfolge zu belassen ist, auf die sich jedoch keiner berufen darf (dazu sub aa)).[551] Nach der herrschenden Meinung werden das Feststellungsgeschäft des Vorstands und Aufsichtsrats bezüglich des Jahresabschlusses trotz der Nichtigkeit mit Zeitablauf gültig, sodass auch der Jahresabschluss rückwirkend Gültigkeit erlangt.[552] In diesem Zusammenhang wird auch von einer sogenannten „echten Heilung" gesprochen, weil es nachträglich zu einer Veränderung der materiellen Rechtslage kommt.[553] Beruht die Nichtigkeit des Gewinnverwendungsbeschlusses auf der Nichtigkeit des Jahresabschlusses, entfällt diese in der Folge und der Gewinnverwendungsbeschluss erlangt Wirksamkeit (dazu sub bb)).[554]

aa) Fortbestand der Nichtigkeit

Ein wesentliches Argument für ein Fortbestehen der Nichtigkeit des Jahresabschlusses findet sich im Wortlaut des § 256 Abs. 6 S. 1 AktG. Diese Regelung bestimmt, dass die Nichtigkeit nicht mehr geltend gemacht werden kann, es also bei dieser zu belassen ist. Der Zeitablauf führt lediglich zu einer Heilung dergestalt, dass die Nichtigkeit vom Einzelnen nicht mehr geltend gemacht werden darf. Bleibt die Nichtigkeit des Jahresabschlusses damit in der Vergangenheit bestehen, ist auch die Annahme einer Rückwirkung des Zeitablaufs ausgeschlossen. Diese Heilungswirkung ist vielmehr nur zukunftsgerichtet.[555] Für ein Fortbestehen der Nichtigkeit spricht

---

550 Vgl. Marsch-Barner/Schäfer/*Nonnenmacher*, Handbuch börsennotierte AG, 2. Aufl., § 55 Rdn. 109; *Weber/Kersjes*, a. a. O. (Fn. 535), § 1 Rdn. 242; hierzu auch *Weilep/Weilep*, BB 2006, 147, 149.

551 Vgl. *Geist*, DStR 1996, 306, 308; *Müller*, FS Quack, S. 359, 369.

552 Vgl. *Hennrichs*, ZHR 168 (2004), S. 383, 389; MünchKomm. AktG/*Hüffer*, 3. Aufl., § 256 Rdn. 64; *Weber/Kersjes*, a. a. O. (Fn. 535), § 1 Rdn. 285.

553 Vgl. MünchKomm. AktG/*Hüffer*, 3. Aufl., § 256 Rdn. 64.

554 Vgl. *Hüffer*, AktG, 10. Aufl., § 256 Rdn. 28.

555 Vgl. *Casper*, Die Heilung nichtiger Beschlüsse im Kapitalgesellschaftsrecht, S. 154.

ebenfalls, dass nichtige Rechtsgeschäfte – die Feststellung des Jahresabschlusses durch Vorstand und Aufsichtsrat nach § 172 AktG ist ein Rechtsgeschäft[556] – nach allgemeinen Grundsätzen keine Gültigkeit erlangen können.[557] Bei einer Heilung des Mangels mit ex-tunc-Wirkung träte jedoch eine solche Gültigkeit des Jahresabschlusses und damit auch des Gewinnverwendungsbeschlusses, ein.[558]

bb) Echte Heilung

Gegen den eigentlichen Wortlaut des § 256 Abs. 6 S. 1 AktG wird dieser Norm vielfach eine Heilungswirkung entnommen, die mit Zeitablauf zu einer Wirksamkeit des Jahresabschlusses führt.[559] Der mangelbehaftete Jahresabschluss entfaltet mit Ablauf der Zeit seine volle Wirksamkeit.[560] Diese wirkt auf den Moment der Feststellung des Jahresabschlusses zurück, weil die Feststellung unter einem Mangel litt, der durch Zeitablauf geheilt werden kann. Maßgeblich für ein solches Verständnis ist die teleologische Auslegung der Vorschrift, bei der es vor allem auf die Bedeutung des Jahresabschlusses ankommt.

(1) Eintritt von Rechtssicherheit als Folge der Heilung

Grundsätzlich folgt auf die Nichtigkeit eines Rechtsgeschäfts dessen dauerhafte Ungültigkeit. So führt beispielsweise der Formmangel im Rahmen einer Bürgschaftserklärung gemäß § 766 S. 1 BGB zur Nichtigkeit des Bürgschaftsvertrages nach § 125 S. 1 BGB.[561] Infolgedessen besteht auch keine Bürgschaftsschuld des Bürgen im Sinne des § 765 Abs. 1 BGB. Die ausnahmsweise Heilung dieses Mangels und damit des gesamten Rechtsgeschäfts, wird in § 766 S. 3 BGB ausdrücklich angeordnet. Anderes gilt aber für den Jahresabschluss einer AG. Wenn im Falle eines nichtigen Jahresabschlusses mit Ablauf einer gewissen Zeitspanne die Nichtigkeit nicht mehr geltend gemacht werden kann, findet sich in dieser

556 Vgl. BGH NJW 1994, 520 ff.; *Hüffer*, AktG, 10. Aufl., § 172 Rdn. 3; MünchKomm. AktG/*Hüffer*, 3. Aufl., § 256 Rdn. 9.

557 Vgl. für § 242 AktG Geßler/Hefermehl/*Hüffer*, AktG, 1. Aufl., § 242 Rdn. 4; das BGB kennt mit seinen §§ 518 Abs. 2, 766 S. 2 ausdrückliche Heilungsvorschriften.

558 Vgl. Geßler/Hefermehl/*Hüffer*, AktG, 1. Aufl., § 256 Rdn. 108; KölnKomm. AktG/*Zöllner*, 1. Aufl., § 253 Rdn. 20.

559 Vgl. MünchKomm. AktG/*Hüffer*, 3. Aufl., § 256 Rdn. 68.

560 Vgl. Casper, a. a. O. (Fn. 555), S. 314; Spindler/Stilz/*Rölike*, AktG, 2. Aufl., § 256 Rdn. 74; a. A. KölnKomm. AktG/*Zöllner*, 1. Aufl., § 256 Rdn. 131, wonach die Wirksamkeit „ex-nunc" eintritt.

561 Vgl. MünchKomm. BGB/*Habersack*, 5. Aufl., § 766 Rdn. 27.

Regelung eine Einschränkung der Fälle, in denen eine Nichtigkeit vorliegt.[562] Der allgemeine Grundsatz, wonach nichtige Rechtsgeschäfte ohne besondere Regelung keine Gültigkeit erlangen können, wird durch die Bestimmung des § 256 Abs. 6 AktG auf bestimmte Fälle beschränkt. Erfasst sind die, in denen der Zeitablauf nicht dazu führt, dass die Geltendmachung der Nichtigkeit ausgeschlossen ist. Die Nichtigkeit tritt also nur noch bei erheblichen Mängeln im Rahmen der Feststellung des Jahresabschlusses ein, nämlich in den Fällen der § 256 Abs. 1 Nr. 2 AktG und § 256 Abs. 3 Nr. 3 AktG.[563] Diese Beschränkung der Nichtigkeitsgründe findet sich schon im Aktiengesetz von 1937, welches im Jahr 1965 eine umfangreiche Reform fand.[564] Im Fall einer Nichtigkeit der Feststellung des Jahresabschlusses durch Vorstand und Aufsichtsrat bestand zwar in § 202 AktG 1937 eine abschließende Regelung, für den Fall der Feststellung des Jahresabschlusses durch die Hauptversammlung galt jedoch die allgemeine Regelung des § 195 AktG 1937.[565] Durch die Reform kam es zu einer Erweiterung und Vereinheitlichung der

---

562 Vgl. MünchKomm. AktG/*Hüffer*, 3. Aufl., § 256 Rdn. 5.

563 Vgl. *Weber/Kersjes*, a. a. O. (Fn. 535), § 1 Rdn. 284.

564 Vgl. *Casper*, a. a. O. (Fn. 555), S. 23; MünchKomm. AktG/*Hüffer*, 3. Aufl., § 256 Rdn. 1.

565 **§ 195 AktG 1937 lautete:**
Ein Beschluß der Hauptversammlung ist außer in den Fällen des § 135 Abs. 1, § 159 Abs. 4, § 181 Abs. 2, § 188 Abs. 3, § 189 Abs. 2 und unbeschadet der Nichtigkeit auf Grund eines auf Anfechtungsklage ergangenen rechtskräftigen Urteils nur dann nichtig, wenn
1. die Hauptversammlung nicht nach § 105 Abs. 1 und 2 einberufen ist, es sei denn, daß alle Aktionäre erschienen oder vertreten sind,
2. er nicht nach § 111 Abs. 1, 2 und 4 beurkundet ist,
3. er mit dem Wesen der Aktiengesellschaft unvereinbar ist oder durch seinen Inhalt Vorschriften verletzt, die ausschließlich oder überwiegend zum Schutze der Gläubiger der Gesellschaft oder sonst im öffentlichen Interesse gegeben sind,
4. er durch seinen Inhalt gegen die guten Sitten verstößt,
5. er nach § 144 Abs. 2 des Gesetzes über die Angelegenheiten der freiwilligen Gerichtsbarkeit auf Grund rechtskräftiger Entscheidung als nichtig gelöscht worden ist.

§ 202 AktG 1937 lautete:
(1) Ein vom Vorstand mit Billigung des Aufsichtsrats festgestellter Jahreabschluß ist außer im Falle des § 135 nur dann nichtig, wenn
1. der Vorstand oder der Aufsichtsrat bei seiner Feststellung nicht ordnungsmäßig mitgewirkt haben,
2. er mit dem Wesen der Aktiengesellschaft unvereinbar ist oder durch seinen Inhalt Vorschriften verletzt, die ausschließlich oder überwiegend zum Schutze der Gläubiger der Gesellschaft oder sonst im öffentlichen Interesse gegeben sind,
3. er durch seinen Inhalt gegen die guten Sitten verstößt.

Nichtigkeitsgründe.[566] Mit der heute möglichen Heilung nach § 256 Abs. 6 AktG – diese war auch schon nach § 202 Abs. 2 AktG 1937 möglich, wenn auch in einem wesentlich geringeren Umfang[567] – soll vor allem die Rechtssicherheit gewahrt werden.

(2) Die grundlegende Bedeutung des Jahresabschlusses

Der Jahresabschluss eines Unternehmens umfasst als Oberbegriff die Bilanz, die Gewinn- und Verlustrechnung sowie im Fall einer Kapitalgesellschaft den Anhang.[568] Die Feststellung des Jahresabschlusses ist für die Gesellschaft von wesentlicher Bedeutung. Die Pflicht zur Aufstellung dessen ergibt sich für die gesetzlichen Vertreter der Kapitalgesellschaft und damit auch für die der Aktiengesellschaft, aus der Vorschrift des § 264 HGB. Insbesondere die Regelung des § 264 Abs. 2 HGB zeigt, welche Funktion dem Jahresabschluss zukommt: Dieser soll ein den tatsächlichen Verhältnissen entsprechendes Bild der Vermögens-, Finanz- und Ertragslage der Gesellschaft vermitteln. § 264 Abs. 2 HGB statuiert das sogenannte Einblicksgebot.[569] Dieses Gebot dient den Gesellschaftern aber auch den Gläubigern dazu, Kenntnisse über die wirtschaftliche Situation der Gesellschaft zu erhalten Dies ist für die Gläubiger von besonderer Bedeutung, weil diese nicht immer nur besicherte Forderungen gegen die Gesellschaft haben. Bei einer Aktiengesellschaft ist in einem solchen Fall das Vermögen der Gesellschaft die einzige Sicherheit, sodass sich der Gläubiger über die aktuelle Vermögenslage seines Schuldners informieren können muss.[570] Auch die Frage der Dividendenzahlung als Gewinnbeteiligung der Aktionäre ist eng mit dem Jahresabschluss verknüpft. Denn mit dem Jahresabschluss wird festgestellt, ob die Gesellschaft überhaupt Gewinn erwirtschaftet hat. Gemäß § 174 AktG beschließt die Hauptversammlung über die Verwendung des Bilanzgewinns. Zugrunde gelegt wird dabei der mit dem Jahresabschluss festgestellte Bilanzgewinn. An diesen ist die Hauptversammlung bei ihrer Beschlussfassung über die Gewinnverwendung gebunden.[571]

---

(2) Ist ein Jahresabschluß nach Abs. 1 Nr. 1 nichtig, so kann die Nichtigkeit nicht mehr geltend gemacht werden, wenn die Bekanntmachung des Jahresabschlusses zum Handelsregister des Sitzes der Gesellschaft eingereicht ist und seitdem sechs Monate verstrichen sind.

(3) Für die Klage auf Feststellung der Nichtigkeit eines Jahresabschlusses gegen die Gesellschaft gilt § 201 sinngemäß.

566 Vgl. *Casper*, a. a. O. (Fn. 555), S. 23; MünchKomm. AktG/*Hüffer*, 3. Aufl., § 256 Rdn. 1.

567 Vgl. KölnKomm. AktG/*Zöllner*, 1. Aufl., § 256 Rdn. 1.

568 Vgl. MünchKomm. AktG/*Bayer*, 3. Aufl., § 58 Rdn. 3.

569 Vgl. Großkomm. HGB/*Hüttemann*, 4. Aufl., § 264 Rdn. 12 ff.

570 Vgl. Großkomm. HGB/*Hüttemann*, 4. Aufl., § 264 Rdn. 30 ff.

571 Vgl. *Hüffer*, AktG, 10. Aufl., § 174 Rdn. 3.

Schon an diesen beiden Beispielen zeigt sich die Bedeutung des Jahresabschlusses einer Gesellschaft für die Gesellschafter aber auch für Dritte. Dementsprechend besteht ein erhebliches Interesse daran, dass zwar schwerwiegende Mängel bei der Feststellung des Jahresabschlusses geltend gemacht werden können und so seine Gültigkeit verhindert werden kann. Jedoch sollen nicht auch unwesentliche Mängel zur Beseitigung des Jahresabschlusses führen können, wenn dieser einmal festgestellt worden ist.[572] Unwesentliche Mängel sind dabei schon begrifflich nicht in der Lage, die Aussagekraft des Jahresabschlusses zu beeinträchtigen, sodass eine Nichtigkeitsfolge verfehlt wäre. Vom Grad der Mängel hängen dann auch die Voraussetzungen ab, unter denen der Jahresabschluss geheilt wird oder dieser, bei zu gravierenden Mängeln, eben nichtig bleibt.[573] Tritt bei heilungsfähigen Mängeln mit Zeitablauf die Heilungswirkung ein, entspricht es der Rechtssicherheit am ehesten, wenn der Jahresabschluss als von Anfang an wirksam behandelt wird.[574]

cc) Entscheidung

Sicherlich hat die Ansicht, die Nichtigkeit des Jahresabschlusses bleibe bestehen, den Wortlaut des § 256 Abs. 6 S. 1 AktG auf ihrer Seite. Bei der Auslegung einer gesetzlichen Norm stellt der Wortlaut aber nur eine von vielen Möglichkeiten dar, um die rechtliche Bedeutung dieser Vorschrift zu erfassen.[575] Neben dem Wortlaut einer Bestimmung sind auch ihr Sinn und Zweck zu berücksichtigen. Beides kann das aufgrund des Wortlautes gefundene Ergebnis obsolet machen, da dem Wortlaut einer Norm bei ihrer Auslegung nicht stets und ausschließlich der Vorrang gebührt. Zudem ist der Wortlaut einer Vorschrift in den seltensten Fällen eindeutig, weil dem allgemeinen Sprachgebrauch der besondere Sprachgebrauch des Gesetzes vorgeht.[576] Lassen der Wortsinn und der Bedeutungszusammenhang Raum für verschiedene Auslegungen, ist die historisch-teleologische Auslegung vorzugswürdig, das heißt die Auslegung, die der Regelungsabsicht des Gesetzgebers und dem Zweck der einschlägigen Vorschrift am ehesten gerecht wird.[577]

---

572 Vgl. KölnKomm. AktG/*Zöllner*, 1. Aufl., § 256 Rdn. 2.

573 Das heißt entweder 6 Monate oder 3 Jahre im Sinne des § 256 Abs. 6 AktG.

574 Vgl. *Hennrichs*, ZHR 168 (2004), S. 383, 389; MünchKomm. AktG/*Hüffer*, 3. Aufl., § 256 Rdn. 64; Spindler/Stilz/*Rölike*, AktG, 2. Aufl., § 256 Rdn. 74.

575 Vgl. die verschiedenen Kriterien der Auslegung bei *Larenz/Canaris*, a. a. O. (Fn. 293), S. 141 ff.

576 Vgl. *Larenz/Canaris*, a. a. O. (Fn. 293), S. 164.

577 Vgl. *Larenz/Canaris*, a. a. O. (Fn. 293), S. 164.

Der Wortlaut des § 256 Abs. 6 AktG ist nur auf den ersten Blick eindeutig, wenn davon gesprochen wird, dass die Nichtigkeit nicht mehr geltend gemacht werden kann. Denn ein Vergleich zu § 242 AktG zeigt, dass dort der gleiche Wortlaut benutzt wird, wenn es um die eventuelle Nichtigkeit von Hauptversammlungsbeschlüssen geht. Die bei § 256 Abs. 6 AktG geführte Diskussion, inwieweit mit dem Ausschluss der Geltendmachung der Nichtigkeit auch eine Heilungswirkung eintritt, wird im Rahmen des § 242 AktG ebenfalls geführt.[578] Wird der Wortlaut der Vorschrift herangezogen, ist im Rahmen des § 242 AktG jedoch auch die gesetzliche Überschrift zu beachten, die „Heilung der Nichtigkeit" lautet.[579] Unabhängig vom Wortlaut des § 242 AktG legt die gesetzliche Überschrift die Vermutung nahe, dass jedenfalls eine Heilung bezweckt sein soll. Verfolgt § 256 Abs. 6 AktG im Hinblick auf die Frage, was bei eventueller Nichtigkeit von Beschlüssen oder sonstigen Rechtshandlungen geschehen soll, einen dem § 242 AktG vergleichbaren Zweck, kann der Wortlaut des § 256 AktG unter Beachtung des § 242 AktG nicht mehr als so eindeutig und klar bezeichnet werden. Für die Auslegung des § 256 Abs. 6 AktG kommt es daher maßgeblich auf die historisch-teleologische Auslegung an. Diese spricht gemäß der obigen Darstellung dafür, eine echte Heilungswirkung durch Zeitablauf zuzulassen, die auf den Jahresabschluss zurückwirkt. Damit trägt die Heilung eine ex-tunc-Wirkung in sich. Mit nachträglich eintretender Wirksamkeit des Jahresabschlusses erlangt auch der Gewinnverwendungsbeschluss Wirksamkeit und eine zwischenzeitlich erfolgte Dividendenzahlung verstößt infolgedessen nicht gegen § 57 Abs. 1 S. 1 AktG.[580] Eine vorher bestehende Erstattungspflicht entsprechend § 62 Abs. 1 S. 1 AktG ist, vorbehaltlich der Ausnahme nach § 62 Abs. 1 S. 2 AktG, in diesem Moment hinfällig. Da die Leistung nunmehr dem Dividendenanspruch zugeordnet werden kann, verliert sie auch ihren Charakter als rechtsgrundlos und vor allem als aktienrechtswidrig. In Anbetracht der Bedeutung des Jahresabschlusses für die Gesellschaft, ihre Gesellschafter und Dritte sowie der Tatsache, dass eine Heilung der Nichtigkeit bei gravierenden Mängeln ausscheidet, ist diese Folge für alle Beteiligten angemessen. Erlangt der Jahresabschluss mit seiner Heilung volle Wirksamkeit, entspricht die Gesellschaft damit auch ihrer Rechnungslegungspflicht im Sinne des § 264 HGB.[581]

Einer solchen rückwirkenden Heilungsmöglichkeit steht auch nicht entgegen, dass so im Fall von unerheblichen Mängeln die Nichtigkeit als Sanktionsmöglichkeit

578 Vgl. dazu MünchKomm. AktG/*Hüffer*, 3. Aufl., § 242 Rdn. 2 ff.; Spindler/Stilz/*Casper*, AktG, 2. Aufl., § 242 Rdn. 1 ff.

579 Vgl. *Weber/Kersjes*, a. a. O. (Fn. 535), § 1 Rdn. 296.

580 Vgl. Haertlein, ZHR 168 (2004), 437, 450; Spindler/Stilz/*Rölike*, AktG, 2. Aufl., § 256 Rdn. 75.

581 Vgl. Spindler/Stilz/*Rölike*, AktG, 2. Aufl., § 256 Rdn. 74.

entfiele. Nach einer Ansicht wären bestimmte Mängel folgenlos, was dazu führen könnte, dass die verantwortlichen Personen in Fragen der ordnungsgemäßen Rechnungslegung weniger Sorgfalt aufwenden könnten.[582] Dem ist jedoch entgegenzuhalten, dass sich eine solche den Jahresabschluss treffende Nichtigkeitsfolge nur in einem geringen Umfang als Sanktionsmöglichkeit für das Fehlverhalten der jeweils verantwortlichen Personen eignet. Denn von der Nichtigkeitsfolge des Jahresabschlusses sind nicht ausschließlich sie betroffen. Aufgrund der Bedeutung des Jahresabschlusses auch für die Gesellschafter und Dritte wird durch eine zu extensive Nichtigkeitsfolge die Rechtssicherheit in erheblich größerem Maße gefährdet, als die einzelnen Personen zur ordentlichen Rechnungslegung angehalten werden. Die Norm des § 256 AktG muss daher auch unter Berücksichtigung der Bedeutung der Einhaltung von Rechnungslegungsvorschriften und deren Sanktionierung bei Verstößen und den Folgen nichtiger Jahresabschlüsse ausgelegt werden. Hier ist eine eher restriktive Handhabung der Nichtigkeitsfolge zu Gunsten der Rechtssicherheit vorzugswürdig[583], auch wenn mit einer solchen Auslegung die Vorschrift des § 256 AktG teilweise ihre Sanktionswirkung verliert.[584] Gravierende Verstöße sind zum einen nicht heilungsfähig. Zum anderen entfällt bei weniger gravierenden Verstößen mit Zeitablauf zwar die Nichtigkeit des Jahresabschlusses, unberührt davon bleibt aber die persönliche Verantwortlichkeit des Einzelnen nach § 334 Abs. 1 Nr. 1a HGB oder sogar nach § 331 HGB.[585] Gleiches gilt für die mögliche zivilrechtliche Schadensersatzpflicht des Handelnden nach § 93 Abs. 2 AktG.[586] Da in diesen Fällen nicht die Gesellschaft sondern der Einzelne Normadressat ist, wird hierdurch eine Einhaltung der Rechnungslegungsvorschriften eher erreicht als durch eine Nichtigkeit des Jahresabschlusses. Der Verlust von Sanktionsmöglichkeiten durch restriktive Auslegung der Nichtigkeitsfolge ist somit tatsächlich in seinen Auswirkungen von nur geringer Bedeutung. Sie entspricht vielmehr der historischen Entwicklung und kommt dem Bedürfnis nach Rechtssicherheit am ehesten entgegen. Damit wird auch ein Gleichlauf zur ähnlichen Konstellation in § 242 AktG erreicht. Dort kommt es nach herrschender Meinung ebenfalls zu einer echten Heilung, die, wenn es um die Gültigkeit des Beschlusses geht, auf den Augenblick seiner Eintragung im Handelsregister zurückwirkt.[587]

---

582 Vgl. die Darstellung bei Spindler/Stilz/*Rölike*, AktG, 2. Aufl., § 256 Rdn. 2.

583 Vgl. Spindler/Stilz/*Rölike*, AktG, 2. Aufl., § 256 Rdn. 3.

584 So auch KölnKomm. AktG/*Zöllner*, 1. Aufl., § 256 Rdn. 3.

585 Vgl. Großkomm. HGB/*Hüttemann*, 4. Aufl., § 264 Rdn. 56 ff.

586 Vgl. Großkomm. HGB/*Hüttemann*, 4. Aufl., § 264 Rdn. 56 ff.

587 Vgl. Geßler/Hefermehl/*Hüffer*, AktG, 1. Aufl., § 242 Rdn. 4; Münch. Hdb. AG/*Semler*, 3. Aufl., § 41 Rdn. 42; MünchKomm. AktG/*Hüffer*, 3. Aufl., § 242 Rdn. 3, 19; Spindler/Stilz/*Casper*, AktG, 2. Aufl., § 256 Rdn. 13.

dd) Rechtliche Überlegungen aufgrund der verfolgten Heilung

Im Zusammenhang mit der Heilung des Jahresabschlusses durch Zeitablauf stellen sich verschiedene Fragen. Diese stehen zum einen mit dem Fallbeispiel 1 in Zusammenhang, zum anderen sind sie, von diesem losgelöst, eigenständiger Natur. Maßgeblich für ihre Unterscheidung ist der Zeitpunkt. Wird auf einen Moment abgestellt, in dem die Heilung der Nichtigkeit durch Zeitablauf noch nicht eingetreten ist, dann ist der Überlegung nachzugehen, welche Auswirkungen die vom Vorstand verfolgte Heilung auf mögliche Erstattungsansprüche der Gesellschaft gegen ihren Aktionär hat (sub (1)). Zu untersuchen ist, ob bereits der bloße Wille des Vorstands, in der Zukunft Heilung eintreten zu lassen, möglicherweise bestimmte Rechtsfolgen mit sich bringt. Ist die Heilung aber bereits eingetreten, dann ist zu hinterfragen, ob die damit einhergehenden Folgen auf den Fall der voreiligen Dividendenausschüttung übertragen werden können, weil hier möglicherweise eine Vergleichbarkeit der Fälle besteht. Ansatzpunkt wäre ein Erst-Recht-Schluss: Wenn schon bei Nichtigkeit eine Heilungsfolge mit ex-tunc-Wirkung eintreten kann, dann doch erst Recht in einem Fall, in dem noch nicht einmal Nichtigkeit vorliegt (sub (2)).

(1) Zum Zeitpunkt der Leistung – vor Eintritt der Heilung

Es stellen sich interessante Fragen, wenn im Hinblick auf die spätere Heilung mit ex-tunc-Wirkung auf den Zeitpunkt der Leistung abgestellt wird, die Heilung also noch bevorsteht. Für den Fall der Dividendenausschüttung aufgrund eines nichtigen Gewinnverwendungsbeschlusses ist zu überlegen, ob der Aktionär einem möglichen Erstattungsverlangen der Gesellschaft nach § 62 Abs. 1 S. 1 AktG vor Eintritt der Heilungswirkung nach § 256 Abs. 6 AktG in Verbindung mit § 325 Abs. 2 HGB erfolgreich entgegentreten kann. Maßgeblich ist zu prüfen, ob dem Aktionär neben der spezialgesetzlichen Einwendung des § 62 Abs. 1 S.2 AktG weitere diesem Erstattungsanspruch entgegenstehende Einreden zur Verfügung stehen.[588]

(a) Problemdarstellung

Dem Erstattungsverlangen der AG steht zum einen möglicherweise der Grundsatz „dolo agit, qui petit, quod statim redditurus est“ entgegen, weil mit dem Eintritt

588 Im vorliegenden Exkurs liegt eine Ausnahme nach § 62 Abs. 1 S. 2 AktG aufgrund der Bösgläubigkeit des Aktionärs nicht vor. Sind die Voraussetzungen dagegen erfüllt, findet die Privilegierung Anwendung und für den Gesellschafter ist ein Rückgriff auf § 242 BGB zum fraglichen Behaltendürfen der empfangenen Leistung nicht erforderlich; vgl. *Weber/Kersjes*, a. a. O. (Fn. 535), § 1 Rdn. 247.

der Heilungsfolge durch Zeitablauf der Dividendenanspruch in der Höhe entstehen wird, in der die Gesellschaft vorher Erstattung verlangen könnte.[589] Schließlich lässt die Heilung den Anspruch rückwirkend entstehen. Strebt der Vorstand der Gesellschaft die Heilung des Jahresabschlusses und damit des Gewinnverwendungsbeschlusses an, verstieße eine zwischenzeitliche Rückforderung zum anderen womöglich gegen das Verbot des venire contra factum proprium, da zwar einerseits Erstattung an die Gesellschaft verlangt wird, das Verhalten des Vorstands andererseits für das Gegenteil spricht.[590] Kann sich der Aktionär auf diese Einreden berufen und so eine Rück-zahlung verhindern, könnte dies zu einer Umgehung des § 57 Abs. 1 S. 1 AktG und einer Erweiterung der Ausnahmeregelung des § 62 Abs. 1 S. 2 AktG führen, deren Zulässigkeit im Hinblick auf die Bedeutung des Kapitalerhaltungsgrundsatzes problematisch ist.

Diese Fragen sind im Zusammenhang mit einer vom Vorstand verfolgten Heilung in Literatur und Rechtsprechung bisher kaum erörtert, geschweige denn einer zufriedenstellenden Klärung zugeführt worden. Es findet sich lediglich die knappe Behauptung, dass ein Bestehen dieser Grundsätze, wie zum Beispiel das Verbot des venire contra factum proprium dazu führt, dass ein Erstattungsanspruch der Gesellschaft aus § 62 Abs. 1 S. 1 AktG für den Fall einer gewollten Heilung durch Zeitablauf während dieser Phase ausgeschlossen sein soll.[591] Dabei stellt die Regelung des § 62 AktG, wie schon aufgezeigt, einen Ausfluss des Grundsatzes der Kapitalerhaltung gemäß § 57 Abs. 1 S. 1 AktG dar, welcher hinsichtlich möglicher Ausnahmen vom grundsätzlichen Verbot der Ausschüttung von Gesellschaftsmitteln restriktiv auszulegen ist. Zu prüfen ist daher, ob sich im Fall der Nichtigkeit des Gewinnverwendungsbeschlusses die Geltendmachung des § 242 BGB mit den §§ 57 ff. AktG verträgt und ob der Aktionär in letzter Konsequenz die verfrühte Dividende damit tatsächlich behalten darf, bis Heilung eingetreten ist und diese ihm dann ohnehin zusteht.

---

589 Vgl. *Kowalski*, AG 1993, S. 502, 507.

590 Vgl. *Kowalski*, AG 1993, S. 502, 507.

591 So *Kowalski*, AG 1993, 502, 507 der wohl an den Fall eines bösgläubigen Gesellschafters im Sinne des § 62 Abs. 1 S. 2 AktG denkt, anderenfalls nämlich schon diese Regelung als Privilegierung für den Aktionär greifen würde; inwieweit das Verbot des „venire contra factum proprium“ die Durchsetzbarkeit eines Anspruchs nach § 62 Abs. 1 S. 1 AktG grundsätzlich verhindert, ist zwar zum Teil Gegenstand der aktienrechtlichen Kommentierung, jedoch ohne Bezug zum hier vorgestellten Fall der zu erwartenden Heilung und daraufhin eintretenden Wirksamkeit eines zunächst nichtigen Gewinnverwendungsbeschlusses. Vielmehr ist dort Anknüpfungspunkt die bereits vorgenommene Ausschüttung selbst, nicht die geplante Heilung des Beschlusses wie im vorgestellten Exkurs, vgl. dazu Großkomm. AktG/*Henze*, 4. Aufl., § 62 Rdn. 51 ff.; MünchKomm. AktG/*Bayer*, 3. Aufl., § 62 Rdn. 56.

(b) Kein grundsätzlicher Ausschluss des § 242 BGB wegen fehlender Gutgläubigkeit gemäß § 62 Abs. 1 S. 2 AktG

Vorab ist festzustellen, dass die Bösgläubigkeit des Aktionärs im Hinblick auf seine Berechtigung zum Empfang der voreiligen Dividende nicht dazu führt, dass neben einer Privilegierung nach § 62 Abs. 1 S. 2 AktG schon die grundsätzliche Möglichkeit sich auf bestimmte Ausprägungen des § 242 BGB zu berufen, ausgeschlossen ist. Denn es wird sich im Folgenden zeigen, dass Ansatzpunkt für die Anwendung des § 242 BGB nicht der Tatbestand ist, welcher bereits zur im Grunde möglichen Ausnahmeregelung des § 62 Abs. 1 S. 2 AktG führt. Es geht also nicht um die (verfrühte) Ausschüttung der Dividende als maßgebliches Verhalten, an das der Grundsatz Treu und Glauben anknüpft. Es geht vielmehr um ein eigenständiges, dieser Auszahlung nachgelagertes und der Gesellschaft zurechenbares Verhalten ihrer Verantwortlichen. Nämlich die Rückforderung der Leistung bei gleichzeitigem Heilungswillen. Dies stellt einen für den Aktionär selbstständigen Tatbestand dar, der von der aktienrechtlichen Privilegierung des § 62 Abs. 1 S. 2 nicht erfasst wird. Daher ist die fehlende Gutgläubigkeit des Gesellschafters für die grundsätzliche Anwendbarkeit der Generalklausel des § 242 BGB unbeachtlich. Nur dies entspricht auch dem Charakter dieser Bestimmung als eigener und allgemeiner Rechtsgrundsatz.[592]

(c) Die Einwände im Einzelnen

Zunächst sollen die beiden möglichen Einwände in ihren Grundzügen vorgestellt werden (sub (aa) und (bb)), bevor in einem weiteren Schritt (d) ihre konkrete Anwendbarkeit im vorliegenden Zusammenhang untersucht werden soll.

(aa) "Dolo agit, qui petit, quod statim redditurus est"

Dieser Grundsatz findet seinen Ursprung im römischen Recht und wurde etwa 200 n. Chr. vom spätklassischen Juristen Julius Paulus formuliert.[593] Im heutigen Recht stellt die sogenannte Dolo-agit-Einrede einen Ausfluss der Generalklausel betreffend Treu und Glauben, § 242 BGB, dar. Sie besagt, dass treuwidrig handelt, wer etwas einklagt, das er sogleich wieder zurückgeben muss. Es ist daher grundsätzlich missbräuchlich, wenn ein Gläubiger von seinem Schuldner die Erbringung einer Leistung verlangt, welche er in Zukunft diesem wieder zurückgewähren muss, wobei in Bezug auf den Leistungsgegenstand Identität bestehen muss.[594]

---

592 Vgl. Staudinger/*Looschelders/Olzen*, BGB (2009), § 242, Rdn. 336.

593 Vgl. *Wacke*, JA 1982, 477.

594 Vgl. Staudinger/*Looschelders/Olzen*, BGB (2009), § 242, Rdn. 281; *Wacke*, JA 1982, 477, 478.

Der Schuldner darf daher in diesem Fall bereits unter Berufung auf § 242 BGB die Leistung selbst verweigern. Angeführt werden für diese Einrede des Schuldners die drei nachfolgenden wesentlichen Gesichtspunkte:

1. *„Einheit der Rechtsverheißung“*[595]

Zum einen geht es um die „Einheit der Rechtsschutzverheißung“. Ausgehend von einer Rechtsordnung, die in sich nicht einheitlich gestaltet ist, sondern vielmehr Widersprüche zulässt – es wird in diesem Zusammenhang auch von einer „archaischen“ Rechtsordnung gesprochen[596] – zeigt sich, dass bezogen auf einen identischen Gegenstand gegenseitige Ansprüche bestehen können. Die Folge kann ein Hin und Her der jeweiligen Leistung sein, was für sich betrachtet zwar die jeweiligen bestehenden Ansprüche konsequent nachzeichnet.[597] Mit Blick auf das Ergebnis erweist sich ein solcher Austausch aber als zwecklos, da der Empfänger der Leistung im Anschluss zu ihrer direkten Rückgewähr verpflichtet ist.[598] In dieser Situation wird auf die Dolo-agit-Einrede zurückgegriffen. Die Pflicht zur Rückgabe der erbrachten Leistung kann dabei schon im Zusammenhang mit der Frage des eigentlichen Erbringens thematisiert und entsprechend berücksichtigt werden. Über diesen allgemeinen Grundsatz in Form einer Einrede des zunächst zur Leistung Verpflichteten, der quasi anspruchsübergreifend zur Anwendung gelangt, findet eine Vereinheitlichung der Rechtsanwendung statt. Denn erreicht wird auf diese Weise genau das Ergebnis, welches die Rechtsordnung nach der Vornahme von Hin- und Herleistung ebenfalls vorsieht. Dies allerdings ohne die Parteien diesen unzweckmäßigen Leistungsaustausch vornehmen zu lassen.

2. *Prozessökonomie*

Zum anderen ist in diesem Zusammenhang auch der Gedanke der Prozessökonomie wesentlich: Tragen die Parteien ihre Streitigkeiten hinsichtlich des Streitgegenstandes vor Gericht aus, so führt dieser Umstand zu zwei Prozessen. Im ersten verlangt der Kläger die Leistung. Im nachfolgenden zweiten verlangt der frühere Beklagte dann die Rückgewähr dieser. Mithin führen beide Prozesse zu einem Zustand, der dem Status quo ante entspricht.[599] Daher verlangt die Prozessökonomie, den Beklagten nicht erst auf die zweite, dann von ihm anzustrengende Klagemöglichkeit zu

---

595 *Wieacker*, Zur rechtstheoretischen Präzisierung des § 242 BGB, S. 29.
596 So *Wacke*, JA 1982, 477, 478.
597 Vgl. *Wacke*, JA 1982, 477, 478.
598 Vgl. *Wacke*, JA 1982, 477, 478.
599 Vgl. *Heinrich*, FS Laufs, S. 585, 595.

verweisen, sondern seinen späteren Vortrag bereits im ersten Prozess als anspruchsübergreifende Einrede zuzulassen. Schließlich dient der Prozess der Durchsetzung von Ansprüchen, vor allem aber der Bewahrung der objektiven Rechtsordnung. Eine solche kann regelmäßig auch über die Gestattung einer Einrede erreicht werden, ohne gleichzeitig wichtige Ressourcen, Justizorgane sowie Geld, für den zweiten Rechtsstreit verschwenden zu müssen.[600] Aus dem Blickwinkel der Prozessökonomie besteht damit in aller Regel kein schützenswertes Interesse des Klägers für die Dauer bis zum zweiten Prozess, die im Streit stehende Leistung in seiner Rechtssphäre innezuhaben, sodass die erhobene Einrede gerechtfertigt ist.

3. *Interessenlage*

Schließlich ist dieser allgemeine Grundsatz Ausfluss einer Interessenabwägung: Zu fragen ist, ob das Interesse des Schuldners am Behaltendürfen der im Streit stehenden Leistung das Herausgabeinteresse des Gläubigers überwiegt. Dies etwa, weil der derzeitige Schuldner Gefahr läuft, im Hinblick auf die spätere Rückgewähr der Sache aufgrund einer inzwischen eingetretenen Insolvenz des jetzigen Gläubigers und späteren Schuldners oder einer Zwangsvollstrekkung in dessen Vermögen, am Ende leer auszugehen.[601] Allgemein gilt, dass die Rechtsposition des Anspruchstellers lediglich formal besteht. Es widerspricht grundsätzlich dem Gedanken, innerhalb von Rechtsverhältnissen auf den Vertragspartner Rücksicht zu nehmen, wenn diese formale Rechtsposition ausgeübt würde, nur um in einem weiteren Schritt gleich wieder seine Umkehr zu finden.[602] Aufgrund der vorzunehmenden Interessenabwägung kann das Interesse des Gläubigers an einer kurzfristigen Durchsetzung seines Anspruchs das Interesse des Schuldners am Behalten der Leistung im Einzelfall allerdings überwiegen. Dies gilt zum Beispiel, wenn der Gläubiger ein schutzwürdigeres Interesse an der Leistung geltend machen kann.[603] Streiten zwei Privatleute über eine zu erbringende Leistung, beschränkt sich die Interessenabwägung auf die Verhältnisse beider Parteien. Im vorliegenden Fall ist aber zu berücksichtigen, dass auf einer Seite eine Aktiengesellschaft und auf der anderen ein Gesellschafter steht. Für die Beziehung zwischen diesen Beteiligten gilt in einem bestimmten

600 Vgl. *Heinrich*, FS Laufs, S. 585, 595.

601 Vgl. *Heinrich*, FS Laufs, S. 585, 594; Staudinger/*Looschelders/Olzen*, BGB (2009), § 242 Rdn. 282.

602 Vgl. *Heinrich*, FS Laufs, S. 585, 595.

603 Vgl. Staudinger/*Looschelders/Olzen*, BGB (2009), § 242 Rdn. 282.

Umfang das Aktienrecht. Dieses ist seinerseits durch zwingend zu beachtende Grundsätze geprägt. Daher besteht die Privatautonomie nicht uneingeschränkt, was bei der Interessenabwägung Berücksichtigung finden muss. Offen ist dabei nur das Ausmaß der Berücksichtigung.

Gerade im Hinblick auf die vorzunehmende Interessenabwägung zeigt sich aber, dass die Frage der generellen Anwendbarkeit der Dolo-agit-Einrede gestellt werden muss. Da es sich bei § 242 BGB um eine Generalklausel und daher um einen allgemeinen Grundsatz handelt[604], ist für seine Anwendung Voraussetzung, dass die einschlägige Normenstruktur diese erlaubt. Ob das Aktienrecht eine Anwendung des § 242 BGB in Form der Dolo-agit-Einrede überhaupt zulässt und wenn ja auch uneingeschränkt, wird noch eingehend zu diskutieren sein. So könnte bereits die grundsätzliche Anwendbarkeit entfallen, wenn aktienrechtliche Prinzipien entgegenstehen. Auch könnte die Möglichkeit der Dolo-agit-Einrede im Rahmen einer vorzunehmenden Interessenabwägung ausgeschlossen sein, wenn es um aktienrechtliche Erstattungsansprüche geht. Denn diese sind letztlich Ausfluss des Kapitalerhaltungsgrundsatzes.

(bb) Venire contra factum proprium

Neben der Dolo-agit-Einrede kommt auch das Verbot des venire contra factum proprium in Betracht, welches der Aktionär dem Erstattungsverlangen der Aktiengesellschaft entgegen-setzen könnte.

1. *Allgemeines*

Auszugehen ist von dem Umstand, dass die Gesellschaft einerseits die Dividende bei Nichtigkeit des Gewinnverwendungsbeschlusses zurückfordert. Dies tut sie innerhalb des Zeitraums, dessen Ablauf für die Heilung des Jahresabschlusses und damit des Gewinnverwendungsbeschlusses erforderlich ist. Andererseits will sie aber gerade die Heilung der Nichtigkeit herbeiführen. Daher ist zu untersuchen, ob diesem Verlangen das Verbot des venire contra factum proprium entgegensteht, sodass die AG, vertreten durch ihren Vorstand, diesen Anspruch gegenüber ihrem Aktionär nicht durchsetzen kann. Nach diesem Grundsatz darf der Gläubiger seine Rechte nicht ausüben, wenn er sich dadurch zu seinem vorherigen Verhalten in Widerspruch setzt.[605]

---

604 Vgl. Soergel/*Teichmann*, Bürgerliches Gesetzbuch, 12. Aufl., § 242 Rdn. 6.
605 Vgl. Staudinger/*Looschelders/Olzen*, BGB (2009), § 242 Rdn. 286.

2. *Dogmatische Herführung des Verbotes des venire contra factum proprium*

Die dogmatische Einordnung dieses Grundsatzes ist nicht einheitlich. Teilweise wird er im Zusammenhang mit einer notwendigen rechtsgeschäftlichen Erklärung gesehen, mehrheitlich aber als Ausfluss des § 242 BGB. Zu diesem Streit soll nachfolgend Stellung bezogen werden.

a. *Als rechtsgeschäftliche Erklärung*

Vereinzelt wird angenommen, dass es für die Beurteilung des Verhalten als widersprüchlich entscheidend darauf ankommen soll, dass in dem früheren Verhalten des späteren Anspruchstellers ein Rechtsverlust durch rechtsgeschäftliches Handeln, genauer ein Verzicht im Sinne des § 397 BGB, zu erkennen ist; hierfür soll auch konkludentes Verhalten ausreichen können.[606] Mit der Annahme eines solchen Rechtsverzichts kann das betroffene Recht zu einem späteren Zeitpunkt nicht mehr geltend gemacht werden. Die Widersprüchlichkeit liegt demzufolge darin, dass entgegen der materiellen Rechtslage ein Recht gefordert wird, welches als solches nicht mehr existiert.[607] Diese spätere Rechtshandlung ist damit aufgrund der abweichenden vorherigen rechtsgeschäftlichen Erklärung widersprüchlich, sodass es auf das Rechtsinstitut „venire contra factum proprium" als eigenständige Regel nicht (mehr) ankommt.[608] Erst wenn es an einer solchen vorgelagerten rechtsgeschäftlichen Erklärung fehlt, soll der Anwendungsbereich dieses Verbotes eröffnet sein.[609] Weitergehend wird zum Teil sogar vertreten, dass die Anwendbarkeit dieses Grundsatz zwingend voraussetzt, dass in dem früheren Verhalten eine Willenserklärung zu erkennen ist[610]: Denn Ausgangspunkt für die Annahme einer Widersprüchlichkeit ist, dass jemand aufgrund des früheren Verhaltens eines anderen ein gewisses Vertrauen entwickelt hat, zu welchem das spätere Handeln nunmehr in Widerspruch steht. Als Beispiel sei der Fall genannt, in welchem der spätere Anspruchsteller durch sein Verhalten in einem früheren Moment deutlich erkennen lässt, er werde diesen Anspruch nicht geltend machen. Wenn aber Vertrauen geschaffen wurde, dann ist dies nur möglich, wenn der spätere Anspruchsteller durch sein früheres Verhalten einen objektiven Bindungswillen dahingehend geäußert hat, sich in Zukunft eben nicht in gegensätzlicher Form zu verhalten. Ein solcher

606 Vgl. *Wieling*, AcP 176 (1976), 334, 335; auf diese Ansicht eingehend auch Staudinger/*Looschelders/Olzen*, BGB (2009), § 242 Rdn. 287.

607 Vgl. *Dette*, Venire contra factum proprium nulli conceditur, S. 41.

608 Vgl. *Dette*, a. a. O. (Fn. 607), S. 42.

609 So *Dette*, a. a. O. (Fn. 607), S. 42.

610 So ausdrücklich *Wieling*, AcP 187 (1987), 95, 99.

Wille soll daher zwingend Voraussetzung für die Schaffung von Vertrauen und für die Einstufung eines späteren abweichenden Verhaltens als missbräuchlich sein. Denn ein bestimmtes Handeln ist erst dann treuwidrig, wenn es im Widerspruch zu einer vorher erklärten Bindung steht.[611] Ein Fall des venire contra factum proprium soll folglich nur dann vorliegen können, wenn mit einer Willenserklärung ein objektiver Bindungswille erkennbar ist.[612] Alles andere würde im Ergebnis zu einer Umgehung der gesetzlichen Vorschriften für Rechtsgeschäfte führen.[613]

b. *Als Ausfluss des § 242 BGB*

Überwiegend wird der Grundsatz jedoch als Ausfluss des § 242 BGB unter dem Aspekt des Vertrauensschutzes angesehen.[614] Der Schuldner kann dem Anspruchsteller entgegenhalten, dass dessen Verlangen unter Beachtung seines vorherigen Verhaltens widersprüchlich und diesem daher nicht nachzukommen ist. Bedarf es im Rahmen des Vorverhaltens einer rechtsgeschäftlichen Erklärung, wird der Anwendungsbereich zu eng aufgefasst.[615] Im Mittelpunkt steht der Schutz des Vertrauens in die Beständigkeit des Handelns einer Person.[616] Dabei ergibt sich die Widersprüchlichkeit nicht daraus, dass durch ein späteres Verhalten ein Recht geltend gemacht wird und dieses im Widerspruch zur früheren Haltung steht. So zeigt der Grundsatz „qui suo iure utitur, neminem laedit“[617], dass die Durchsetzung eigener Rechtspositionen grundsätzlich zulässig ist.[618] Auch die bloße Widersprüchlichkeit an sich stellt keine Begründung für die beschriebenen Rechtsfolgen dar, da ein bloßer Selbstwiderspruch keinen eigenständigen Unwertgehalt aufweist, wie es etwa bei der Sittenwidrigkeit der Fall ist.[619] Die Widersprüchlichkeit ergibt sich vielmehr, unabhängig von der Frage, ob eine Willenserklärung vorliegt, aus dem Vorverhalten und der Herbeiführung von Vertrauen. Der Inhaber eines bestimmten Rechts verhält sich dergestalt, dass ein anderer von dessen Verzicht auf die Rechtsposition ausgehen darf.[620]

---

611 Vgl. *Wieling*, AcP 176 (1976), 334, 336.

612 So ausdrücklich *Wieling*, AcP 187 (1987), 95, 99.

613 Vgl. *Wieling*, AcP 176 (1976), 334, 342.

614 Vgl. Canaris, Die Vertrauenshaftung im deutschen Privatrecht, S. 287 f.; Staudinger/*Looschelders/Olzen*, BGB (2009), § 242 Rdn. 287.

615 Vgl. MünchKomm. BGB/*Roth/Schubert*, 6. Aufl., § 242 Rdn. 288.

616 Vgl. *Eichler*, Die Rechtslehre vom Vertrauen, 1950, S. 32 ff.; *Singer*, Das Verbot widersprüchlichen Verhaltens, S. 47.

617 „Wer von seinem Recht Gebrauch macht, schädigt niemanden.“

618 Vgl. *Dette*, a. a. O. (Fn. 607), S. 39; *Heinrich*, FS Laufs, S. 585, 596.

619 Vgl. *Dette*, a. a. O. (Fn. 607), S. 38; *Singer*, a. a. O. (Fn. 616), S. 47.

620 Vgl. *Heinrich*, FS Laufs, S. 585, 597; *Singer*, a. a. O. (Fn. 616), S. 43.

Verletzt er dann durch sein späteres Verhalten dieses von ihm hervorgerufene Vertrauen, handelt er widersprüchlich. Zum Schutz des Vertrauenden darf der Inhaber des Rechts dieses im Folgenden nicht ausüben.[621] Dabei handelt es sich um eine Rechtsfolge, die sich im Grunde genommen aus einer Abwägung der entgegenstehenden Interessen ergibt: Die Interessen der Person, die vertrauen durfte, werden höher bewertet als die Interessen des Rechtsinhabers, der durch sein früheres Verhalten Vertrauen geschaffen hat, was sich in Anbetracht seines späteren Auftretens allerdings als unzutreffend erweist.[622]

c. *Eigene Ansicht*

Richtigerweise wird das Verbot des venire contra factum proprium als eine Ausprägung des § 242 BGB verstanden. Dabei gilt jedoch, dass eine Anwendung dieser Vorschrift dann unterbleiben muss, wenn in dem früheren Verhalten eine Willenserklärung in Form eines rechtsgeschäftlichen Verzichts erkannt werden kann. Denn bei § 242 BGB handelt es sich um eine Generalklausel, die dann verdrängt werden kann, wenn, wie im Fall rechtsgeschäftlicher Erklärungen, speziellere Regelungen vorgehen.[623] Ein venire contra factum proprium setzt dagegen nicht zwingend voraus, dass in dem früheren Verhalten rechtsgeschäftliches Handeln enthalten ist.[624] Denn dieser Grundsatz ist vor allem eng mit der Bildung von Vertrauen eines Dritten verknüpft. Ein solches Vertrauen kann aber auf verschiedene Weise geschaffen werden. Erfasst sind damit nicht nur Willenserklärungen, die einen objektiven Bindungswillen beinhalten. Bei rechtsgeschäftlichen Erklärungen bedarf es gerade keines separaten Vertrauensschutzes, da das Gesetz die Rechtsfolgen ausdrücklich vorgibt; nur dann, wenn eine rechtsgeschäftliche Bindung und damit eine gesetzliche Regelung fehlen, kommt es maßgeblich auf das Vertrauen an.[625] Vertrauensbegründendes Verhalten kann sich dabei aus einer Vielzahl von Gründen ergeben. Gerade im Fall der auch von diesem Grundsatz erfassten Verwirkung fehlt es am Erklärungsbewusstsein und damit an einer Willenserklärung.[626] Eine wirksame Willenserklärung kann ferner in den Fällen fehlen, in denen ein Formerfordernis

---

621 RGZ 107, 357 ff.; BGHZ 16, 334 ff.; *Canaris*, a. a. O. (Fn. 614), S. 293.

622 Vgl. Soergel/*Teichmann*, Bürgerliches Gesetzbuch, 12. Aufl., § 242 Rdn. 313; *Larenz*, a. a. O. (Fn. 417), § 10 II, S. 133 f.; *Canaris*, a. a. O. (Fn. 614), 287 ff.

623 Vgl. *Heinrich*, FS Laufs, S. 585, 597; *Singer*, a. a. O. (Fn. 616), S. 43.

624 So aber *Wieling*, AcP 187 (1987), 95, 99.

625 So *Singer*, a. a. O. (Fn. 616), S. 83.

626 Vgl. *Heinrich*, FS Laufs, S. 585, 598; *Wieling* erfasst den Fall der Verwirkung zwar als einen Fall des § 242 BGB, nicht aber als Fall des „venire contra factum proprium", *Wieling*, AcP 176 (1976), 334, 337.

besteht.[627] Der Grundsatz des venire contra factum proprium ist daher richtigerweise in den Situationen, in denen eine ausdrückliche rechtsgeschäftliche Erklärung fehlt, als Ausfluss des § 242 BGB und als Mittel zur Durchsetzung des schutzwürdigen Interesses anzusehen. Hinter dem Gedanken des venire contra factum proprium steht eine Abwägung der gegenläufigen Interessen. Dabei ist zu beachten, inwieweit der Vertrauende vertrauen durfte oder ob durch den Gesetzgeber vielmehr zu beachtende Grenzen gesetzt wurden, die vertrauensbeschränkend wirken. Denn würde grenzenloses Vertrauen angenommen, bestünde die Gefahr, dass der Rechtsinhaber durch sein früheres Verhalten faktisch Ansprüche des Vertrauenden schüfe, nämlich den Anspruch auf Verzicht des Inhabers einer Rechtsposition auf diese. Es droht dann in solchen Fällen ein Konflikt, in denen die faktisch geschaffenen Ansprüche dem Gesetz zuwiderlaufen, womit wieder die Reichweite dieses Grundsatzes und des § 242 BGB allgemein betroffen ist. Über die Regelung des § 242 BGB und das Verbot des venire contra factum proprium kann nicht durchgesetzt werden, was das Gesetz ausdrücklich und zwingend verbietet, denn in solchen Fällen ist der Anwendungsbereich dieser Bestimmung nicht eröffnet.[628]

d. *Im vorliegenden Fall*

Vorliegend könnte ein schutzwürdiges Vertrauen dadurch begründet werden, dass die Auszahlung der Dividende in einer Phase vorgenommen wird, in der ein entsprechender Anspruch des Aktionärs aufgrund der Nichtigkeit des Gewinnverwendungsabschlusses (noch) nicht besteht. Entscheidend ist in diesem Zusammenhang, dass die Dividende entgegen den Vorschriften des Aktiengesetzes geleistet wurde. Ob dies aber für die Anwendung des Grundsatzes des venire contra factum proprium genügen kann ist zweifelhaft, da zum einen nicht in jedem Fall der verantwortliche Vorstand der Gesellschaft von der Nichtigkeit des Jahresabschlusses und damit des Gewinnverwendungsbeschlusses, Kenntnis hat. Aber selbst wenn die Auszahlung in Kenntnis der Nichtigkeit erfolgte, führt dies für den Aktionär als grundsätzlich Erstattungspflichtigen nicht auch zwingend zur Möglichkeit, diesen Grundsatz als Einrede geltend zu machen. Denn § 57 Abs. 1 S. 1 AktG enthält zum anderen ein ausdrückliches Verbot, von bestimmten Ausnahmen abgesehen, Gesellschaftsmittel an die Aktionäre auszuschütten. Daher muss im Weiteren zunächst untersucht werden, ob die Einrede überhaupt grundsätzlich Anwendung finden darf. Erst wenn die generelle Anwendbarkeit positiv festgestellt ist, kann darüber entschieden werden, ob im hier gegebenen Einzelfall

---

627 Vgl. Soergel/*Teichmann*, Bürgerliches Gesetzbuch, 12. Aufl., § 242, Rdn. 312.

628 Im Rahmen dieses Exkurses wäre die aktienrechtswidrige Dividendenzahlung betroffen.

auch ein schutzwürdiges Vertrauen des Aktionärs besteht, welches er dem Erstattungsverlangen der Gesellschaft erfolgreich entgegenhalten kann.

Dies wirft Fragen im Hinblick auf das prinzipielle Verhältnis der Generalklausel des § 242 BGB zu spezialgesetzlichen Regeln auf. Zu klären ist, ob § 242 BGB und damit eine Anwendung der vorstehend dargestellten Grundsätze bei Vorliegen spezialgesetzlicher Regelungen stets ausgeschlossen ist, oder ob die Möglichkeit einer parallelen Anwendbarkeit besteht. Wenn die grundsätzliche Möglichkeit eines Nebeneinanders besteht, stellt sich weitergehend die Frage, wo die Grenze dessen liegt. Wenn eine solche überhaupt existiert. Dies gilt in diesem Zusammenhang vor allem bezogen auf das Aktienrecht, weil mit der voreiligen Auszahlung – der Zeitpunkt der Auszahlung ist hier der Ausgangspunkt für die rechtliche Betrachtung – ein Verstoß gegen ausdrückliche aktienrechtliche Bestimmungen vorliegt, nämlich § 57 Abs. 1 S. 1 AktG.

(d) Die Anwendbarkeit des § 242 BGB im Hinblick auf die Ausprägungen „dolo agit" und „venire contra factum proprium" im Aktiengesetz

Nach der allgemeinen Darstellung der beiden möglichen Einreden, die dogmatisch richtigerweise als Ausfluss der Generalklausel des § 242 BGB zu qualifizieren sind, ist herauszuarbeiten, ob die angesprochenen Ausprägungen des § 242 BGB im vorliegenden Zusammenhang überhaupt Anwendung finden können. Hierzu soll in einem ersten Schritt das generelle Verhältnis des § 242 BGB zu spezialgesetzlichen Regelungen dargestellt werden und der Frage nachgegangen werden, ob § 242 BGB im Rahmen allgemeiner spezialgesetzlicher Bestimmungen überhaupt zur Anwendung gelangen kann (sub (aa)). In einem zweiten Schritt soll dann untersucht werden, was für die Anwendbarkeit der Dolo-agit-Einrede sowie das Verbot des venire contra factum proprium als Ausprägungen des § 242 BGB im Rahmen der aktienrechtlichen Kapitalerhaltungsregeln als wesentlicher Teil des Aktiengesetzes gilt (sub (bb)).

(aa) Das Verhältnis des § 242 BGB zu spezialgesetzlichen Regelungen im Allgemeinen

Die Existenz spezialgesetzlicher Regelungen führt in Bezug auf die Generalklausel und die Subsidiarität des § 242 BGB nicht zwingend dazu, dass die Anwendung der vorstehend genannten Bestimmung und ihren dargestellten Ausprägungen von vornherein ausgeschlossen ist.[629] Zwar wurde zu früherer Zeit in Rechtsprechung und Literatur

---

629 Vgl. Soergel/*Teichmann*, Bürgerliches Gesetzbuch, 12. Aufl., § 242 Rdn. 113 ff.; siehe hierzu vor allem Staudinger/*Schmidt*, BGB (1995), § 242 Rdn. 252 ff.; Staudinger/*Looschelders/Olzen*, BGB (2009), § 242 Rdn. 334 ff.

vertreten, dass die Existenz zwingender spezieller Rechtsnormen ein Eingreifen des § 242 BGB ausschließe, sodass auch von „§ 242-festen“ Rechtssätzen gesprochen wurde.[630] Begründet wurde dieser Ausschluss damit, dass die betroffenen Rechtsnormen bei einer Anwendbarkeit des § 242 BGB ihre Bedeutung verlieren könnten, wenn die intendierten Rechtsfolgen durch die Generalklausel umgangen würden.[631]

Diese These kann allerdings mit der heute herrschenden Meinung in dieser Absolutheit nicht aufrechterhalten bleiben.[632] Vielmehr soll nach einer Meinung die Frage der Anwendbarkeit des § 242 BGB vom Vorliegen solcher spezialgesetzlicher Regelungen abhängig sein, denen einen Abschlussfunktion zukommt. Nach einer anderen Ansicht soll es hingegen hierbei auf eine Abwägung der entgegenstehenden Interessen ankommen.

1. Vorliegen spezialgesetzlicher Regelungen mit Abschlussfunktion

Die Ansicht über die Existenz von „§ 242-festen“ Rechtssätzen war schon in früherer Zeit nicht unumstritten. Sie erfuhr eine Einschränkung dergestalt, dass jedenfalls auch bei zwingenden Rechtsnormen im Einzelfall überprüft werden müsste, ob nicht besondere Umstände dazu führten, dass die Anwendung der zwingenden Rechtsnormen gegen Treu und Glauben verstießen.[633] Dementsprechend wird heute vertreten, dass § 242 BGB und die beiden vorgestellten Einreden als Ausprägung dieser Generalklausel dann Anwendung finden, wenn der hinter diesen stehende Gedanke nicht ausreichend durch die spezialgesetzlichen Normierungen, die im konkreten Fall einschlägig sind, gewährleistet wird. Kann diese spezialgesetzliche Normenstruktur hingegen als vollständig und ausfüllend bezeichnet werden, enthält sie also einen abschließenden Regelungsgehalt, wird § 242 BGB verdrängt.[634] Denn fände die Bestimmung mit ihren Ausgestaltungen in einer Normenstruktur Anwendung, die den Gedanken von Treu und Glauben ihrerseits bereits ausreichend berücksichtigt, würde diese gesetzlich errichtete Struktur und der damit verfolgte Wille des Gesetzgebers möglicherweise umgangen.[635]

---

630 Vgl. OLG Koblenz DRZ 1949, 40; BGH WM 1966, 518, 520; so ausdrücklich Staudinger/*Schmidt*, BGB (1995), § 242 Rdn. 252, 253.

631 Vgl. OLG Koblenz DRZ 1949, 40; BGH WM 1966, 518, 520; Staudinger/*Schmidt*, BGB (1995), § 242 Rdn. 252, 253.

632 Vgl. nur die Darstellung in Staudinger/*Looschelders/Olzen*, BGB (2009), § 242 Rdn. 338 ff.

633 Vgl. RGZ 85, 108, 117; BGHZ 3, 94, 104; 30, 315, 322; 58, 146, 147; BGH NJW 1960, 625, 626.

634 Vgl. Erman/*Hohloch*, BGB, 13. Aufl., § 242 Rdn. 27.

635 Vgl. *Canaris*, a. a. O. (Fn. 614), S. 311; *Heinrich*, FS Laufs, S. 585, 602.

Nach den bisherigen Feststellungen darf die Bestimmung des § 242 BGB keinesfalls als eine Regelung verstanden werden, die immer und ohne Rücksicht auf den Einzelfall zur Anwendung gelangen kann, einzig um mutmaßliche Gesetzeslücken zu füllen. Denn nur weil auf den ersten Blick eine solche vorliegt, muss dies nicht bedeuten, dass es sich im Ergebnis auch um eine solche handelt. Zu der Frage, was Treu und Glauben widerspricht, kann eine pauschale Aussage somit nicht getroffen werden. Hierfür kommt es immer auf den konkreten Zusammenhang an. Liegt eine abschließende spezialgesetzliche Regelung vor, fehlt es aber an einer Lücke, in die § 242 BGB zur Auffüllung stoßen könnte. Eine Anwendung dieser Generaklkausel muss damit in diesen Fällen unterbleiben. Denn mit einer abschließenden Regelung hat das Gesetz den möglichen Konflikt schon geregelt.

2. Fehlende Anwendbarkeit des § 242 BGB kraft Interessenabwägung

Zum Teil wird vertreten, dass eine Anwendung des § 242 BGB mit seinen verschiedenen Ausprägungen in bestimmten Fällen entfallen muss. Dabei soll es nicht darauf ankommen, ob, wie oben ausgeführt, eine spezialgesetzliche Regelung mit Abschlusscharakter vorliegt. Vielmehr soll entscheidend sein, ob die maßgebliche Vorschrift einem besonderen öffentlichen Interesse dient, welches höher als § 242 BGB und der Grundsatz von Treu und Glauben, also letztlich das Einzelinteresse Privater, einzustufen ist.[636] Ein Ausschluss der Anwendbarkeit des § 242 BGB soll somit in bestimmten Fällen gerechtfertigt sein. Dies sind Fälle, in denen der individuelle Schutz des Einzelnen, denn dieser wird durch die Anwendung des § 242 BGB in bestimmten Konfliktsituationen gewährleistet, hinter allgemeinen Grundsätzen zurücktreten muss. Diese Folge tritt ein, weil die Durchsetzung dieser bedeutenden Grundsätze Leitlinie der gesellschaftlichen Struktur ist, die um ihrer selbst willen in diesen Fällen Individualinteressen keinen Platz bietet. Allgemein gelten als übergeordnete Schutzzwecke in diesem Sinne solche bedeutenden Rechtsgrundsätze wie die Geltung rechtskräftiger Urteile oder die Verwirklichung wirtschaftspolitischer sowie sozialpolitischer Zielsetzungen.[637] Weitergehend können auch Interessen Dritter vorrangig zu berücksichtigen sein. Dies dergestalt, dass die Regelung des § 242 BGB in ihrer Anwendbarkeit schon

---

636 Vgl. Soergel/*Siebert-Knopp*, Bürgerliches Gesetzbuch, 10. Aufl., § 242 Rdn. 44; dieser Meinung weiterhin folgend Soergel/*Teichmann*, Bürgerliches Gesetzbuch, 12. Aufl., § 242 Rdn. 117.

637 Vgl. Soergel/*Siebert-Knopp*, Bürgerliches Gesetzbuch, 10. Aufl., § 242 Rdn. 44; fortgesetzt in Soergel/*Teichmann*, Bürgerliches Gesetzbuch, 12. Aufl., § 242 Rdn. 119, 120.

von vornherein ausgeschlossen ist, wenn eine Abwägung der sich gegenüberstehenden Güter für einen solchen verdrängenden Vorrang spricht.[638] Hinter dieser Fallgruppe der Drittinteressen verbirgt sich demnach eine Interessenabwägung, in deren Rahmen festgestellt wird, ob der Ausschluss der Anwendung von Treu und Glauben angemessen ist, wenn dadurch eine Gefährdung außenstehender Dritter verhindert werden kann.[639] Ein auch inhaltlich passendes Beispiel, in dem es um den Schutz außenstehender Dritter geht, findet sich im Recht der GmbH: Nach dem Bundesgerichtshof kann das Aufrechnungsverbot des § 19 GmbHG, welches das Prinzip der Kapitalaufbringung in der GmbH sicherstellt und damit dem Gläubigerschutz dient, nicht durch eine Anwendung des § 242 BGB durchbrochen werden, auch wenn im Innenverhältnis zwischen Gesellschaft und Gesellschafter vieles für eine Anwendung spricht.[640]

3. Entscheidung

Ob diese genannten Interessen einen generellen Ausschluss der Anwendung des § 242 BGB rechtfertigen, oder ob angesichts der in diesem Zusammenhang dogmatisch vorzugswürdigen Einordnung des § 242 BGB als vertrauensschützende Norm nicht vielmehr im Einzelfall[641] zu prüfen ist, ob ein Ausschluss angemessen ist, soll Gegenstand der nachfolgenden Untersuchung sein.

Gegen die Anerkennung von Rechtsnormen, die vorrangige Interessen schützen und daher schon von vornherein die Anwendung des § 242 BGB ausschließen, spricht, dass es nicht ohne Weiteres einsichtig ist, warum öffentliche Interessen solche privater Natur a priori überwiegen sollen, wenn die einzelnen Umstände nicht bekannt sind.[642] Welche privaten Interessen konkret gegeben wären, müsste nach dieser Meinung sogar dahinstehen können. Gerade das Beispiel des § 19 GmbH zeigt jedoch, dass es auch private Interessen sein können, die einer Anwendung des § 242 BGB entgegenstehen. Die Behauptung der Einzelfallgerechtigkeit, die durch § 242 BGB gerade gewährleistet werden soll, kann durch einen allgemeinen Ausschluss dieser Regelung in bestimmten Fällen jedenfalls nur bedingt erreicht werden Denn es soll nicht auf die widerstreitenden Interessen ankommen, sondern es soll die bloße Höherwertigkeit der im Fokus stehenden Interessen ausreichen.

638 Vgl. Soergel/*Teichmann*, Bürgerliches Gesetzbuch, 12. Aufl., § 242 Rdn. 118, 121.

639 So Soergel/*Teichmann*, Bürgerliches Gesetzbuch, 12. Aufl., § 242 Rdn. 121.

640 BGH NJW 1962, 1009 f.; BGH GmbHR 1982, 194 f.; Hennsler/Strohn/*Verse*, Gesellschaftsrecht, 1. Aufl., § 19 GmbHG Rdn. 23.

641 Ob Vertrauensschutz gerechtfertigt ist, ist immer eine Frage der Einzelfallgerechtigkeit und daher im konkreten Fall festzustellen.

642 Vgl. Staudinger/*Looschelders/Olzen*, BGB (2009), § 242 Rdn. 338.

Tatsächlich ist die Bestimmung einer Höherwertigkeit eines Rechtsguts aber die Folge eines Abwägungsprozesses, der die widerstreitenden Interessen gegenüberstellt und damit eine Einzelfallentscheidung verlangt. Öffentliche Interessen können sich immer noch im Rahmen der Einzelfallabwägung durchsetzen und gegen eine Anwendung des § 242 BGB streiten.

Demzufolge verlangt die heute überwiegende Meinung, dass im Einzelfall zu bestimmen ist, ob die Generalklausel des § 242 BGB, und damit auch die beiden vorgestellten Einreden, im Geltungsbereich anderer spezialgesetzlicher Normen Anwendung finden können oder doch ausgeschlossen sind.[643] Diese Ansicht ist vorzugswürdig und entspricht in diesem Zusammenhang der Intention der Generalklausel als vertrauensschützende Norm. Erst wenn die im konkreten Einzelfall widerstreitenden Interessen bekannt sind und verglichen werden können, ist es möglich, ihnen einen eventuellen Vorrang im Sinne einer Höherwertigkeit zuzusprechen. Zudem führt eine Einzelfallbetrachtung auch zu einer größeren Einzelfallgerechtigkeit, wenn etwa in zwei Fällen die Interessen bei der einen Partei unterschiedlich sind, auf der anderen Seite aber gleich bleiben: Der Vorrang bestimmter sozialpolitischer Zielsetzungen auf der einen Seite kann bei entsprechenden Interessen auf der anderen Seite in einem Fall gerechtfertigt sein, dies muss in einem weiteren Fall allerdings nicht zwingend ebenso sein. Vielmehr muss der Rechtsanwender, besonders aber der Rechtsprecher, flexibel bleiben. Schließlich setzt dieser das Recht durch, wodurch es erst gelebt wird. Ein bloßer Vorrang auf dem Papier, ein solcher wäre nach der teilweisen Ansicht die Folge, ginge aber an der eigentlichen Funktion des § 242 BGB, nämlich die Sicherstellung der Einzelfallgerichtigkeit, vorbei. Die Korrektur eines Ergebnisses wäre unter Umständen aufgrund eines vorrangigen Ausschlusses in einzelnen Fällen nicht möglich.

Zudem stößt der Gedanke der „§ 242-festen“ Rechtssätze auf ein technisches Problem: Der Gesetzgeber ist in einem bestimmten Maße darauf angewiesen, seine Rechtsnormen abstrakt zu formulieren. Mögliche Gesetzeslücken sind daher die logische und notwendige Folge. Die Regelung des § 242 BGB übernimmt somit eine gewisse Korrekturfunktion. Da die Vielzahl der Sachverhalte und der aufeinander treffenden widerstreitenden Interessen quasi unendlich ist, kann ein in jedem Fall gegebener Vorrang bestimmter Rechtsgrundsätze nicht existieren. Ein solcher läuft dem Gedanken und der Funktion der Generalklausel entgegen. Dies soll wiederum nicht bedeuten, dass § 242 BGB immer Anwendung findet. Denn in bestimmten Fällen liegt eine gesetzlich abschließende Regelung vor, die eine Anwendung dieser

---

643 Vgl. *Larenz*, a. a. O. (Fn. 417), § 10 I, S. 129 f.; Staudinger/*Looschelders/Olzen*, BGB (2009), § 242 Rdn 338.

Vorschrift ausschließen kann und soll.[644] Ein solcher Ausschluss kann jedoch erst im Einzelfall festgestellt werden, weil erst mit Kenntnis der konkreten Umstände eine Aussage über eine abschließende gesetzliche Regelung getroffen werden kann.

(bb) Die Abschlussfunktion der Kapitalerhaltungsregeln, §§ 57 ff. AktG

Wenn damit eine Anwendung des § 242 BGB davon abhängt, ob den vorliegenden spezialgesetzlichen Regelungen eine Abschlussfunktion zukommt, ist nachfolgend zu untersuchen, ob dies bei den aktienrechtlichen Kapitalerhaltungsregeln der Fall ist.

1. *Einführung*

Zur Bestimmung der Anwendbarkeit des § 242 BGB kommt es richtigerweise auf eine Einzelfallbetrachtung an. Im Rahmen dieser ist zu klären, ob der Fall der verfrühten Dividendenzahlung bei Nichtigkeit des Gewinnverwendungsbeschlusses und seiner zu erwarteten Heilung vom Aktiengesetz als spezialgesetzliches Regelwerk abschließend geregelt ist. Da sich das Gesetz durch eine gewisse Abstraktion auszeichnet, kommt es vorliegend darauf an, ob mit dem grundsätzlichen Verbot der Rückzahlung von Gesellschaftsmitteln an die Gesellschafter gemäß § 57 AktG eine zwingende und somit abschließende Regelung besteht. Diese muss die Anwendbarkeit des § 242 BGB im konkreten Fall ausschliessen.[645] Denn die Dividendenzahlung kollidiert mit dieser aktienrechtlichen Regelung, weil zum Zeitpunkt der Ausschüttung aufgrund der Nichtigkeit ein wirksamer Gewinnverwendungsbeschluss bekanntlich noch fehlt.

Abschließende gesetzliche Regelungen zeichnen sich dadurch aus, dass sie die maßgeblichen Ausprägungen des § 242 BGB – im vorliegenden Fall die Dolo-agit-Einrede und den Grundsatz des venire contra factum proprium – bereits durch eigene Vorgaben ausreichend berücksichtigen. Das maßgebliche Normengefüge des Aktiengesetzes ist damit auf eine solche Berücksichtigung hin zu untersuchen. Erst wenn eine solche im Rahmen der §§ 57 ff. AktG fehlt, kann es daher zu einer Anwendung des § 242 BGB und seiner Ausformungen als subsidiäre Regelung kommen.[646]

2. *Der Kapitalerhaltungsgrundsatz nach den §§ 57 ff. AktG als abschließende Regelung*

Ob die §§ 57 ff. AktG eine abschließende Regelung dergestalt darstellen, dass die angesprochenen Ausformungen des § 242 BGB keine Anwendung finden können

---

644 Vgl. Staudinger/*Looschelders/Olzen*, BGB (2009), § 242 Rdn. 339.

645 Vgl. Staudinger/*Looschelders/Olzen*, BGB (2009), § 242 Rdn. 341.

646 Vgl. Erman/*Hohloch*, BGB, 12. Aufl., § 242 Rdn. 27.

und damit unberücksichtigt bleiben müssen, hängt nach den obigen Ausführungen von der Funktion und der Bedeutung ab, die der aktienrechtlichen Kapitalerhaltung zukommt. Damit muss der Grundsatz der Kapitalerhaltung insgesamt auf seinen abschließenden und damit in der Folge ausschließenden Charakter hin untersucht werden. Mithin kommt es darauf an, ob die oben dargestellten Einreden aus § 242 BGB[647] in die bestehenden Regelungen des Aktiengesetzes integriert werden können oder ob diesenfalls gravierende Widersprüche entstünden, die einen Abschlusscharakter der betroffenen aktienrechtlichen Regelungen nahelegen, damit das Entstehen solcher Widersprüche verhindert werden kann. Bei der Frage des Abschlusscharakters des Kapitalerhaltungsgrundsatzes ist als Leitlinie stets zu beachten, dass es sich bei diesem um einen zwingenden Grundsatz des deutschen Aktienrechts handelt, der nur in einigen wenigen Fällen Ausnahmen zulässt.[648]

Im Weiteren werden nun einige Aspekte dargestellt, die für die Frage einer solchen Abschluss- und Ausschlussfunktion der §§ 57 ff. AktG von Bedeutung sind:

a. *Das grundsätzliche Ausschüttungsverbot*

Erstes Argument für die Charakterisierung des Kapitalerhaltungsgrundsatzes als eine abschließende und somit die Bestimmung des § 242 BGB ausschließende Normstruktur ist das bereits behandelte grundsätzliche Ausschüttungsverbot von Gesellschaftsmitteln an die Aktionäre gemäß § 57 Abs. 1 S. 1 AktG.[649] Soll eine Ausschüttung dennoch erfolgen, bedarf diese einer gesetzlichen Grundlage.[650] Wird hierfür eine „besondere gesetzliche Regelung" gefordert[651], kann sich ein Anspruch der Aktionäre nicht aus einer Generalklausel wie § 242 BGB ergeben, weil diese Regelung den aktienrechtlichen Besonderheiten nicht angepasst wurde. Von einer „besonderen gesetzlichen Regelung" in diesem Sinne kann somit nicht gesprochen werden. Denn bestehen nur in einem engen Maße Ausnahmen von diesem ansonsten zwingend zu beachtenden Grundsatz, würde eine Generalklausel, noch dazu eine gesetzesfremde, dem Gedanken dieser Begrenzung entgegenlaufen. Schließlich können mit einer solchen schon begrifflich eine Vielzahl von unbestimmten Fällen erfasst werden. Diese könnten im Einzelfall den eigentlich

647 Nämlich „dolo agit" und „venire contra factum proprium".

648 Vgl. RGZ 107, 161, 168; RGZ 149, 385, 400; BGHZ 90, 381, 386; OLG Frankfurt AG 1996, 324, 325; Großkomm. AktG/*Henze*, 4. Aufl., § 57 Rdn. 6; *Hüffer*, AktG, 10. Aufl., § 57 Rdn. 1 f.; MünchKomm. AktG/*Bayer*, 3. Aufl., § 57 Rdn. 4.

649 Siehe oben Seite 77 ff.

650 Vgl. nur MünchKomm. AktG/*Bayer*, 3. Aufl., § 57 Rdn. 7.

651 Vgl. KölnKomm. AktG/*Drygala*, 3. Aufl., § 57 Rdn. 16; so Spindler/Stilz/*Cahn/v. Spannenberg*, AktG, 2. Aufl., § 57 Rdn. 14.

verfolgten Zweck unterlaufen, soweit eine Abstimmung der Generalklausel mit der Zielsetzung des Aktienrechts, insbesondere der Kapitalerhaltung, unterlassen wurde. Die Zulässigkeit der Rückgewähr von Gesellschaftsmitteln bemisst sich somit ausschließlich nach aktienrechtlichen Regelungen[652], sodass die Zulässigkeit einer Einrede nach § 242 BGB ausscheiden muss. Auch wenn § 242 BGB in diesem Fall keine eigenständige Anspruchsgrundlage für den einzelnen Aktionär darstellt, welche zur Auszahlung von Gesellschaftsmitteln führt – Grundlage für diese ist vielmehr ein nichtiger Gewinnverwendungsbeschluss – so bietet die Bestimmung des § 242 BGB doch die Möglichkeit einer Einrede des Aktionärs. Diese könnte dazu führen, dass dieser die erhaltenen Leistungen behalten dürfte. Hierbei ist jedoch festzustellen, dass es unter dem Gesichtspunkt der Kapitalerhaltung keinen Unterscheid machen kann, ob eine aktienrechtsfremde Regelung besteht, die einen Anspruch des Aktionärs gewährt oder die nur eine Einrede zur Verteidigung des bereits Erhaltenen bietet. Jedenfalls kommt es zu einer Verschiebung von Gesellschaftsmitteln, die dem Kapitalerhaltungsgrundsatz zuwiderläuft. Eine solche Verschiebung will § 57 Abs. 1 S. 1 AktG gerade verhindern.

b. *Die Absicherung des Anspruchs aus § 62 Abs. 1 AktG durch § 66 Abs. 2 AktG*

Im direkten Zusammenhang zum zwingenden Charakter des § 57 AktG und den abschließenden Ausnahmen zur Ausschüttung von Gesellschaftsmitteln steht § 62 Abs. 1 AktG. Diese Bestimmung regelt die Rechtsfolgen eines Verstoßes gegen das Verbot des § 57 AktG und zielt auf eine grundsätzliche Erstattungspflicht des betroffenen Aktionärs ab. Wie schon ausgeführt, findet sich in § 62 Abs. 1 S. 2 AktG eine Ausnahme von der grundsätzlichen Erstattungspflicht des Aktionärs, die auf einer Interessenabwägung beruht.[653] Aufgrund des Schutzes der Gesellschaftsmittel und der Durchsetzung der Kapitalerhaltung handelt es sich bei dem Erstattungsanspruch der Gesellschaft um einen zwingenden Anspruch, von dem der Schuldner, also der

---

652 Vgl. Großkomm. AktG/*Henze*, 4. Aufl., § 57 Rdn. 9, 182 ff.; K. Schmidt/Lutter/*Fleischer*, AktG, 2. Aufl., § 57 Rdn. 34 ff.; KölnKomm. AktG/*Drygala*, 3. Aufl., § 57 Rdn. 95 ff.; Spindler/Stilz/*Cahn/v. Spannenberg*, AktG, 2. Aufl., § 57 Rdn. 132.; ausgenommen wird die Problematik der Konkurrenz von Kapitalerhaltungsgrundsatz und der kapitalmarktrechtlichen Prospekthaftung, vgl. hierzu BGH NJW 2005, 2450, 2451 f.; OLG Stuttgart WM 2008, 1368; Großkomm. AktG/*Henze*, 4. Aufl., § 57 Rdn. 18 ff.; *Henze*, NZG 2005, 115 ff.; K. Schmidt/Lutter/*Fleischer*, AktG, 2. Aufl., § 57 Rdn. 39; *Langenbucher*, a. a. O. (Fn. 250), § 9 Rdn. 25; MünchKomm. AktG/*Bayer*, 3. Aufl., § 57 Rdn. 15 ff., insb. Rdn. 25; zwei diesbezügliche Beispiele finden sich bei *Drygala/Staake/Szalai*, a. a. O. (Fn. 39), § 20 Rdn. 40 ff.

653 Vgl. Fallbeispiel 1.

Aktionär, nicht befreit werden kann. Dies ergibt sich aus § 66 Abs. 2 AktG. Steht in § 66 Abs. 1 AktG der Schutz der Kapitalaufbringung im Vordergrund und handelt es sich daher um eine für das deutsche Aktienrecht zentrale Vorschrift[654], kann für das Verhältnis von § 66 Abs. 2 AktG und den Grundsatz der Kapitalerhaltung nichts anderes gelten.

§ 66 Abs. 2 AktG sichert den Erstattungsanspruch der Gesellschaft gegen ihre Gesellschafter ab und zementiert die Kapitalerhaltung unter anderem dadurch als einen wesentlichen Grundsatz des Aktienrechts. Ausdrücklich verboten ist die Befreiung des Gesellschafters von seiner Erstattungspflicht. Dabei handelt es sich bei dem Begriff der Befreiung um einen untechnischen Begriff, der dementsprechend weit auszulegen ist.[655] In diesem Zusammenhang wird durchgängig davon gesprochen, dass entsprechende Rechtsgeschäfte, die zu einer Befreiung führen können, gegen § 66 Abs. 1 beziehungsweise § 66 Abs. 2 AktG verstoßen und damit verboten sind.[656] Da aufgrund der enormen Bedeutung der Kapitalerhaltung für die Aktiengesellschaft der Begriff der Befreiung weit auszulegen ist, ist es jedoch nicht ausreichend, die Befreiung auf das Verbot von Rechtsgeschäften zu beschränken. Die Aktionäre dürfen nicht nur nicht befreit werden, sondern sie dürfen weitergehend auch nicht befreit sein. Einer weiten Auslegung wird die Norm ihrer wesentlichen Bedeutung entsprechend nur gerecht, wenn im Ergebnis eine Befreiung des Gesellschafters nicht erfolgen darf, gleich auf welchem Weg. Dies umfasst nicht nur den Akt der eigentlichen Befreiung als Vorgang in Form eines möglichen Rechtsgeschäftes, sondern auch das Verbot sämtlicher rechtlicher Instrumente, die nicht aufgrund besonderer gesetzlicher Regelungen des Aktiengesetzes zulässig sind. Es darf also am Ende nicht zu einer Befreiung des Aktionärs von der Erstattungspflicht und damit zu einer Aushöhlung der gesetzlichen Kapitalerhaltung kommen.[657] Schließlich kommt es bei der Frage, ob ein mit einem Erlass vergleichbares aber ebenfalls verbotenes Rechtsgeschäft vorliegt auch auf die Feststellung an, ob und inwieweit ein wirtschaftlich gleiches Ergebnis herbeigeführt wird.[658] Der Blick allein auf die hierfür möglichen Rechtsgeschäfte greift in diesem Fall zu kurz und bedarf zu seiner Korrektur folglich einer entsprechenden Erweiterung.

Beachtlich ist diesbezüglich auch die im Rahmen des § 66 Abs. 1 AktG geführte Diskussion, inwieweit der Anspruch der Gesellschaft verwirkt sein kann.[659]

654 Vgl. KölnKomm. AktG/*Lutter*, 2. Aufl., § 66 Rdn. 2.
655 Vgl. *Hüffer*, AktG, 10. Aufl., § 66 Rdn. 3.
656 Vgl. Großkomm. AktG/*Gehrlein*, 4. Aufl., § 66 Rdn. 10; *Hüffer*, AktG, 10. Aufl., § 66 Rdn. 3; MünchKomm. AktG/*Bayer*, 3. Aufl., § 66 Rdn. 10 ff.
657 Vgl. Großkomm. AktG/*Henze*, 4. Aufl., § 62 Rdn. 51.
658 Vgl. MünchKomm. AktG/*Bayer*, 3. Aufl., § 66 Rdn. 11.
659 Vgl. Geßler/Hefermehl/*Bungeroth*, AktG, 1. Aufl., § 66 Rdn. 28.

Aufgrund der entsprechenden Anwendung des § 66 Abs. 1 AktG für den Fall des § 62 Abs. 1 AktG bietet es sich an, an dieser Stelle auf die Frage einer Verwirkung einzugehen, weil aufgrund der Entsprechensklausel des § 66 Abs. 1 AktG von einem Gleichlauf ausgegangen werden kann. Dabei geht es ganz konkret um den Fall einer denkbaren Verwirkung der Ansprüche der Gesellschaft, die sich aus § 242 BGB ergeben soll.[660] Wenngleich sich die Verwirkung von der Dolo-agit-Einrede und dem Verbot des venire contra factum proprium inhaltlich unterscheidet und von diesen abzugrenzen ist, besteht jedoch die Gemeinsamkeit, dass als Grundlage jeweils § 242 BGB dient. Da die Verwirkung nicht an eine rechtsgeschäftliche Vereinbarung anknüpft, sondern an das Vorliegen objektiver Gegebenheiten, soll diese auch auf durch § 66 AktG geschützte Ansprüche durchschlagen können.[661] Dabei wird davon ausgegangen, dass der Begriff der Befreiung trotz seiner vorgenommenen weiten Auslegung als untechnischer Begriff nur rechtsgeschäftliches Verhalten verbieten will.[662] Vielmehr ist diese Auslegung notwendig, wenn eine Verwirkung möglich sein soll. Sowohl die Annahme, die Befreiung beschränke sich nur auf rechtsgeschäftliche Vereinbarungen als auch die Möglichkeit einer Verwirkung der Ansprüche, zunächst unabhängig von den hierfür erforderlichen Voraussetzungen, bedeuten eine Aufweichung des Kapitalerhaltungsgrundsatzes, was schließlich zu seiner völligen Aushöhlung führen könnte. Dabei entspricht es allgemeiner Auffassung, dass von diesem Grundsatz nur kraft besonderer gesetzlicher Ausnahme abgewichen werden darf. Im Gegensatz zur Möglichkeit der Einrede der Verjährung des Einlageanspruchs nach § 65 Abs. 2 AktG ist die Verwirkung spezialgesetzlich nicht geregelt, sondern eben Ausprägung der zivilrecht-lichen Generalklausel des § 242 BGB.[663] Daher wird bisweilen die Möglichkeit der Verwirkung eines durch § 66 AktG geschützten Anspruches zu Recht ausgeschlossen.[664] Dies gilt im vorliegenden Fall deshalb, weil die Verwirkung aufgrund einer nicht aktienrechtlichen Regelung eine unzulässige Befreiung im Sinne des § 66 Abs. 2 AktG nach sich zieht. Dafür spricht auch, dass der Gesetzgeber die Verjährung, die an den Ablauf eines objektiven Zeitmoments anknüpft, im Rahmen der Kapitalerhaltungsvorschriften in

---

660 So Großkomm. AktG/*Gehrlein*, 4. Aufl., § 66 Rdn. 25.

661 Vgl. RGZ 134, 262, 270; Geßler/Hefermehl/*Bungeroth*, AktG, 1. Aufl., § 66 Rdn. 28; KölnKomm. AktG/*Lutter*, 2. Aufl., § 66 Rdn. 12.

662 Vgl. Großkomm. AktG/*Gehrlein*, 4. Aufl., § 66 Rdn. 10; *Hüffer*, AktG, 10. Aufl., § 66 Rdn. 3; MünchKomm. AktG/*Bayer*, 3. Aufl., § 66 Rdn. 10 ff.

663 So Großkomm. AktG/*Gehrlein*, 4. Aufl., § 66 Rdn. 25.

664 Vgl. Spindler/Stilz/*Cahn*, AktG, 2. Aufl., § 66 Rdn. 20; a. A. Großkomm. AktG/*Henze*, 4. Aufl., § 66 Rdn. 25; MünchKomm. AktG/*Bayer*, 3. Aufl., § 66 Rdn. 28; diese lassen aber den Fall eines bloßen Zeitablaufs für die Verwirkung nicht genügen.

§ 62 Abs. 3 AktG ausdrücklich normiert hat. Wo aus Sicht des Gesetzgebers bestimmte Regelungen erforderlich sind, hat er die entsprechenden Bestimmungen auch spezialgesetzlich normiert.

Das Beispiel der Verwirkung hat somit gezeigt, dass dem Aktienrecht fremde Einreden dazu geeignet sind, die gesetzlichen Kapitalerhaltungsvorschriften zu umgehen. Dabei kommt es vor allem auf eine wirtschaftliche Betrachtungsweise an. Dementsprechend sind solche Einreden auch aufgrund der engen Schutzfunktion des § 66 Abs. 2 AktG unzulässig.[665] Die Vorschrift des § 66 Abs. 2 AktG spricht daher ebenfalls für einen zwingenden und abschließenden Charakter der Regelungen, welche die aktienrechtliche Kapitalerhaltung betreffen.

Zusammenfassend ist festzustellen, dass eine Verwirkung mit der vorliegenden Argumentation grundsätzlich nicht in Frage kommt. Denn der Begriff der Befreiung im Rahmen des Befreiungsverbots ist weit zu verstehen und betrifft nicht nur rechtsgeschäftliches Verhalten, sondern eben auch die Möglichkeit der Verwirkung.

c. *Der Gläubigerschutz*

Besonderes Augenmerk soll in diesem Zusammenhang auf eine wesentliche Schutzfunktion des Kapitalerhaltungsgrundsatzes gelegt werden: Der durch den Grundsatz der Kapitalerhaltung verfolgte Schutz der Gläubiger. Letztlich darf das Gesellschaftsvermögen, das den Gläubigern der Gesellschaft als Haftungsmasse zur Verfügung steht, nicht durch aktienrechtlich unzulässige Ausschüttungen an die Aktionäre vermindert werden.[666] Im Gläubigerschutz äußert sich auch die schon oben angesprochene Nachrangigkeit des Eigenkapitals gegenüber dem Fremdkapital.[667] Mit dem Gesellschaftsvermögen sollen in erster Linie Gläubiger, zum Beispiel Fremdkapitalgeber, befriedigt werden, während die Gesellschafter als Eigenkapitalgeber im Rang zurücktreten müssen. Ausnahmen gelten nur da, wo der einzelne Aktionäre ein besonderes Individualinteresse geltend machen kann, wie es beispielsweise in § 62 Abs. 1 S. 2 AktG der Fall ist. Ein Abschlusscharakter der Kapitalerhaltungsregeln dient damit auch dem Schutz Dritter.

Dieser Aspekt des Drittschutzes steht auch in Zusammenhang mit dem Verbot des § 66 Abs. 2 AktG, wonach die Aktionäre von ihrer Erstattungspflicht nach § 62 Abs. 1 S. 1 AktG nicht befreit sein können. Wird § 66 Abs. 2 AktG nur auf

665 Vgl. KölnKomm. AktG/*Drygala*, 3. Aufl., § 62 Rdn. 73; für die Unzulässigkeit von Einreden gegen den Anspruch aus § 62 AktG *Lutter*, FS Steindorff, S. 125, 148.

666 Vgl. Fleischer, WM 2007, 909, 910; Großkomm. AktG/*Henze*, 4. Aufl., § 57 Rdn. 7; K. Schmidt/Lutter/*Fleischer*, AktG, 2. Aufl., § 57 Rdn. 3; *Langenbucher*, a. a. O. (Fn. 250), § 9 Rdn. 1; *Schön*, FS Röhricht, S. 559, 561.

667 Vgl. Spindler/Stilz/*Cahn/v. Spannenberg*, AktG, 2. Aufl., § 57 Rdn. 6.

eine rechtsgeschäftliche Befreiung bezogen, dann steckt hinter dem Verbot nichts anderes als das Verbot von Verträgen zu Lasten Dritter, nämlich Vereinbarungen zwischen Gesellschaft und Aktionär zu Lasten der Gläubiger. Die Belastung der Gläubiger liegt in der der Befreiung nachfolgenden Minderung des Gesellschaftsvermögens und zwar in der Höhe der Befreiung des Gesellschafters von seiner Erstattungspflicht.[668] Einem konsequenten Drittschutz wird die Kapitalerhaltung im Aktienrecht aber nur dann gerecht, wenn Ausnahmen tatsächlich eng aufgefasst werden und einer speziellen gesetzlichen Regelung bedürfen. Wenngleich mit der Möglichkeit einer Einrede kraft Gesetzes ein Vertrag zu Lasten Dritter nicht vorliegt, weil es an einer rechtsgeschäftlichen Vereinbarung fehlt, kommt es doch bei wirtschaftlicher Betrachtung zu nichts anderem als zu einer Aushöhlung des eigentlichen Schutzzweckes.[669] Eine Benachteiligung Dritter durch gesetzliche Regelungen ist zwar per se nicht ausgeschlossen, was das Beispiel des § 62 Abs. 1 S. 2 AktG gerade zeigt. In Anbetracht der hohen Bedeutung der Kapitalerhaltungsvorschriften ist es jedoch angezeigt, hierfür, wie im Fall des § 62 Abs. 1 S. 2 AktG, eine spezielle gesetzliche Regelung zu fordern. Die Generalklausel des § 242 BGB kann in diesem Zusammenhang jedenfalls nicht genügen. Der Gedanke des Drittschutzes findet nur bei einem Verbot eines tatsächlichen Mittelrückflusses eine angemessene und konsequente Umsetzung. Für eine stringente Durchsetzung des Drittschutzes spricht auch, dass nach dem Gesetz der Anspruch der Gesellschaft aus § 62 Abs. 1 S. 1 AktG von der Gesellschaft zwingend durchzusetzen ist, da § 66 Abs. 2 Fall 1 AktG eine Befreiung der Aktionäre von dieser Leistungspflicht im Sinne des § 66 Abs. 1 S. 1 AktG verbietet.[670] Die Möglichkeit einer spezialgesetzlich nicht geregelten Einrede des Aktionärs außerhalb des § 62 Abs. 1 S. 2 AktG würde bei der hohen Bedeutung der Kapitalerhaltung für die Aktiengesellschaft die bewusste Entscheidung des Gesetzgebers betreffend das Befreiungsverbot zwingend unterlaufen. Die Geltendmachung der konkreten Einreden durch den Aktionär führt im Ergebnis zu einer Verminderung der Haftungsmasse. Dies ist bei einer ergebnisorientierten wirtschaftlichen Betrachtungsweise, wie es dem Aktiengesetz in diesem Zusammenhang nicht fremd ist, nicht mit der Kapitalerhaltung vereinbar.[671]

---

668 Dies gilt für den Fall, dass eine Ausnahme nach § 62 Abs. 1 S. 2 AktG nicht vorliegt.

669 Vgl. Geßler/Hefermehl/*Bungeroth*, AktG, 1. Aufl., § 62 Rdn. 29; Großkomm. AktG/*Henze*, 4. Aufl., § 62 Rdn. 51.

670 Vgl. MünchKomm. AktG/*Bayer*, 3. Aufl., § 66 Rdn. 60.

671 Vgl. *Hüffer*, AktG, 10. Aufl., § 57 Rdn. 2; KölnKomm. AktG/*Drygala*, 3. Aufl., § 62 Rdn. 73.

d. *Zwischenergebnis*

Ein Abweichen von den gesetzlichen Vorschriften zur Kapitalerhaltung ohne besondere Regelungen muss zum Schutz vor der Aushöhlung der Kapitalerhaltungsvorschriften dementsprechend unterbleiben. Ein solches ist nur im Rahmen spezieller gesetzlicher Regelungen, wie zum Beispiel im Fall des § 62 Abs. 1 S. 2 AktG, möglich. Infolgedessen ist aufgrund des abschließenden Charakters der aktienrechtlichen Regelungen eine Anwendung der Generalklausel des § 242 BGB in den vorliegend untersuchten Ausprägungen, richtigerweise ausgeschlossen.

3. *Die Einreden im Einzelnen*

Nach der Feststellung, dass im Rahmen der Kapitalerhaltungsregeln des Aktienrechts ein Rückgriff auf die Generalklausel des § 242 BGB ausgeschlossen ist, soweit die Dolo-agit-Einrede sowie das Verbot des venire contra factum proprium betroffen sind, sollen im Folgenden noch Besonderheiten, die für die einzelnen Einreden gelten, dargestellt werden. Denn selbst wenn entgegen der hier vertretenen Ansicht das generelle Vorbringen dieser konkreten Rechtsinstitute für zulässig gehalten wird, bestehen weitere beachtliche Argumente, die in diesem Zusammenhang im Ergebnis gegen deren Zulässigkeit sprechen. Diese kommen aber erst im Falle der konkreten Anwendung des jeweiligen Grundsatzes zur Anwendung und finden hier aus Gründen der Vollständigkeit nachfolgend Erwähnung.

a. *„Dolo agit, qui petit, quod statim redditurus est"*

Entsprechend der obigen Darstellung beruht die Möglichkeit der Dolo-agit-Einrede auf einer Abwägung gegensätzlicher Interessen[672]: Zu fragen ist, ob das Interesse des Schuldners am Behaltendürfen der im Streit stehenden Leistung das Herausgabeinteresse des Gläubigers überwiegt. Bei der Abwägung der widerstreitenden Interessen ist jedoch zu berücksichtigen, dass nicht nur die Positionen des Gesellschafters und Aktionärs von Bedeutung sind. Ebenfalls ist die Schutzrichtung der Kapitalerhaltungsvorschriften in die Überlegungen einzubeziehen. Bekanntlich dient das Gesellschaftsvermögen den Gläubigern der AG regelmäßig als die einzige Sicherheit.[673] Der Gesellschafter sieht sich damit nicht nur Interessen der AG gegenüber, sondern auch denen Dritter. Daher würde die Einrede selbst dann nicht durchgreifen, wenn keine die Anwendung des § 242 BGB ausschließende Bestimmungen angenommen würde. Denn unter Berücksichtigung

672 Siehe oben Seite 140 f.
673 Siehe oben Seite 77 ff.

der Kapitalerhaltungsvorschriften als drittschützende Regelungen[674] müssten die Interessen des Aktionärs als Ergebnis des Abwägungsprozesses hinter den entgegenstehenden Interessen Dritter zurücktreten. Auch im Rahmen dieser reinen und nur die Einrede betreffenden Interessenabwägung wirkt sich die Nachrangigkeit des Eigenkapitals gegenüber dem Fremdkapital auf diese Weise aus.[675] Nur dieses Ergebnis entspricht dem durch die §§ 57 ff. AktG verfolgten Interesse: Wenn entgegen den oben stehenden Ausführungen ein Ausschluss des § 242 BGB nicht angenommen würde, drohten im weiteren Verlauf durch die grundsätzliche Möglichkeit dieser Einrede eine Umgehung und damit eine Aushöhlung des Kapitalerhaltungsgrundsatzes.

Die Untersuchung hat im Ergebnis gezeigt, dass sich der Gesellschafter in keinem Fall erfolgreich auf die Dolo-agit-Einrede berufen kann, da sie, wie hier vertreten, im vorliegenden Zusammenhang entweder schon dem Grunde nach nicht zulässig ist oder aber im Rahmen der konkreten Interessenabwägung ausgeschlossen ist.

b. *„Venire contra factum proprium"*

Auch das Verbot des venire contra factum proprium beruht auf der Berücksichtigung schutzwürdiger Interessen.[676] Wird diese Einrede entgegen dem zwingenden Charakter der Kapitalerhaltungsvorschriften des Aktienrechts und wider der hier vertretenen Ansicht in einem Fall wie diesem für zulässig erachtet, gilt es zu prüfen, inwieweit ein schutzwürdiges Interesse des Aktionärs für diesen Fall bestehen kann. Ausgangspunkt ist in diesem Zusammenhang ein bloßes Verhalten der Gesellschaftsvertreter, nämlich des Vorstands, welches nicht notwendigerweise auf rechtsgeschäftlichem Verhalten basieren muss.[677] Entscheidend für den Rückgriff auf den Grundsatz des venire contra factum proprium ist ein Vertrauen des Empfängers der voreiligen Leistung, also des Gesellschafters. Mithin ist zu fragen, welchen Einfluss die Vorschriften über die Kapitalerhaltung bei einer vorzunehmenden Interessensabwägung im Einzelfall haben.

---

674 Die Kapitalerhaltungsvorschriften dienen auch dem Gläubigerschutz, siehe oben Seite 77 ff.

675 Vgl. auch allgemein zum Verhältnis von Fremd- und Eigenkapitalgeber *Langebucher*, a. a. O. (Fn. 250), § 9 Rdn. 2.

676 Siehe oben Seite 144 f.

677 Siehe oben zur Frage, ob bei der dogmatischen Einordnung dieses Grundsatzes auf § 242 BGB abgestellt oder der rechtsgeschäftlichen Lösung gefolgt wird, Seite 142 ff.

Hier muss der Gedanke der Nachrangigkeit des Eigenkapitals gegenüber dem Fremdkapital erneut durchschlagen und im Ergebnis einem schutzwürdigen Vertrauen des einzelnen Aktionärs entgegenstehen. Der durch die Kapitalerhaltungsvorschriften verfolgte Gläubigerschutz ist nicht an einen absolut zwingenden Charakter dieser Vorschriften geknüpft, wenngleich dieser Schutz erheblich für einen solchen spricht. Somit kann dieser Gedanke auch dann seine Berücksichtigung finden, wenn eine Ausschlussfunktion der §§ 57 ff. AktG abgelehnt wird. Beim Aktionär kann sich ein schutzwürdiges Vertrauen nicht grenzenlos entwickeln. Dieses kann seine Ausformung nur im Rahmen und in Übereinstimmung mit den gesetzlichen Vorschriften finden. Die Folge ist, dass durch das Verbot des venire contra factum proprium anspruchsbegründende Tatbestandsmerkmale ersetzt werden können, wenn ein entsprechendes schutzwürdiges Vertrauen vorliegt: Zu denken ist an einen Fall, in dem ein Mangel der Vertretungsmacht vorliegt und deshalb ein vertraglicher Anspruch des potentiell Berechtigten, der von diesem Mangel keine Kenntnis hatte, nicht wie erwartet besteht; dabei hat der Vertragspartner den Einruck einer wirksamen Vertretung erweckt.[678] Der Mangel der Vertretungsmacht kann durch die Einrede deshalb geheilt werden, weil das Gesetz die Stellvertretung grundsätzlich zulässt. Das Gesetz kennt aber auch Verbotsnormen, von denen selbst durch rechtsgeschäftliche Vereinbarungen nicht abgewichen werden darf.[679] Dieser Wille des Gesetzgebers würde daher unterlaufen, wenn schon bloßes Verhalten schutzwürdiges Vertrauen begründen könnte. Wenngleich in solchen Fällen eine Erfüllungshaftung nicht grundsätzlich ausgeschlossen ist[680], muss jedenfalls in Konstellationen, in denen überragende Interessen Dritter, nämlich die der Gläubiger, berührt sind, der Drittschutz überwiegen. Dabei führt dieser Vertrauensschutz des Einen zu einem Eingriff in Rechtspositionen eines Anderen. Stehen aber auf der Seite des Anderen nun Rechtspositionen Dritter, wie es im Hinblick auf das Gesellschaftsvermögen als Haftungsmasse dem gesetzlichen Willen entsprechend der Fall ist, führt dieser Gedanke zu einer Einschränkung des Vertrauensschutzes. Berechtigte Interessen Dritter und wesentliche Grundsätze des Aktienrechts müssen folglich, weil diese im Gegensatz zur Generalklausel des § 242 BGB im Aktiengesetz eine ausdrückliche Regelung erfahren haben, diesem vorgehen, um eine Umgehung dieser Reglungen zu verhindern.[681]

---

678 So bei *Canaris*, a. a. O. (Fn. 614), S. 312.

679 So zum Beispiel die bereits dargestellte Pflicht zur Geltendmachung des Anspruchs aus § 62 Abs. 1 S. 1, § 66 Abs. 2 AktG.

680 Vgl. *Canaris*, a. a. O. (Fn. 614), S. 333, 334.

681 Vgl. Großkomm. AktG/*Henze*, 4. Aufl., § 62 Rdn. 51.

(2) Nach Eintritt der Heilung – Die Übertragung der Heilungsfolgen „ex-tunc" auf den Fall der erst vorläufigen Unterzeichnung

Für den Fall der Heilung eines nichtigen Gewinnverwendungsbeschlusses nach den Bestimmungen der §§ 253 Abs. 1 S. 1, 256 Abs. 1 Nr. 1, Abs. 6 AktG wurde bereits oben festgestellt, dass ein Erstattungsanspruch der Gesellschaft nach § 62 Abs. 1 S. 1 AktG jedenfalls ausgeschlossen ist, weil der Anspruch rückwirkend zur Entstehung gelangt.[682] Zwar handelt es sich auch im Fall des nichtigen Gewinnverwendungsbeschlusses zunächst um eine aktienrechtswidrige Leistung im Sinne des § 62 Abs. 1 S. 1 AktG. Mit der rückwirkenden Heilung entfällt diese Rechtswidrigkeit aber, soweit der ehemals unzulässigen Leistung nun der Anspruch zugeordnet wird, der von Anfang an entsprechend dem Willen der handelnden Personen bestehen sollte. Infolgedessen tritt Erfüllung des nunmehr bestehenden Dividendenanspruchs ein, da Leistung und Anspruch einander zugeordnet werden können. Es fragt sich, ob gleiches auch für den Fall gelten kann, in dem die Unterschrift im Sinne des § 130 Abs. 4 AktG bezogen auf das Hauptversammlungsprotokoll bloß vorläufig geleistet wurde. Die Niederschrift den Gewahrsam des Notars also noch nicht verlassen hat und der Dividendenanspruch damit erst noch entstehen wird. Konkret ist zu klären, ob der finalisierten Unterschrift und der Einbringung der Niederschrift in den Rechtsverkehr eine mit dem Zeitablauf nach § 256 Abs. 6 AktG vergleichbare Rückwirkung zugesprochen werden kann. Mit der Annahme einer solchen könnte mit endgültiger Unterschrift des Hauptversammlungsprotokolls und Entlassung dieses in den Rechtsverkehr die Rechtswidrigkeit der verfrühten Dividendenzahlung ex-tunc entfallen. Denn die erbrachte Leistung könnte so aus ex-post Sicht dem späteren Dividendenanspruch des Aktionärs als deckungsgleich zugeordnet werden und dieser schließlich seine Erfüllung finden. Folglich bestünde für den Aktionär kein weiterer Anspruch auf Bezug der Dividende.

Einer solchen Adaption steht allerdings entgegen, dass sich der Fall der Nichtigkeit des Jahresabschlusses sowie der Fall der bloß vorläufigen Unterschrift des Hauptversammlungsprotokolls in einem Punkt wesentlich unterscheiden: Im ersten Fall mag der Gewinnverwendungsbeschluss zwar nichtig sein, trotz seiner Nichtigkeit ist er aber doch immerhin in der Welt und daher der Heilung zugänglich.[683] Mit der noch fehlenden endgültigen Unterschrift und der ebenfalls noch fehlenden Entlassung in den Rechtsverkehr liegt im zweiten Fall dagegen lediglich

682 Siehe oben Seite 134 f.; vgl. KölnKomm. AktG/*Drygala*, 3. Aufl., § 62 Rdn. 47.
683 Vgl. MünchKomm. AktG/*Hüffer*, 3. Aufl., § 253 Rdn. 3.

ein rechtliches Nullum vor.[684] Die Rückwirkung ist im Fall der Heilung der Nichtigkeit aufgrund der Rechtssicherheit angemessen, da zwischen der Leistung und dem dazugehörigen Anspruch eine hinreichend objektiv erkennbare Verbindung bestand.[685] Die vom Gesetzgeber geforderten tatbestandlichen Voraussetzungen waren bereits erfüllt, auch wenn ein Mangel vorlag. Der Jahresabschluss und der Gewinnverwendungsbeschluss sollten als solche in den Rechtsverkehr gelangen und ihre Wirkungen entfalten. Für diesen Fall sieht das Gesetz in Konsequenz eine Heilung als Möglichkeit vor und bietet den Gesellschaftern und Dritten somit einen gewissen Schutz. Gleiches kann für den Fall der vorläufigen Niederschrift aber nicht gelten. Der zur Anspruchsentstehung notwendige Tatbestand ist noch nicht vollständig erfüllt. Denn es fehlen, vom Willen des Notars gedeckt, die endgültige Unterzeichnung des Hauptversammlungsprotokolls im Sinne des § 130 Abs. 4 AktG sowie dessen Weggabe in den Rechtsverkehr. Somit liegt nicht mehr als ein bloßer Schein vor, der mangels entsprechender Regelung, so wie etwa im Fall der Nichtigkeit, allerdings nicht gleichermaßen schutzwürdig ist.[686] Dieser entsteht vielmehr unwissentlich durch den administrativen Vorgang der Dividendenzahlung, welcher vom Willen des Notars nicht erfasst ist, wenn dieser das Hauptversammlungsprotokoll noch später ergänzen und erst dann abschließend unterschreiben möchte. In einer solchen Konstellation ist der Vertrauensschutz Dritter deutlich eingeschränkt.[687] Im Fall der noch fehlenden endgültigen Unterschrift bewirkt diese mit ihrem Vorliegen sowie der Entlassung nach außen nur ein Entstehen des Anspruchs von nun an, also ex nunc. Erst dann ist der Tatbestand überhaupt erfüllt, nämlich der Beurkundungsvorgang beendet und eine rechtliche Würdigung als nichtig oder wirksam möglich. Damit fehlt es an einem zeitlich vorgelagerten schutzwürdigen Rechtsschein, der im Fall der Nichtigkeit und deren Heilung eine Rückwirkung gerade rechtfertigt. Mit der Inverkehrgabe der finalisierten Niederschrift geht eine ex-tunc-Wirkung daher nicht einher. Wenn oben bereits verschiedene Meinungen zur Rückwirkung dargestellt wurden[688], so bleibt festzuhalten, dass diese auf aktienrechtsfremde Vorschriften zurückgreifen. Dabei ist die Frage einer solchen Wirkung auch vor dem Hintergrund zu sehen, dass damit eine Qualifikation der bereits vorgenommenen Ausschüttung als entweder

684 Vgl. BGHZ 180, 9 ff. = BGH NJW 2009, 2207 ff.; *Weber/Kersjes*, a. a. O. (Fn. 535), § 1 Rdn. 286.

685 Vgl. MünchKomm. AktG/*Hüffer*, 3. Aufl., § 256 Rdn. 5.

686 **A. A.** aber *Roeckl-Schmidt/Stoll*, AG 2012, 225, 230, die von einem schutzwürdigen Vertrauen der Aktionäre ausgehen.

687 Vgl. *Canaris*, a. a. O. (Fn. 614), S. 29.

688 Siehe oben Seite 70 ff.

rechtmäßig oder rechtswidrig im Sinne des § 57 AktG einhergeht. Dafür bedarf es einer ausdrücklichen aktienrechtlichen Regelung, wie es etwa bei der Nichtigkeit im Ansatz der Fall ist. Auch wenn die Folge der Rückwirkung dort umstritten ist, besteht mit § 256 Abs. 6 AktG doch immerhin eine substantielle Regelung.

Der Fall des zunächst nichtigen, dann aber geheilten Gewinnverwendungsbeschlusses ist mit dem der späteren Finalisierung des Hauptversammlungsprotokolls und der damit verbundenen erstmaligen Entstehung des Dividendenanspruchs folglich nicht vergleichbar und aus den vorstehenden Gründen auf diesen nicht übertragbar. Auch wenn der Notar das Hauptversammlungsprotokoll abschließend unterschrieben und in den Rechtsverkehr gegeben hat, kann die zu frühe Zahlung dem nun entstandenen Dividendenanspruch auch ex-post nicht zugeordnet werden und ist weiterhin als aktienrechtswidrige Zahlung der Gesellschaft zu qualifizieren. Unter diesem Gesichtspunkt ist der erst jetzt entstandene Dividendenanspruch noch nicht erfüllt.

e) Ergebnis für den Exkurs

Zusammenfassend sind die folgenden Erwägungen festzuhalten:

aa) Anwendbarkeit der untersuchten Ausprägungen des § 242 BGB im System der aktienrechtlichen Kapitalerhaltung

Die gesetzlichen Vorschriften über die Kapitalerhaltung im Aktiengesetz schließen die Ausflüsse des § 242 BGB, nämlich die Dolo-agit-Einrede sowie das Verbot des venire contra factum proprium aus. Aber auch unabhängig von dem ausschließenden Charakter der §§ 57 ff. AktG finden die untersuchten Einreden keine Anwendung. Denn jedenfalls drohen eine Umgehung der Kapitalerhaltung und eine Beeinträchtigung des Gläubigerschutzes, die unbedingt vermieden werden müssen. Der Gedanke der Nachrangigkeit von Eigenkapital gegenüber Fremdkapital muss zwingend eine entsprechende Berücksichtigung finden und darf daher nur im Fall einer spezialgesetzlichen Regelung eine Abweichung erfahren. Dies gilt vor allem unter dem Gesichtspunkt des Insolvenzrisikos: Ließe man die vorgestellten Ausprägungen des § 242 BGB ohne spezielle gesetzliche Regelung im Aktienrecht zu, würde die Gesellschaft und im Ergebnis ihre Gläubiger, das Insolvenzrisiko des später möglicherweise doch zur Erstattung der verfrühten Leistung verpflichteten Aktionärs tragen. Der Rückzahlungsanspruch wäre infolgedessen gefährdet, obwohl der Gesellschafter Eigenkapitalgeber ist und deshalb auch ein größeres finanzielles Risiko tragen sollte, als ein Gläubiger als Fremdkapitalgeber.[689] Nur

---

689 Vgl. Schüppen/Schaub/*Sudmeyer*, MünchAnwalts Hdb. Aktienrecht, 2. Aufl., § 10 Rdn. 3.

wenn es der Gesellschafter ist, der im Hinblick auf seinen später möglicherweise doch entstehenden Dividendenanspruch das Insolvenzrisiko seiner AG trägt, ist der Grundsatz der Nachrangigkeit ausreichend beachtet. Dies ist nicht der Fall, wenn die Gesellschaft das Risiko im Hinblick auf ihren möglichen Erstattungsanspruch trägt. Auch wenn die Gesellschaft eine Heilung des nichtigen Gewinnverwendungsbeschlusses durch Zeitablauf herbeiführen will, ist der Gesellschafter zur zwischenzeitlichen Erstattung der zu Unrecht erhaltenen Dividende verpflichtet. Neben der hier nicht weiter zu beachtenden Einwendung des § 62 Abs. 1 S. 2 AktG, stehen dem Verlangen der Gesellschaft die hier vom Aktionär D geltend gemachten Einreden damit nicht entgegen.

bb) Die Heilung des vorläufigen Gewinnverwendungsbeschluss

Anders als im Fall eines nichtigen, aber geheilten Gewinnverwendungsbeschluss entsteht der Anspruch des Gesellschafters auf die Dividende nicht mit ex-tunc-Wirkung. Die verfrühte Dividendenzahlung kann somit auch nicht im Wege einer ex-post Betrachtung dem späteren Anspruch zugeordnet werden. Sie bleibt eine eigenständige Leistung, die aufgrund ihrer Qualifikation als aktienrechtswidrig gegen § 57 Abs. 1 S. 1 AktG verstößt und damit Gegenstand eines Erstattungsanspruchs der Gesellschaft sein kann.

7. Lösungsvorschlag: Die Erfüllung aufgrund der Privilegierung des § 62 Abs. 1 S. 2 AktG in Verbindung mit dem Kapitalerhaltungsgrundsatz

Bieten die vorstehenden Überlegungen keine Lösung für das Problem der möglichen erneuten Dividenzahlung, soll hierzu nunmehr ein rein aktienrechtlicher Ansatz gewählt werden. Tatsächlich steht die Auflösung der vorliegenden Problematik in unmittelbarem Zusammenhang mit der eigentlichen Bedeutung und der Reichweite der speziellen aktienrechtlichen Privilegierung des § 62 Abs. 1 S. 2 AktG. Ging es im vorstehenden Exkurs noch um Fragen, die sich mit dem Fall eines bösgläubigen Aktionärs auseinandersetzen, ist nun wieder auf das Ausgangsbeispiel mit dem gutgläubigen Aktionär T und die Frage der Erfüllung des Dividendenanspruchs durch die verfrühte Ausschüttung zurückzukommen.

a) Ausgangslage

Einführend sollen die Ergebnisse der bisher vorgenommenen Untersuchung sowie die für die Lösung des Problems maßgeblichen Grundlagen vorangestellt werden (a)). Abschließend findet dann die vom Verfasser vertretene Ansicht ihre Darstellung (b)).

aa) Zeitpunkt der Leistung führt nicht zur Erfüllung

Im Hinblick auf das erste Fallbeispiel ist zusammenfassend festzustellen, dass zum Zeitpunkt der verfrühten Leistungserbringung eine Erfüllung des Dividendenanspruchs aufgrund seiner bisherigen fehlenden rechtlichen Existenz noch nicht hat eintreten können. Die spätere Anspruchsentstehung kann auch nicht auf den Moment der Leistung vorgezogen werden, um die durch die Gesellschaft erbrachte Leistung mit dem zukünftigem Anspruch des Aktionärs zu verknüpfen. Daher handelt es sich bei der voreiligen Dividendenzahlung jedenfalls um eine aktienrechtswidrige Leistung im Sinne des § 62 Abs. 1 S. 1 AktG ohne Bezug zum später entstehenden Anspruch des Aktionärs. Aufgrund dieser rechtlichen Einordnung sind bei allen Versuchen, eine Erfüllung herbeizuführen, stets der Kapitalerhaltungsgrundsatz und seine nur begrenzten Ausnahmen zu beachten. Diese würden unterlaufen, wenn neben dem wirksamen Gewinnverwendungsbeschluss beispielsweise auch eine bloße Parteivereinbarung Grundlage für die Ausschüttung von Gesellschaftsmitteln sein könnte.[690] Geht es also um die Frage der Erfüllung des Dividendenanspruchs, kann nicht auf den Moment der verfrühten Leistung abgestellt werden.

bb) Zeitpunkt der Anspruchsentstehung ist maßgeblich

Daher bietet es sich an, bei der Frage der Erfüllung auf den Moment der eigentlichen, späteren Entstehung des Dividendenanspruchs abzustellen. Dabei fällt auf, dass eine Leistungshandlung durch die Gesellschaft nach Entstehung des Anspruchs jedoch nicht vorliegt. Ebenfalls kann festgestellt werden, dass eine Rückwirkung der Anspruchsentstehung auf den Augenblick der Leistungserbringung mit anschließender Heilungsmöglichkeit ausgeschlossen ist. Die hierfür nötigen Voraussetzungen sind, im Gegensatz zum Fall der Heilung eines nichtigen Jahresabschlusses und Gewinnverwendungsbeschlusses, nicht gegeben. Trotzdem ist bei der Frage der Erfüllung der Zeitpunkt der Anspruchsentstehung für die hier noch vorzustellende Lösung wesentlich, auch wenn eine Leistung der Gesellschaft, welche zur Erfüllung im Sinne des § 362 BGB führen könnte, nach dem Entstehen des Dividendenanspruchs ausbleibt. Schließlich drohen, unter Berücksichtigung der voreiligen Dividendenzahlung, mit der erst späteren Entstehung des Dividendenanspruchs ein Verstoß gegen den aktienrechtlichen Kapitalerhaltungsgrundsatz und eine vom Gesetz nicht beabsichtigte Besserstellung des Aktionärs, wenn dieser die Dividende faktisch ein zweites Mal und damit in insgesamt doppelter Höhe erhalten könnte.

---

690 Siehe oben die Ausführungen zur Erfüllungsvereinbarung (Anrechnungsabrede) im Rahmen der Voraus-leistung, Seite 104 ff.

cc) Der Anspruch auf erneute Dividende im Konflikt mit der Kapitalerhaltung

Falls der Aktionär aufgrund seiner Privilegierung nach § 62 Abs. 1 S. 2 AktG die Rückgewähr der verfrühten Dividende zunächst verweigern dürfte und mangels bisheriger Erfüllung des erst später entstehenden Dividendenanspruchs dieser noch fortbestünde, würde der Grundsatz der Kapitalerhaltung doch massiv unterlaufen, wenn der Gesellschafter diesen Anspruch tatsächlich geltend machen könnte. Ebenfalls würde der Schutzzweck des § 62 Abs. 1 S. 2 AktG weit überdehnt, wenn der Dividendenanspruch nur deshalb weiter erhalten bliebe, weil die Gesellschaft die Leistung zu früh erbracht hat und eine Erfüllung mangels eines bestehenden Anspruchs im Sinne des § 362 BGB daher nicht eintreten konnte.

dd) Reichweite des § 62 Abs. 1 S. 2 AktG im System der aktienrechtlichen Kapitalerhaltung

Daher ist im Folgenden zu untersuchen, welche genaue Reichweite der Einwendung des § 62 Abs. 1 S. 2 AktG insgesamt im System der aktienrechtlichen Kapitalerhaltung zukommen muss und welche rechtlichen Wirkungen sie entfaltet. Insbesondere ist zu überlegen, welche Folgen das spätere Entstehen des Dividendenanspruchs auf die Einwendung haben muss. Die aktienrechtliche Literatur beschränkt sich im Rahmen des § 62 Abs. 1 S. 2 AktG im Allgemeinen mehr oder weniger umfangreich auf die Feststellung, wer vom Schutzbereich des § 62 Abs. 1 S. 2 AktG erfasst ist, ob der Aktionär die empfangene Leistung behalten darf und wann überhaupt Gutgläubigkeit des Aktionärs in diesem Sinne vorliegt.[691] Hier geht es um die spezielle Frage, welche weiteren Folgen eintreten, wenn der Aktionär die Leistung behalten darf und der diese Leistung eigentlich begründende Anspruch zu einem späteren Zeitpunkt erst noch entsteht.[692] Für den Fall des nichtigen Jahresabschlusses und der darauf beruhenden Nichtigkeit des Gewinnverwendungsbeschlusses finden sich in der Literatur, wie oben aufgezeigt, manche Ausführungen: Hat die Gesellschaft die Leistung auf der Grundlage eines nichtigen Jahresabschlusses erbracht, welcher auch zur Nichtigkeit des Gewinnverwendungsbeschlusses führt, § 253 Abs. 1 S. 1 AktG, dann liegt im Fall der Heilung gemäß den §§ 242, 253 Abs. 1 S. 2, 256 Abs. 6 AktG auch eine verbotene Leistung nach § 57 Abs. 1 S. 1 AktG

---

691 Vgl. Großkomm. AktG/*Henze*, 4. Aufl., § 62 Rdn. 64 ff.; *Hüffer*, AktG, 10. Aufl., § 62 Rdn. 11 ff.; K. Schmidt/Lutter/*Fleischer*, AktG, 2. Aufl., § 62 Rdn. 21 ff.; Köln-Komm. AktG/*Drygala*, 3. Aufl., § 62 Rdn. 77 ff.; MünchKomm. AktG/*Bayer*, 3. Aufl., § 62 Rdn. 57; Spindler/Stilz/*Cahn*, AktG, 2. Aufl., § 62 Rdn. 25 ff.

692 Und zwar ex-nunc.

nicht mehr vor.[693] Dementsprechend kann mit Heilung der Nichtigkeit ein Anspruch gemäß § 62 Abs. 1 S. 1 AktG nicht mehr geltend gemacht werden, da Erfüllung eingetreten ist.[694] Nur kann die dort eintretende Rückwirkung einer Heilung der Nichtigkeit auf den vorliegenden Fall aus den oben genannten Gründen nicht übertragen werden. Folglich kann im Fall der erst später finalisierenden Unterschrift und ihrer Entlassung in den Rechtsverkehr eine Erfüllung auf diese Weise auch nicht eintreten.

b) Eigener Lösungsansatz

Die Frage der Erfüllung in einem Fall wie dem vorliegenden ist unmittelbar mit der Einwendung des § 62 Abs. 1 S. 2 AktG und dessen Stellung als Ausnahmeregelung im Bereich der aktienrechtlichen Kapitalerhaltung verknüpft. Für den offen zu Tage tretenden Konflikt zum Kapitalerhaltungsgrundsatz, nämlich die mögliche Gefahr der doppelten Dividende, bietet sich eine Lösung an, die an der Ausnahme des § 62 Abs. 1 S. 2 AktG ansetzt und die auf eine jedenfalls gegebene „innere" Begrenzung des Anspruchs des Aktionärs auf die nur einmalige Dividende hinausläuft. Auch wenn § 62 Abs. 1 S. 2 AktG hauptsächlich im Fall des nichtigen oder anfechtbaren Gewinnverwendungsbeschlusses anwendbar ist[695], steht dies einer Anwendung und Auslegung der Vorschrift wie folgt auch im vorliegenden Fall nicht entgegen. Das Gesetz beschränkt den Anwendungsbereich nämlich nicht auf nur diese Fälle, wenngleich die Praxis den hauptsächlichen Anwendungsbereich durchaus prägen kann, sondern gilt ganz allgemein für aktienrechtswidrige Leistungen der Aktiengesellschaft an ihre Gesellschafter.

aa) Anwendbarkeit des § 62 Abs. 1 S. 2 AktG auch nach Entstehung des Anspruchs?

Wenn eine Erfüllung des Anspruchs des Aktionärs auf der Einwendung des § 62 Abs. 1 S. 2 AktG beruhen soll, muss diese zunächst einmal auch nach Entstehung des Anspruchs noch anwendbar sein. Dies ist im Hinblick auf den nunmehr entstandenen Dividendenanspruch aber zunächst zweifelhaft. Grundlage für diese Zweifel ist die Überlegung, dass mit der finalisierenden Unterschrift des Notars und der Entlassung in den Rechtsverkehr ein wirksamer Anspruch der Aktionäre auf die Dividende besteht und somit eine aktienrechtswidrige Leistung im Sinne

693 Vgl. KölnKomm. AktG/*Drygala*, 3. Aufl., § 62 Rdn. 47; Spindler/Stilz/*Rölike*, AktG, 2. Aufl., § 256 Rdn. 75.

694 Vgl. MünchKomm. AktG/*Bayer*, 3. Aufl., § 62 Rdn. 36.

695 Vgl. *Drygala/Staake/Szalai*, a. a. O. (Fn. 39), § 20 Rdn. 37; MünchKomm. AktG/*Bayer*, 3. Aufl., § 62 Rdn. 61.

des § 62 Abs. 1 S. 1 AktG nicht mehr vorliegt. Fehlt aber eine aktienrechts-widrige Leistung im Sinne des § 62 Abs. 1 S. 1 AktG, entfällt weitergehend und zwingend auch die mögliche Einwendung des Gesellschafters nach § 62 Abs. 1 S. 2 AktG, sodass diese bei der Frage der Erfüllung unter Umständen keine Rolle mehr spielt.

Bei der Beurteilung der Leistung als aktienrechtswidrig im Sinne des § 62 Abs. 1 S. 1 AktG ist allerdings der Moment des Empfangs der Leistung durch den Aktionär maßgeblich, da auch im Fall einer Nichtigkeit des Gewinnverwendungsbeschlusses ein Verstoß gegen § 57 Abs. 1 S. 1 AktG nur aufgrund der heilenden Rückwirkung nach § 253 Abs. 1 S. 2 AktG nicht vorliegt.[696] Dies ergibt sich zudem aus dem Wortlaut des § 62 Abs. 1 AktG, der auf die Rechtswidrigkeit des Empfangs der Leistung durch die Aktionäre und das gleichzeitige Erfordernis des guten Glaubens abstellt.[697] Würde bei der Beurteilung der Leistung als aktienrechtswidrig aber nicht auf den Empfang, sondern auf den Zeitpunkt der eigentlichen und späteren Anspruchsentstehung abgestellt, würde – den bisherigen Ausführungen wider-sprechend – faktisch eine Heilung durch die finalisierende Unterschrift angenommen. Eine solche Heilung ist aber mit der abschließenden Unterschrift und der Entlassung in den Rechtsverkehr durch den Notar gerade nicht verbunden. Somit bleibt es auch nach Entstehen des Anspruchs im Hinblick auf die verfrühte Ausschüttung bei einer verbotenen Leistung im Sinne des § 57 Abs. 1 S. 1 AktG, einem grundsätzlichen Erstattungsanspruch der Gesellschaft nach § 62 Abs. 1 S. 1 AktG und der Einwendung des Aktionärs nach § 62 Abs. 1 S. 2 AktG. Zudem wurde schon dargestellt, dass die Leistung ihren Charakter als aktienrechtswidrig durch ihre spätere Begründung nicht verliert, da es sich bei der voreiligen Zahlung und dem später tatsächlich bestehenden Dividendenanspruch weiterhin um voneinander getrennt zu betrachtende Sachverhalte handelt.

bb) Rechtsnatur des § 62 Abs. 1 S. 2 AktG

Wie oben ausgeführt, handelt es sich bei § 62 Abs. 1 S. 2 AktG um eine rechtsvernichtende Einwendung, die den Untergang des Erstattungsanspruchs der Aktiengesellschaft gemäß § 62 Abs. 1 S. 1 AktG herbeiführt. Die Einwendung lässt dem Grunde nach mögliche zukünftige Ansprüche des Aktionärs unberührt, weil diese nicht im Schutzbereich der Vorschrift stehen.[698]

696 Vgl. *Hüffer*, AktG, 10. Aufl., § 62 Rdn. 7; KölnKomm. AktG/*Drygala*, 3. Aufl., § 62 Rdn. 47.
MünchKomm. AktG/*Bayer*, 3. Aufl., § 62 Rdn. 70.

697 Vgl. schon ROHG 18, 153, 157; Geßler/Hefermehl/*Hefermehl/Bungeroth*, AktG, 1. Aufl., § 62 Rdn. 41; Großkomm. AktG/*Henze*, 4. Aufl., § 62 Rdn. 80.

698 Vgl. MünchKomm. AktG/*Bayer*, 3. Aufl., § 62 Rdn. 60 ff.

cc) Erfüllung als Folge der Einwendung des § 62 Abs. 1 S. 2 AktG

Nachfolgend ist daher der Frage nachzugehen, ob mit der Betroffenheit der Ausnahmeregelung des § 62 Abs. 1 S. 2 AktG sowie dem Untergang des Erstattungsanspruchs der Gesellschaft auch eine Erfüllung des erst künftig entstehenden Anspruchs verbunden ist.

Für einen Untergang des Dividendenanspruchs spricht zunächst der Vergleich zum regelmäßigen Fall eines wirksamen Gewinnverwendungsbeschlusses und eines wirksamen Dividendenanspruchs. Da der Aktionär in einem solchen Fall einen entsprechenden rechtlichen Anspruch auf die Dividende hätte, könnte und würde dieser im Fall einer Leistung Erfüllung finden und infolgedessen untergehen.[699] Der Gesellschafter dürfte die Dividende entsprechend der Rechtslage also nur einmal fordern und folglich auch nur einmal erhalten. Daher ist der maximale Vertrauensschutz des Aktionärs im Sinne des § 62 Abs. 1 S. 2 AktG auf diese Einmaligkeit zu begrenzen. Im Falle eines noch nicht wirksamen Gewinnverwendungsbeschlusses erfolgt die Leistung entgegen aktienrechtlichen Vorschriften. Dementsprechend besteht ein grundsätzlicher Erstattungsanspruch der Gesellschaft nach § 62 Abs. 1 S. 1 AktG, dem aber die Ausnahme des § 62 Abs. 1 S. 2 AktG entgegenstehen kann. Nach § 62 Abs. 1 S. 2 AktG darf der Aktionär die empfangene Leistung aber auch nur behalten, nicht dagegen als eigenständigen Anspruch geltend machen. Denn § 62 Abs. 1 S. 2 AktG knüpft das Vertrauen an den eingetretenen Empfang einer Leistung, bei welchem der Aktionär gutgläubig sein muss. Da der Aktionär im Fall seiner Gutgläubigkeit also noch nicht einmal so gestellt wird, wie er bei Wirksamkeit des Hauptversammlungsprotokolls und Gewinnverwendungsbeschlusses stünde, dürfen die Folgen des § 62 Abs. 1 S. 2 AktG nicht weiter gehen als eben bei einem bestehenden Dividendenanspruch. Könnte der Aktionär die Dividende erfolgreich ein zweites Mal verlangen, wäre dieses aber der Fall. Das Erlöschen eines erneuten Anspruchs ist daher zwingende Folge wenn die Privilegierung des gutgläubigen Aktionärs zur Anwendung gelangt.

Weiterhin ist in diesem Zusammenhang der aktienrechtliche Kapitalerhaltungsgrundsatz zu beachten, der auch die Vorschrift des § 62 Abs. 1 S. 2 AktG umfasst. Dieser wäre nämlich verletzt, wenn die Dividende in zweifacher Höhe ausgeschüttet würde: Der Kapitalerhaltungsgrundsatz findet eine seiner wenigen Ausnahmen in der Ausschüttung von Gewinnanteilen, die aber wiederum durch den Ausschüttungsbeschluss der Hauptversammlung beschränkt ist, § 174 Abs. 1 S. 1, Abs. 2 Nr. 2 AktG. Denn nur in der von ihr beschlossenen Höhe besteht ein Anspruch der

---

699 Vgl. § 362 BGB.

Aktionäre gegen die Gesellschaft sodass eine Zahlung vorgenommen werden darf.[700] Nur in dieser Höhe ist das Gesellschaftsvermögen von der gesetzlich vorgeschriebenen Bindung an die Bestimmung des § 57 Abs. 1 S. 1 AktG befreit. Eine zweite Ausschüttung würde in den Beschlüssen der Hauptversammlung keine Grundlage finden und wäre somit von der Ausnahme nicht gedeckt.[701] Der gutgläubige Empfänger aktienrechtswidriger Leistungen ist ebenfalls nur maximal in Höhe dieser Bindung geschützt, da § 62 Abs. 1 S. 2 AktG vor allem, wie hier, auf den Bezug einer Dividende Anwendung findet. Ein Gewinnanteil besteht aber nur soweit, wie ihn die Hauptversammlung beschlossen hat. § 62 Abs. 1 S. 2 AktG schafft selbst keine neuen Gewinnanteile, sondern setzt das Bestehen eines solchen voraus.[702] Bevor die Hauptversammlung die Ausschüttung beschlossen hat, kann also eine solche Ausnahme vom Verbot des § 57 Abs. 1 S. 1 AktG nicht vorliegen.[703] Hat die Versammlung sie beschlossen, erschöpft sich darin in diesem Fall die Ausnahme vom grundsätzlichen Verbot der Ausschüttung von Gesellschaftsvermögen an die Aktionäre. Auf die rechtliche Qualifikation der Leistung als Gewinnanteil hat die dann schließlich erst in einem späteren Moment vorgenommene finalisierende Unterzeichnung des Hauptversammlungsprotokolls durch den Notar keine Auswirkungen und lässt insbesondere die Höhe des gebundenen Gesellschaftsvermögens unberührt: Denn im Rahmen des § 62 Abs. 1 S. 2 AktG kommt es nur darauf an, ob die Leistungen als Gewinnanteile erbracht werden sollen, nicht ob ein wirksamer Anspruch vorliegt.[704] All dies zeigt deutlich, dass auch § 62 Abs. 1 S. 2 AktG nur maximal den Betrag erfassen kann, über den die Hauptversammlung beschlossen hat und einen darüber hinausgehenden Abfluss an Gesellschaftsmitteln nicht ermöglichen möchte, da dieser in erster Linie zu Lasten der Gläubiger der Gesellschaft ginge. Eine zweite Auszahlung verstößt damit gegen § 57 Abs. 1 S. 1 AktG. Ein weiterer Anspruch ist dem Aktiengesetz im vorliegenden Zusammenhang damit fremd.

Zum Schutz der Kapitalerhaltung ist § 62 Abs. 1 S. 2 AktG folglich so zu verstehen, dass der Aktionär im Falle der Gutgläubigkeit die empfangene Leistung

---

700 Vgl. *Hüffer*, AktG, 10. Aufl., § 174 Rdn. 4; *Joost*, ZHR 149 (1985), 419, 443 wonach jede Leistung an den Gesellschafter an ihren Ausweis in der Bilanz geknüpft ist; Wirksamkeit des Beschlusses vorausgesetzt.

701 Vgl. Wachter/*Servatius*, AktG, 1. Aufl., § 62 Rdn. 8.

702 Vgl. MünchKomm. AktG/*Bayer*, 3. Aufl., § 62 Rdn. 61.

703 Hier muss der Beschluss nur gefasst worden sein. Er muss insbesondere nicht wirksam sein. Das zeigt sich schon darin, dass § 62 Abs. 1 S. 1 AktG besonders im Fall der Nichtigkeit eines Gewinnverwendungsbeschlusses zur Anwendung gelangt; vgl. MünchKomm. AktG/*Bayer*, 3. Aufl., § 62 Rdn. 36.

704 Vgl. Großkomm. AktG/*Henze*, 4. Aufl., § 62 Rdn. 71, 77.

ausnahmsweise behalten darf. Infolgedessen muss er sich aber so behandeln lassen, als habe er einen entsprechenden Anspruch auf Dividende gehabt, sodass mit Empfang der Leistung dieser fingierte Dividendenanspruch erloschen ist. Entsteht dann zu einem späteren Zeitpunkt, wie im vorliegenden ersten Fallbeispiel, tatsächlich ein Dividendenanspruch, kann der Aktionär diesen nicht mehr geltend machen. Denn seine nun entstandene Rechtsposition wird vom Gesetz nicht geschützt, weil dieser Schutz bereits mit der früheren erstmaligen Anwendung des § 62 Abs. 1 S. 2 AktG verwirklicht wurde. Bei diesem Anspruch handelt es sich folglich nicht mehr um einen solchen Gewinnanspruch im Sinne der Ausnahme vom Verbot des § 57 Abs. 1 S. 1 AktG. Denn er besteht nur rein zufällig[705] wobei der Ausschüttungsbeschluss durch die Hauptversammlung im Sinne des § 174 Abs. 2 Nr. 2 AktG mit dem Behaltendürfen nach § 62 Abs. 1 S. 2 AktG aufgebraucht ist. Eine zweifache Besserstellung des gutgläubigen Aktionärs muss an dem überragenden Grundsatz der Kapitalerhaltung scheitern und entspricht auch nicht dem Zweck des § 62 Abs. 1 S. 2 AktG. Der Untergang des künftigen Dividendenanspruchs kann folglich auch als die „zweite Seite der Medaille" des § 62 Abs. 1 S. 2 AktG bezeichnet werden. Gewissermaßen enthält die den Aktionär privilegierende Bestimmung so ihrerseits eigene Elemente der Generalklausel des § 242 BGB und ist als deren aktienrechtliche Ausprägung zu verstehen. Dies ist die konsequente Folge der oben aufgezeigten zumindest nur beschränkten Anwendbarkeit des § 242 BGB im Kapitalerhaltungsrecht des Aktienrechts, die auf die abschließende Funktion der §§ 57 ff. AktG, vor allem auf § 62 Abs. 1 S. 1 AktG, zurückzuführen ist. § 62 Abs. 1 S. 2 AktG erfährt damit eine „teleologische Extension". Insbesondere der Schutz der Gläubiger der Gesellschaft kann nur dann erreicht werden, wenn die voreilige Ausschüttung aufgrund der Besonderheiten der Priviligierung gutgläubiger Aktionäre im Hinblick auf weitere Dividendenansprüche nicht zu einer erneuten Belastung des Gesellschaftsvermögens und damit ins Gegenteil verkehrt würde.[706]

III. Ergebnisse zum Fallbeispiel 1

Mithin können für die diesbezüglich aufgeworfenen Fragen im Rahmen der bisherigen Untersuchung folgende Ergebnisse festgehalten werden:

---

705 Der Anspruch hängt nämlich vom Zeitpunkt der finalisierenden Unterschrift und der Inverkehrbringung der Niederschrift durch den Notar ab. Der im Fallbeispiel 1 beschriebene Konflikt hängt zudem von dem Zeitpunkt der tatsächlichen Dividendenauszahlung ab, der rein zufällig sein kann.

706 Vgl. zur „teleologischen Extension" im Rahmen des § 57 AktG *Fleischer*, WM 2007, 909, 910 sowie *Lutter*, FS Stiefel, S. 505, 529.

1. Zum Untergang des Dividendenanspruchs aufgrund der privilegierenden Einwendung des § 62 Abs. 1 S. 2 AktG

Greift im Falle eines Erstattungsverlangens der Aktiengesellschaft für den Aktionär der Schutz des § 62 Abs. 1 S. 2 AktG ein, darf der Aktionär die empfangene Leistung behalten. Um eine Besserstellung des Aktionärs als Folge dessen zu vermeiden, bewirkt diese Einwendung im Fall der verfrühten Dividendenzahlung und des späteren Entstehens des Dividendenanspruchs, dass dieser Anspruch nicht mehr geltend gemacht werden kann. Einem solchen Verlangen steht zum einen der Kapitalerhaltungsgrundsatz zwingend entgegen, zum anderen ist dieses auch nicht vom Sinn und Zweck der Ausnahmevorschrift gedeckt.

2. Zum Fortbestehen des Dividendenanspruchs im Fallbeispiel 1

Der von T am 09.06 gegen die A-AG geltend gemachte Dividendenanspruch besteht aufgrund der bereits erhobenen und zur Anwendung gelangten Einwendung des § 62 Abs. 1 S. 2 AktG nicht. Denn die Privilegierung des Gesellschafters führt in diesem Fall auch zum Untergang des künftigen faktisch gleichen Anspruchs. Das Verlangen des Aktionärs nach einer weiteren Dividendenzahlung ist daher zurückzuweisen.

B. Fallbeispiel 2

Im Rahmen des zweiten Fallbeispiels wird zunächst untersucht, ob mit einem Verstoß gegen § 57 Abs. 1 S. 1 AktG der Anwendungsbereich des § 134 BGB eröffnet ist.[707] Genauer soll diese Frage für den Fall eines sogenannten offenen Verstoßes Klärung finden, wobei der Schwerpunkt auf einem aktienrechtswidrigen

---

707 Vgl. *Canaris*, FS Fischer, S. 31, 33; Geßler/Hefermehl/*Hefermehl/Bungeroth*, AktG, 1. Aufl., § 57 Rdn. 71; Großkomm. AktG/*Henze*, 4. Aufl., § 57 Rdn. 201, 203; Henssler/Strohn/*Lange*, Gesellschaftsrecht, 1. Aufl., § 57 AktG Rdn. 11; *Hüffer*, AktG, 10. Aufl., § 57 Rdn. 23; *Lutter*, Kapital, Sicherung der Kapitalaufbringung und Kapitalerhaltung in den Aktien- und GmbH-Rechten der EWG, S. 377; Münch. Hdb. AG/*Wiesner*, § 16 Rdn. 52; a. A. Bürgers/Körber/Westermann, AktG, 2. Aufl., § 57 Rdn. 49; *Fleischer*, WM 2007, 909, 916; Heidel/*Drinhausen*, Aktienrecht und Kapitalmarktrecht, 3. Aufl., § 57 Rdn. 46 ff.; *Joost*, ZHR 149 (1985), 419 ff.; KölnKomm. AktG/*Drygala*, 3. Aufl., § 57 Rdn. 132 ff.; MünchKomm. AktG/*Bayer*, 3. Aufl., § 57 Rdn. 157; umfassend hierzu auch *Riedel*, Unzulässige Vermögenszuwendungen und ihre Rechtsfolgen im Recht der Aktiengesellschaft, S. 45 ff.; *Rosengarten*, ZHR 168 (2004), 708 ff.; Roth/Altmeppen/*Altmeppen*, GmbHG, 7. Aufl., § 30 Rdn. 152; Spindler/Stilz/*Cahn/v. Spannenberg*, AktG, 2. Aufl., § 57 Rdn. 86 ff.

Erfüllungsgeschäft liegt. Erwähnung soll in diesem Zusammenhang aber auch die schon oben dargestellte Anrechnungsabrede als schuldrechtliche Vereinbarung finden.[708] Die Frage der Anwendbarkeit des § 134 BGB betrifft vor allem eine Überlegung, die sich bei einem Verstoß gegen § 57 AktG auf der Rechtsfolgenseite stellt. Es geht darum, ob die spezielle Vorschrift des § 62 Abs. 1 S. 1 AktG nicht nur das Bereicherungsrecht des BGB, also die §§ 812 ff. BGB, verdrängen kann[709], sondern ob darüber hinaus auch der eigentumsrechtliche Herausgabeanspruch nach § 985 BGB ausgeschlossen wird. In früherer Zeit war die Frage der Anwendung des § 134 BGB bis zur Reform des Aktiengesetzes im Jahr 1965, darauf wird später noch einzugehen sein, positiv zu beantworten.[710] Mit Einführung der damals neuen Vorschrift des § 62 AktG ist aber nunmehr höchst fraglich, ob neben dieser neuen aktienrechtlichen Regelung weiterhin auf die §§ 134, 985 BGB als konkurrierende Bestimmungen zugegriffen werden kann, oder ob von einem solchen Konkurrenzverhältnis nicht Abschied zu nehmen ist.

Desweiteren wird auch auf die Reichweite des aktienrechtlichen Kapitalerhaltungsgrundsatzes einzugehen sein, wenn nämlich mögliche Rückzahlungsansprüche der Aktiengesellschaft auf eine Insolvenz des zur Erstattung verpflichteten Aktionärs treffen. So kommt dem Kapitalschutz im Aktienrecht aufgrund seiner besonderen Funktion in bestimmten Situationen Vorrang zu. Dies gilt zum Beispiel für die Frage, ob im Fall der beabsichtigten Heilung eines nichtigen Gewinnverwendungsbeschlusses dem zur Erstattung nach § 62 Abs. 1 S. 1 AktG Verpflichteten neben der speziellen Einwendung des § 62 Abs. 1 S. 2 AktG auch die Dolo-agit-Einrede und das Verbot des venire contra factum proprium zugute kommen.[711] Zu prüfen ist nun, ob ein solcher Vorrang der Kapitalerhaltungsvorschriften auch dann bestehen kann, wenn der Grundsatz der Kapitalerhaltung auf nun insolvenzrechtliche Bestimmungen trifft.

In diesem Kontext wird sich zeigen, dass das Problem der Anwendbarkeit des § 134 BGB auch mit der Frage zusammenhängt, ob mit der aktienrechtlichen Kapitalerhaltung ein Schutz des gegenständlichen Gesellschaftsvermögens oder ein Schutz des Gesellschaftsvermögens seinem Wert nach verfolgt wird. Das gilt vor allem für die sich aus § 62 Abs. 1 S. 1 AktG ergebende Rechtsfolge. Die Beantwortung dieser Frage stellt einen wichtigen Aspekt auch für das Problem der Anwendbarkeit des § 985 BGB dar, sodass auf diesen Zusammenhang noch vertiefter

---

708 Siehe oben unter Seite 104 ff.

709 Siehe oben Seite 76.

710 Vgl. nur *Joost*, ZHR 149 (1985), 419, 423 ff.

711 Dazu oben Seite 127 ff.

eingegangen wird.[712] Dabei steht die konkrete Bestimmung des genauen Schutzes durch die aktienrechtliche Kapitalerhaltung in unmittelbarer Verbindung mit der Bestimmung der Konkurrenz von § 62 Abs. 1 S. 1 AktG und § 985 BGB.

I. Die Pflicht des Aktionärs zur Herausgabe der erhaltenen Leistung

Zuerst soll geklärt werden, welche Auswirkungen eine fehlende Gutgläubigkeit im Sinne des § 62 Abs. 1 S. 2 AktG insgesamt haben kann. Diese offenbaren sich nämlich besonders anschaulich, wenn über das Vermögen des nach Aktienrecht zur Erstattung verpflichteten Gesellschafters das Insolvenzverfahren eröffnet wird. Dieser Umstand kann für die voreilig leistende Gesellschaft und ihre Organe ein durchaus beachtliches Problem darstellen. Zunächst soll es nur auf das Verhältnis von Gesellschaft und Aktionär ankommen. Inwieweit die Organe der Gesellschaft oder sonstige Dritte beteiligt sind und welche Folgen die Einbeziehung Dritter mit sich bringt, wird im Rahmen der nachfolgenden erweiternden Abwandlung aufgezeigt.[713]

Im vorliegenden zweiten Fallbeispiel begehrt die A-AG die Erstattung der verfrühten Dividende. Ihre Zahlung verstößt, da der Anspruch des Aktionärs zum Zeitpunkt der Leistung noch nicht entstanden ist, gegen § 57 Abs. 1 S. 1 AktG. Wie schon aus dem ersten Fallbeispiel bekannt, gewährt das Aktiengesetz für solche Fälle mit § 62 Abs. 1 S. 1 AktG einen spezialgesetzlichen Erstattungsanspruch der Gesellschaft gegen ihren Aktionär. Abweichend von der Konstellation in Beispiel 1 besitzt der Geschäftsführer der Aktionärin hier von der fehlenden Gewinnberechtigung im Moment der Leistung jedoch zurechenbare positive Kenntnis. Ein Erstattungsanspruch der A-AG nach § 62 Abs. 1 S. 1 AktG ist damit dem Grunde nach gegeben, weil eine Privilegierung des Gesellschafters nach § 62 Abs. 1 S. 2 AktG ausgeschlossen ist.

Als problematisch wird sich hier allerdings die Insolvenz des Aktionärs erweisen. Denn es stellt sich die Frage, wie eine mögliche Erstattungsforderung der A-AG nach § 62 Abs. 1 S. 1 AktG insolvenzrechtlich zu behandeln ist: Handelt es sich aus Schuldnersicht um eine Masseverbindlichkeit im Sinne des § 55 Abs. 1 InsO, könnte unter der Bedingung ausreichender Insolvenzmasse die A-AG als Gläubigerin vollständig befriedigt werden. Handelt es sich dagegen nur um eine bloße Insolvenzforderung, könnte dieser Anspruch, unter Umständen, lediglich in Höhe der Insolvenzquote Befriedigung finden. Bei einer hier zu erwartenden

712 Siehe unten Seite 197 ff.
713 Siehe unten Seite 227 ff.

Quote von 2% würde dies vorerst einen Verlust in Höhe von 980.000,00 Euro bedeuten, der gegebenenfalls das Gesellschaftsvermögen beeinträchtigen könnte.

Möglicherweise kann die Gesellschaft aber neben dem bestehenden Erstattungsanspruch nach § 62 Abs. 1 S. 1 AktG (sub 1.) geltend machen, dass der Verstoß gegen § 57 Abs. 1 S. 1 AktG die Nichtigkeit des Erfüllungsgeschäftes, hier die Nichtigkeit der dinglichen Einigung im Rahmen der Dividendenzahlung gemäß § 134 BGB, nach sich zieht. In diesem Fall könnte hier die A-AG die erbrachte Dividendenzahlung gegebenenfalls auch nach § 985 BGB herausverlangen (sub 2.). Da die Aktiengesellschaft ihr Eigentum an dem Geld dann weder durch eine wirksame dingliche Einigung mit der Gesellschafterin, noch aufgrund eines gesetzlichen Eigentumserwerbstatbestandes verloren hätte, wäre eine Insolvenz ihrer Aktionärin unter Umständen unbeachtlich, weil die Gesellschaft als Eigentümerin gemäß § 47 InsO zur Aussonderung berechtigt und somit nicht weiter auf die Insolvenzmasse angewiesen wäre. In Konsequenz könnte die betroffene Aktiengesellschaft die zu früh vorgenommene Dividendenausschüttung trotz des über das Vermögen ihrer Gesellschafterin eröffneten Insolvenzverfahrens in voller Höhe zurückerhalten, sodass eine mögliche Insolvenzquote und die damit eventuell verbundene Beeinträchtigung des Gesellschaftsvermögens nicht weiter von Bedeutung wären.

1. Anspruch nach § 62 Abs. 1 S. 1 AktG

Vorab soll geprüft werden, ob in dem vorliegenden Fall der spezielle aktienrechtliche Erstattungsanspruch nach § 62 Abs. 1 S. 1 AktG tatsächlich gegeben ist und welche Folgen eine Insolvenz des zur Rückzahlung Verpflichteten mit sich bringt.

a) Die einzelnen Voraussetzungen des § 62 Abs. 1 S. 1 AktG

Ein Erstattungsanspruch nach § 62 Abs. 1 S. 1 AktG setzt voraus, dass der Aktionär eine Leistung entgegen aktienrechtlicher Vorschriften erlangt hat. Die verfrühte Dividendenzahlung stellt bekanntlich einen Verstoß gegen § 57 Abs. 1 S. 1 AktG dar. Im vorliegenden Fall wusste zudem der Geschäftsführer der Gesellschafterin, dass diese in dieser Phase nicht zum Bezug der ausgeschütteten Dividende berechtigt war. Diese Kenntnis muss sich die X-GmbH nunmehr entsprechend dem Rechtsgedanken des § 166 Abs. 1 BGB zurechnen lassen, sodass die GmbH als Anspruchsgegnerin bei Erhalt der Leistung nicht gutgläubig im Sinne des § 62 Abs. 1 S. 2 AktG war.[714] Infolgedessen besteht grundsätzlich ein

714 Vgl. Baumbach/Hueck/*Zöllner/Noack*, GmbHG, 19. Aufl., § 35 Rdn. 147; Michalski/*Lenz*, GmbHG, 2. Aufl., § 35 Rdn. 105; Roth/Altmeppen/*Altmeppen*, GmbHG, 7.

Erstattungsanspruch der A-AG gegen die X-GmbH in Höhe der erbrachten aber aktienrechtswidrigen Ausschüttung von 1.000.000,00. Euro.

b) Die Folgen der Insolvenz

Über das Vermögen des Gesellschafters, hier der X-GmbH, wurde allerdings unmittelbar nach der verfrühten Dividendenzahlung das Insolvenzverfahren eröffnet, § 27 InsO. Es ist nicht auszuschließen, dass der Erstattungsanspruch der Aktiengesellschaft in Person der A-AG dadurch eine erhebliche Beeinträchtigung erfährt.

aa) Masseverbindlichkeit

Die Insolvenzordnung enthält mit § 53 InsO eine Bestimmung, nach der sogenannte Massegläubiger vorrangig vor den übrigen Insolvenzgläubigern zu befriedigen sind, soweit keine Masseunzulänglichkeit besteht.[715] Diese Möglichkeit ist auch in den Fällen von Bedeutung, in welchen die Insolvenzmasse eine ungerechtfertigte Bereicherung erfahren hat. Dann finden die §§ 812 ff. BGB Anwendung.[716] Da § 62 Abs. 1 S. 1 AktG als speziellere aktienrechtliche Norm das allgemeine Bereicherungsrecht des BGB verdrängt, wird die Erstattung im Falle einer Masseverbindlichkeit nach aktienrechtlichen Vorgaben vorgenommen, konkret also nach § 62 Abs. 1 S. 1 AktG. Auch wenn das Bereicherungsrecht an die rechtsgrundlose Leistung anknüpft, steht der vorliegende Verstoß gegen § 57 Abs. 1 S. 1 AktG dem nicht entgegen. Denn die Leistung war nicht nur aktienrechtswidrig, sondern zudem rechtsgrundlos, weil ein entsprechender Anspruch der Aktionärin noch nicht bestand.[717] Weiterhin muss es sich bei der Verbindlichkeit der X-GmbH auch um eine Masseverbindlichkeit handeln. In Betracht kommt, da es um eine ungerechtfertigte Bereicherung geht, einzig eine Masseverbindlichkeit im Sinne des § 55 Abs. 1 Nr. 3 InsO. Dies setzt allerdings voraus, dass die Insolvenzmasse erst nach Eröffnung des Insolvenzverfahrens eine Vermögensmehrung erfahren hat.[718] Eine Bereicherung der (späteren) Insolvenzmasse vor der Eröffnung des Insolvenzverfahrens begründet lediglich eine

Aufl., § 35 Rdn. 95; a. A. Münch. Hdb. AG/*Wiesner*, 3. Aufl., § 23 Rdn. 24 wonach bei Organen juristischer Personen auf die entsprechende Anwendung des § 31 BGB maßgeblich ist; so auch MünchKomm. AktG/*Spindler*, 3. Aufl., § 78 Rdn. 87.

715 Vgl. Braun/*Bäuerle*, Insolvenzordnung, 4. Aufl., § 53 Rdn. 8.

716 Vgl. Braun/*Bäuerle*, Insolvenzordnung, 4. Aufl., § 55 Rdn. 47; MünchKomm. InsO/*Hefermehl*, 2. Aufl., § 55 Rdn. 206.

717 Wobei es im Rahmen der §§ 57, 62 AktG auf die Aktienrechtswidrigkeit ankommt, von der bei einer rechtsgrundlosen Leistung auszugehen ist.

718 Vgl. Andres/Leithaus/*Leithaus*, Insolvenzordnung, 2. Aufl., § 55 Rdn. 10; Braun/*Bäuerle*, Insolvenzordnung, 4. Aufl., § 55 Rdn. 48.

einfache Insolvenzforderung.[719] Das künftige Entstehen des Dividendenanspruchs durch endgültige notarielle Unterschrift und Entlassung in den Rechtsverkehr ist in diesem Zusammenhang noch unbeachtlich: Zum einen ist der maßgebliche Zeitpunkt für die Beurteilung einer Masseverbindlichkeit im Sinne des § 55 Abs. 1 Nr. 3 InsO der Moment der Eröffnung des Insolvenzverfahrens.[720] Zum anderen ist das spätere Entstehen des Dividendenanspruchs, zu dem es auch erst nach der Eröffnung des Insolvenzverfahrens kommt, wie schon oben ausgeführt, für die Aktienrechtswidrigkeit und Rechtsgrundlosigkeit der verfrühten Leistung nicht von Bedeutung, da diese Zahlung dem künftigen Anspruch jedenfalls nicht zugeordnet werden kann.

bb) Bloße Insolvenzforderung der A-AG

Bei dem Erstattungsanspruch der A-AG handelt es sich damit um eine bloße Insolvenzforderung. Die X-GmbH war aufgrund des Verstoßes der Zahlung gegen § 57 Abs. 1 S. 1 AktG schon vor Eröffnung des Insolvenzverfahrens zur Rückzahlung gemäß § 62 Abs. 1 S. 1 AktG verpflichtet und die A-AG damit Insolvenzgläubigerin im Sinne des § 38 InsO.[721]

cc) Zwischenergebnis

Der A-AG steht gegen die X-GmbH zwar ein Anspruch auf Rückzahlung der verfrüht geleisteten Dividende in Höhe von 1.000.000,00 Euro nach § 62 Abs. 1 S. 1 AktG zu. Bei diesem handelt es sich allerdings lediglich um eine bloße Insolvenzforderung, sodass er dem vollen Insolvenzrisiko des Schuldners unterliegt. Im vorliegenden Fall soll davon ausgegangen werden, dass die A-AG aufgrund der Vermögensverhältnisse der X-GmbH am Ende nur Befriedigung in Höhe von 2%, also 20.000,00 Euro erfahren kann. Das durch die Kapitalerhaltungsvorschriften zu schützende Gesellschaftsvermögen hat damit einen Schaden in Höhe von 980.000,00 Euro erlitten, wenn die A-AG lediglich diesen aktienrechtlichen Erstattungsanspruch geltend machen kann und ihrerseits zur weiteren Dividendenzahlung verpflichtet bleibt.[722]

2. Anspruch nach § 985 BGB

Anderes könnte sich aber ergeben, wenn der Gesellschaft neben § 62 Abs. 1 S. 1 AktG auch ein Anspruch nach § 985 BGB zusteht. Ein solcher Anspruch setzt

---

719 Vgl. BGH ZIP 1989, 785 ff., 786; Braun/*Bäuerle*, Insolvenzordnung, 4. Aufl., § 55 Rdn. 48; MünchKomm. InsO/*Hefermehl*, 2. Aufl., § 55 Rdn. 200.

720 Vgl. MünchKomm. InsO/*Hefermehl*, 2. Aufl., § 55 Rdn. 200.

721 Vgl. MünchKomm. InsO/*Ehricke*, 2. Aufl., § 38 Rdn. 16.

722 Zu dieser Verpflichtung siehe unten Seite 219 ff.

dabei unter anderem voraus, dass die betroffene Aktiengesellschaft in Bezug auf die dem Herausgabeverlangen unterliegende Sache, hier die ausgezahlte Bardividende in Höhe von 1.000.000,00 Euro, immer noch Eigentümerin ist. Im Fall einer Insolvenz des Besitzers wird der Eigentümer der Sache davon nämlich nicht betroffen. Denn das Eigentum ist ein zur Aussonderung berechtigendes Recht im Sinne des § 47 InsO, sodass die Insolvenzmasse diesen konkreten Gegenstand nicht erfasst.[723] Die Vindikation nach § 985 BGB ist eine Möglichkeit die Aussonderung der Sache im Sinne des § 47 InsO herbeizuführen.[724] Die Vindikation könnte der Gesellschaft eine weitaus stärkere Rechtsposition einräumen als der bloße spezielle aktienrechtliche Erstattungsanspruch.

a) Sachqualität der Dividendenzahlung

Die Aussonderung nach § 47 InsO im Wege der Vindikation gemäß § 985 BGB setzt allerdings erst einmal voraus, dass im Fall von Geld dieses noch als individualisierbar im Besitz des Herausgabepflichtigen vorhanden ist.[725] Dies folgt nach der ganz überwiegenden und zutreffenden Meinung aus dem sachenrechtlichen Spezialitätsgrundsatz, sodass bei der Frage der Vindikation nicht auf den Wert der Sache, sondern auf die Sache selbst als Gegenstand abzustellen ist.[726] Von einer solchen Individualisierbarkeit kann ausgegangen werden, wenn sich die konkret betroffenen Geldnoten oder Geldstücke noch im Besitz des zur Herausgabe Verpflichteten befinden, eine Vermischung, Umtausch oder Einzahlung bei einer Bank also nicht stattgefunden hat.[727] In der heutigen Zeit des Buchgeldes führt dieses Erfordernis in den allermeisten Fällen dazu, dass die Vindikation und damit auch eine Aussonderung von Geld in der Insolvenz, gemäß § 47 InsO nicht möglich sind. Denn bei Buchgeld handelt es sich um eine nicht der Vindikation unterliegende Forderung gegen das kontoführende Geldinstitut, wobei es dem Gläubiger bei Geld in der Regel auf den Wert und nicht auf bestimmte Stücke ankommt; ist ein individualisierbarer Geldbetrag beim Herausgabepflichtigen somit nicht vorhanden, bleibt dem die Herausgabe Begehrenden nur der Rückgriff auf das Bereicherungsrecht.[728] Im

---

723 Vgl. Uhlenbruck/*Brinkmann*, Insolvenzordnung, 13. Aufl., § 47 Rdn. 9.

724 MünchKomm. InsO/*Ganter*, 2. Aufl., § 47 Rdn. 5.

725 BGH NJW 1972, 872 f.; siehe auch Nerlich/Römermann/*Andres*, Insolvenzordnung, 21. Ergänzungslieferung 2011, § 47 Rdn. 2, 6.

726 BGH NJW 1972, 872; vgl. Braun/*Bäuerle*, Insolvenzordnung, 4. Aufl., § 47 Rdn. 12; zur Geldwertvindi-kation insgesamt MünchKomm. BGB/*Baldus*, 5. Aufl., § 985 Rdn. 26 ff; Staudinger/*Gursky*, BGB (2006), § 985 Rdn. 90 ff.

727 Vgl. Uhlenbruck/*Brinkmann*, Insolvenzordnung, 13. Aufl., § 47 Rdn. 6.

728 Vgl. MünchKomm. BGB/*Baldus*, 5. Aufl., § 985 Rdn. 27.

vorliegenden Fall käme es bei fehlender Sachqualität zur Anwendung des bereits geprüften Erstattungsanspruchs der A-AG gemäß § 62 Abs. 1 S. 1 AktG, der im Fall der Insolvenz des Verpflichteten jedoch, wie aufgezeigt, gefährdet ist.

Entsprechend dem Sachverhalt ist die Sachqualität hinsichtlich der herausverlangten Dividende in Höhe von 1.000.000,00 Euro aber gewahrt. Denn diese wurde der X-GmbH bar ausgezahlt und sodann im firmeneigenen Safe aufbewahrt. Es ist daher davon auszugehen, dass der herauszugebende Gegenstand als individualisierbare Sache weiterhin im Besitz der Gesellschafterin vorhanden ist.

b) Eigentümerstellung der A-AG

Wenn eine grundsätzlich der Vindikation zugängliche Sache vorliegt, ist im Weiteren erforderlich, dass die vindizierende Gesellschaft, hier die A-AG, auch Eigentümerin dieses Gegenstandes ist. Damit also neben dem Erstattungsanspruch nach Aktienrecht überhaupt die Möglichkeit eines eigentumsrechtlichen Herausgabeanspruchs der Gesellschaft bestehen kann, darf sie ihr Eigentum an den im Rahmen der voreiligen Dividendenauszahlung übergebenen Geldscheinen nicht an ihren Gesellschafter verloren haben. Die Aktiengesellschaft schuldet dem Aktionär sachenrechtlich das Eigentum an dem diesem auszuschüttenden und ausgeschütteten Gewinnanteil. Diesen Gewinnanspruch erfüllt sie bei einer Barausschüttung auf der sachenrechtlichen Ebene durch Einigung mit dem Gesellschafter über den Übergang des Eigentums an dem Gewinnanteil, also durch Willenserklärung und anschließender oder gleichzeitiger Übergabe der Sache durch Übertragung des Besitzes, § 929 S. 1 BGB. Üblicherweise gehen die an diesem Geschäft beteiligten Parteien von einem in diesem Augenblick bereits wirksam bestehenden Dividendenanspruch des Gesellschafters aus, sodass die Einigung unbedingt ist.

Hier gilt es jedoch zu beachten, dass sowohl die Einigung als auch die Übergabe im Sinne des § 929 S. 1 BGB zu einem Zeitpunkt erfolgen, zu dem der entsprechende schuldrechtliche Anspruch des Aktionärs auf den Erhalt der Dividende tatsächlich noch nicht entstanden ist. Damit liegt in diesem Sachverhalt ein Verstoß gegen den aktienrechtlichen Kapitalerhaltungsgrundsatz vor. Offen ist, welche Folgen ein solcher Verstoß im Hinblick auf einen möglichen Anspruch der Aktiengesellschaft nach § 985 BGB mit sich bringt. Diese Frage wird in der Literatur heftig diskutiert und bringt derzeit wohl einen Wandel mit sich.[729] Im Kern wird um die Frage gestritten, ob eine Verletzung dieses Grundsatzes zur Nichtigkeit des Rechtsgeschäfts gemäß § 134 BGB führt.

729 Vgl. die Meinungen bei Fn. 707.

Wenn in der Vorschrift des § 57 Abs. 1 S. 1 AktG ein Verbotsgesetz im Sinne des § 134 BGB zu sehen ist, dann kann daraus die Nichtigkeit der dinglichen Einigung folgen. Dies könnte im Weiteren dazu führen, dass die Gesellschaft im Fall einer verfrühten Dividendenzahlung die Erstattung nicht nur für den Fall der Bösgläubigkeit des Aktionärs über § 62 Abs. 1 S. 1 AktG verlangen könnte. Vielmehr und unabhängig von der Frage der Gutgläubigkeit, käme aufgrund des ihr verbliebenen Eigentums an den Geldscheinen ein Anspruch auf Herausgabe dieser nach § 985 BGB in Betracht. Damit gilt es nunmehr zu untersuchen, ob ein Verstoß gegen § 57 Abs. 1 S. 1 AktG die Nichtigkeitsfolge des § 134 BGB nach sich zieht und im Folgenden daher neben der aktienrechtlichen Erstattung auch eine Vindikation nach § 985 BGB ermöglicht.

Führt ein solcher Verstoß dagegen nicht zur Nichtigkeit des Rechtsgeschäfts oder findet die Nichtigkeitsfolge des § 134 BGB aus sonstigen Gründen keine Anwendung, so hat die A-AG ihr Eigentum an den Geldscheinen aufgrund der verfrühten Dividendenzahlung und der damit einhergehenden Einigung über den Übergang des Eigentums an die X-GmbH verloren. Eine Vindikation wäre dann schon aufgrund des Fehlens der erforderlichen Voraussetzungen, nämlich Eigentum des Vindizierenden, nicht möglich, sodass es jedenfalls bei einem grundsätzlichen Erstattungsanspruch der Gesellschaft gemäß § 62 Abs. 1 S. 1 AktG verbliebe. Dieser wäre jedoch entsprechend den obigen Ausführungen mit dem Risiko der Insolvenz des Aktionärs behaftet und könnte daher unter Umständen sogar vollständig wertlos sein. Dieses Risiko ist ein für die Gesellschaft und ihre Organmitglieder beachtliches Problem.

aa) Die verschiedenen Ansichten

Einleitend sollen die verschiedenen Ansichten zu der Frage der etwaigen Nichtigkeit gemäß § 134 BGB dargestellt werden (sub (1) und (2)). Dabei wird auch ausgeführt, was dies für die Anwendbarkeit des § 985 BGB und dessen Verhältnis zu § 62 Abs. 1 S. 1 AktG bedeutet. Dem schließt sich, unter Berücksichtigung der hier betroffenen Fallkonstellation, die Darstellung der Meinung des Verfassers an (sub (3)).

(1) Nichtigkeit nach § 134 BGB

Im Fall der verfrühten Dividendenzahlung liegt ein offener Verstoß gegen den Kapitalerhaltungsgrundsatz vor, da es zu einer einseitigen Zuwendung der Gesellschaft an ihren Aktionär kommt.[730] Dabei steht das dingliche Rechtsgeschäft zwischen der Gesellschaft und ihrem Aktionär im Vordergrund. Diesem liegt ein wirksames

730 Vgl. Großkomm. AktG/*Henze*, 4. Aufl., § 57 Rdn. 25; KölnKomm. AktG/*Drygala*, 3. Aufl., § 62 Rdn. 34.

schuldrechtliches Geschäft nicht zugrunde. Die Gesellschaft leistet in der Annahme, dass ein wirksamer Dividendenanspruch des Gesellschafters bestünde, weil die Hauptversammlung einen Gewinnverwendungsbeschluss gefasst hat. Zu berücksichtigen ist aber in diesem Zusammenhang, dass der Gewinnverwendungsbeschluss schon mangels entsprechender Unterzeichnung des Hauptversammlungsprotokolls im Sinne des § 130 Abs. 4 AktG noch nicht formwirksam existiert und damit in diesem Fall ein juristisches Nullum darstellt. Infolgedessen besteht ein schuldrechtliches Geschäft, welches gegen § 134 BGB verstoßen könnte, noch gar nicht. Zudem handelt es sich bei dem Gewinnverwendungsbeschluss der Hauptversammlung um einen der wenigen Fälle, in denen, wäre er tatsächlich wirksam, ein Verstoß gegen § 57 Abs. 1 S. 1 AktG ausnahmsweise nicht vorliegt.[731]

Ein solcher Verstoß auf dinglicher Ebene führt nach einer weit verbreiteten Ansicht zur Nichtigkeit im Sinne des § 134 BGB.[732] Zur Begründung dieser Nichtigkeitsfolge werden verschiedene Argumente angeführt:

(a) Wortlaut des § 57 Abs. 1 S. 1 AktG

§ 57 Abs. 1 S. 1 AktG verbietet die Ausschüttung von Gesellschaftsmitteln, soweit eine Ausnahme von diesem Verbot nicht vorliegt. § 57 AktG erwähnt in seinem Abs. 1 ausdrücklich, dass „Einlagen nicht zurückgewährt werden“ dürfen sowie in seinem Abs. 2, dass „Zinsen weder zugesagt noch ausgezahlt werden“ dürfen. Gilt der Fall der Zusage von Zinsen noch für das schuldrechtliche Geschäft, erfassen das „Zurückgewähren“ von Einlagen und die „Auszahlung“ von Zinsen jedoch die sachenrechtliche Ebene und damit die dingliche Übereignung. Kommt es entgegen dieser Vorschrift zu einer Übertragung von Vermögenswerten, wird der Tatbestand des § 57 Abs. 1 S. 1 AktG erfüllt. Denn mit der Durchführung des Geschäftes auf dinglicher Ebene geht ein Verstoß gegen diese Bestimmung zwingend einher.[733] Demzufolge stellt, nach Meinung vieler, die Nichtigkeit dieses Rechtsgeschäfts die angemessene Rechtsfolge dar.[734] Der Wortlaut des § 57 Abs. 1 S. 1 AktG soll daher für diese Rechtsfolge sprechen.[735]

---

731 Vgl. nur Großkomm. AktG/*Henze*, 4. Aufl., § 57 Rdn. 182.

732 So *Canaris*, FS Fischer, S. 31, 33; Geßler/Hefermehl/*Hefermehl/Bungeroth*, AktG, 1. Aufl., § 57 Rdn. 71; Großkomm. AktG/*Henze*, 4. Aufl., § 57 Rdn. 203; *Hüffer*, AktG, 10. Aufl., § 57 Rdn. 23; *Lutter*, a. a. O. (Fn. 707), S. 377; Münch. Hdb. AG/*Wiesner*, § 16 Rdn. 52.

733 So *Canaris*, FS Fischer, S. 31, 33; Großkomm. AktG/*Henze*, 4. Aufl., § 57 Rdn. 203.

734 So *Canaris*, FS Fischer, S. 31, 33.

735 Vgl. auch *Bommert*, Verdeckte Vermögensverlagerungen im Aktienrecht, S. 84.

(b) Schutz des Gesellschaftsvermögens auch im Fall der Insolvenz des erstattungspflichtigen Aktionärs

Ein weiteres Argument für die Nichtigkeitsfolge eines Verstoßes gegen § 57 AktG wird aus der enormen Bedeutung der aktienrechtlichen Kapitalerhaltung abgeleitet: Kommt es, wie auch im vorliegenden Fallbeispiel 2, zur Eröffnung des Insolvenzverfahrens über das Vermögen des zur Erstattung verpflichteten Aktionärs, ist dieser Anspruch der Gesellschaft von einer möglichen Insolvenz des Gesellschafters als Schuldner betroffen. Tatsächlich erhält die Aktiengesellschaft im Wege des aktienrechtlichen Erstattungsanspruchs unter Umständen nur einen Bruchteil der vorher erbrachten Leistung, sodass sich das Gesellschaftsvermögen infolgedessen durchaus um diese Differenz vermindern kann.[736] Aus diesem Grund müssen die Gesellschaft, ihre Aktionäre und auch ihre Gläubiger vor der Insolvenz des Erstattungspflichtigen geschützt werden. Dies wird dadurch erreicht, dass ein solcher Verstoß zur Nichtigkeit des dinglichen Geschäftes zwischen Aktionär und Gesellschaft führt und infolgedessen ein insolvenzrechtliches Aussonderungsrecht nach § 47 InsO vorliegt.[737] Dieses Recht wird dann durch die Geltendmachung des Herausgabeanspruchs nach § 985 BGB ausgeübt.[738] Anderenfalls könnte sich bei einer aktienrechtswidrigen Leistung an den Aktionär dessen Insolvenzrisiko zu Lasten der Aktiengesellschaft auswirken.[739]

In diesem Zusammenhang muss jedoch einschränkend gesagt werden, dass die Möglichkeit der Aussonderung nur in den Fällen besteht, in welchen eine Sachleistung, zu der auch die in der Praxis unübliche Dividendenzahlung in bar gehört, durch die Gesellschaft erbracht wurde.[740] Für den in der Praxis häufigsten Fall, nämlich den der Dividendenzahlung durch Überweisung auf das Bankkonto des gewinnbezugsberechtigten Gesellschafters, ist die Möglichkeit der Aussonderung nach § 47 InsO aufgrund der fehlenden Sachqualität des Buchgeldes von vornherein nicht gegeben. Wenn es für eine Vindikation auf die Sachqualität der

---

736 Bei ausschließlicher Berücksichtigung von Gesellschaft und Aktionär; vgl. unten die Abwandlung, Seite 227 ff.

737 Vgl. Geßler/Hefermehl/*Hefermehl/Bungeroth*, AktG, 1. Aufl., § 57 Rdn. 75; Großkomm. AktG/*Henze*, 4. Aufl., § 57 Rdn. 203; Spindler/Stilz/*Cahn/v. Spannenberg*, AktG, 2. Aufl., § 57 Rdn. 86.

738 Vgl. Großkomm. AktG/*Henze*, 4. Aufl., § 57 Rdn. 203; Spindler/Stilz/*Cahn/v. Spannenberg*, AktG, 2. Aufl., § 57 Rdn. 86.

739 Vgl. Großkomm. AktG/*Henze*, 4. Aufl., § 57 Rdn. 203.

740 Vgl. Geßler/Hefermehl/*Hefermehl/Bungeroth*, AktG, 1. Aufl., § 57 Rdn. 75; *Joost*, ZHR 149 (1985), 419, 428.

erbrachten Leistung als Dividende ankommt, ist das vorliegende Problem daher vor allem im Fall einer möglichen Sachdividende von Bedeutung, jedenfalls dann, wenn diese zu früh geleistet wird.[741]

(c) § 292 Abs. 3 S. 1 AktG

Hingewiesen wird bei der Diskussion um eine etwaige Nichtigkeit auch auf die Bestimmung des § 292 Abs. 3 S. 1 AktG, nach welcher Betriebspacht- oder Betriebsüberlassungsverträge nicht deshalb nichtig sind, weil sie gegen die §§ 57, 58 und 60 AktG verstoßen. Dabei stellt § 292 Abs. 3 S. 1 AktG keinen Fall der Nichtigkeit dar, sondern gerade einen Ausnahmefall von dieser: Bei einem Betriebspacht- oder Betriebsüberlassungsvertrag tritt die Nichtigkeit gemäß dieser Vorschrift gerade nicht ein. Im Umkehrschluss soll nach dieser Regelung ein Verstoß gegen § 57 Abs. 1 S. 1 AktG ansonsten jedoch zur Nichtigkeit nach § 134 BGB führen können.[742] Zumindest soll der Wortlaut eine solche Auslegung nahelegen.[743]

(d) Umkehrschluss aus § 31 Abs. 3 GmbHG

Des Weiteren, so die Ansicht, welche die Nichtigkeitsfolge bevorzugt, spricht auch der Umkehrschluss der Vorschrift des § 31 Abs. 3 GmbHG für die Nichtigkeit des dinglichen Geschäfts: Wenn in § 31 Abs. 3 GmbhG eine Schutzfunktion für die Kapitalerhaltung im Fall der fehlenden Zahlungsfähigkeit des erstattungspflichtigen Gesellschafters zu sehen ist und eine vergleichbare Regelung im Aktiengesetz fehlt, ist für einen vergleichbaren Schutz folglich die Nichtigkeit des Erfüllungsgeschäfts erforderlich.[744]

§ 31 Abs. 3 GmbHG

(3) Ist die Erstattung von dem Empfänger nicht zu erlangen, so haften für den zu erstattenden Betrag, soweit er zur Befriedigung der Gesellschaftsgläubiger erforderlich ist, die übrigen Gesellschafter nach Verhältnis ihrer Geschäftsanteile. Beiträge, welche von einzelnen Gesellschaftern nicht zu erlangen sind, werden nach dem bezeichneten Verhältnis auf die übrigen verteilt.

§ 31 GmbHG normiert die Erstattungspflicht des GmbH-Gesellschafters hinsichtlich verbotenerweise erhaltener Rückzahlungen. Eine verbotene Rückzahlung in diesem Sinne liegt bei jeder Zahlung vor, die gegen § 30 GmbHG verstößt. § 30 GmbHG

741 Siehe zur Sachdividende *Waclawik*, WM 2003, 2266 ff.

742 Vgl. Großkomm. AktG/*Henze*, 4. Aufl., § 57 Rdn. 191; *Hüffer*, AktG, 10. Aufl., § 292 Rdn. 29.

743 Vgl. *Rosengarten*, ZHR 168 (2004), S. 708, 722, der die Nichtigkeitsfolge insgesamt jedoch ablehnt.

744 Vgl. KölnKomm. AktG/*Lutter*, 2. Aufl., § 57 Rdn. 63.

dient dabei wie § 57 AktG dem Gläubigerschutz.[745] Ähnlich wie im Aktienrecht, besteht im Recht der GmbH der Kapitalerhaltungsgrundsatz, denn die Rechtsform der GmbH ist insofern mit der der AG vergleichbar, als dass die Gesellschaft grundsätzlich nur mit dem Stammkapital haftet. Eine Haftung der Gesellschafter ist in der Regel mit Einzahlung ihrer Geschäftsanteile zur freien Verfügung der Gesellschaft ausgeschlossen, § 13 Abs. 2 GmbHG. Gleiches gilt bei der Aktiengesellschaft im Hinblick auf ihr Grundkapital, § 1 Abs. 1 S. 2 AktG. Da als einzige Haftungsmasse der GmbH demnach grundsätzlich nur das Stammkapital zur Verfügung steht, unterliegen die möglichen Verfügungen über dieses bestimmten Beschränkungen. Zum Schutz des Stammkapitals normiert § 31 GmbHG bei Verstößen gegen den Kapitalerhaltungsgrundsatz eine Erstattungspflicht der Gesellschafter als Empfänger der verbotenen Leistung. Im Gegensatz zum Aktienrecht verbietet das Recht der GmbH dabei nicht grundsätzlich jede Zahlung. Ein Verstoß gegen den Kapitalerhaltungsgrundsatz gemäß § 30 Abs. 2 GmbHG liegt vielmehr nur dann vor, wenn die Leistung das satzungsmäßige Stammkapital angreift, das Vermögen der GmbH also unter den Betrag des Stammkapitals vermindert wird.[746] In diesem Zusammenhang wird im Recht der GmbH auch vom „Kapitalschutz" gesprochen.[747]

Soweit der Gesellschafter als Empfänger der verbotenen Leistungen zu deren Erstattung an die Gesellschaft nicht in der Lage ist, wie zum Beispiel im Fall seiner Insolvenz, besteht nach § 31 Abs. 3 GmbHG eine Haftung der übrigen Gesellschafter. Durch diese Haftung erreicht der Gesetzgeber einen Schutz des Stammkapitals. Denn er bestimmt mit dieser Regelung, dass das Insolvenzrisiko des erstattungspflichtigen Gesellschafters von den anderen Gesellschaftern zu tragen ist und eben nicht von den Gesellschaftsgläubigern.[748] Eine solche Ausfallhaftung der übrigen Gesellschafter im Fall der Zahlungsunfähigkeit des erstattungspflichtigen Aktionärs besteht im Aktienrecht hingegen nicht. Um die Gläubiger der Aktiengesellschaft dementsprechend hinreichend zu schützen, soll im Fall eines Verstoßes gegen § 57 Abs. 1 S. 1 AktG die Nichtigkeitsfolge des § 134 BGB mit der Möglichkeit zur anschließenden Vindikation gelten.[749]

---

745 Vgl. *Fleck,* FS 100 Jahre GmbH-Gesetz, S. 391; MünchKomm. GmbHG/*Ekkenga*, 1. Aufl., § 30 Rdn. 15; Roth/Altmeppen/*Altmeppen*, GmbHG, 7. Aufl., § 30 Rdn. 1; *Stimpel,* FS 100 Jahre GmbH-Gesetz, S. 335, 349.

746 So Baumbach/Hueck/*Hueck/Fastrich*, GmbHG, 19. Aufl., § 30 Rdn. 2; Michalski/*Heidinger*, GmbHG, 2. Aufl., § 30 Rdn. 135; *Wilhelmi*, a. a. O. (Fn. 320), S. 181.

747 So MünchKomm. GmbHG/*Ekkenga*, 1. Aufl., § 30 Rdn. 1.

748 Vgl. MünchKomm. GmbHG/*Ekkenga*, 1. Aufl., § 31 Rdn. 52.

749 So *Canaris*, FS Fischer, S. 31, 33; Geßler/Hefermehl/*Hefermehl/Bungeroth*, AktG, 1. Aufl., § 57 Rdn. 75; Großkomm. AktG/*Henze*, 4. Aufl., § 57 Rdn. 211.

(e) Keine Nichtigkeit des Erfüllungsgeschäftes im Recht der GmbH

Aus dem Recht der GmbH wird ein weiteres Argument für die Nichtigkeitsfolge im Aktienrecht abgeleitet.

Nach ganz herrschender Meinung stellt § 30 GmbHG kein Verbotsgesetz im Sinne des § 134 BGB dar.[750] Daraus folgt die Wirksamkeit des dinglichen Geschäfts, sodass der Gesellschaft ein Anspruch nach § 985 BGB nicht zusteht.[751] Diese Wirksamkeit ist Folge der unterschiedlichen Struktur der Kapitalerhaltung im Recht der GmbH und der AG. Verboten ist bei der GmbH nämlich nur eine Erstattung von solchen Leistungen, die das Stammkapital der Gesellschaft betreffen. Auf dieses Stammkapital als feststehende Rechnungsziffer beschränkt sich auch der Kapitalerhaltungsgrundsatz.[752] Das gesamte Kapital der GmbH ist üblicherweise jedoch gewissen Schwankungen unterworfen, sodass eine Leistung mal zulässig, ein anderes Mal aber unzulässig sein kann. Dies hängt davon ab, ob diese gerade das Stammkapital angreift oder nicht. Aufgrund der generellen Ungewissheit darüber, welcher Fall im Rahmen einer möglichen Leistung jeweils vorliegt, ist die Nichtigkeitsfolge betreffend die GmbH unpassend.[753] Da demgegenüber im Recht der AG die Kapitalerhaltung nicht auf das Stammkapital der GmbH, also das diesem im Aktienrecht entsprechende Grundkapital, beschränkt ist[754], sondern sich auf das gesamte Vermögen der Gesellschaft erstreckt, ist aufgrund dieser strengeren Bindung des Gesellschaftsvermögens die Nichtigkeit des Erfüllungsgeschäfts nur konsequent.[755]

(2) Keine Nichtigkeit nach § 134 BGB

Zur Frage der Nichtigkeit wird von Teilen der Literatur schon seit geraumer Zeit ein anderes vertreten.[756] Nach einigen Stimmen führt ein Verstoß gegen § 57 Abs. 1

750 Vgl. BGHZ 136, 125, 129; 138, 291, 298; Großkomm. AktG/*Henze*, 4. Aufl., § 57 Rdn. 205; Münch. Hdb. GmbH/*Fronhöfer*, § 51 Rdn. 53; MünchKomm. GmbHG/*Ekkenga*, 1. Aufl., § 30 Rdn. 277.

751 Vgl. MünchKomm. GmbHG/*Ekkenga*, 1. Aufl., § 31 Rdn. 38.

752 Vgl. *Fabritius*, ZHR 144 (1980), 628, 630, 634; Münch. Hdb. GmbH/*Fronhöfer*, § 51 Rdn. 14.

753 Vgl. Bürgers/Körber/*Westermann*, AktG, 2. Aufl., § 57 Rdn. 3; Großkomm. AktG/*Henze*, 4. Aufl., § 57 Rdn. 205.

754 So Großkomm. AktG/*Henze*, 4. Aufl., § 57 Rdn. 10.

755 Vgl. Großkomm. AktG/*Henze*, 4. Aufl., § 57 Rdn. 205.

756 So vor allem bei MünchKomm. AktG/*Bayer*, 3. Aufl., § 57 Rdn. 157; vgl. Heidel/*Drinhausen*, Aktienrecht und Kapitalmarktrecht, 3. Aufl., § 57 Rdn. 46 ff.; aber auch *Joost*, ZHR 149 (1985), 419 ff.; KölnKomm. AktG/*Drygala*, 3. Aufl., § 57 Rdn. 132

S. 1 AktG nicht zur Nichtigkeit im Sinne des § 134 BGB, sodass es bei der (abschließenden) aktienrechtlichen Rechtsfolge des § 62 Abs.1 S. 1 AktG bleibt und die Vindikation keinen Anwendungsbereich findet.[757]

Für ein solches Verständnis werden verschiedene Argumente vorgebracht, die nachfolgend ausführlich vorgestellt werden:

(a) Die geschichtliche Entwicklung vom ADHGB 1861 bis zum Aktiengesetz 1965

Wird im Hinblick auf § 57 AktG vertreten, dass ein Verstoß gegen diese Bestimmung zur Nichtigkeit im Sinne des § 134 BGB führt, ist dies unter anderem auf die frühere Gesetzeslage zurückzuführen.[758] Der in diesem Zusammenhang beachtliche Erstattungsanspruch der Gesellschaft nach § 62 Abs. 1 S. 1 AktG, wurde nämlich erst mit der Reform des Aktiengesetzes im Jahr 1965 eingeführt. Davor war ein solcher Rückzahlungsanspruch der Gesellschaft im Aktiengesetz nicht ausdrücklich geregelt.

Vorab soll auf die geschichtliche Entwicklung in ihren wesentlichen Punkten vertieft eingegangen werden, um im weiteren Verlauf dann darzustellen, wieso diese im Ergebnis nicht für die Nichtigkeitsfolge spricht. Die geschichtliche Entwicklung ist ein ganz wesentlicher Punkt in der Frage der Nichtigkeitsfolge und für das Verständnis der geführten Auseinandersetzung elementar.[759]

(aa) Das ADHGB von 1861 und seine Novellen

Die Frage, ob die Gesellschaft von ihrem Aktionär verbotene Zahlungen erstattet verlangen kann, betrifft das Rechtsverhältnis der Gesellschafter zur Aktiengesellschaft. Dement-sprechend fanden sich schon im ADHGB von 1861 bestimmte Vorschriften in den Artt. 216 ff. Aber auch die Regelung des § 197 Abs. 3 ADHGB, welche für Kommanditaktionäre galt, war für die spätere Entwicklung bedeutungsvoll[760]:

---

ff.; umfassend auch *Riedel*, a. a. O. (Fn. 707), S. 45 ff. sowie *Rosengarten*, ZHR 168 (2004), 708 ff.; Spindler/Stilz/*Cahn/v. Spannenberg*, AktG, § 57 Rdn. 86 ff.

757 Vgl. statt vieler nur: Heidel/*Drinhausen*, Aktienrecht und Kapitalmarktrecht, 3. Aufl., § 57 Rdn. 53 sowie MünchKomm. AktG/*Bayer*, 3. Aufl., § 57 Rdn. 154.

758 Vgl. *Joost*, ZHR 149 (1985), 419, 423; KölnKomm. AktG/*Drygala*, 3. Aufl., § 57 Rdn. 133; MünchKomm. AktG/*Bayer*, 3. Aufl., § 57 Rdn. 162.

759 Dazu auch *Riedel*, a. a. O. (Fn. 707), S. 64 ff.

760 Die Bestimmungen sind abgedruckt bei: *Schubert/Hommelhoff*, a. a. O. (Fn. 29), S. 112 ff.

Artikel 197

(1) Die Einlagen können den Kommanditisten, so lange die Gesellschaft besteht, nicht zurückgezahlt werden.

(2) Zinsen von bestimmter Höhe können für die Kommanditisten nicht bedungen noch ausbezahlt werden; es darf nur dasjenige unter sie vertheilt werden, was sich nach der jährlichen Bilanz, und, wenn im Gesellschaftsvertrage die Innehaltung eines Reservekapitals bestimmt ist, nach Abzug desselben als reiner Ueberschuss ergiebt.

(3) Die Kommanditisten haften für die Verbindlichkeiten der Gesellschaft, wenn und soweit sie diesen Bestimmungen entgegen Zahlungen von der Gesellschaft empfangen haben; sie sind jedoch nicht verpflichtet, die in gutem Glauben bezogenen Dividenden zurückzuzahlen.

Artikel 216

(1) Jeder Aktionair hat einen verhältnißmäßigen Antheil an dem Vermögen der Gesellschaft.

(2) Er kann den eingezahlten Betrag nicht zurückfordern und hat, so lange die Gesellschaft besteht, nur einen Anspruch auf den reinen Gewinn, soweit dieser nach dem Gesellschaftsvertrage zur Vertheilung unter die Aktionaire bestimmt ist.

Artikel 217

(1) Zinsen von bestimmter Höhe dürfen für die Aktionaire nicht bedungen, noch ausbezahlt werden; es darf nur dasjenige unter sie vertheilt werden, was sich nach der jährlichen Bilanz, und, wenn im Gesellschaftsvertrage die Innehaltung eines Reservekapitals bestimmt ist, nach Abzug desselben als reiner Ueberschuß ergiebt.

(2) Jedoch können für den in dem Gesellschaftsvertrage angegebenen Zeitraum, welchen die Vorbereitung des Unternehmens bis zum Anfange des vollen Betriebes erfordert, den Aktionairen Zinsen von bestimmter Höhe bedungen werden.

Artikel 218

Der Aktionair ist in keinem Falle verpflichtet, die in gutem Glauben empfangenen Zinsen und Dividenden zurückzugeben.

Artikel 217 Abs. 1 ADHGB 1861 erfuhr durch die 1. Aktienrechtsnovelle von 1870 eine Ergänzung um folgenden Satz 2[761]:

Artikel 217

(1) ... Die Aktionaire können bis zur Wiederergänzung des durch Verlust verminderten Gesamtbetrags der Einlagen Dividenden nicht beziehen.

Im Rahmen der 2. Aktienrechtsnovelle im Jahre 1884 erfuhr Art. 217 eine erneute Änderung und regelte nunmehr in seinem Absatz 1[762]:

---

761 Abgedruckt bei: *Schubert/Hommelhoff*, a. a. O. (Fn. 29), S. 118.

762 Abgedruckt bei: *Schubert/Hommelhoff*, a. a. O. (Fn. 29), S. 592.

Artikel 217

(1) Zinsen von bestimmter Höhe dürfen für die Aktionaire nicht bedungen, noch ausbezahlt werden; es darf nur dasjenige unter sie vertheilt werden, was sich nach der jährlichen Bilanz als reiner Gewinn ergibt.

Der frühere Artikel 197 Abs. 3 ADHGB wurde nunmehr in Artikel 198 neu gefasst und bestimmte[763]:

Artikel 198

Die Kommanditisten haften für die Verbindlichkeiten der Gesellschaft, wenn und soweit sie den gesetzlichen Bestimmungen entgegen Zahlungen von der Gesellschaft empfangen haben; sie sind jedoch nicht verpflichtet, die in gutem Glauben bezogenen Dividenden zurückzuzahlen.

Festzuhalten ist, dass der Gesellschafter schon nach dem ADHGB von 1861 nicht berechtigt war, seine Einlagen zurückzufordern. Ebenfalls beschränkte sich der den Aktionären potentiell auszuschüttende Betrag auf den Gewinn der Gesellschaft auf Grundlage der Bilanz. Hervorzuheben ist in diesem Zusammenhang die Regelung des Art. 218 ADHGB 1861, wonach die vom Aktionär in gutem Glauben bezogenen Zinsen und Dividenden an die AG nicht zurückgegeben werden mussten. War daraus im Umkehrschluss zu vermuten, dass im Fall des fehlenden guten Glaubens eine Erstattung gleichwohl zu erfolgen hatte, war eine solche ausdrückliche Regelung für die Aktiengesellschaft im ADHGB von 1861 dennoch nicht enthalten; diese Frage blieb damit offen und damit auch umstritten.[764] Der Streit setzte sich auch in der Folgezeit fort, da es der Gesetzgeber (noch) unterließ, eine klärende Regelung herbeizuführen. Es bestand lediglich die Bestimmung des Artikel 197 beziehungsweise Artikel 198, die jedoch nur für die Kommanditaktionäre galt, der späteren Neufassung der aktienrechtlichen Regelungen aber dann als Vorbild diente.

(bb) Das HGB von 1897

Das ADHGB von 1861 fand seine Fortsetzung im HGB vom 10. Mai 1897. Die jeweiligen Normen betreffend das Rechtsverhältnis der Gesellschafter zur Gesellschaft erfuhren dabei einige Änderungen. Wesentlich war die Einführung einer Haftungsregelung der Aktionäre für den Empfang verbotener Zahlungen, soweit sie nicht gutgläubig waren[765]:

---

763 Abgedruckt bei: *Schubert/Hommelhoff*, a. a. O. (Fn. 29), S. 393.

764 Vgl. KölnKomm. AktG/*Drygala*, 3. Aufl., § 62 Rdn. 1.

765 Abgedruckt bei: *Schubert*, Quellen zum Handelsgesetzbuch von 1897, Band 1, Gesetze und Entwürfe, S. 717 ff.

§ 172

(1) Im Verhältnisse zu den Gläubigern der Gesellschaft wird nach der Eintragung in das Handelsregister die Einlage eines Kommanditisten durch den in der Eintragung angegebenen Betrag bestimmt.

(2) Auf eine nicht eingetragene Erhöhung der aus dem Handelsregister ersichtlichen Einlage können sich die Gläubiger nur berufen, wenn die Erhöhung in handelsüblicher Weise kundgemacht oder ihnen in anderer Weise von der Gesellschaft mitgetheilt worden ist.

(3) Eine Vereinbarung der Gesellschafter, durch die einem Kommanditisten die Einlage erlassen oder gestundet wird, ist den Gläubigern gegenüber unwirksam.

(4) Soweit die Einlage eines Kommanditisten zurückbezahlt wird, gilt sie den Gläubigern gegenüber als nicht geleistet. Das Gleiche gilt, soweit ein Kommanditist Gewinnantheile entnimmt, während sein Kapitalantheil durch Verlust unter den Betrag der geleisteten Einlage herabgemindert ist, oder soweit durch die Entnahme der Kapitalantheil unter den bezeichneten Betrag herabgemindert wird.

(5) Was ein Kommanditist auf Grund einer in gutem Glauben errichteten Bilanz in gutem Glauben als Gewinn bezieht, ist er in keinem Falle zurückzuzahlen verpflichtet.

§ 213

Die Aktionäre können ihre Einlage nicht zurückfordern; sie haben, solange die Gesellschaft besteht, nur Anspruch auf den Reingewinn, soweit dieser nicht nach dem Gesetz oder dem Gesellschaftsvertrage von der Verteilung ausgeschlossen ist.

§ 215

Zinsen von bestimmter Höhe dürfen für die Aktionäre nicht bedungen, noch ausbezahlt werden; es darf nur dasjenige unter sie verteilt werden, was sich nach der jährlichen Bilanz als Reingewinn ergibt.

§ 217

(1) Die Aktionäre haften für die Verbindlichkeiten der Gesellschaft, soweit sie den Vorschriften dieses Gesetzbuches entgegen Zahlungen von der Gesellschaft empfangen haben. Was ein Aktionär in gutem Glauben als Gewinnanteil oder als Zinsen bezogen hat, ist er in keinem Fall zurückzuzahlen verpflichtet.

(2) Ist über das Vermögen der Gesellschaft der Konkurs eröffnet, so wird während der Dauer des Verfahrens das den Gesellschaftsgläubigern gegen die Aktionäre zustehende Recht durch den Konkursverwalter ausgeübt.

(3) Die nach diesen Vorschriften begründeten Ansprüche verjähren in fünf Jahren vom Empfange der Zahlung an.

Das HGB von 1897 übernahm in seinem § 213 das bereits in Art. 216 Abs. 2 ADHGB 1861 enthaltene Verbot der Einlagenrückgewähr. Erhielt der Aktionär Zahlungen von der Gesellschaft, so durften diese nur aus dem Reingewinn der Gesellschaft stammen, was sich aus der Bestimmung des § 215 Abs. 1 HGB 1897 ergab. Ebenfalls wurde nun in § 217 Abs. 1 S. 2 HGB 1897 die schon in Art. 218 ADHGB 1861 geregelte Privilegierung des Aktionärs im Fall seiner Gutgläubigkeit übernommen. Erhielt der Gesellschafter Zahlungen entgegen den gesetzlichen Vorschriften, brauchte er diese nicht an die Gesellschaft zurückzuzahlen. Wie im ADHGB von 1861 fehlte auch in diesem Zusammenhang eine ausdrückliche Regelung, wonach im Fall des fehlenden guten Glaubens ein Erstattungsanspruch der Aktiengesellschaft bezüglich der verbotenen Zahlungen an sich bestand.

Mit dem HGB 1897 wurde nach dem Vorbild des früheren Artikels 198 ADHGB, nunmehr § 172 HGB 1897, mit § 217 Abs. 1 S. 1 eine Bestimmung eingeführt, die für das Recht der Aktiengesellschaften zum ersten Mal eine Außenhaftung der Aktionäre für die Verbindlichkeiten der Gesellschaft zum Inhalt hatte, soweit diese verbotene Zahlungen bezogen hatten.[766] Dabei ergab sich aus dem Zusammenspiel mit § 217 Abs. 1 S. 2 HGB 1897, dass eine solche Haftung nur im Fall des fehlenden guten Glaubens bestehen konnte. Denn bei Gutgläubigkeit des Aktionärs war eine Rückzahlung jedenfalls ausgeschlossen. Eine Haftung der Gesellschafter auch in diesem Fall hätte zu einer Aushöhlung des § 217 Abs. 1 S. 2 geführt, zumal ein solcher Erstattungsanspruch der Gesellschaft in diesem Zusammenhang überhaupt nicht geregelt war. Nach der damals herrschenden Meinung begründete die damalige Vorschrift des § 217 HGB keinen unmittelbaren Erstattungsanspruch der Aktiengesellschaft, wenngleich ein solcher auch nicht ausgeschlossen war.[767] Dieser ergab sich vielmehr aus den allgemeinen Regelungen des BGB. Der mögliche Bereicherungsanspruch gemäß den §§ 812 ff. BGB unterlag der Ausschlussmöglichkeit nach § 814 BGB, sodass dieser Anspruch im Ergebnis in aller Regel nicht bestand. Daher wurden nunmehr Verpflichtungs- und Erfüllungsgeschäfte, die gegen die damaligen §§ 213 ff. HGB verstießen, als nichtig im Sinne des § 134 BGB angesehen. In der Folge griff dann der allgemeine Vindikationsanspruch nach § 985 BGB, gegebenenfalls auch nach den §§ 948 ff. BGB.[768]

Insgesamt lässt sich sagen, dass schon damals viele Fragen umstritten waren. Gemeint ist zum Beispiel die, ob ein Erstattungsanspruch der Gesellschaft überhaupt

---

766 Vgl. *K. Schmidt*, BB 1984, 1588, 1590; KölnKomm. AktG/*Drygala*, 3. Aufl., § 62 Rdn. 1.

767 Vgl. Düringer/Hachenburg/*Flechtheim*, Das Handelsgesetzbuch, 3. Aufl., § 217 Anm. 8; so auch *K. Schmidt*, BB 1984, 1588, 1590, Fn. 19; *Rosengarten*, ZHR 168 (2004), S. 208, 710; *Staub/Pinner*, HGB, Band 2, 14. Aufl., § 217 Anm. 16 ff.

768 **§ 213 HGB 1897 lautete:**
„Die Aktionäre können ihre Einlagen nicht zurückfordern; sie haben, solange die Gesellschaft besteht, nur Anspruch auf den Reingewinn, soweit dieser nicht nach dem Gesetz oder dem Gesellschaftsvertrage von der Vertheilung ausgeschlossen ist.“; vgl. Düringer/Hachenburg/*Flechtheim*, Das Handelsgesetzbuch, 3. Aufl., § 213 Anm. 12; Darstellung auch bei *Joost*, ZHR 149 (1985), 419, 423 ff.

bestand[769], dieser auch auf allgemeinen Vorschriften beruhte oder ob es nur bei der Außenhaftung des Aktionärs blieb[770] und ob der Ausschluss gemäß des damaligen § 217 Abs. 1 S. 2 HGB auch für solche allgemeine Ansprüche galt.[771] Jedenfalls konnte das HGB von 1897 die entstandenen Unstimmigkeiten nicht beseitigen. Im Hinblick auf die dann neu eingeführte Außenhaftung in Anlehnung an die damals gültige Bestimmung des § 172 HGB wurden die schon bestehenden Unstimmigkeiten eher verstärkt.

(cc) Das Aktiengesetz von 1937

Mit der Aktienrechtsreform im Jahr 1937 wurden die gesetzlichen Rahmenbedingungen umgestaltet. Die Regelungen des HGB betreffend die Aktiengesellschaften wurden in ein eigenes Aktiengesetz übertragen. Die einschlägigen Vorschriften wurden nunmehr wie folgt gefasst[772]:

§ 52

(1) Den Aktionären dürfen die Einlagen nicht zurückgewährt werden; sie haben, solange die Gesellschaft besteht, nur Anspruch auf den Reingewinn, der sich aus der Jahresbilanz ergibt, soweit er nicht nach Gesetz oder Satzung von der Verteilung ausgeschlossen ist. Als Rückgewähr von Einlagen gilt nicht die Zahlung des Erwerbspreises beim zulässigen Erwerb eigener Aktien (§ 65).

§ 54

(1) Unter die Aktionäre darf nur der aus der Jahresbilanz sich ergebende Reingewinn verteilt werden; Zinsen dürfen ihnen weder zugesagt noch ausgezahlt werden.

§ 56

(1) Die Aktionäre haften den Gläubigern für die Verbindlichkeit der Gesellschaft soweit sie entgegen den Vorschriften dieses Gesetzes Zahlungen von der Gesellschaft empfangen haben. Dies gilt nicht, soweit sie Beträge in gutem Glauben als Gewinnanteile bezogen haben.

(2) Ist über das Vermögen der Gesellschaft das Konkursverfahren eröffnet, so übt während dessen Dauer der Konkursverwalter das Recht der Gesellschaftsgläubiger gegen die Aktionäre aus.

(3) Die Gesellschaft kann Beträge nicht zurückfordern, die Aktionäre in gutem Glauben als Gewinnanteile oder Zinsen bezogen haben.

(4) Die Ansprüche nach diesen Vorschriften verjähren in fünf Jahren seit dem Empfang der Zahlung.

---

769 Vgl. Großkomm. AktG/*Barz*, 3. Aufl., § 62 Anm. 1.

770 Vgl. *K. Schmidt*, BB 1984, 1588, 1590.

771 Vgl. RGZ 77, 88, 90; Düringer/Hachenburg/*Flechtheim*, Das Handelsgesetzbuch, 3. Aufl., § 217 Anm. 10.

772 Abgedruckt in *v. Godin/Wilhelmi*, Aktiengesetz 1937.

Es ist festzustellen, dass durch das Aktiengesetz von 1937 die Regelungen des HGB von 1897 teils fortgeführt, teils aber auch abgeändert wurden.

Auch nach der Neufassung blieb es zunächst dabei, dass aktienrechtswidrige Zahlungen eine Haftung der Empfänger gegenüber den Gläubigern, also eine Verantwortung im Außenverhältnis, nach dem Vorbild des damaligen § 172 Abs. 4 HGB begründeten, § 56 Abs. 1 AktG. Das Gesetz sprach übrigens ausdrücklich von „Zahlung", da es gerade auf die Auszahlung des Gesellschaftskapitals ankam, welche verhindert werden sollte.[773] Ein direkter Erstattungsanspruch der Gesellschaft gegen ihre Aktionäre war in diesem Zusammenhang weiterhin nicht geregelt.[774] Ein Rückzahlungsverlangen konnte damit nur auf die oben erwähnten allgemeinen Vorschriften des BGB gestützt werden, soweit diese im konkreten Fall dann auch erfüllt waren.[775] Daneben wurde vertreten, dass, wenn auch ungeschrieben, ein eigenständiger aktienrechtlicher Erstattungsanspruch existieren müsste.[776] Dieser sollte sich daraus ergeben, dass der Gesetzgeber mit § 56 Abs. 3 AktG ausdrücklich eine Ausnahme von diesem Anspruch bestimmt hatte, insofern ein solcher aktienrechtlicher Anspruch in Gestalt einer negativen Regelung bestünde.[777] Anderenfalls ließe sich auch nicht der Ausschluss der §§ 814, 817 BGB begründen.[778] Dieser Annahme sollte jedoch entgegenstehen, dass der damalige Gesetzgeber die ausdrückliche und bekannte Regelung des § 31 GmbHG[779] nicht ins Aktiengesetz von 1937 transferiert hatte; dieses wäre

---

773 Vgl. *Wilhelm*, FS Flume, Band 2, S. 337, 385.

774 Vgl. *Joost*, ZHR 149 (1985), 419, 423.

775 Vgl. *Joost*, ZHR 149 (1985), 419, 423: „Eine gesetzliche Bestimmung darüber, dass die Gesellschaft die verbotswidrigen Leistungen **kraft Gesellschaftsrechts** zurückfordern könnte, **fehlte**…". (Hervorhebungen durch den Verfasser).

776 So *v. Godin/Wilhelmi*, Aktiengesetz 1937, § 52 Anm. 4; diesem folgend Großkomm. AktG/*Fischer*, 2. Aufl., § 52 Anm. 11 sowie § 56 Anm. 1: „Das AktG (…) enthält aber in Abs. 3 des § 56 eine **ausdrückliche** Vorschrift über das Rückforderungsrecht der AG." (Hervorhebungen durch den Verfasser).

777 So *v. Godin/Wilhelmi*, Aktiengesetz 1937, § 56 Anm. 12; vgl. *Bezzenberger*, Das Kapital der Aktiengesellschaft, S. 239.

778 Vgl. *Ballerstedt*, a. a. O (Fn. 329), S. 128; Großkomm. AktG/*Fischer*, 2. Aufl., § 52 Anm. 11 sowie § 56 Anm. 17.

779 **§ 31 GmbHG lautete:**

(1) Zahlungen, welche den Vorschriften des §. 30 zuwider geleistet sind, müssen der Gesellschaft erstattet werden.

(2) War der Empfänger in gutem Glauben, so kann die Erstattung nur insoweit verlangt werden, als sie zur Befriedigung der Gesellschaftsgläubiger erforderlich ist.

(3) Ist die Erstattung von dem Empfänger nicht zu erlangen, so haften für den zu erstattenden Betrag, soweit er zur Befriedigung der Gesellschaftsgläubiger erforderlich ist, die übrigen Gesellschafter nach Verhältniß ihrer Geschäftsantheile.

aber zu erwarten gewesen, wenn auch der Gesetzgeber von einem eigenständigen aktienrechtlichen Erstattungsanspruch ausgegangen wäre.[780]

Eine Änderung erfuhr das Aktiengesetz von 1937 indessen durch die Einführung des oben dargestellten § 56 Abs. 3 AktG. Damit war nunmehr geklärt, dass im Fall seiner Gutgläubigkeit der Aktionär auch im Verhältnis zur Gesellschaft privilegiert war und die empfangene Zahlung nicht erstatten musste.[781]

Das für die Kapitalerhaltung ganz wesentliche Verbot der Einlagenrückgewähr wurde mit § 52 S. 1 AktG auch im Aktiengesetz von 1937 fortgeführt. Offen blieben die Fragen, was unter „in gutem Glauben" zu verstehen war sowie die Verteilung der Beweislast hinsichtlich des guten Glaubens.[782] Mangels entsprechender Regelungen wurde auf die allgemeinen Beweislastgrundsätze zurückgegriffen.[783]

(dd) Das Aktiengesetz von 1965

Eine Klarstellung vieler umstrittener Punkte wurde durch die Neufassung des Aktiengesetzes von 1965 vorgenommen. Insbesondere die Frage eines spezialgesetzlichen Erstattungsanspruchs der Gesellschaft gegen ihren Aktionär als Empfänger aktienrechtswidriger Leistungen erfuhr nun erstmals eine ausdrückliche Regelung.

Insgesamt wurden die maßgeblichen Vorschriften nunmehr wie folgt gefasst[784]:

§ 57

(1) Den Aktionären dürfen die Einlagen nicht zurückgewährt werden. Als Rückgewähr von Einlagen gilt nicht die Zahlung des Erwerbspreises beim zulässigen Erwerb eigener Aktien.

(2) Den Aktionären dürfen Zinsen weder zugesagt noch ausgezahlt werden.

Beiträge, welche von einzelnen Gesellschaftern nicht zu erlangen sind, werden nach dem bezeichneten Verhältniß auf die übrigen vertheilt.

(4) Zahlungen, welche auf Grund der vorstehenden Bestimmungen zu leisten sind, können den Verpflichteten nicht erlassen werden.

(5) Die Ansprüche der Gesellschaft verjähren in fünf Jahren; die Verjährung beginnt mit dem Ablauf des Tages, an welchem die Zahlung, deren Erstattung beansprucht wird, geleistet ist. Fällt dem Verpflichteten eine bösliche Handlungsweise zur Last, so findet die Bestimmung keine Anwendung.

(6) Für die in den Fällen des Absatz 3 geleistete Erstattung einer Zahlung sind den Gesellschaftern die Geschäftsführer, welchen in Betreff der geleisteten Zahlung ein Verschulden zur Last fällt, solidarisch zum Ersatze verpflichtet.

780 So *Joost*, ZHR 149 (1985), 419, 425.

781 Vgl. *K. Schmidt*, BB 1984, 1588, 1590.

782 Vgl. Großkomm. AktG/*Fischer*, 2. Aufl., § 56 Anm. 13.

783 Vgl. Großkomm. AktG/*Fischer*, 2. Aufl., § 56 Anm. 13.

784 Vgl. *Kropff*, Aktiengesetz mit Materialien, 1965.

§ 58

(4) Die Aktionäre haben Anspruch auf den Bilanzgewinn, soweit er nicht nach Gesetz oder Satzung, durch Hauptversammlungsbeschluß nach Absatz 3 oder als zusätzlicher Aufwand auf Grund des Gewinnverwendungsbeschlusses von der Verteilung unter die Aktionäre ausgeschlossen ist.

§ 62

(1) Die Aktionäre haben der Gesellschaft Leistungen, die sie entgegen den Vorschriften dieses Gesetzes von ihr empfangen haben, zurückzugewähren. Haben sie Beträge als Gewinnanteile oder Zinsen bezogen, so besteht die Verpflichtung nur, wenn sie wussten oder infolge grober Fahrlässigkeit nicht wussten, dass sie zum Bezuge nicht berechtigt waren. Ist streitig, ob die Voraussetzungen des Satzes 2 vorliegen, so trifft die Beweislast die Aktionäre.

(2) Der Anspruch der Gesellschaft kann auch von den Gläubigern der Gesellschaft geltend gemacht werden, soweit sie von dieser keine Befriedigung erlangen können. Ist über das Vermögen der Gesellschaft das Konkursverfahren eröffnet, so übt während dessen Dauer der Konkursverwalter das Recht der Gesellschaftsgläubiger gegen die Aktionäre aus.

(3) Die Ansprüche nach diesen Vorschriften verjähren in fünf Jahren seit dem Empfang der Leistung.

Der Grundsatz der Kapitalerhaltung fand in § 57 Abs. 1 AktG von 1965 seine Fortsetzung. Eine seiner wenigen Ausnahmen wurde in § 58 Abs. 4 AktG niedergelegt, nämlich der Anspruch der Aktionäre auf Gewinnbeteiligung.

Im Vordergrund dieser Reform stand die Vorschrift des § 62 Abs. 1 S. 1 AktG. Die bisherige Regelung war in der Frage der Verantwortlichkeit des Aktionärs für aktienrechtswidrige Leistungen gegenüber der Gesellschaft unbefriedigend. Denn sie ging zwar von einem Anspruch der Gesellschaft aus, erwähnte diesen aber nicht, was dann auch einer der Gründe der Neufassung war.[785] War in früherer Zeit aufgrund der jeweils gewählten Formulierungen zunächst im ADHGB, dann im HGB und schließlich im Aktiengesetz von 1937 noch unklar und damit umstritten, ob auch die Gesellschaft einen Erstattungsanspruch gegen ihren Aktionär geltend machen konntc, fand ein solcher aktienrechtlicher Erstattungsanspruch nunmehr seine ausdrückliche Regelung.[786] Dieser Anspruch löste die bisherige Außenhaftung der Aktionäre ab, welche zuletzt in § 56 Abs. 1 S. 1 AktG 1937 geregelt war. Eine solche Außenhaftung der Aktionäre gegenüber den Gläubigern der Gesellschaft gilt seitdem nur noch subsidiär und zudem in Abhängigkeit eines Rückforderungsanspruchs der Gesellschaft gemäß

785 Vgl. den Bericht des Rechtsausschusses des Deutschen Bundestages zu § 62 AktG in *Kropff*, a. a. O. (Fn. 784), S. 83.

786 Vgl. Großkomm. AktG/*Barz*, 3. Aufl., § 62 Anm. 1.

§ 62 Abs. 2 AktG.[787] Mit der Neuregelung ging auch die Bestimmung des Begriffs des guten Glaubens einher, der zunächst auf die positive Kenntnis des Aktionärs oder grob fahrlässige Unkenntnis abstellte, § 62 Abs. 1 S. 2 AktG 1965. Mittlerweile liegt Bösgläubigkeit des Aktionärs schon bei einfacher Fahrlässigkeit vor.[788] Ebenfalls erging eine Regelung zur Frage der Beweislastverteilung, welche im Fall des streitigen Vortrags betreffend die Gutgläubigkeit den Aktionär treffen sollte, § 62 Abs. 1 S. 3 AktG 1965.[789] Weiterhin spricht § 62 Abs. 1 S. 1 AktG 1965 auch nicht mehr von „Zahlungen entgegen den Vorschriften dieses Gesetzes" sondern allgemeiner von „Leistungen entgegen den Vorschriften dieses Gesetzes". Diese Klarstellung wurde vor dem Hintergrund vorgenommen, dass die Gesellschafter nicht nur bei Empfang von Geld haften sollten, sondern etwa auch beim Erhalt von Sachleistungen.[790]

(ee) Die geschichtliche Entwicklung bis zum AktG 1965[791] als Argument für und gegen die Nichtigkeit im Sinne des § 134 BGB

Wenn heutzutage vertreten wird, dass ein Verstoß, ganz gleich ob offen oder verdeckt, gegen die aktienrechtlichen Kapitalerhaltungsregeln zur Nichtigkeit des schuldrechtlichen aber auch und vor allem des dinglichen Geschäfts im Sinne des § 134 BGB führen soll[792], findet sich dafür ein beachtliches Argument in der früheren Nichtigkeitsfolge. Diese galt noch unter dem Aktiengesetz von 1937, aber auch schon zuvor. Die damaligen einschlägigen Bestimmungen legten einen eigenen spezialgesetzlichen Erstattungsanspruch der Gesellschaft aufgrund ihrer Formulierungen zwar stets nahe, regelten einen solchen jedoch nie ausdrücklich. Begehrte die Aktiengesellschaft die Erstattung von verbotenen Zahlungen, musste der Weg der Nichtigkeit nach § 134 BGB und des darauf

787 Vgl. *K. Schmidt*, BB 1984, 1588, 1590.

788 Vgl. Großkomm. AktG/*Henze*, 4. Aufl., § 62 Rdn. 5.

789 Mittlerweile ist § 62 Abs. 1 S. 3 AktG ersatzlos gestrichen worden, vgl. Großkomm. AktG/*Henze*, 4. Aufl., § 62 Rdn. 5.

790 Vgl. die Begründung des Regierungsentwurfs zu § 62 AktG in *Kropff*, a. a. O. (Fn. 784), S. 82; siehe auch Großkomm. AktG/*Barz*, 3. Aufl., § 62 Anm. 1.

791 Auch nach 1965 erfuhren die Regelungen die aktienrechtliche Kapitalerhaltung betreffend weitere Änderungen wie etwa durch das Gesetz zur Modernisierung des GmbH-Rechts und zur Bekämpfung von Missbräuchen (MoMiG), BGBl. I, S. 2026. Der seit 1965 in § 62 Abs. 1 S. 1 AktG bestehende Erstattungsanspruch der Gesellschaft bleibt davon im Grundsatz und in diesem Zusammenhang jedoch unberührt, sodass eine weitergehende Darstellung dieser fortlaufenden Entwicklung entfallen kann.

792 So *Canaris*, FS Fischer, S. 31, 33; Geßler/Hefermehl/*Hefermehl/Bungeroth,* AktG, 1. Aufl., § 57 Rdn. 71; Großkomm. AktG/*Henze*, 4. Aufl., § 57 Rdn. 203; *Hüffer*, AktG, 10. Aufl., § 57 Rdn. 23; Münch. Hdb. AG/*Wiesner*, § 16 Rdn. 52.

folgenden Erstattungsverlangens nach § 985 BGB beschritten werden, auch um die Ausschlussgefahren eines daneben möglicherweise bestehenden bereicherungsrechtlichen Anspruchs zu umgehen. Aufgrund der Formulierungslücken der damaligen gesetzlichen Regelungen war die Nichtigkeitsfolge daher die passende Möglichkeit, um zu einem Erstattungsanspruch der Gesellschaft zu gelangen. Dieser resultierte vor allem aus den Schwächen der Gesetzgebung.

Mit der Einführung einer Verantwortlichkeit des Aktionärs gegenüber seiner Gesellschaft nach § 62 Abs. 1 S. 1 AktG stellt sich allerding die berechtigte Frage, ob die noch die angemessene und dogmatisch richtige Rechtfolge eines Verstoßes gegen die Grundsätze der aktienrechtlichen Kapitalerhaltung darstellen kann. Für eine Anwendung des § 62 Abs. 1 S. 1 AktG und damit das Vorliegen eines Erstattungsanspruchs der Gesellschaft gegen ihren Aktionär ist die Nichtigkeit des dinglichen Geschäfts jedenfalls keine Voraussetzung, weil es diesbezüglich nicht auf die Frage des Eigentums ankommt, sondern auf einen Verstoß gegen die Kapitalerhaltungsregeln.[793] Auch drängt sich die Überlegung auf, was im Fall einer Nichtigkeit des dinglichen Geschäfts gegenüber der Erstattungspflicht nach § 62 Abs. 1 S. 1 AktG gewonnen ist. Die Möglichkeit zur Aussonderung im Rahmen einer eventuellen Insolvenz des Aktionärs spricht nicht zwingend dafür, dass die Nichtigkeit die angemessene Rechtsfolge eines Verstoßes darstellt. Denn hierdurch könnte der Schutzbereich der aktienrechtlichen Kapitalerhaltung in unbilliger Weise zu Lasten Dritter ausgeweitet werden.[794] Kommt der Kapitalerhaltung ein solch weiter Umfang aber nicht zu, dann entfällt ein wesentlicher Grund für die Nichtigkeitsfolge. Die Besserstellung der Gesellschaft im Hinblick auf ihr Vermögen ist im Fall der Insolvenz ihres Gesellschafters dann kein Argument, wenn diese Position nicht durch die bereits bestehenden gesetzlichen Vorschriften betreffend die aktienrechtliche Kapitalerhaltung verfolgt und erreicht werden soll.

Die grundlegende Änderung der aktienrechtlichen Normen im Hinblick auf einen nunmehr ausdrücklich normierten Erstattungsanspruch der Gesellschaft findet in diesem Zusammenhang jedenfalls nur unzureichende Berücksichtigung, wenn auf die Nichtigkeitslehre vor dem Aktiengesetz von 1965 als fortdauerndes Argument für die Nichtigkeitsfolge im Sinne des § 134 BGB verwiesen wird.[795] Aus

793 Vgl. MünchKomm. AktG/*Bayer*, 3. Aufl., § 57 Rdn. 164; Riedel, a. a. O. (Fn. 707), S. 80, nach dem der Zweck des § 57 AktG allein durch § 62 Abs. 1 S. 1 AktG erreicht werden kann.

794 Dazu noch unten Seite 208 ff.

795 Vgl. *Joost*, ZHR 149 (1985), 419, 425 f.; KölnKomm. AktG/*Drygala*, 3. Aufl., § 62 Rdn. 133; MünchKomm. AktG/*Bayer*, 3. Aufl., § 57 Rdn. 162; *Rosengarten*, ZHR 168 (2004), S. 708, 721.

der Einführung der spezialgesetzlichen Erstattungshaftung des Aktionärs gegenüber der Gesellschaft, dies ist in diesem Zusammenhang ein ganz wesentliches Argument gegen die Nichtigkeit, soll daher für den Fall eines Verstoßes gegen § 57 AktG der Ausschluss dieser Rechtsfolge folgen.[796]

(b) § 62 Abs. 2 S. 1 AktG

Gegen die Nichtigkeit des dinglichen Geschäftes soll auch die Vorschrift des § 62 Abs. 2 S. 1 AktG sprechen. Diese Regelung gibt Gesellschaftsgläubigern die Möglichkeit, den Erstattungsanspruch der Gesellschaft gegen den Aktionär selbst geltend zu machen, wenn sie von der Gesellschaft Befriedigung nicht erlangen können.[797] Eine solche Vorschrift macht aber nur dann Sinn, wenn der Gesellschaftsgläubiger dadurch auch tatsächlich die Möglichkeit zu einer – mindestens teilweisen – Befriedigung hat.[798] Im Fall einer Nichtigkeitsfolge betreffend das Erfüllungsgeschäft bliebe aber, so wird vertreten, die Gesellschaft grundsätzlich Eigentümerin einer an den Aktionär geleisteten Sache, sodass der Gesellschaftsgläubiger über § 62 Abs. 2 S. 1 AktG lediglich den Besitz erlangen könnte, welcher für diesen aber kein „taugliches Befriedigungsobjekt“[799] wäre.

(c) Parallele zum Recht der GmbH

Zwar wird als Argument für die Nichtigkeitsfolge vorgebracht, dass aufgrund der strukturellen Unterschiede zwischen der GmbH und der AG auch bei der Frage der Nichtigkeit bei Verstößen gegen die Kapitalerhaltungsvorschriften eine unterschiedliche Behandlung beider Gesellschaftsformen angemessen sei.[800] Demgenüber wird aber vertreten, dass die Unterschiede zwischen diesen Gesellschaftsformen eben nicht derart groß seien, dass eine solche unterschiedliche Behandlung

---

796 Vgl. Joost, ZHR 149 (1985), 419, 426; K. Schmidt/Lutter/*Fleischer*, AktG, 2. Aufl., § 57 Rdn. 74; a. A. Großkomm. AktG/*Henze*, 4. Aufl., § 57 Rdn. 204, wonach aus der Einführung einer speziellen aktienrechtlichen Erstattungspflicht keine Schlussfolgerungen auf die Frage der Nichtigkeitsfolge bei Verstößen gegen § 57 AktG gezogen werden können, sondern § 62 Abs. 1 S. 1 AktG als Ausdruck der verstärkten Kapitalbindung neben § 985 BGB treten soll.

797 Umstritten ist in diesem Zusammenhang, ob der Anspruch auf Leistung an die AG oder an sich selbst gerichtet ist, vgl. *Hüffer*, AktG, 10. Aufl., § 62 Rdn. 14.

798 Vgl. *Wilhelm*, FS Flume, Band 2, S. 386 sowie die dortige Fn. 196.

799 *Wilhelm*, FS Flume, Band 2, S. 386.

800 Siehe oben Seite 181 ff.

gerechtfertigt sei.[801] Vielmehr soll die unterschiedlich starke Vermögensbindung in der GmbH und in der AG keinen Unterschied in der Frage der Nichtigkeit machen können, da dieser nur graduell[802] und eine für einen solchen Unterschied erforderliche „spezielle aktienrechtliche" Wertung daher nicht erkennbar sei.[803] Denn unabhängig von der Frage, wann ein Verstoß gegen die Kapitalerhaltungsregeln vorliegt, bei einer GmbH, im Gegensatz zu einer AG, nämlich grundsätzlich erst dann, wenn das Stammkapital angegriffen wird, sollten die Rechtsfolgen die gleichen sein, soweit es zu einem solchen Verstoß gekommen ist.[804] Unerklärlich soll auch sein, warum im Fall der Insolvenz des zur Erstattung verpflichteten Gesellschafters die Aktiengesellschaft durch die Nichtigkeitsfolge und der damit verbundenen Aussonderungsmöglichkeit nach § 47 InsO, § 985 BGB gegenüber der GmbH privilegiert sein soll, welche die Möglichkeit der Aussonderung und der Vindikation mangels Nichtigkeitsfolge nicht hat.[805] Vielmehr ist es die typische Folge der Insolvenz, dass Ersatzansprüche in diesem Fall entweder überhaupt nicht oder teilweise nicht durchsetzbar sind und damit faktisch an Wert verlieren. Dieser Umstand liegt aber im Abstraktionsprinzip begründet, weshalb, so zumindest im Fall der GmbH, die Rückgewähr nach § 31 GmbHG schließlich die Alternative der Nichtigkeit verdrängt.[806]

Die Rechtsprechung hat sich zu dieser Frage, gerade was das Aktiengesetz von 1965 betrifft – und auf diese Fassung kommt es hier an – nur zurückhaltend geäußert. Das Oberlandesgericht Düsseldorf hat entschieden, dass die „Rückgewähr selbst", mithin also das dingliche Geschäft, in der Regel nicht der Nichtigkeitsfolge des § 134 BGB unterliegt, sondern nur die Verpflichtung des Gesellschafters zur erneuten „Einzahlung" gemäß § 62 AktG wird begründen können.[807] Das schuldrechtliche Geschäft, auf das es hier jedoch nicht ankommt, soll allerdings im Fall eines Verstoßes gegen § 57 AktG nach § 134 BGB durchaus nichtig sein können.[808]

---

801 Vgl. *Bitter*, ZHR 168 (2004), 302, 342, 347; zu den Unterschieden im Recht der AG und der GmbH sehr anschaulich *Fabritius*, ZHR 144 (1980), 628 ff., 632; *Raiser/Veil*, a. a. O (Fn. 19), § 19 Rdn. 14.

802 Vgl. K. Schmidt/Lutter/*Fleischer*, AktG, 2. Aufl. 2010, § 57 Rdn. 74; MünchKomm. AktG/*Bayer*, 3. Aufl., § 57 Rdn. 164; *Rosengarten*, ZHR 168 (2004), 708, 723.

803 So KölnKomm. AktG/*Drygala*, 3. Aufl., § 57 Rdn. 135.

804 So MünchKomm. AktG/*Bayer*, 3. Aufl., § 57 Rdn. 164.

805 Vgl. BGHZ, 136, 125, 130; K. Schmidt/Lutter/*Fleischer*, AktG, 2. Aufl., § 57 Rdn. 74; MünchKomm. AktG/*Bayer*, 3. Aufl., § 57 Rdn. 164; *Raiser/Veil*, a. a. O. (Fn. 19), 5. Aufl., § 37 Rdn. 25.

806 Vgl. BGH NJW 1997, 2599 ff.; MünchKomm. AktG/*Bayer*, 3. Aufl., § 57 Rdn. 164.

807 So OLG Düsseldorf AG 1980, 273, 274.

808 So OLG Düsseldorf AG 1980, 273, 274.

Anlass zu einer vertieften Auseinandersetzung mit dieser Frage und einer dementsprechenden Begründung, gerade interessant im Hinblick auf das dingliche Rechtsgeschäft, hat das Oberlandesgericht Düsseldorf – leider – nicht gesehen.

(d) Keine gegenständliche Kapitalerhaltung

Ferner wird zum Teil im Schutzgut der Kapitalerhaltung ein Argument gesehen, was bei einem Verstoß gegen § 57 AktG gegen die Rechtsfolge der Nichtigkeit spricht. So entspricht es der allgemeinen Meinung, dass im Aktienrecht die Kapitalerhaltung auf einer wertmäßigen Bindung des Gesellschaftsvermögens beruht und diese eben nicht jeden einzelnen Gegenstand seiner Sache nach erfasst.[809] Sowohl § 62 Abs. 1 S. 1 AktG als auch § 31 Abs. 1 GmbHG sind dahingehend zu verstehen, dass im Fall eines Verstoßes gegen den Grundsatz der Kapitalerhaltung ein Wertausgleich zu leisten ist.[810] Damit wird einmal mehr deutlich, dass, auch unter dem Blickwinkel der Rechtsfolgen, das Recht der GmbH und der AG den Wert des Gesellschaftsvermögens als maßgeblich erachten. Geht es aber um den Schutz des Gesellschaftsvermögens dem Wert nach, weshalb es in der Rechtsfolge auch zum angesprochenen Wertausgleich kommt, dann passt ein Vindikationsanspruch der Gesellschaft neben dem Anspruch auf Wertausgleich nicht in die Systematik der Kapitalerhaltung. Denn ein solcher Anspruch ist als sachenrechtlicher Anspruch gegenstandsbezogen.[811] Der einzelne Gegenstand wird aber im Fall einer wertbezogenen Betrachtung gerade nicht geschützt. Vielmehr noch würde ein sachenrechtlicher Anspruch die Entscheidung für einen wertbezogenen Schutz des Gesellschaftsvermögens unterlaufen, da mit dem Bestehen einer Vindikationslage die bloße Wertausgleichspflicht nach § 62 Abs. 1 S. 1 AktG als spezieller aktienrechtlicher Erstattungsanspruch verdrängt würde.[812]

In diesem Zusammenhang soll auch die Abschaffung des früheren § 27 Abs. 3 AktG zu sehen sein. Diese Bestimmung regelte die Rechtsfolge von Umgehungen der Sacheinlagevorschriften und führte bei Verstößen gegen den Grundsatz

809 Vgl. OLG Frankfurt AG 1992, 194, 196; OLG Frankfurt AG 1996, 324, 325; Großkomm. AktG/*Henze*, 4. Aufl., § 57 Rdn. 5; *Joost*, ZHR 149 (1985), 419, 420; K. Schmidt/Lutter/*Fleischer*, AktG, 2. Aufl., § 57 Rdn. 9; KölnKomm. AktG/*Drygala*, 3. Aufl., § 57 Rdn. 17; *Langenbucher*, a. a. O. (Fn. 250), § 9 Rdn. 9; MünchKomm. AktG/*Bayer*, 3. Aufl., § 57 Rdn. 10.

810 Vgl. Bürgers/Körber/*Westermann*, AktG, 2. Aufl., § 57 Rdn. 50; *Drygala/Staake/Szalai*, a. a. O. (Fn. 39), § 20 Rdn. 36; *Joost*, ZHR 149 (1985), 419, 438; *K. Schmidt*, Gesellschaftsrecht, 4. Aufl., S. 891 f.; *Rosengarten*, ZHR 168 (2004), 708, 721; Wachter/*Servatius*, AktG, 1. Aufl., § 62 Rdn. 4. *Wilhelm*, FS Flume, Band 2, S. 385.

811 Vgl. Hölters/*Solveen*, AktG, 1. Aufl., § 57 Rdn. 28; K. Schmidt/Lutter/*Fleischer*, AktG, 2. Aufl., § 57 Rdn. 74; *K. Schmidt*, a. a. O. (Fn. 810), S. 893.

812 Vgl. Spindler/Stilz/*Cahn/v. Spannenberg*, AktG, 2. Aufl., § 57 Rdn. 87.

der Kapitalaufbringung zur Nichtigkeit der Sacheinlagevereinbarung und des dinglichen Vollzugsgeschäftes.[813] Mit dem Gesetz zur Umsetzung der Aktionärsrichtlinie[814] hat der Gesetzgeber diese Nichtigkeitsfolge für das Aktienrecht abgeschafft[815], weil er diese Rechtsfolge als „wirtschaftlich nicht gerechtfertigt" erachtet hat.[816] Jedenfalls, so wird vertreten, zeigt sich an der Abschaffung der Nichtigkeitsfolge, dass sich der Gesetzgeber gegen einen gegenständlichen Kapitalschutz entschieden hat, was insgesamt auch gegen die Nichtigkeitsfolge im Recht der Kapitalerhaltung bei der AG spricht.[817]

(e) Umgehung der Verjährungsfrist des § 62 Abs. 3 AktG

Die Möglichkeit der Vindikation könnte, so die Meinung, dazu führen, dass die Verjährungsfrist des § 62 Abs. 3 AktG zu Lasten des zur Erstattung verpflichteten Aktionärs und zu Gunsten der Aktiengesellschaft umgangen würde, da im Rahmen des Vindikationsanspruchs die Verjährung sich nach § 197 Abs. 1 Nr. 1 BGB richtet.[818] Wenn neben dem Erstattungsanspruch nach § 62 Abs. 1 S. 1 AktG die Vindikation möglich wäre, würde dadurch die eigentliche Verjährung gemäß aktienrechtlicher Vorgaben von zehn Jahren seit Empfang der Leistung auf 30 Jahre entsprechend der allgemeinen Verjährungsfrist verlängert. Dabei hinge die Möglichkeit zur Vindikation auch von Zufälligkeiten ab, insbesondere in welcher Form die Dividende geleistet wurde. Denn im Fall einer Überweisung auf das Bankkonto des Aktionärs entfiele wegen der fehlenden Sachqualität die Möglichkeit zur Vindikation zum Beispiel vollständig.[819]

(f) Anwendung des § 134 BGB bei Leistungen der Gesellschaft an Dritte

Auch treten Lücken für den Fall der Annahme einer Nichtigkeit nach § 134 BGB auf, wenn die Gesellschaft aktienrechtswidrige Leistungen an Dritte erbringt. Diese Personen werden vom Verbot des § 57 AktG in aller Regel nicht erfasst.

---

813 Vgl. K. Schmidt/Lutter/*Bayer*, AktG, 2. Aufl., § 27 Rdn. 51.

814 ARUG, BGBl. I, S. 2479.

815 Für das Recht der GmbH geschah dies durch das Gesetz zur Modernisierung des GmbH-Rechts und zur Bekämpfung von Missbräuchen (MoMiG), BGBl. I S. 2026, auch dort galt die Nichtigkeitsfolge; vgl. dazu *Pentz*, FS K. Schmidt, S. 1265, 1269 ff.

816 Vgl. Bericht Rechtsausschuss ARUG, BT-Drucks. 16/13098, S. 36; K. Schmidt/Lutter/*Bayer*, AktG, 2. Aufl., § 27 Rdn. 52.

817 Vgl. *Drygala/Staake/Szalai*, a. a. O. (Fn. 39), § 20 Rdn. 37; KölnKomm. AktG/*Drygala*, 3. Aufl., § 57 Rdn. 135.

818 Vgl. KölnKomm. AktG/*Drygala*, 3. Aufl., § 57 Rdn. 132.

819 Siehe bereits oben Seite 176 ff.

Da diese nicht Adressaten dieser Vorschrift sind[820], liegt im Verhältnis zu ihnen auch eine verbotene Leistung nicht vor. Damit entfallen aber die Nichtigkeitsfolge nach § 134 BGB und die Möglichkeit zur Vindikation nach § 985 BGB, sodass das Gesellschaftsvermögen auch im Fall einer Vindikationsmöglichkeit keinen uneingeschränkten Schutz erfährt. Vom Regelungsbereich des § 62 Abs. 1 S. 1 AktG sind die Leistungen mangels Aktionärsstellung ebenfalls nicht erfasst.[821] Im Rahmen der Vindikation kommt es auf die Frage der Aktionärsstellung nur mittelbar, nämlich in Bezug auf die Frage des Verstoßes gegen § 57 AktG und die Folge gemäß § 134 BGB an. Von direkter Relevanz ist der Punkt der Aktionärsstellung dagegen in der spezialgesetzlichen Regelung des § 62 Abs. 1 S. 1 AktG. Mit Blick auf die unterschiedlichen Folgen betreffend die Nichtigkeit je nach Fallgestaltung, Aktionärseigenschaft gegeben oder nicht, scheint die ausschließliche und die Vindikation verdrängende Annahme eines speziellen aktienrechtlichen Erstattungsanspruchs der bessere Weg.[822] Dahinter stecken die schon oben angedeuteten Überlegungen, dass in diesem Zusammenhang die Nichtigkeit und der dingliche Herausgabeanspruch keinen wirklich eigenen Anwendungsbereich finden und damit nicht erforderlich sind. Die Insolvenz des Gesellschafters als Rechtfertigung der Nichtigkeit sollen jedenfalls einen Anwendungsbereich nicht erklären können.[823]

(3) Eigene Ansicht

Nachdem Für und Wider einer Nichtigkeit gemäß § 134 BGB dargestellt worden sind, gilt es nun zu prüfen, was für den vorliegenden Fall, also im Hinblick auf einen offenen Verstoß und das dingliche Rechtsgeschäft, gelten muss. Dabei wird auch auf § 134 BGB selbst einzugehen sein, da diese Bestimmung die Nichtigkeitsfolge nicht als einen Automatismus im Fall eines Verstoßes gegen ein gesetzliches Verbot kennt und vorgibt. Die Nichtigkeit wird vielmehr von der Frage abhängig gemacht, ob das Gesetz eine solche Folge zulässt oder nicht doch etwas anderes gilt. § 134 BGB bestimmt:

§ 134 BGB

Ein Rechtsgeschäft, das gegen ein gesetzliches Verbot verstößt, ist nichtig, wenn sich nicht aus dem Gesetz ein anderes ergibt.

---

820 Vgl. BGHZ 138, 291, 298; Großkomm. AktG/*Henze*, 4. Aufl., § 57 Rdn. 5.

821 Vgl. MünchKomm. AktG/*Bayer*, 3. Aufl., § 62 Rdn. 11.

822 So jedenfalls Bürgers/Körber/*Westermann*, AktG, 2. Aufl., § 57 Rdn. 49; *Langenbucher*, a. a. O. (Fn. 250), § 9 Rdn. 33.

823 Vgl. Bürgers/Körber/*Westermann*, AktG, 2. Aufl., § 57 Rdn. 49.

Somit ist es dogmatisch vorzugswürdig, zunächst zu prüfen, ob § 57 AktG ein Verbotsgesetz im Sinne des § 134 BGB darstellt und anschließend, ob sich im Hinblick auf die Nichtigkeitsfolge aus dem Gesetz nicht „ein anderes"[824] ergibt. Mithin ist zu beachten, dass die bloße Qualifizierung des § 57 AktG als Verbotsgesetz nicht auch zwingend zur Nichtigkeitsfolge des § 134 BGB führt.

(a) § 57 AktG als Verbotsgesetz

Die Nichtigkeit nach § 134 BGB verlangt ein Rechtsgeschäft, welches gegen ein gesetzliches Verbot verstößt. Ein Rechtsgeschäft ist mit der vorliegenden dinglichen Einigung zwischen der Gesellschaft und ihrem Aktionär gegeben. Dieses Geschäft müsste nun gegen ein gesetzliches Verbot im Sinne des § 134 BGB verstoßen. Die voreilige Dividendenausschüttung an die Gesellschafter verstößt wie aufgezeigt in jedem Fall gegen § 57 Abs. 1 S. 1 AktG. Damit reduziert sich das Problem auf die Frage, ob diese Vorschrift ein Verbot im Sinne des § 134 BGB enthält. Dabei kommt es nicht zwingend auf den Wortlaut des betroffenen Gesetzes an. Aus seinem ausdrücklichen Verbieten folgt nicht unbedingt die Annahme eines Verbotsgesetzes im Sinne des § 134 BGB.[825] Umgekehrt kann selbst bei Fehlen eines solchen ausdrücklichen Verbietens ein entsprechendes Verbotsgesetz vorliegen.[826] Vielmehr muss das jeweilige Gesetz das Rechtsgeschäft als solches missbilligen und erfasst dabei ganz allgemein nicht nur Verpflichtungs-, sondern auch Verfügungsgeschäfte.[827] Zur Charakterisierung als Verbotsgesetz kommt es maßgeblich auf den Sinn und Zweck des betreffenden Gesetzes an.[828] Schon in der Zeit vor 1965 war die Ausschüttung von Gesellschaftsmitteln an den Aktionär bekanntlich untersagt. Dabei verbot das Gesetz sogar ausdrücklich „Zahlungen" an den Gesellschafter, da gerade durch diese das Gesellschaftsvermögen vermindert wurde. Die Reform des Aktiengesetzes von 1965 hat daran nichts geändert.

Das Ersetzen des Begriffs „Zahlungen" durch „Leistungen" macht in diesem Zusammenhang keinen Unterschied, weil der Begriff der „Leistungen" allenfalls breiter zu verstehen ist und neben den „Zahlungen" auch weitere Formen erfasst.[829] Gerade durch Verfügungsgeschäfte tritt eine Schmälerung von Gesellschaftsvermögen ein, sodass solche Geschäfte durch § 57 AktG verhindert werden sollen.

---

824 Nämlich ein anderes als die Nichtigkeit.

825 Vgl. *Mayer-Maly*, FS Hefermehl, S. 103, 111; Staudinger/*Sack*, BGB (2003), § 134 Rdn. 30.

826 Vgl. BGHZ 85, 39, 43; BGH MDR 2000, 872, 873.

827 Vgl. Staudinger/*Sack*, BGB (2003), § 134 Rdn. 30.

828 Vgl. Staudinger/*Sack*, BGB (2003), § 134 Rdn. 31.

829 Vgl. dazu *Langenbucher*, a. a. O. (Fn. 250), § 9 Rdn. 35.

Auch folgt auf ein solches Verfügungsgeschäft und den Verstoß gegen § 57 AktG als dessen Rechtsfolge die grundsätzliche Erstattungspflicht des Aktionärs nach § 62 Abs. 1 S. 1 AktG. Mit der Erstattungspflicht soll der frühere Zustand, nämlich der vor der Ausschüttung, erreicht werden. Dadurch zeigt der Gesetzgeber, dass § 57 AktG die dingliche Einigung über Gesellschaftsmittel und den damit verbundenen Abfluss von Gesellschaftsmitteln, zumindest grundsätzlich, missbilligt.[830] Mithin ist § 57 AktG als Verbotsgesetz anzusehen.[831]

(b) Nichtigkeit als Rechtsfolge

Die Annahme eines Verbotsgesetzes führt allerdings nicht zwingend auch zur Rechtsfolge der Nichtigkeit. Richtigerweise kann, entsprechend der Dogmatik des § 134 BGB, die Rechtsfolge der Nichtigkeit nur eintreten, „wenn sich nicht aus dem Gesetz ein anderes ergibt." Maßgeblich ist der Zweck der einschlägigen Norm, der sich hier aus den §§ 57 ff. AktG ergibt.[832] Dabei kommt es darauf an, ob mit Blick auf den konkreten Schutzgegenstand der Kapitalerhaltungsvorschriften eher eine Rückabwicklung der vorgenommenen Leistung als solche oder aber eine Rückabwicklung in Form einer „Wertausgleichszahlung" in das Vermögen der Aktiengesellschaft dem verfolgten Zweck besser entspricht.[833] Insofern können die Argumente der Vertreter einer Nichtigkeitsfolge insgesamt als Belege dafür gesehen werden, dass sich auch aus dem Gesetz ein solches „Anderes" nicht ergibt. Dem halten die Gegner dieser Nichtigkeitslehre mit den obigen Begründungen entsprechend entgegen, dass dies sehr wohl der Fall ist. Vor diesem Hintergrund, aus der Perspektive des § 134 2. HS BGB, ist der oben dargestellte Meinungsstreit zu verstehen.

Neben den bereits bekannten Aspekten in dieser Frage, die im Folgenden eine angemessene Würdigung erfahren sollen, werden in diesem Zusammenhang weitere wichtige und entscheidende Gesichtspunkte vorgetragen. Hierdurch soll auch Klarheit geschaffen werden, ob und inwieweit sich aus dem Gesetz ein anderes ergibt und ob schließlich die Rechtsfolge der Nichtigkeit eintreten kann oder nicht.

---

830 Vgl. *Bezzenberger*, a. a. O. (Fn. 777), S. 240, 241; Großkomm. AktG/*Henze*, 4. Aufl., § 62 Rdn. 8; *Hüffer*, AktG, 10. Aufl., § 62 Rdn. 8.

831 Vgl. *Bezzenberger*, a. a. O. (Fn. 777), S. 245; *Bommert*, a. a. O. (Fn. 735), S. 84; Heidel/*Drinhausen*, Aktienrecht und Kapitalmarktrecht, 3. Aufl., § 57 Rdn. 52; Henn/Frodermann/Jannott/*Schwintowski*, a. a. O. (Fn. 250), § 6 Rdn. 182, 188, der im Weiteren von einer Nichtigkeitsfolge nach § 134 BGB ausgeht; *Riedel*, a. a. O. (Fn. 707), S. 51.

832 Vgl. BGHZ 71, 358, 361; BGHZ 78, 263, 265; BGHZ 85, 39, 43; BGHZ 88, 240, 242; *Cahn*, Kapital-erhaltung im Konzern, S. 116.

833 Vgl. *Cahn*, a. a. O. (Fn. 832), S. 116, 117.

(aa) Wortlaut

In der Tat ist den Verfechtern der Nichtigkeitsfolge insoweit Recht zu geben, als dass der Wortlaut des § 57 AktG ausdrücklich ein Verbot enthält, demzufolge das Gesellschaftsvermögen grundsätzlich nicht geschmälert werden darf. Das betrifft insbesondere die dingliche Ebene, also das Erfüllungsgeschäft. Nur entspricht es wohl der allgemeinen Ansicht, dass § 57 AktG ein Verbotsgesetz darstellt.[834] Vom bloßen Vorliegen eines solchen Verbots kann in der Rechtsfolge allerdings noch nicht zwingend auf die Nichtigkeit geschlossen werden.[835] Denn für die Frage der Nichtigkeit kommt es nicht unbedingt auf den Wortlaut sondern eher auf einen systematischen und teleologischen Ansatz an. Dabei gilt aber, dass die Annahme der Nichtigkeit als Rechtsfolge die bereits bestehenden aktienrechtlichen Regelungen im System der Kapitalerhaltung unberücksichtigt lässt. Offen ist die Frage, und diese kann nicht mithilfe des Wortlautes des § 57 AktG beantwortet werden, ob das Aktiengesetz nicht selber die Rechtsfolge abschließend vorgibt.

Aus der Formulierung des § 57 AktG kann demnach nicht zwingend auf die Rechtsfolge der Nichtigkeit geschlossen werden. Tatsächlich ist der gewählte Wortlaut der Funktion der Kapitalerhaltung geschuldet. Der Abfluss von Gesellschaftsvermögen an den Aktionär soll unterbunden und für dessen Rückfluss gesorgt werden. Der Wortlaut umschreibt damit nichts anderes als den Gedanken der Kapitalerhaltung selbst und ist somit vielmehr tatbestandsbeschreibend als rechtsfolgenorientiert.

(bb) Historische Entwicklung

Fast unbestritten galt vor 1965 im Fall einer verbotenen Rückgewähr noch die Rechtsfolge der Nichtigkeit, sodass die Gesellschaft tatsächlich die verbotene Leistung vindizieren konnte. Ihr Anspruch aus § 985 BGB bestand auch nach der Vornahme des Erfüllungsgeschäfts, wobei dieser bei Geld- und Dienstleistungen häufig ins Leere griff.[836] Davon abgesehen und darauf kommt es an bestand dieser Anspruch aber zumindest grundsätzlich. Dies nehmen auch die Gegner der Nichtigkeitsfolge an.[837] Diese Rechtsfolge war aber eher der nur unzureichenden

---

834 Vgl. oben Seite 201 f., Fn. 831.

835 Vgl. *Bommert*, a. a. O. (Fn. 735), S. 85; *Geßler*, FS Fischer, S. 131, 143 f.

836 Vgl. *Bezzenberger*, a. a. O. (Fn. 777), S. 239.

837 Vgl. Heidel/*Drinhausen*, Aktienrecht und Kapitalmarktrecht, 3. Aufl., § 57 Rdn. 53; *Joost*, ZHR 149 (1985), 419, 423 ff.; K. Schmidt/Lutter/*Fleischer*, AktG, 2. Aufl., § 57 Rdn. 74; KölnKomm. AktG/*Drygala*, 3. Aufl., § 57 Rdn. 132; MünchKomm. AktG/*Bayer*, 3. Aufl., § 57 Rdn. 162.

Gesetzgebung geschuldet, als von überzeugenden Argumenten getragen. Mithin war sie schlicht erforderlich, um einen angemessenen Schutz des Gesellschaftsvermögens zu erreichen. Denn das AktG von 1937 legte, wie auch die Vorgängerregelungen, einen Erstattungsanspruch der Gesellschaft gegen ihren Aktionär zwar zugrunde, erwähnte diesen aber nicht ausdrücklich.[838]

Fehlte eine solche ausdrückliche Erstattungspflicht des Aktionärs damals noch, ergab sich aus dem Gesetz dann auch nichts anderes im Sinne des § 134 BGB. Daher stand auch § 134 2. HS BGB der Nichtigkeitsfolge nicht entgegen. Mit Einführung des aktienrechtlichen Erstattungsanspruchs der Gesellschaft ging also eine fundamentale Änderung der bestehenden Grundsätze und der Ausgestaltung der gesetzlichen Kapitalerhaltungssystematik einher.[839] Dabei war und ist die grundsätzliche Rechtsfolge bei Verstößen gegen den Kapitalerhaltungsgrundsatz stets die gleiche: Zum Schutz des Gesellschaftsvermögens ist der Aktionär im Fall des Empfangs verbotener Leistungen grundsätzlich zur Erstattung verpflichtet. Nach dem Aktiengesetz von 1937 war dabei nur der zu beschreitende Weg, anders als im Aktiengesetz von 1965, nicht ausdrücklich vorgegeben. Deshalb wurde die Nichtigkeitsfolge des § 134 BGB angewendet, um das vom Gesetzgeber vorgegebene Ziel der aktienrechtlichen Kapitalerhaltung zu erreichen. Mit Einführung der ausdrücklichen Erstattungspflicht in § 62 Abs. 1 S. 1 AktG gibt der Gesetzgeber aber nunmehr und dieses wird von den heutigen Vertretern der Nichtigkeitslehre nur unzureichend berücksichtigt, auch den Rahmen vor, mit dem die Erhaltung des Gesellschaftsvermögens verfolgt werden soll: Der Mittelrückfluss wird mithilfe eines speziellen aktienrechtlichen Erstattungsanspruch erreicht, der auf die Kapitalerhaltung ausgerichtet ist. Damit entfällt nun aber, so auch die Gegner der Nichtigkeitslehre, das Erfordernis einer Nichtigkeitsfolge.[840] Anstelle dieser dient nunmehr ausschließlich die Bestimmung des § 62 Abs. 1 S. 1 AktG dem Schutz des Gesellschaftsvermögens und ersetzt die Nichtigkeitsfolge.

Dem ist zuzugeben, dass mit der Einführung einer ausdrücklichen Erstattungspflicht des Aktionärs gegenüber der Gesellschaft der frühere eigentliche Grund für die Nichtigkeitsfolge in der Tat entfallen ist. Zumindest kann mit historischen Gegebenheiten die Nichtigkeitsfolge nicht mehr begründet werden. Diese kann sich nur noch aus einer aktuellen Betrachtung der Systematik der aktienrechtlichen

838 Vgl. *Kropff*, a. a. O. (Fn. 784), § 62 „Ausschußbericht".

839 Vgl. *Joost*, ZHR 149 (1985), 419, 426; *Raiser/Veil*, a. a. O. (Fn. 19), § 19 Rdn. 13.

840 **A. A.** Großkomm. AktG/*Henze*, 4. Aufl., § 57 Rdn. 204, der die Vindikation neben § 62 Abs. 1 S. 1 AktG treten lassen will, da mit dessen Einführung eine Änderung der Rechtsfolgen bei Verstößen gegen § 57 AktG nicht verbunden sein sollte. Auf das Problem des § 134 S. 2 BGB wird in diesem Zusammenhang leider nicht näher eingegangen.

Kapitalerhaltung ergeben. Gerade diese spricht aber wegen ihres abschließenden Charakters gegen die Nichtigkeitsfolge, wenn mit Blick auf § 134 2. HS BGB die Frage gestellt wird, ob sich aus dem Gesetz nicht ein anderes ergibt.

(cc) § 292 Abs. 3 S. 1 AktG

Die Vertreter der Nichtigkeitslehre weisen ferner auf die Vorschrift des § 292 Abs. 3 S. 1 AktG hin, wonach ausnahmsweise die Nichtigkeit nicht eintritt. Daraus soll im Umkehrschluss zu folgern sein, dass ansonsten ein Verstoß gegen § 57 AktG sehr wohl zur Nichtigkeit im Sinne des § 134 BGB führt. Es ist nicht von der Hand zu weisen, dass der Wortlaut dieser Vorschrift für die im Fall eines Verstoßes gegen § 57 AktG eintretende Nichtigkeitsfolge spricht. Jedoch kann aus der Formulierung nicht der Umkehrschluss gezogen werden, dass bei einem Verstoß auch Nichtigkeit eintritt.[841] Hierfür soll ein teleologisches Argument bemüht werden, nämlich die Begründung des Regierungsentwurfs. Diese lautete: „Schließt die Gesellschaft einen Betriebspacht-, Betriebsüberlassungs- oder Geschäftsführungsvertrag mit einem Aktionär, ohne dass der Vertrag für ihre Leistungen eine angemessene Gegenleistung vorsieht, so liegt darin in der Regel ein Verstoß gegen die Grundsätze der §§ 54, 55 und 57 des Entwurfs, der an sich den Vertrag (§ 134 BGB) und den Zustimmungsbeschluß der Hauptversammlung (§ 231 Nr. 3) nichtig machen könnte“.[842] Hinzuweisen ist zum einen darauf, dass auch die Begründung des Regierungsentwurfes nur von „könnte“ spricht. Insoweit wird die Nichtigkeitsfolge im Falle eines Verstoßes gegen § 57 AktG zwar als möglich, nicht aber als zwingend erachtet.[843] Zum anderen nimmt der Regierungsentwurf in diesem Zusammenhang noch Rückgriff auf die entsprechende Regelung des § 256 AktG 1937.[844] Vor diesem Hintergrund ist dann auch die Begründung zu verstehen. Nach der Konzeption des Aktiengesetzes von 1937 war die Nichtigkeitsfolge im Fall eines Verstoßes gegen die Kapitalerhaltung aber auch nach überwiegender Meinung die erforderliche Rechtsfolge zum Schutz des Gesellschaftsvermögens. Es war somit Stand der herrschenden Meinung, dass der Eintritt der Nichtigkeit nicht nur als möglich erachtet, sondern darin sogar die zulässige und notwendige Rechtsfolge erkannt wurde.

Für das AktG 1965 kann aus der Formulierung des § 292 Abs. 3 S. 1 AktG und insbesondere aus der Begründung des Regierungsentwurfes, ein dementsprechender Schluss nicht gezogen werden. Denn § 292 Abs. 3 S. 1 AktG lässt mit der

841 Vgl. überzeugend *Rosengarten*, ZHR 168 (2004), 708, 722.

842 So BT-Drs. 4/171 Anlage 1 S. 217 = Kropff, a. a. O. (Fn. 784), S. 378, 379.

843 Vgl. *Joost*, ZHR 149 (1985), 419, 433; *Riedel*, a. a. O. (Fn. 707), S. 92.

844 Vgl. MünchKomm. AktG/*Altmeppen*, 3. Aufl., § 292 Rdn. 3, 4.

Einführung des § 62 Abs. 1 S. 1 AktG eine einschneidende Änderung im Recht der Kapitalerhaltung unberücksichtigt. Damit fußt § 292 Abs. 3 S. 1 AktG weiterhin auf der Systematik des Aktiengesetzes von 1937 und der mit dieser einhergehenden Nichtigkeitslehre. Der Gesetzgeber hat eine sprachliche Anpassung der betreffenden Vorschrift an § 62 Abs. 1 S. 1 AktG und die neue Ausgestaltung der Kapitalerhaltungsregeln schlicht vergessen. Daher kann die Vorschrift nicht als Vorlage für einen Umkehrschluss dienen, da diese mit dem Aktiengesetz 1937 von ganz anderen Voraussetzungen und Umständen ausging, als das nunmehr eigentlich maßgebliche Aktiengesetz von 1965.[845]

(dd) Das Recht der GmbH

Sowohl Vertreter als auch Gegner der Nichtigkeitslehre berufen sich für ihre Position auf das Recht der GmbH, in dem ein Verstoß gegen die dortigen Kapitalerhaltungsregeln keinesfalls zur Nichtigkeit führt.[846] In diesem Zusammenhang ist festzustellen, dass der Schutz des Gesellschaftsvermögens im Recht der AG weitreichender ist, als im Recht der GmbH. Denn bekanntermaßen liegt im GmbH-Recht ein Verstoß gegen den Grundsatz der Kapitalerhaltung erst dann vor, wenn durch die Auszahlung das Stammkapital angegriffen wird. Im Aktienrecht liegt ein Verstoß jedoch grundsätzlich bei jeder Auszahlung von Gesellschaftsvermögen an die Gesellschafter vor. Soll die Nichtigkeitsfolge im Fall einer GmbH deshalb nicht eintreten, weil aufgrund der Begrenzung auf das Stammkapital die Nichtigkeit damit von den tagesaktuellen Vermögensverhältnissen abhängen soll[847], dann ist dies für sich alleine noch nicht aussagekräftig. Dies mag ein praktisches Problem sein, kann aber nicht den eigentlichen Grund darstellen. In diesem Zusammenhang gilt aber in aller Regel, dass sich die Praxis am Recht und nicht das Recht an der Praxis zu orientieren hat. Letztlich stellt die Frage der Nichtigkeitsfolge eine Entscheidung des Gesetzgebers dar. Die konkrete Ausgestaltung der Kapitalerhaltung und der konkreten Rechtsfolgen liegt in dessen Hand. Allerdings besteht zwischen dem GmbHG und dem AktG in einem nachfolgend darzustellenden Punkt ein Unterschied, der nicht unbedingt für die Nichtigkeit spricht, sondern eher für Reformbedarf des Gesetzgebers, wenn er diese Entscheidung denn nicht bewusst getroffen hat.

---

845 Vgl. *Joost*, ZHR 149 (1985), 419, 433, 434; *Riedel*, a. a. O. (Fn. 707), S. 92, 93; *Rosengarten*, ZHR 168 (2004), 708, 722.

846 Siehe oben unter Seite 181 ff. und Seite 196 f.

847 Vgl. Bürgers/Körber/*Westermann*, AktG, 2. Aufl., § 57 Rdn. 3; Großkomm. AktG/*Henze*, 4. Aufl., § 57 Rdn. 205.

Das Aktienrecht weist gegenüber dem GmbH-Recht in einem konkreten Punkt einen wesentlichen Unterschied auf, der die Vertreter der Nichtigkeitslehre eigentlich zu ihrer Meinung veranlasst hat: Es fehlt im Recht der AG eine mit § 31 Abs. 3 GmbHG vergleichbare Regelung. Dabei soll hier nicht vorweggenommen werden, was später noch dargestellt wird: Die Frage des (zweifelhaften) Insolvenzschutzes, der durch die Vindikation erreicht wird. Dennoch besteht ein direkter Zusammenhang, der einige Punkte schon hier relevant werden lässt. Bei näherer Betrachtung des § 31 Abs. 3 GmbHG fällt auf, dass ein möglicher Anwendungsfall dieser Vorschrift die bereits erwähnte Insolvenz des zur Erstattung verpflichteten GmbH-Gesellschafters darstellt.[848] Denn in diesem Fall ist die erforderliche Erstattung vom Gesellschafter nicht mehr zu erlangen, sodass nunmehr die übrigen Gesellschafter zur Erstattung verpflichtet sind. Diese Verpflichtung besteht jedenfalls soweit, wie das Stammkapital, also die Haftungsmasse, angegriffen ist.[849] Diese Ausfallhaftung macht die Nichtigkeit im GmbH-Recht entbehrlich. Im Recht der Aktiengesellschaft ist eine solche Ausgleichspflicht nicht bekannt.[850] Dies mag unterschiedliche Gründe haben. So haben die Gesellschafter einer GmbH erheblich mehr Kontrolle über die Geschäftsführung als die Aktionäre über den Vorstand.[851] Auch spielt der im Vergleich zur GmbH eher anonyme Charakter der Gesellschaft eine Rolle, ebenso wie die Möglichkeit der Aktionäre, zumindest im Fall einer Börsen-notierung, die Anteile in der Regel zügig wieder zu veräußern.[852] Dies mag in der heutigen Zeit im elektronischen Handel nicht mehr als einen Mausklick kosten. Dagegen bedarf die Übertragung von Gesellschaftsanteilen im Fall einer GmbH nach § 15 Abs. 3 GmbHG der notariellen Beurkundung, sodass eine dem GmbH-Recht vergleichbare Ausfallhaftung der Aktionäre zumindest praktische Probleme mit sich brächte. Denn es müsste erst einmal festgestellt werden, wer überhaupt Aktionär ist. Genau dieser, dem Aktiengesetz von der Systematik her unbekannte Ausgleich, wird durch die Vindikation erreicht. Diese geht jedoch nicht zu Lasten der übrigen Gesellschafter, sondern zu Lasten der Gläubiger des insolventen und zur eigentlichen Erstattung verpflichteten Aktionärs.[853] Dabei

---

848 Vgl. *Joost*, ZHR 148 (1984), 27, 36; KölnKomm. AktG/*Lutter*, 2. Aufl., § 57 Rdn. 63; MünchKomm. GmbHG/*Ekkenga*, 1. Aufl., § 31 Rdn. 52, 54.

849 BGH WM 2003, 2238, 2241 f.; BGH WM 2005, 1751; vgl. MünchKomm. GmbHG/*Ekkenga*, 1. Aufl., § 31 Rdn. 63.

850 Vgl. *Joost*, ZHR 149 (1985), 419, 427.

851 Vgl. *Joost*, ZHR 149 (1985), 419, 426.

852 Nach herrschender Meinung führt die Veräußerung der Anteile jedoch nicht zu einem Wegfall der Haftung nach § 31 Abs. 3 GmbHG, wenn ein Haftungsfall bereits vor dieser eingetreten ist, vgl. MünchKomm. GmbHG/*Ekkenga*, 1. Aufl., § 31 Rdn. 57.

853 Vgl. *Joost*, ZHR 148 (1984), 27, 36.

fällt auf, dass im Fall der GmbH die zur Erstattung verpflichteten Personen im Lager der Gesellschaft stehen, denn es handelt sich um die übrigen Gesellschafter. Bei der AG sind es aber nicht die Aktionäre, die diesen Ausgleich bezahlen, sondern Außenstehende. Zudem besteht diese Last nicht nur in Höhe des dem Stammkapital entsprechenden Grundkapital, sondern theoretisch unbegrenzt, jedenfalls bis zur Höhe des gesamten Gesellschaftsvermögens, welches Gegenstand eines Verstoßes gegen § 57 AktG sein kann. Es stellt jedoch einen ganz wesentlichen Grundsatz im Gesellschaftsrecht dar, dass der Gesellschafter Risiken zu tragen hat, was sich im Beipiel einer Kapitalgesellschaft unter anderem an der Verpflichtung zur Leistung einer Einlage zeigt[854]. Dieses sind im vorliegenden Fall die Aktionäre, nicht aber die Gläubiger dieser Gesellschafter. Wird dann noch berücksichtigt, dass durch die Kapitalerhaltung vor allem auch die Gläubiger der AG geschützt werden sollen, so stehen auch diese näher an der Gesellschaft als die außenstehenden und insolventen Gläubiger des Aktionärs. Mit der Aktiengesellschaft haben sie sich ihren Schuldner nämlich auf der Grundlage einer eigenen Entscheidung ausgesucht. Somit sollten sie auch, zumindest wertungsmäßig, das entsprechende Risiko eines Zahlungsausfalls tragen. Greift die Vindikation, werden sie aber zu Lasten Dritter geschützt. Besondere Gründe sind für eine solche Privilegierung jedoch nicht ersichtlich.[855]

Diese Problematik ist im Recht der GmbH durch die Erstattungspflicht der anderen Gesellschafter nicht gegeben. Soll ein solcher Schutz der Gesellschaft aber auch im Aktienrecht erreicht werden, dann ist aus den oben aufgezeigten Wertungsgründen die Nichtigkeit nicht der geeignete Weg. Denn dieser geht, anders als bei der GmbH, zu Lasten Dritter. Hat der Gesetzgeber im Recht der GmbH die Konsequenzen insgesamt bedacht und deshalb die Regelung des § 31 Abs. 3 GmbHG gewählt, fehlen hingegen bei der AG solche Überlegungen. Es ist nicht anzunehmen, dass der Gesetzgeber diese Last auf Dritte abwälzen wollte, sodass, mangels entsprechender ausdrücklicher Regelung, der Vergleich zur GmbH in diesem Punkt eher gegen eine Nichtigkeitsfolge spricht.[856] Billigkeitsgründe deuten jedenfalls darauf hin, dass das Risiko der Insolvenz ihres Aktionärs von der Gesellschaft selbst getragen werden sollte, da auch deren Gläubiger dieser näher stehen, als die an sich unbeteiligten Dritten.

---

854 Der konkrete Umfang hängt letztlich von der gewählten Gesellschaftsform ab.

855 Vgl. *Bommert*, a. a. O. (Fn. 735), S. 86; Bürgers/Körber/*Westermann*, AktG, 2. Aufl., § 57 Rdn. 3; Heidel/*Drinhausen*, Aktienrecht und Kapitalmarktrecht, 3. Aufl., § 57 Rdn. 53; *Joost*, ZHR 149 (1985), 419, 428; MünchKomm. AktG/*Bayer*, 3. Aufl., § 57 Rdn. 164.

856 Vgl. *Bommert*, a. a. O. (Fn. 735), S. 86.

Die bei der GmbH im Wege der Ausfallhaftung zur Erstattung verpflichteten Gesellschafter erwerben gegen den eigentlichen Erstattungspflichtigen im Innenverhältnis Regressansprüche, sodass der eigentliche Verursacher aus seiner Verantwortlichkeit nicht entlassen wird.[857] Bei der Aktiengesellschaft sind die einzelnen verantwortlichen Gesellschaftsorgane zum Ausgleich eines Schadens bei der Gesellschaft verpflichtet, den diese erleidet.[858]

Die Ausgleichspflicht nach § 31 Abs. 3 GmbHG ist abschließend als Preis für die Begrenzung der Kapitalerhaltung auf das Stammkapital zu sehen, da zumindest dieses als Haftungsmasse dient. Dafür fällt im Aktienrecht das gesamte Vermögen unter das Auszahlungsverbot. Bei beiden Gesellschaftsformen besteht aber eine gesetzliche Pflicht des empfangenden Gesellschafters, die verbotenen Leistungen zurückzuerstatten.

Für eine abschließende Aussage eignet sich der Vergleich von AG und GmbH jedenfalls nicht. Anhand der bestehenden Unterschiede ist aber festzustellen, dass die Nichtigkeit bei der AG zu Ergebnissen führt, die der Gesetzgeber im GmbH-Recht gerade verhindert hat. Wesentlich aussagekräftiger ist die Überlegung, ob die im Fall einer Insolvenz des Aktionärs aufkommenden Probleme auch ohne eine Nichtigkeitsfolge im Sinne des Gesetzgebers gelöst werden kann. Schließlich tritt im GmbHG die Ausfallhaftung erst dann ein, wenn eine Erstattung durch den betroffenen Gesellschafter nicht möglich ist. Die Vindikation tritt dagegen bereits neben den Erstattungsanspruch nach § 62 Abs. 1 S. 1 AktG, also in Konkurrenz zu diesem.[859]

(ee) Kein Vorrang der Kapitalerhaltung vor insolvenzrechtlichen Bestimmungen

Dies führt zu der Frage, warum im Hinblick auf den bestehenden Erstattungsanspruch nach § 62 Abs. 1 S. 1 AktG die Nichtigkeit und damit die Vindikation überhaupt erforderlich sein sollen.[860] Treibendes Argument der Vertreter der Nichtigkeitslehre ist die Insolvenz des Aktionärs.[861] Das GmbHG sichert die Gesellschafter in diesem Fall, wie oben gezeigt, durch eine Ersatzhaftung der übrigen Gesellschafter ab. Im AktG ist eine solche Regelung unbekannt. Zu untersuchen ist, ob ein solcher Schutz durch die Kapitalerhaltungsvorschriften überhaupt vorgesehen ist. Mangels einer dem § 31 Abs. 3 GmbHG entsprechenden Regelung im Aktienrecht müsste dazu die ersatzweise

857 Vgl. MünchKomm. GmbHG/*Ekkenga*, 1. Aufl. 2010, § 31 Rdn. 66.

858 §§ 93 Abs. 3 Nr. 1 und 2, 116 AktG; vgl. *Joost*, ZHR 149 (1985), 419, 428; dazu unten noch im Rahmen der Abwandlung, Seite 227 ff.

859 Vgl. *Cahn*, a. a. O. (Fn. 832), S. 115.

860 Vgl. MünchKomm. AktG/*Bayer*, 3. Aufl., § 57 Rdn. 164.

861 Vgl. Großkomm. AktG/*Henze*, 4. Aufl., § 57 Rdn. 203; *Riedel*, a. a. O. (Fn. 707), S. 88 ff.

vorgenommene Vindikation eine zulässige und passende Rechtsfolge sein. Denn im Fall der Insolvenz des Aktionärs ist der spezielle aktienrechtliche Erstattungsanspruch nach § 62 Abs. 1 S. 1 AktG im ungünstigsten Fall vollständig wertlos.

Die Insolvenz des Aktionärs ist jedoch nicht der einzige Fall, in dem der Erstattungsanspruch wertlos ist. Nach § 62 Abs. 3 AktG verjähren die Ansprüche nach dessen Abs. 1 S. 1 AktG in zehn Jahren nach dem Empfang der Leistung. Auf die entsprechende Einrede des betroffenen Aktionärs hin, ist ein solcher Anspruch dann nicht mehr durchsetzbar. § 62 AktG kennt also bereits das Risiko der fehlenden Durchsetzbarkeit. Ebenfalls besteht auch für den Aktionär der Schutz guten Glaubens, wenn er nach § 62 Abs. 1 S. 2 AktG ausnahmsweise die empfangene Leistung behalten darf. Der Gesetzgeber wollte den Erstattungsanspruch damit nicht als absolut gestalten; vielmehr sollte er durchaus gewissen Einschränkungen unterliegen.[862] Diese würden jedoch ausgehebelt, wenn die Gesellschaft anstelle der Geltendmachung des aktienrechtlichen Erstattungsanspruchs plötzlich vindizieren könnte. Schließlich verjährt der Anspruch nach § 985 BGB erst in 30 Jahren und der gute Glaube des Aktionärs ist im Rahmen des § 985 BGB unbeachtlich.

Der aktienrechtliche Grundsatz der Kapitalerhaltung ist folglich nicht allumfassend und absolut, wenn § 62 Abs. 1 S. 1 AktG seinerseits selbst beachtliche Schranken erfährt. Dann stellt sich aber auch die Frage, warum der Kapitalerhaltungsgrundsatz über das Aktienrecht hinaus ins Insolvenzrecht einwirken und die Rechte der Gläubiger des Aktionärs begrenzen können soll.[863] Denn dieses wäre die Folge, wenn über die Vindikation und die Aussonderung nach § 47 InsO Werte der Insolvenzmasse wieder entzogen würden. Zwar bietet die Insolvenzordnung mit § 47 gerade die Möglichkeit, dass der Eigentümer der Sache diese wieder zurückerhalten kann und damit eben nicht auf die Insolvenzmasse angewiesen ist. Diesen besonderen Insolvenzschutz kennt aber das Aktiengesetz mit § 62 Abs. 1 S. 1 AktG nicht, da auch dieser Anspruch der Insolvenzgefahr ausgesetzt ist. Das Ziel des § 62 Abs. 1 S. 1 AktG soll vielmehr mit Hilfe der Vindizierung erreicht werden. Dies soll aber auf einem Weg geschehen, den das Aktiengesetz selbst nicht vorgesehen hat. § 985 BGB hat nämlich im Aktiengesetz keine Entsprechung in Gestalt einer besonderen aktienrechtlichen Regelung gefunden hat. Wenn selbst das Aktiengesetz das Recht der Kapitalerhaltung durch die oben dargestellten Ausnahmen begrenzt, handelt es sich folglich nicht um einen solch

862 Vgl. Heidel/*Drinhausen*, Aktienrecht und Kapitalmarktrecht, 3. Aufl., § 57 Rdn. 53.

863 Vgl. BGH NJW 1995, 659, 662 wonach die Interessen der Gesellschaftsgläubiger und die der Aktionärsgläubiger gleichrangig sind; *Cahn*, a. a. O. (Fn. 832), S. 128; *Riedel*, a. a. O. (Fn. 707), S. 90 ff.

allgemeinen Grundsatz, der ohne Weiteres auch außerhalb des Aktienrechts, nämlich im Insolvenzrecht, Wirkungen entfalten und Beschränkungen für Dritte herbeiführen kann.

Mit Blick auf die Kapitalaufbringung zeigt sich, dass das Aktiengesetz dort, wo ein insolvenzrechtlicher Schutz erforderlich ist, einen solchen im Aktiengesetz ausdrücklich implementiert hat. So kann die Gesellschaft beispielsweise im Fall der Insolvenz des zur Kapitalaufbringung verpflichteten Aktionärs das Kaduzierungsverfahren betreiben.[864] Dies lässt eher den Schluss zu, dass der Gesetzgeber das Aktienrecht da insolvenzsicher ausgestaltet hat, wo er es für notwendig erachtet hat, sodass die Kapitalerhaltungsregeln mit § 62 AktG eine ausschließliche und abschließende Rechtsfolge im Fall eines Verstoßes gegen § 57 AktG vorsehen.[865] Vielmehr ist die Gefahr der Insolvenz des zur Erstattung verpflichteten Gesellschafters Ausdruck eines allgemeinen wirtschaftlichen Risikos, welches nicht durch die Möglichkeit der Vindikation ausgeschlossen werden soll.[866]

(ff) Umgehung des § 62 Abs. 1 S. 2 AktG durch die Möglichkeit der Vindikation

Würde ein Verstoß gegen § 57 AktG zur Nichtigkeit und zur Anwendbarkeit des § 985 BGB führen, drohten zudem die im Aktiengesetz enthaltenen Privilegierungen unterlaufen zu werden. Das gilt nicht nur für die schon oben angesprochenen unterschiedlich langen Verjährungsfristen von zehn[867] und 30[868] Jahren. Im Wege der Vindikation könnte die Gesellschaft nämlich das erreichen, was sie nach § 62 Abs. 1 S. 1 AktG, beispielsweise sind seit dem Empfang der Leistung zwölf Jahre vergangen, nicht erreichen könnte. Dabei liegt dem Anspruch nach § 985 BGB nichts weiter als ein Verstoß gegen § 57 AktG zugrunde. Der Wille des Gesetzgebers würde folglich durch die Nichtigkeitsfolge und eine Anwendbarkeit des § 985 BGB umgangen. Auch dies ist ein Argument dafür, dass ein konkurrierender Anspruch nach § 985 BGB in diesem Fall mit Blick auf Umfang und Reichweite des § 62 AktG als systemfremd abzulehnen ist.

Vielmehr noch droht auch die Gutglaubensvorschrift des § 62 Abs. 1 S. 2 AktG ausgehebelt zu werden, da die tatbestandliche Erfüllung dieser Ausnahmeregelung

864 Vgl. MünchKomm. AktG/*Bayer/Csoklich*, 3. Aufl., § 64 Rdn. 94.

865 Vgl. Wachter/*Servatius*, AktG, 1. Aufl., § 57 Rdn. 39; *Wilhelm*, FS Flume, Band 2, S. 337, 388.

866 Vgl. für die GmbH: MünchKomm. GmbHG/*Ekkenga*, 1. Aufl., § 30 Rdn. 277; Roth/Altmeppen/*Altmeppen*, GmbHG, 7. Aufl., § 30 Rdn. 151.

867 § 62 Abs. 3 AktG für § 62 Abs. 1 S. 1 AktG.

868 § 197 Abs. 1 Nr. 1 für § 985 BGB.

dem Aktionär dann nichts nutzt, wenn er sich einem Anspruch gemäß § 985 BGB ausgesetzt sieht. Anders war dies noch unter dem Aktiengesetz von 1937, als der Erstattungsanspruch der Gesellschaft nicht ausdrücklich geregelt war. Das Gesetz kannte damals nur die ausdrückliche Regelung, wonach der Aktionär im Fall seiner Gutgläubigkeit, § 56 Abs. 3 AktG 1937, die empfangenen Leistung nicht an die Gesellschaft erstatten musste. Da die Erstattungsansprüche nach damaliger allgemeiner Meinung auf allgemeinen privatrechtlichen Normen basierten, nämlich gemäß der Nichtigkeitslehre auf § 985 BGB, galt die damalige Privilegierung des Aktionärs gerade im Hinblick auf diesen dinglichen Anspruch.[869] Erst mit dem Aktiengesetz von 1965 bezog sich die Privilegierung nur noch auf den speziellen und erstmals ausdrücklich geregelten Erstattungsanspruch. Es kann aufgrund dieser Neuregelung der Privilegierung jedoch nicht davon ausgegangen werden kann, dass diese entfallen sollte, sonst wäre sie schließlich nicht übernommen worden. Daher ist anzunehmen, dass der Gesetzgeber mit § 62 Abs. 1 S. 1 AktG die Erstattungsansprüche abschließend regeln wollte. Sonst könnte im obigen ersten Fallbeispiel die A-AG von T die geleistete Dividenden in Höhe von 400.000,00 Euro zwar nicht nach § 62 Abs. 1 S. 1 AktG verlangen, wohl aber nach § 985 BGB. Dies wäre widersprüchlich, wenn der Gesetzgeber den gutgläubigen Aktionär mit § 62 Abs. 1 S. 2 AktG doch privilegieren möchte.

Die ansonsten drohende Umgehung der aktionärsschützenden Vorschriften, vielmehr deren völlige Sinnentleerung, sprechen in diesem Zusammenhang gegen die Rechtsfolge der Nichtigkeit und die damit verbundene Möglichkeit zur Vindikation.[870]

(gg) Gegenstand der Rechtsfolge des § 62 Abs. 1 S. 1 AktG

Da zumindest der Anspruch nach § 985 BGB gegenstandsbezogen ist, der einzelne Gegenstand durch den Kapitalerhaltungsgrundsatz aber nicht geschützt wird, sondern richtigerweise vielmehr der Wert des Gesellschaftsvermögens[871], stellt sich die Frage, ob nicht die Nichtigkeitslehre den eigentlichen Schutzzweck der Kapitalerhaltung außer Acht lässt und über das eigentliche Ziel hinausgeht.[872] Wollte der Gesetzgeber die Aktiengesellschaft auch im Rahmen der Kapitalerhaltung vor der Insolvenz des zur Erstattung verpflichteten Aktionärs schützen, hätte er den Erstattungsanspruch nach § 62 Abs. 1 S. 1 AktG auch anders ausgestalten können, beispielsweise durch Zuerkennung einer aussondernden Wirkung.[873]

---

869 Vgl. *Joost*, ZHR 149 (1985), 419, 426, 427.

870 So auch *Bommert*, a. a. O. (Fn. 735), S. 86.; *Fleischer*, WM 2007, 909, 916; 917; *Joost*, ZHR 149 (1985), 419, 426, 427.

871 Vgl. MünchKomm. AktG/*Bayer*, 3. Aufl., § 62 Rdn. 47.

872 Vgl. *K. Schmidt*, a. a. O. (Fn. 810), S. 893.

873 Vgl. *Joost*, ZHR 149 (1985), 419, 428 Fn. 36.

Für die schon angesprochene Wertausgleichspflicht anstelle einer gegenständlichen Rückgewährspflicht[874] im Rahmen der Rechtsfolge des § 62 Abs. 1 S. 1 AktG, für die es einer Nichtigkeitsfolge nicht bedarf, spricht ein gewichtiger Aspekt: Bei der Annahme einer gegenständlichen Erstattungspflicht bestünde im Fall der Rückabwicklung die Gefahr, dass der Schuldner als der zur Erstattung Verpflichtete über die empfangene Leistung nicht mehr verfügt, weil diese beispielsweise untergegangen und damit unmöglich im Sinne des § 275 BGB geworden ist.[875] Wenn der Gesellschafter den Untergang nicht zu vertreten hat, haftet er der Gesellschaft nicht einmal auf Schadensersatz nach §§ 280 I, III, 283, 275 BGB, sodass er von seiner Erstattungspflicht im Ergebnis ganz frei wird.[876] Eine solche Befreiung kennt das Aktiengesetz nicht. Der Aktionär soll nur nach § 62 Abs. 1 S. 2 AktG privilegiert sein. Sie ergibt sich tatsächlich nur über die Anwendung des § 275 BGB und damit aus allgemeinen privatrechtlichen Regeln.[877] Die Kapitalerhaltungsregeln sind jedoch so zu verstehen, dass der Aktionär, mit Ausnahme des § 62 Abs. 1 S. 2 AktG, regelmäßig zur Erstattung verpflichtet ist. Nur eine Wertersatzpflicht des Gesellschafters in der Rechtsfolge schließt das Risiko des § 275 BGB aus, da es sich bei dieser Pflicht um eine solche zur Vornahme einer vermögenswerten Leistung handelt. Diese kann nicht unmöglich im Sinne des § 275 BGB werden.[878] Der vom Kapitalerhaltungsgrundsatz verfolgte Zweck spricht daher für eine im Rahmen des § 62 Abs. 1 S. 1 AktG vorzunehmende wertbezogene Betrachtung sowie gegen die Nichtigkeitsfolge des § 134 BGB. Insofern ergibt sich auch aus dem Schutz des Gesellschaftsvermögens dem Werte nach ein anderes im Sinne des § 134 S. 2 BGB. Wird mit diesem Argument die Nichtigkeitsfolge abgelehnt, ergibt sich im Folgenden auch kein grundsätzlich möglicher Anspruch im Sinne des § 985 BGB.[879] Bei der Erstattungspflicht kommt es richtigerweiese nur auf die Vorschrift des § 62 AktG und die in § 62 Abs. 1 S. 2 AktG enthaltene Privilegierung des Gesellschafters an.[880] Wird auf eine gegenständliche Betrachtung abgestellt, führt dies für den Fall nichtgegenständlicher Leistungen zudem zu

874 Diese Meinung vertretend Großkomm. AktG/*Henze*, 4. Aufl., § 62 Rdn. 43; *Hüffer*, AktG, 10. Aufl., § 62 Rdn. 8.

875 Vgl. Hölters/*Solveen*, AktG, 1. Aufl., § 62 Rdn. 11.

876 Vgl. Großkomm. AktG/*Henze*, 4. Aufl., § 62 Rdn. 40.

877 Vgl. *Bommert*, a. a. O. (Fn. 735), S. 90; Großkomm. AktG/*Henze*, 4. Aufl., § 62 Rdn. 40; *Langenbucher*, a. a. O. (Fn. 250), § 9 Rdn. 39.

878 Vgl. Staudinger/*Löwisch/Caspers*, BGB (2009), § 275 Rdn. 72.

879 Jedenfalls wenn eine Sachdividende oder Barzahlung vorliegt.

880 So auch MünchKomm. AktG/*Bayer*, 3. Aufl., § 62 Rdn. 47 ff; Spindler/Stilz/*Cahn/v. Spannenberg*, AktG, 2. Aufl., § 57 Rdn. 88.

einem Wertungswiderspruch: Geht es etwa um erhaltene Dienstleistungen, ergibt sich eine mögliche Ersatzpflicht des Aktionärs aus § 346 S. 2 BGB analog.[881] Auf § 275 BGB kommt es damit nicht an. Die Natur der Leistung entscheidet daher unter Umständen darüber, ob eine Ersatzpflicht besteht oder nicht. Dieser Widerspruch und das sich für das Gesellschaftsvermögen ergebende Risiko kann durch Anknüpfung an eine Wertersatzpflicht verhindert werden. Dabei kann in beiden Fällen eine aktienrechtlich unzulässige Leistung vorliegen, die im Ergebnis auch gleich behandelt werden sollte.[882]

Dem steht auch nicht entgegen, dass im Fall des ausschließlichen Wertersatzes der Kapitalerhaltungsgrundsatz praktisch deshalb eingeschränkt wird, weil die Gesellschaft im Fall einer gegenständlichen Leistung an den Gesellschafter im Rahmen eines Erstattungsverlangens nunmehr den Wert der geleisteten Sache beweisen müsste und ihr dies unter Umständen, mit negativen Folgen für das Gesellschaftsvermögen, nicht gelingt.[883] Es stellt einen üblichen Grundsatz dar, wenn der Anspruchsteller in Bezug auf sein Begehr grundsätzlich die Beweislast trägt.[884] Viel gravierender ist die Gefahr, dass im Fall einer gegenständlichen Betrachtung im Rahmen der Rechtsfolge der Gesellschafter die Sache nach § 275 BGB nicht zurückgewähren kann und ihn daran ein Verschulden nicht trifft.[885] Dann wäre der Kapitalerhaltungsgrundsatz jedenfalls betroffen und das Gesellschaftsvermögen vermindert, während im Fall des Beweiserfordernisses die Gesellschaft diesem durchaus nachkommen kann. Zudem dürfte dieses Argument im Rahmen der Dividendenzahlung keine Bedeutung haben, da der Wert der Leistung, sollte die Dividende ausnahmsweise in Form einer Sachdividende erbracht werden, üblicherweise bereits durch den Hauptversammlungsbeschluss festgesetzt wurde. Die Gesellschaft sollte damit ihrer Beweispflicht in aller Regel nachkommen können.[886]

Ein solches Verständnis von der Rechtsfolge des § 62 Abs. 1 S. 1 AktG schließt für den Schuldner nicht die Möglichkeit aus, bei einer Sachleistung den erhaltenen Gegenstand an die Gesellschaft zurückzugeben, da er auch auf diese Weise seiner Pflicht entsprechen kann. Dies ist den Betetiligten überlassen.[887] Entscheidend ist,

---

881 Vgl. Vgl. Großkomm. AktG/*Henze*, 4. Aufl., § 62 Rdn. 41.

882 So auch MünchKomm. AktG/*Bayer*, 3. Aufl., § 62 Rdn. 53.

883 So BGH NZG 2008, 467 f. (zur GmbH).

884 Vgl. *Rosenberg*, Die Beweislast auf der Grundlage des Bürgerlichen Gesetzbuchs und der Zivilprozessordnung, 5. Aufl., S. 98 f.

885 Zu dieser Folge nimmt der Bundesgerichtshof leider keine Stellung.

886 Anders ist der Fall natürlich gelagert, wenn der Aktionär eine Sachdividende erhält, die über den Hauptversammlungsbeschluss hinausgeht.

887 Vgl. Spindler/Stilz/*Cahn/v. Spannenberg*, AktG, 2. Aufl., § 57 Rdn. 98.

dass der Aktionär im Fall eines Untergangs der Sache sich nicht auf § 275 BGB berufen kann, weil ihm die auf Wertersatz gerichtete Leistung weiterhin möglich ist. So wird ebenfalls verhindert, dass vor dem Hintergrund der Kapitalerhaltung gegenständliche und nichtgegenständliche Leistungen unterschiedlich behandelt werden, da in beiden Fällen eine Wertersatzpflicht des Empfängers besteht und so ein Gleichlauf erreicht wird.[888] Schließlich entspricht eine Wertersatzpflicht des Gesellschafters auch dem grundsätzlichen Gedanken der Kapitalerhaltung, wonach es bei dem Schutz des Gesellschaftsvermögens nach ganz allgemeiner Ansicht auf eine wertmäßige Betrachtung ankommt.[889]

(hh) Ausdrückliche Anordnung der Nichtigkeit des dinglichen Geschäfts am Beispiel des § 52 Abs. 1 AktG

Die Vorschrift des § 52 Abs. 1 AktG umschreibt die Nachgründung und dient vor allem der Kapitalaufbringung.[890] Geschäfte der Gesellschaft mit ihren Gründern oder mit ihren Aktionären, soweit diese einen Anteil von mehr als 10% der Gesellschaft halten, sind demnach in den ersten zwei Jahren nach der Gründung nur unter bestimmten Voraussetzungen wirksam. § 52 Abs. 1 AktG erfasst dabei bewusst nur die Fälle, in denen mehr als 10% des Grundkapitals betroffen sind. Nur solchen haftet aufgrund dieser Höhe ein gewisses Gefährdungspotential im Hinblick auf das gerade erst aufgebrachte Grundkapital an. Eine Wirksamkeit der Verträge setzt zum einen die Zustimmung der Hauptversammlung und zum anderen die Eintragung im Handelsregister voraus. Ein Verstoß gegen diese Anforderungen führt nach § 52 Abs. 1 S. 2 AktG zur Nichtigkeit. Diese erfasst gemäß der ausdrücklichen gesetzlichen Anordnung auch die dinglichen Rechtsgeschäfte.[891]

Die ausdrückliche Anordnung der Nichtigkeit auch auf dinglicher Ebene spricht vor dem Hintergrund der in diesem Fall erheblichen Folgen auf den ersten Blick

888 So auch Spindler/Stilz/*Cahn/v. Spannenberg*, AktG, 2. Aufl., § 57 Rdn. 88.

889 Siehe dazu oben Seite 77 ff.

890 Vgl. *Hüffer*, AktG, 10. Aufl., § 52 Rdn. 1.

891 Vgl. Großkomm. AktG/*Priester*, 4. Aufl., § 52 Rdn. 88; Hölters/*Solveen*, AktG, 1. Aufl., § 52 Rdn. 16; zur Frage, ob bei endgültiger Nichtigkeit des dinglichen Ausführungsgeschäfts die Rückabwicklung nach § 62 AktG oder nach den §§ 985, 812 ff. BGB vorgenommen wird, vgl. für §§ 985, 812 ff. BGB BGH NJW 2007, 3425; MünchKomm. AktG/*Pentz*, 3. Aufl., § 52 Rdn. 62; **a. A.** für § 62 AktG vgl. Großkomm. AktG/*Priester*, 4. Aufl., § 52 Rdn. 88; *Hüffer*, AktG, 10. Aufl., § 52 Rdn. 9; Spindler/Stilz/*Heidinger*, AktG, 2. Aufl., § 52 Rdn. 86. Dieser Streit beruht auf der Frage, ob § 52 AktG auch der Kapitalerhaltung dient. Dies lehnt der Bundesgerichtshof in BGH NJW 2007, 3425 entgegen der **a. A.** aber ab.

dafür, dass der Gesetzgeber eine solche nur in bestimmten Fällen als angemessen erachtet und diese daher dann auch ausdrücklich anordnet. Da nach § 57 AktG lediglich ein Verbot der Rückgewähr von Einlagen besteht, diese Vorschrift aber nicht unmittelbar die Unwirksamkeit der im Rahmen der Rückgewähr vorgenommenen Ausführungshandlungen als Rechtsfolge eines Verstoßes ausdrücklich vorgibt, liegt eine Nichtigkeit auf dinglicher Ebene damit nicht vor. Allerdings ist das Argument einer solchen ausdrücklichen Anordnungspflicht, auf eine solche liefe es nämlich hinaus, bei genauerer Betrachtung einer anderen aktienrechtlichen Regelung angreifbar: Wenn einerseits die Nichtigkeitsfolge in § 52 Abs. 1 AktG explizit angeordnet wurde, so bestimmt andererseits die Vorschrift des § 27 Abs. 3 S. 2 AktG, der auch im Rahmen des § 183 Abs. 2 AktG zur Anwendung gelangt, ausdrücklich, dass ein Verstoß gerade nicht zur Nichtigkeit der dinglichen Geschäfte führen soll. Bei fehlender ausdrücklicher Anordnung könnte folglich umgekehrt ebenso gut vertreten werden, dass die Nichtigkeitsfolge damit gerade nicht ausgeschlossen sein soll. Ein überzeugendes Argument für die Frage der Nichtigkeitsfolge im Rahmen des § 57 AktG ergibt sich aus dem Wortlaut der §§ 27 Abs. 3 sowie § 52 Abs. 1 AktG daher nicht.

(ii) Vergleich zur verdeckten Einlagenrückgewähr

Auch wenn sich die vorliegende Arbeit in erster Linie mit dem offenen Verstoß gegen den Kapitalerhaltungsgrundsatz beschäftigt, soll dennoch kurz auf den Fall des verdeckten Verstoßes eingegangen werden. Denn dort stellt sich die hier behandelte Frage der Nichtigkeit nach § 134 BGB ebenfalls.[892]

Bei einem verdeckten Verstoß handelt es sich um ein Austauschgeschäft zwischen Gesellschaft und Aktionär. Dem von den Parteien vorgenommenen Leistungsaustausch haftet dabei allerdings der Makel an, dass die ausgetauschten Leistungen nicht gleichwertig sind; ty-pischerweise kompensiert die Leistung des Aktionärs an die Gesellschaft nicht den Wert, den die Gesellschaft an den Aktionär erbringt.[893] Die Aktiengesellschaft leistet also ein Mehr. Sollte einmal der Gesellschafter ein Mehr erbringen, ist dies unter dem Blickwinkel der Kapitalerhaltung unbedenklich, weil nach dem Vergleich der ausgetauschten Leistungen das Vermögen der Gesellschaft nicht geschmälert, sondern vielmehr gesteigert wird. Im Rahmen des § 57 AktG ist dies unschädlich und bedeutet keinen Verstoß gegen aktienrechtliche Vorschriften.

Käme nun im Fall eines solchen bemakelten Leistungsaustausches § 134 BGB zur Anwendung, wäre infolgedessen das gesamte Rechtsgeschäft grundsätzlich

---

892 Vgl. hierzu vor allem *Fleischer*, WM 2007, 909 ff.; *Lutter*, FS Stiefel, 505, 527 ff.

893 Vgl. Großkomm. AktG/*Henze*, 4. Aufl., § 57 Rdn. 35, 40 ff.; KölnKomm. AktG/*Drygala*, 3. Aufl., § 57 Rdn. 37; MünchKomm. AktG/*Bayer*, 3. Aufl., § 57 Rdn. 30 ff.

nichtig und eine Rückabwicklung des Leistungsaustausches wäre die Folge. Dies gilt auch bei nur geringfügigen Wertdifferenzen.[894] Wären die Leistungen dagegen gleichwertig, würde diese Nichtigkeit nicht eintreten. Auch in dieser Konstellation zeigt sich, dass die Rechtsfolge der Nichtigkeit über das eigentlich von § 57 AktG verfolgte Ziel hinausschießt.[895] Denn nach der gesetzlichen Ausgestaltung der Kapitalerhaltung bedarf es auch in diesem Fall der Nichtigkeitsfolge nicht (mehr), da § 62 Abs. 1 S. 1 AktG der Gesellschaft einen Erstattungsanspruch bietet, soweit ein Verstoß gegen § 57 AktG vorliegt. Wurde der Leistungsaustausch schon durchgeführt, ist das Geschäft, das heißt die Leistung des Aktionärs, dem Wert der Leistung der Gesellschaft anzupassen, zu dem diese das Geschäft auch mit Dritten abgeschlossen hätte.[896] Schließlich verbietet das Gesetz nicht den Abschluss von Verträgen, sondern nur die Schmälerung des Gesellschaftsvermögens.[897] Hierfür genügt die Anpassung der Aktionärsleistung. Entfällt infolgedessen für den Aktionär aufgrund der für ihn nun ungünstigeren Konditionen das In-teresse am vorgenommenen Leistungsaustausch, kann er auch über § 62 Abs. 1 S. 1 AktG nicht an der Erfüllung zu für ihn schlechteren Konditionen festgehalten werden.[898] In diesem Fall ergibt sich aus der aktienrechtlichen Regelung des § 62 Abs. 1 S. 1 AktG die Rückabwicklung des Leistungsaustausches. Denn zum einen war die Willenserklärung des Aktionärs nur auf den Abschluss des günstigeren Geschäftes gerichtet, sodass er von sich aus den fehlenden Wert ausgleichen kann, falls er möchte. Keinesfalls führt ein Verstoß gegen § 57 AktG zur automatischen Anpassung der von ihm geschuldeten Leistung an den Marktwert.[899] Zum anderen ist eine Rückabwicklung aber auch im Sinne der Kapitalerhaltung, da der Zustand ex-ante auch erreicht wird, wenn die Gesellschaft ihre wertvollere Leistung zurückerhält.[900] Entscheidend ist dabei, dass der Wert des Gesellschaftsvermögens erhalten bleibt.

Haben die Beteiligten den Leistungsaustausch noch nicht vorgenommen, ergibt sich aus dem drohenden Verstoß gegen § 57 AktG zunächst ein Leistungsverweigerungsrecht der Gesellschaft, was zu einer Leistungsverweigerungspflicht

---

894 Vgl. *Bitter*, ZHR 168 (2004), S. 302, 343.

895 Vgl. *K. Schmidt*, a. a. O. (Fn. 810), S. 893; KölnKomm. AktG/*Drygala*, 3. Aufl., § 57 Rdn. 134.

896 Vgl. *Drygala/Staake/Szalai*, a. a. O. (Fn. 39), § 20 Rdn. 36; MünchKomm. AktG/*Bayer*, 3. Aufl., § 57 Rdn. 32, § 62 Rdn. 47 ff.

897 Vgl. *K. Schmidt*, a. a. O. (Fn. 810), S. 893.

898 Vgl. Großkomm. AktG/*Henze*, 4. Aufl., § 57 Rdn. 208; *K. Schmidt*, a. a. O. (Fn. 810), S. 893.

899 So auch Großkomm. AktG/*Henze*, 4. Aufl., § 57 Rdn. 208.

900 Vgl. *Flume*, ZHR 144 (1980), 18, 23 f.

im Hinblick auf das Erfüllungsgeschäft führt.[901] Sachgerechter ist es daher, wenn anstelle direkter Nichtigkeit der Aktionär die Möglichkeit erhält, das Geschäft dennoch durchzuführen, weil er etwa an der Leistung der Gesellschaft auch zu marktgerechten Konditionen ein Interesse hat. Die Möglichkeit einer Rückabwicklung bleibt immer noch gegeben, nur folgt sie nicht aus der Nichtigkeitsfolge nach § 134 BGB, sondern vielmehr aus § 62 Abs. 1 S. 1 AktG.

Ob der Leistung der Gesellschaft eine dem Wert nach bemakelte Leistung gegenübersteht oder überhaupt keine Leistung, kann für die Bewertung aber nur einen graduellen Unterscheid machen.[902] Wenn also schon im komplexeren Fall des Leistungsaustausches die Nichtigkeit nicht erforderlich ist, weil die bestehenden aktienrechtlichen Regelungen diesen Fall erfassen, gilt dies auch für den Fall der einseitigen Leistungserbringung. Das Aktiengesetz unterscheidet in den §§ 57 ff. jedenfalls nicht zwischen der einseitigen Leistung und dem Leistungsaustausch sondern spricht ganz allgemein vom Verbot der Rückgewähr. Gerade § 57 Abs. 1 S. 3 AktG zeigt, dass auch Austauschgeschäfte von der Regelung erfasst sind. Vor diesem Hintergrund sollten die offene und die verdeckte Einlagenrückgewähr gleichbehandelt werden.[903]

c) Zwischenergebnis

Insgesamt sind für die Frage der Nichtigkeit als Rechtsfolge und der damit verbundenen Möglichkeit zur Vindikation die nachfolgenden Ergebnisse festzuhalten:

aa) Nichtigkeitsfolge des § 134 BGB

§ 57 AktG stellt zwar ein Verbotsgesetz im Sinne des § 134 BGB dar. Allerdings bleibt die Wirksamkeit des Erfüllungsgeschäfts bei einem Verstoß gegen diese Vorschrift unberührt. Das Aktiengesetz enthält in seinen Vorschriften zur Kapitalerhaltung eigenständige Regelungen, die als abschließend zu betrachten sind.[904] Auf der einen Seite darf das allgemeine Bereicherungsrecht im Rahmen eines Verstoßes gegen den Grundsatz der aktienrechtlichen Kapitalerhaltung nicht zum Zuge kommen. Denn es enthält Privilegierungen zugunsten des Aktionärs, welche, soweit anwendbar, diesem Grundsatz zuwiderlaufen[905] und aufgrund derer

---

901 Vgl. *Flume*, ZHR 144 (1980), 18, 23; Großkomm. AktG/*Henze*, 4. Aufl., § 57 Rdn. 206; *Riedel*, a. a. O. (Fn. 810), S. 95.

902 Vgl. Großkomm. AktG/*Henze*, 4. Aufl., § 57 Rdn. 211.

903 So auch *Rosengarten*, ZHR 168 (2004), 708, 723.

904 Insbesondere § 62 Abs. 1 S. 1 AktG.

905 Nämlich die §§ 814, 817 S. 2 sowie 818 Abs. 3 BGB.

das Bereicherungsrecht zur Durchsetzung der Kapitalbindung nicht weit genug reicht.[906] Auf der anderen Seite schießt eine Anwendung des § 985 BGB über das verfolgte Ziel hinaus. Denn mit ihr wird eine Regelung erreicht, nämlich die Insolvenzsicherung der Aktiengesellschaft, die nicht von der Kapitalerhaltung umfasst ist, da diese nicht jedenfalls die Gesellschaft und ihre Gläubiger privilegieren will.[907] Die Rechtsfolge des § 62 Abs. 1 S.1 AktG ist diesbezüglich vielmehr als ausreichend zu betrachten.[908] Dies zeigt sich auch an der ansonsten drohenden Umgehung der durch den Gesetzgeber eingeführten Privilegierungen des gutgläubigen Aktionärs im Fall des § 62 Abs. 1 S. 2 AktG. Schließlich entspricht diese Lösung auch der Verpflichtung des Aktionärs zum Wertausgleich. Da sich folglich etwas anderes im Sinne des § 134 S. 2 BGB ergibt, ist die ansonsten eintretende Nichtigkeitsfolge gesperrt.

bb) Zum Herausgabeverlangen der Aktiengesellschaft

Aufgrund der fehlenden Nichtigkeit ist das Erfüllungsgeschäft zwischen der Gesellschaft und ihrem Aktionär wirksam. Die A-AG hat ihr Eigentum am Geld an die X-GmbH verloren. Damit entfällt auch ein Anspruch auf Herausgabe nach § 985 BGB.

Allerdings wusste der Geschäftsführer der X-GmbH entsprechend der Vorgabe im Sachverhalt, dass die Ausschüttung verfrüht vorgenommen wurde und die X-GmbH zum Erhalt der Leistung durch die A-AG nicht berechtigt war. Insoweit besteht der bereits oben ausführlich dargestellte Anspruch der Gesellschaft auf Rückzahlung nach § 62 Abs. 1 S. 1 AktG, weil die Privilegierung des § 62 Abs. 1 S. 2 AktG in diesem Fall nicht greift. Die Aktiengesellschaft hat folglich dem Grunde nach einen Erstattungsanspruch in Höhe von 1.000.000,00 Euro. Bei dieser Forderung handelt es sich allerdings um eine bloße Insolvenzforderung, die zur Quote zu erfüllen ist. Tatsächlich erhält die A-AG damit lediglich eine Erstattung in Höhe von 20.000,00 Euro. Soweit umstritten ist, ob der Gesellschaft ein Schaden bei einem Verstoß gegen § 57 AktG erst mit fehlender Erstattung nach § 62 Abs. 1 S. 1 AktG oder bereits durch jeden Mittelabfluss entsteht,[909] soll an dieser Stelle auf die sich gegenüberstehenden Meinungen

906 Vgl. *Bommert*, a. a. O. (Fn. 735), S. 104 f.

907 Vgl. *K. Schmidt*, a. a. O. (Fn. 810), S. 893.

908 Vgl. *Wilhelm*, FS Flume, Band 2, S. 337, 388; vgl. zum Recht der GmbH Baumbach/Hueck/*Hueck/Fastrich*, GmbHG, 19. Aufl., § 30 Rdn. 67; *Wilhelmi*, a. a. O. (Fn. 320), S. 183.

909 So Großkomm. AktG/*Henze*, 4. Aufl., § 57 Rdn. 226; a. A. MünchKomm. AktG/*Bayer*, 3. Aufl., § 57 Rdn. 168; vgl. aber auch *Hüffer*, AktG, 10. Aufl., § 93 Rdn. 22; Köln-Komm. AktG/*Drygala*, 3. Aufl., § 57 Rdn. 137.

noch nicht näher eingegangen werden.[910] Jedenfalls entspricht der bestehende Erstattungsanspruch der Aktiengesellschaft aufgrund der eingetretenen Insolvenz ihres Aktionärs nicht der Höhe der ausgeschütteten Dividende. Dies darzustellen, war Zweck der voranstehenden Ausführungen. Ob aufgrund des nur reduzierten Erstattungsanspruchs für die Gesellschaft im Ergebnis überhaupt ein Schaden entsteht, hängt vor allem von der Frage ab, ob der Aktionär die Dividende weiterhin verlangen kann. Dies ist Gegenstand der weiteren Untersuchung.

3. Zur Anrechnungsabrede als schuldrechtliches Kausalgeschäft

Die obigen Ausführungen gelten ebenfalls für den Fall eines schuldrechtlichen Kausalgeschäfts, welches gegen § 57 Abs. 1 S. 1 AktG verstößt. Auch hier stellt sich die Frage, ob ein solcher Verstoß zur Nichtigkeit im Sinne des § 134 BGB führt.[911] Als Beispiel eines solchen Rechtsgeschäfts soll auf die schon behandelte Anrechnungsabrede zurückgegriffen werden. Diese stellt eine schuldrechtliche Vereinbarung dar, die eine selbständige Verpflichtung der Gesellschaft begründet.[912] Die Verpflichtung zur verfrühten Leistung führt im Fall ihrer Ausführung zu einer Schmälerung des Gesellschaftsvermögens, weil die Erfüllung der Dividendenschuld noch nicht herbeigeführt werden kann. Es hat sich gezeigt, dass die Anrechnungsabrede daher nicht in das System der Kapitalerhaltung passt und § 57 AktG verletzt. Ein Rückgriff auf Nichtigkeitsfolge des § 134 1. HS BGB ist hier aber nicht erforderlich. Der Gesellschaft ist schon die Erfüllung der Vereinbarung untersagt.[913] Im Fall einer nötigen Rückabwicklung genügt der Erstattungsanspruch gemäß § 62 Abs. 1 S. 2 AktG, da dieser an die Aktienrechtswidrigkeit einer Leistung, also unter anderem an einen Verstoß gegen § 57 AktG, anknüpft und nicht an ihre Rechtsgrundlosigkeit, wie sie durch die Nichtigkeitsfolge nach § 134 1. HS BGB herbeigeführt wird.

---

910 Siehe unten Seite Seite 227 ff.

911 Vgl. die entgegenstehenden Ansichten bei Großkomm. AktG/*Henze*, 4. Aufl., § 57 Rdn. 201; *Joost*, ZHR 149 (1985), 419, 435; MünchKomm. AktG/*Bayer*, 3. Aufl., § 57 Rdn. 157 ff.

912 Siehe schon oben Seite 104 ff.

913 Vgl. nur Hölters/*Solveen*, AktG, 1. Aufl., § 57 Rdn. 28.

II. Das Dividendenverlangen des Insolvenzverwalters für die X-GmbH Zug-um-Zug gegen die aktienrechtliche Erstattung nach § 62 Abs. 1 S. 1 AktG in Höhe der Insolvenzquote

Bei der nun folgenden Darstellung handelt es sich um eine Weiterentwicklung der im ersten Fallbeispiel entwickelten Grundüberlegung des erneuten Dividendenverlangens. Dort scheiterte eine zweite Dividendenzahlung an den Aktionär noch an der Ausnahmeregelung des § 62 Abs. 1 S. 2 AktG, die nach der hier vertretenen Ansicht unter den vorliegenden Umständen zur Wahrung des aktienrechtlichen Kapitalerhaltungsgrundsatzes zum Untergang des Dividendenanspruchs führen kann.[914] Anderes muss aber für die Konstellation in Fallbeispiel 2 gelten, da aufgrund der fehlenden Gutgläubigkeit des Aktionärs die Bestimmung des § 62 Abs. 1 S. 2 AktG nunmehr keine Anwendung findet und einem erneuten Dividendenverlangen daher nicht entgegenstehen kann.

Nachfolgend soll deshalb untersucht werden, welche Gefahren mit der voreiligen Dividendenzahlung einhergehen können, wenn der Aktionär zum einen von der Rechtswidrigkeit der Leistung Kenntnis hat und zum anderen über sein Vermögen das Insolvenzverfahren eröffnet wird. Die ersten Ausführungen zum zweiten Fallbeispiel haben gezeigt, dass die Gesellschaft die Leistung grundsätzlich nur zur Insolvenzquote zurückerhalten kann.[915] Dies führt zu der Frage, ob über die nur insolvenzbedingte begrenzte Erstattung hinaus der Insolvenzverwalter mit erstmaligem Entstehen des Dividendenanspruchs diese in voller Höhe an die Masse verlangen kann. Wäre dies möglich, dann könnte sich daraus eine Verminderung des Gesellschaftsvermögens ergeben. Konkret würde diese in Höhe des Betrags eintreten, den die Gesellschaft aufgrund des Insolvenzverfahrens von ihrem Gesellschafter nicht mehr über § 62 Abs. 1 S. 1 AktG erhalten kann. Im vorliegenden Fall würde dies eine Minderung in Höhe von 980.000,00 Euro bedeuten. In dieser läge dann auch die mit der verfrühten Dividendenzahlung einhergehende Gefahr. Denn wie bereits gezeigt, kann der Kapitalerhaltungsgrundsatz die Gesellschaft nicht vor der Eröffnung des Insolvenzverfahrens über das Vermögen ihres Aktionärs, der gleichzeitig Erstattungsschuldner ist, schützen.

---

914 Vgl. hierzu vor allem Seite 163 ff.

915 Siehe oben Seite 218.

1. Bestehender Dividendenanspruch zugunsten der Masse

Mit der endgültigen notariellen Unterschrift des Hauptversammlungsprotokolls und seiner Entlassung in den Rechtsverkehr ist der Dividendenanspruch der X-GmbH entstanden, da es hierfür eines wirksamen Gewinnverwendungsbeschlusses bedarf, der nunmehr vorliegt.[916] Der Insolvenzverwalter kann diesen nach der herrschenden Amtstheorie[917] in eigenem Namen in voller Höhe an die Masse erfüllt verlangen, weil die Verfügungsgewalt auf ihn überge-gangen ist, § 80 InsO.[918]

2. Möglichkeit der Aufrechnung

Vorab soll aber geklärt werden, ob die Gesellschaft eine Minderung ihres Vermögens nicht durch eine Aufrechnungserklärung vermeiden kann. Denn einerseits steht ihr der bereits oben dargestellte und geprüfte Anspruch auf Erstattung der zu früh vorgenommenen Leistung nach § 62 Abs. 1 S. 1 AktG zu. Andererseits ist sie mangels bisheriger Erfüllung weiterhin zur Zahlung der Dividende verpflichtet. Für die Gesellschaft stellt sich damit die Frage, ob sie nicht durch eine Aufrechnung mit dem vollen Erstattungsanspruch den oben beschriebenen Differenzschaden vermeiden kann, den sie anderenfalls aufgrund des Erhalts der bloßen Insolvenzquote bei gleichzeitiger Dividendenverpflichtung in voller Höhe erleiden könnte. Bestünde eine solche Möglichkeit, wäre der verfrühten Dividenausschüttung eine große Gefahr genommen.

a) Allgemeines

Aus insolvenzrechtlicher Sicht ist zu berücksichtigen, dass die Aufrechnung aufgrund der vorliegenden Fallkonstellation zwingend zu einem Zeitpunkt erklärt werden muss, zu welchem das Insolvenzverfahren bereits eröffnet wurde. Denn setzt § 387 BGB voraus, dass zwei Personen einander Leistungen schulden, schuldet die A-AG erst mit Wirksamwerden des Gewinnverwendungsbeschlusses die Dividende. Im konkreten Fall bestehen die Verpflichtung zur Dividendenzahlung und damit eine Aufrechnungslage folglich erst ab dem 29.05. des Jahres. Jedoch wurde bereits am 28.05. des Jahres das Insolvenzverfahren über das Vermögen der X-GmbH eröffnet.

---

916 Vgl. Spindler/Stilz/*Cahn/v. Spannenberg*, AktG, § 58 Rdn. 94.

917 Vgl. MünchKomm. InsO/*Ott/Vuia*, 2. Aufl., § 80 Rdn. 27.

918 Vgl. Nerlich/Römermann/*Wittkowski*, Insolvenzordnung, 22. Ergänzungslieferung 2011, § 80 Rdn. 85.

b) Die Aufrechnung durch den Gläubiger in der Insolvenz des Schuldners

Die Insolvenzordnung enthält hinsichtlich einer möglichen Aufrechnung innerhalb des Insolvenzverfahrens spezielle Regelungen, die zwingend zu berücksichtigen sind und einer solchen entgegenstehen können. Als grundsätzliche Leitlinie gilt der Gedanke, dass eine Aufrechnung nur möglich sein soll, wenn die hierfür erforderliche Aufrechnungslage bereits bei Eröffnung des Insolvenzverfahrens bestanden hat; nur so kann die künstliche Herbeiführung einer Aufrechnungslage verhindert werden.[919] Ziel des Insolvenzverfahrens ist auch eine Gleichbehandlung der Gläubiger, welches durch die künstliche Schaffung von Aufrechnungslagen jedoch gefährdet würde.[920]

aa) § 94 InsO

Nach § 94 InsO berührt die Eröffnung des Insolvenzverfahrens die Möglichkeit der Aufrechnung nicht. Dies ermöglicht es dem Gläubiger, sich durch Aufrechnung vollständig zu befriedigen, während er ansonsten voll an die Masse leisten müsste und selbst lediglich in Höhe der Insolvenzquote Befriedigung finden könnte.[921]

§ 94 InsO erfasst allerdings nur den Fall, in dem zur Zeit der Eröffnung des Insolvenzverfahrens bereits eine Aufrechnungslage bestand. Der Gläubiger soll so in seinem Vertrauen auf die einmal eingetretene Aufrechnungslage geschützt werden.[922] Voraussetzung ist, dass die X-GmbH als Gesellschafterin die Dividende bereits vor der Eröffnung des Insolvenzverfahrens und damit vor ihrem eigentlichen Entstehen verlangen kann. Dies ist hier wegen der Regelung des § 57 AktG und der fehlenden Rückwirkung der späteren Entstehung des Anspruchs nicht der Fall.[923] Vielmehr entsteht die mögliche Aufrechnungslage aufgrund der Abhängigkeit des Dividendenanspruchs von der Wirksamkeit des Hauptversammlungsprotokolls erst nach Eröffnung des Insolvenzverfahrens. Denn erst ab diesem Zeitpunkt hat der Insolvenzschuldner seinerseits mit dem Dividendenanspruch eine Forderung gegen den Insolvenzgläubiger inne. Eine Aufrechungslage im Sinne des § 94 InsO besteht damit nicht schon vor der Eröffnung des Insolvenzverfahrens.

---

919 Vgl. Gottwald/*Gottwald/Adolphsen*, Insolvenzrechts-Handbuch, 4. Aufl., § 45 Rdn. 79.
920 Vgl. Uhlenbruck/*Sinz*, Insolvenzordnung, 13. Aufl., § 94 Rdn. 1.
921 Vgl. BGHZ 2, 300, 304 f.; Gottwald/*Gottwald/Adolphsen*, Insolvenzrechtshandbuch, 4. Aufl., § 45 Rdn. 1.
922 Vgl. Uhlenbruck/*Sinz*, Insolvenzordnung, 13. Aufl., § 94 Rdn. 1.
923 Vgl. oben Seite 163 ff.

bb) § 95 InsO

Es ist aber nicht auszuschließen dass die Bestimmung des § 95 Abs. 1 InsO der Aktiengesellschaft ermöglicht, trotz Eröffnung des Insolvenzverfahrens, die Aufrechnung wirksam zu erklären. Diese Frage soll nachfolgend untersucht werden.

§ 95 InsO regelt den Fall, dass die sich gegenüberstehenden Leistungen entweder noch nicht fällig oder noch aufschiebend bedingt sind. Dieses Hindernis fällt allerdings im Insolvenzverfahren weg, wodurch eine Aufrechnung möglich wird. Durch diese Regelung will das Gesetz das Vertrauen des Gläubigers schützen: Durfte dieser schon vor Eröffnung des Insolvenzverfahrens berechtigterweise darauf vertrauen, seine Forderung vollumfänglich im Wege einer Aufrechnung gegenüber dem Insolvenzschuldner durchzusetzen, soll die spätere Insolvenz des Schuldners ihn nicht daran hindern können.[924] Die vor der Eröffnung des Insolvenzverfahrens noch nicht fällige oder aufschiebend bedingte Forderung muss während des Insolvenzverfahrens fällig oder unbedingt werden. Erst dann ist eine Aufrechnung grundsätzlich möglich. Von der Aufrechnung ausgeschlossen sind jedoch solche Fälle, in denen die Forderung des insolventen Schuldners vor der Forderung des Gläubigers fällig und unbedingt wird. Denn unter diesen Umständen kann der Insolvenzverwalter vom Gläubiger Erfüllung verlangen, bevor dieser über durchsetzbare Ansprüche gegen den Verwalter verfügt, § 95 Abs. 1 S. 3 InsO.[925] Daher steht ihm in einer solchen Konstellation nur die Insolvenzmasse zur Befriedigung zur Verfügung.[926]

Der Dividendenanspruch des Aktionärs, hier der insolventen X-GmbH, könnte eine solche aufschiebend bedingte Forderung darstellen. Jedenfalls steht das gesetzliche Aufrechnungsverbot des § 95 Abs. 1 S. 3 InsO diesem nicht entgegen, da die Gegenforderung der Gesellschaft, die Erstattung nach § 62 Abs. 1 S. 1 AktG bereits vor Eröffnung des Insolvenzverfahrens entstanden und auch fällig ist. Fraglich ist, was für die Forderung des insolventen Schuldners gilt. Eine Forderung besteht aufschiebend bedingt im Sinne des § 95 Abs. 1 InsO, wenn diese „ihrem Kern nach" bereits vor Eröffnung des Insolvenzverfahrens entstanden ist.[927] Der zugrundeliegende zivilrechtliche Sachverhalt, der zu der Entstehung des Anspruchs führt, muss bereits vor Eröffnung des Insolvenzverfahrens verwirklicht worden sein.[928] Nur dann besteht ein ausreichendes Vertrauen des Insolvenzgläubigers im

924 Vgl. Großkomm. InsO/*Hess*, 1. Aufl., § 95 Rdn. 4; MünchKomm. InsO/*Brandes*, 2. Aufl., § 95 Rdn. 1.

925 Vgl. MünchKomm. InsO/*Brandes*, 2. Aufl., § 95 Rdn. 2.

926 Vgl. Großkomm. InsO/*Hess*, 1. Aufl., § 95 Rdn. 5.

927 Uhlenbruck/*Sinz*, Insolvenzordnung, 13. Aufl., § 95 Rdn. 11.

928 Vgl. BFH ZIP 2005, 266; BFH ZIP 2005, 628; BFH ZIP 2007, 1166 Rdn 11.

Sinne des § 95 Abs. 1 InsO, sodass diese Aufrechnungserwartung auch durch die Eröffnung des Insolvenzverfahrens nicht zerstört werden kann.[929] Vorliegend hat die Hauptversammlung über die Gewinnverwendung entschieden und einen Beschluss gefasst. Diesem fehlt mangels notarieller Beurkundung und Entlassung in den Rechtsverkehr die Wirksamkeit. Dies bedeutet für den schuldrechtlichen Dividendenanspruch des Gesellschafters folgendes: Wird die notarielle Beurkundung im Sinne des § 130 Abs. 4 AktG in Verbindung mit § 36 BeurkG, die für die Entstehung des Anspruchs wesentlich ist, als Teil des zugrunde liegenden Sachverhalts verstanden, ist der Anspruch in seinem Kern noch nicht entstanden. Wird in der Beurkundung aber die eigentliche rechtliche Bedingung, die für das spätere Entstehen des Anspruchs verantwortlich ist, gesehen, ist nicht auszuschließen, dass der maßgebliche Tatbestand bereits vor der Eröffnung des Insolvenzverfahrens erfüllt ist, wenn die Hauptversammlung über den gesellschaftsrechtlichen Gewinnverwendungsbeschluss entschieden hat, auch wenn der Beschluss in diesem Augenblick noch nicht wirksam ist. In diesem Fall wäre zudem das Erfordernis der Inverkehrgabe der Niederschrift zu beachten.

Der Begriff der Bedingung im Sinne des § 95 Abs. 1 S. 1 InsO ist weit auszulegen und nicht nur auf Bedingungen gemäß § 158 BGB beschränkt.[930] Erfasst werden nach ständiger Rechtsprechung auch gesetzliche Voraussetzungen, deren Erfüllung für das Entstehen einer Forderung erforderlich ist.[931] Solche liegen beispielsweise vor, wenn ein konkreter Anspruch nur noch von der Erfüllung einer vom Gesetzgeber vorgegebenen Voraussetzung abhängt, wie es zum Beispiel die notarielle Beurkundung sein kann. Hängt der Eintritt der Aufrechnungslage allerdings von einer rechtsgeschäftlichen Erklärung ab, liegt eine Rechtsbedingung gemäß § 95 Abs. 1 InsO in aller Regel nicht vor.[932]

Für den Fall eines Dividendenanpsruchs gegen eine Genossenschaft hat der Bundesgerichtshof entschieden, dass dieser Anspruch gerade nicht bedingt im Sinne des § 95 Abs. 1 S. 1 InsO ist, weil sich ein solcher Anspruch nicht aus dem Gesetz ergibt sondern von einer wirksamen Beschlussfassung abhängt.[933] Gleiches gilt auch für den Dividendenanspruch eines Aktionärs: In rechtlicher Hinsicht ist in diesem Fall nämlich die Abhängigkeit eines solchen Anspruchs von der Fassung

929 Vgl. MünchKomm. InsO/*Brandes*, 2. Aufl., § 95 Rdn. 1.

930 Vgl. MünchKomm. InsO/*Brandes*, 2. Aufl., § 95 Rdn. 10.

931 Vgl. RGZ 58, 11 ff.; BGH NJW 1955, 259 f.; BGH NJW 1960, 1295 f.; BGH NJW 1974, 2000 ff.; BGH NJW 1978, 1807 ff.; BGH WM 1979, 306 ff.; BGH NJW 1990, 1301 f.; BGH NJW-RR 2004, 1561 ff.

932 So ausdrücklich BGH NJW-RR 2004, 1561, 1653.

933 BGH NJW-RR 2004, 1561, 1653.

eines wirksamen Gewinnverwendungsbeschlusses zu beachten. Der Anspruch auf eine konkrete Gewinnbeteiligung ergibt sich nicht aus dem Gesetz, da dieses nur den Anspruch des Gesellschafters auf Herbeiführung eines Beschlusses über die Gewinnverwendung kennt. Tatsächlich bedarf es für einen Zahlungsanspruch des Aktionärs der Fassung eines Hauptversammlungsbeschlusses. War die Rechtsnatur eines solchen Beschlusses früher umstritten, entspricht es mittlerweile der allgemeinen Meinung in Literatur und Rechtsprechung, dass es sich bei diesem um ein Rechtsgeschäft, wenn auch nicht vertraglicher sondern eigener Art, handelt.[934] Die Wirksamkeit des materiellen Anspruchs hängt somit von einer noch vorzunehmenden notariellen Beurkundung des Hauptversammlungsprotokolls ab, wobei diese Bedingung allein nicht ausreichend ist.[935] Eine nur rechtlich bedingte Forderung nach § 95 Abs. 1 S. 1 InsO liegt mit dem Dividendenanspruch der Gesellschafter der Aktiengesellschaft damit nicht vor, sodass auch eine Möglichkeit zur Aufrechnung nicht besteht.[936] Auf das weiterhin bestehende Erfordernis, die notarielle Niederschrift müsse zum Entstehen des Dividendenanspruchs zudem in den Rechtsverkehr gebracht werden, kommt es damit schon nicht an.

Die im Fall der Heilung eines nichtigen Jahresabschlusses mögliche Rückwirkung ist in diesem Fall ebenfalls unbeachtlich. Denn wie schon gezeigt, kann die rückwirkende Heilungsfolge auf den Fall des Gewinnverwendungsbeschlusses, der zunächst lediglich ein juristisches Nullum darstellt und erst nach der Eröffnung des Insolvenzverfahrens einen Anspruch auf Dividende begründet, nicht übertragen werden.[937]

cc) § 96 InsO

Die Vorschrift des § 96 InsO schließt den Aufrechungsschutz der §§ 94, 95 InsO in bestimmten anderen Fällen aus.[938] Diesem Ausschluss liegt der Gedanke zugrunde, dass in den dort aufgeführten Konstellationen die zur Aufrechnung herangezogenen Forderungen im Zeitpunkt der Verfahrenseröffnung nicht durch eine Gegenforderung gedeckt und daher wertlos sind. Würde eine Aufrechnung zugelassen, läg darin ein Verstoß gegen die Gleichbehandlung der Insolvenzgläubiger, da diese nun nicht gleichmäßig befriedigt

---

934 BGHZ 65, 93, 97; BGH WM 1979, 71, 72; vgl. Hölters/*Hirschmann*, AktG, 1. Aufl., § 133 Rdn. 3; MünchKomm. AktG/*Volhard*, 2. Aufl., § 133 Rdn. 4; *Schaaf*, a. a. O. (Fn. 214), Rdn. 868.

935 BGHZ 180, 9 ff. = BGH NJW 2009, 2207 ff.

936 So auch BGH NJW 2004, 1561, 1563.

937 Vgl. oben Seite 160 ff.

938 Vgl. MünchKomm. InsO/*Brandes*, 2. Aufl., § 94 Rdn. 1.

würden. Vielmehr würde zu Lasten der Gesamtheit und zum Nutzen eines Einzelnen die verfügbare Masse verkürzt.[939]

Vorliegend ist die Verbindlichkeit des Insolvenzgläubigers, die Dividendenschuld der Gesellschaft, erst nach der Eröffnung des Insolvenzverfahrens entstanden. Eine „Aufrechnungsanwartschaft"[940] im Sinne des § 95 Abs. 1 S. 1 InsO ist, wie aufgezeigt, nicht entstanden. Vielmehr fällt die Begründung des Dividendenanspruchs des Insolvenzschuldners im vorliegenden Fall unter die Regelung des § 96 Abs. 1 Nr. 1 InsO: Die Gesellschaft ist erst nach Eröffnung des Insolvenzverfahrens etwas zur Masse schuldig geworden.[941] Eine Aufrechnung ist damit ausgeschlossen.

dd) Zusammenfassung

Eine Aufrechnung durch die Gesellschaft ist aufgrund der Insolvenzeröffnung über das Vermögen des Gesellschafters und die erst nachfolgende Entstehung des Dividendenanspruchs gemäß den §§ 58 Abs. 4, 174 AktG aufgrund § 96 Abs. 1 Nr. 1 InsO nicht möglich. Vielmehr muss die AG den Dividendenanspruch des Gesellschafters, über dessen Vermögen mittlerweile das Insolvenzverfahren eröffnet wurde, in voller Höhe erfüllen. Dies führt zu einer Leistung an den Insolvenzverwalter der X-GmbH in Höhe von 1.000.000,00 Euro. Aufgrund des insolvenzbedingt nur begrenzten Erstattungsanspruchs der A-AG in Höhe von 20.000,00 Euro wird das Gesellschaftsvermögen damit um 980.000,00 Euro vermindert.

III. Ergebnisse zum Fallbeispiel 2

Damit sind entsprechend den vorstehenden Ausführungen für die obigen Überlegungen die folgenden abschließenden Ergebnisse festzuhalten:

1. Der Herausgabeanspruch der Gesellschaft

Aufgrund der Bösgläubigkeit des Aktionärs kann die Gesellschaft von diesem die Erstattung der voreiligen Ausschüttung in voller Höhe an sich verlangen. Dieser Anspruch ergibt sich ausschließlich aus der aktienrechtlichen Bestimmung des § 62 Abs. 1 S. 1 AktG. Da ein Verstoß gegen § 57 AktG nicht zu Nichtigkeit im Sinne des § 134 BGB führt, stehen der Gesellschaft ein Vindikationsanspruch und damit die Möglichkeit zur Aussonderung nach § 47 InsO nicht zur Verfügung.

---

939 Vgl. MünchKomm. InsO/*Brandes*, 2. Aufl., § 96 Rdn. 1; Pape/Uhlenbruck/*Voigt-Salus*, Insolvenzrecht, 2. Aufl., Kapitel 34 Rdn. 23.

940 Gottwald/*Gottwald/Adolphsen*, Insolvenzrechts-Handbuch, 4. Aufl., § 45 Rdn. 44 f.

941 Vgl. *Ludwig*, ZNotP 2008, 345, 350.

2. Zum erneuten Dividendenverlangen des Insolvenzverwalters Zug-um-Zug gegen die Erstattung zur Insolvenzquote

Der Insolvenzverwalter kann aufgrund der noch fehlenden Erfüllung des nunmehr bestehenden Dividendenanspruchs die (erneute) Zahlung der Dividende in Höhe von 1.000.000,00 Euro an die Masse verlangen. Die Eröffnung des Insolvenzverfahrens über das Vermögen des Gesellschafters steht in einer solchen Konstellation der Aufrechnung gemäß den §§ 387 ff. BGB in aller Regel entgegen. Die Auszahlung der Dividende vor Wirksamkeit des Gewinnverwendungsbeschlusses führt daher im Fall einer Insolvenz des Erstattungspflichtigen zu einer Verminderung des Gesellschaftsvermögens. Dieser besteht in Höhe des Betrages, den die Gesellschaft von ihrem Aktionär aus tatsächlichen Gründen nicht erhalten kann, obwohl sie über einen entsprechenden Anspruch verfügt.

Setzt der Streit um die grundsätzliche Anwendbarkeit des § 985 BGB und die hierzu erforderliche Nichtigkeitsfolge bei Verstößen gegen § 57 AktG für seine praktische Relevanz noch voraus, dass die Dividendenausschüttung wegen der nötigen Sachqualität in Form einer Barzahlung erfolgen muss, ist diese Auseinandersetzung mit Blick auf die in der Praxis vollzogenen Dividendenausschüttung durch Überweisung eher theoretischer Natur. Anderes kann natürlich für den Fall einer Sachdividende gelten. Die Gefahr einer quasi doppelten Dividendenzahlung aufgrund des nur reduzierten Erstattungsanspruchs im zweiten Teil des Fallbeispiels 2 setzt demgegenüber eine solche Barzahlung nicht voraus. Ihre Relevanz kann auch im Fall der gängigen Überweisung der Dividende auf ein Bankkonto entstehen, bei dem von vornherein nur der Erstattungsanspruch nach § 62 Abs. 1 S. 1 AktG in Betracht kommt. Denn dieses Problem ergibt sich aus der fehlenden Wirksamkeit der nur vorläufigen Unterzeichnung der notariellen Niederschrift und ihrer fehlenden Inverkehrgabe. Seine Bedeutung kommt deshalb im Fall einer Insolvenz des bösgläubigen Gesellschafters zum Tragen.[942] Festgehalten werden kann, dass die Gesellschaft im Fall der Bösgläubigkeit ihres Aktionärs im Ergebnis schlechter gestellt ist als bei Gutgläubigkeit. Ursache dafür ist, dass sich aufgrund der Regelung des § 62 Abs. 1 S. 2 AktG nur bei einem bösgläubigen Aktionär ein mögliches Insolvenzrisiko zulasten der Gesellschaft realisieren kann, weil dann von einer Privilegierung des Gesellschafters Abstand zu nehmen ist und die Erfüllungswirkung des § 62 Abs. 1 S. 2 AktG in einem solchen Fall nicht zum Tragen kommt. Dabei handelt es sich aber um die Folge des allgemeinen wirtschaftlichen Risikos, vor dem die Aktiengesellschaft nicht geschützt werden kann.

---

942 § 62 Abs. 1 S. 2 AktG.

Ob aufgrund dieses Schadens nunmehr Ansprüche gegen die Gesellschaftsorgane bestehen, soll im Rahmen der nachfolgenden Abwandlung untersucht werden.

C. Zur Abwandlung des Fallbeispiels

Aufgrund der verfrühten Auszahlung der Dividende unter Verstoß gegen die Bestimmung des § 57 AktG kommen Schadensersatzansprüche der Gesellschaft gegen ihre Organe wegen Pflichtverletzung in Betracht. Diese sollen im Folgenden aufgezeigt werden sollen. Konkret geht es um mögliche Ansprüche gegen den verantwortlichen Vorstand und die einzelnen Aufsichtsratsmitglieder. Darzustellen ist aber auch, inwieweit eine Verantwortlichkeit des Notars für die voreilige Auszahlung besteht. Das zu möglichen Erstattungsansprüchen der Aktiengesellschaft gegen ihren Gesellschafter im zweiten Fallbeispiel Gesagte gilt dabei, wenn auf das Verhältnis zwischen der Gesellschaft und ihrem Aktionär abgestellt wird. Die nun vorgenommene Einbeziehung von Gesellschaftsorgane führt zu gewissen Modifizierungen dieser Ausführungen. Davon ist vor allem die Frage eines tatsächlichen Schadens auf Seiten der Gesellschaft betroffen. Diese Änderungen stehen wiederum mit der Frage der Nichtigkeitsfolge bei Verstößen gegen § 57 AktG im Zusammenhang.

I. Ansprüche der Aktiengesellschaft gegen ihre Organe

In Konsequenz der bisherigen Untersuchung ist nunmehr zu prüfen, ob aufgrund der von der A-AG an die X-GmbH vorgenommenen erneuten Dividendenzahlung in Höhe von 1.000.000,00 Euro und der nur insolvenbedingt geringeren Erstattung in Höhe von 20.000,00 Euro die Gesellschaft den für sie dadurch eingetretenen Schaden von ihren Organen ersetzt verlangen kann.

Voranzustellen ist der folgende Gedanke: Eine mögliche Verantwortlichkeit der Gesellschaftsorgane könnte einen weiteren Grund dafür darstellen, eine Nichtigkeitsfolge nach § 134 BGB, verbunden mit Vindikationsansprüchen der Gesellschaft gegen die Aktionäre, abzulehnen. Wäre die Möglichkeit der Vindizierung gegeben, dann bestünde, zumindest vorläufig, ein Nachteil für die Gläubiger des insolventen Gesellschafters. Denn diesem würden durch eine erfolgreiche Aussonderung Teile der Insolvenzmasse entzogen. Die Ablehnung einer Nichtigkeit führt zwar auf den ersten Blick zu einem Schaden der Aktiengesellschaft und damit auch zu einem Schaden ihrer Gläubiger und Aktionäre. Diese Beeinträchtigung des Gesellschaftsvermögens besteht aber, dies ist im Rahmen der Abwandlung zu untersuchen, nicht zwingend auch dauerhaft. Denn gegebenenfalls kann die Gesellschaft den ihr aufgrund einer erneuten Dividendenzahlung im Ergebnis entstandenen Schaden von den verantwortlichen Gesellschaftsorganen ersetzt verlangen. In diesem Fall läg der eigentliche Schaden, die ausreichende Zahlungsfähigkeit vorausgesetzt, bei den Personen, die ihn letztlich verursacht haben. Dieses Ergebnis würde jedenfalls der Billigkeit entsprechen. Der Aktiengesellschaft wäre es dabei durchaus zuzumuten, das damit verbundene Insolvenzrisiko der für den Schaden verantwortlichen Personen zu tragen, weil sie diesen im Zweifel näher steht als die (unbekannten) Gläubiger des insolventen Aktionärs. Eine fehlende Nichtigkeitsfolge hätte, zumindest in der vorliegenden Konstellation, damit auch eine verantwortungsgerechte Verteilung des Schadens und des Insolvenzrisikos zur Folge.[943]

1. Die Haftung des Vorstands

In erster Linie ist in diesem Zusammenhang an eine Haftung des Vorstands zu denken. Denn nach § 83 Abs. 2 AktG ist die Ausführung von Beschlüssen der Hauptversammlung Teil seiner Aufgaben.[944] Die Versammlung beschließt nach § 119 Abs. 1 Nr. 2 AktG über die Verwendung des Bilanzgewinns gemäß § 174 Abs. 1 S. 1 AktG.[945] Damit ist der Vorstand auch für die Auszahlung der Dividende an die Aktionäre in Ausführung der gefassten Beschlüsse zuständig. Eine solche Zuständigkeit des Vorstands setzt aber voraus, dass der getroffene Beschluss auch gesetzmäßig ist. Nichtige und anfechtbare Beschlüsse sind von der Ausführungspflicht ausgenommen.[946] In diesem Fall können sowohl die Heilung als auch der Ablauf der Anfechtungsfrist zu einem gesetzmäßigen und damit ausführbaren Beschluss führen.[947] Jedenfalls bedeutet die Voraussetzung der Gesetzmäßigkeit, dass ein wirksamer Beschluss vorliegen muss. Dieses Erfordernis ist aber nicht erfüllt, wenn noch die notarielle Unterschrift gemäß § 130 Abs. 4 fehlt und die Niederschrift nicht in den Rechtsverkehr gegeben wurde.[948] Damit kann aber auch ein von der Hauptversammlung bereits gefasster Gewinnverwendungsbeschluss noch keine Wirkung entfalten, da es sich bei diesem noch um ein juristisches Nullum handelt. Infolgedessen entfällt eine mögliche Ausführungspflicht im Sinne des § 83 Abs. 2 AktG.

---

943 Wie aufgezeigt ist eine Privilegierung der AG gegenüber den Gläubigern des Gesellschafters nicht im Sinne des Gesetzes.

944 Vgl. Großkomm. AktG/*Habersack*, 4. Aufl., § 83 Rdn. 11 ff.; *Habersack*, FS K. Schmidt, 523, 533; *Haertlein*, ZHR 168 (2004), 437, 439; MünchKomm. AktG/*Spindler*, 3. Aufl., § 83 Rdn. 6; Spindler/Stilz/*Fleischer*, AktG, 2. Aufl., § 83 Rdn. 7.

945 Vgl. MünchKomm. AktG/*Kubis*, 2. Aufl., § 119 Rdn. 11.

946 Vgl. Hölters/*Weber*, AktG, 1. Aufl., § 83 Rdn. 8.

947 Vgl. MünchKomm. AktG/*Spindler*, 3. Aufl., § 83 Rdn. 20.

948 BGHZ 180, 9, 15 Rdn. 11 = BGH NJW 2009, 2207, 2208 Rdn. 11.

a) Pflichtwidriges Handeln im Sinne des § 93 AktG

Die Vorschrift des § 93 Abs. 1 AktG bestimmt die allgemeine Sorgfaltspflicht eines Vorstandsmitglieds bei der Geschäftsführung. § 93 Abs. 2 bis 6 AktG regelt im Weiteren die Verantwortlichkeit des Vorstands gegenüber der Gesellschaft selbst.

Der Vorstand ist vorliegend zur Ausführung des Gewinnverwendungsbeschlusses mangels entsprechender Wirksamkeit noch nicht verpflichtet. In aktienrechtlicher Hinsicht erfolgt die Dividendenzahlung somit zu früh. Festzustellen ist daher, ob in der dennoch vorgenommenen Auszahlung der Dividende eine Verletzung der Sorgfaltspflichten des Vorstands erkannt werden kann.

aa) Pflichtwidrigkeit nach § 93 Abs. 1 AktG

§ 93 Abs. 1 AktG hält den Vorstand zur Sorgfalt eines ordentlichen und gewissenhaften Geschäftsleiters an. Dabei ist zu beachten, dass der Vorstand fremdes Vermögen, nämlich das der Aktionäre verwaltet, wodurch ihn erhöhte Sorgfaltspflichten treffen.[949] Die vom einzelnen Vorstandsmitglied konkret geschuldete Sorgfaltspflicht ist von der Art und Größe des Unternehmens ebenso abhängig wie von der allgemeinen wirtschaftlichen Situation und seinen jeweiligen Aufgaben.[950] Ziel und Aufgabe des Vorstands ist, Vorteile der Gesellschaft zu wahren sowie Schäden von ihr abzuwenden.[951] Anhand dieser allgemein verwendeten Formel ist der konkrete Pflichtenkreis jedoch noch nicht hinreichend klar definiert. Denn die Vorschrift des § 93 Abs. 1 AktG stellt zur Bestimmung der Sorgfaltspflicht eine Art Generalklausel dar, welche im Einzelfall noch ausgefüllt werden muss und daher konkretisierungsbedürftig ist.[952] Soweit das Gesetz Auskunft über die Pflichten gibt, sind diese als Maßstab heranzuziehen.[953] Dabei sind insbesondere die bestehenden aktienrechtlichen Regelungen von Bedeutung. Dies gilt vor allem für jene, welche die Rechtsverhältnisse zwischen Gesellschaft und Gesellschafter regeln. § 93 Abs. 1 AktG dient als eigenständige Regelung zunächst nur der Feststellung eines pflichtwidrigen Verhaltens des Vorstands.

---

949 OLG Koblenz ZIP 1991, 870, 871 f.; OLG Düsseldorf AG 1997, 231, 235; BGHZ 129, 30, 34 (für GmbH); vgl. Großkomm. AktG/*Hopt*, 4. Aufl., § 93 Rdn. 12; *Hüffer*, AktG, 10. Aufl., § 93 Rdn. 4.

950 Vgl. MünchKomm. AktG/*Spindler*, 3. Aufl., § 93 Rdn. 24.

951 BGHZ 21, 354, 357; vgl. Großkomm. AktG/*Hopt*, 4. Aufl., § 93 Rdn. 80; MünchKomm. AktG/*Spindler*, 3. Aufl., § 93 Rdn. 25.

952 Vgl. *Hüffer*, AktG, 10. Aufl., § 93 Rdn. 3a; Spindler/Stilz/*Fleischer*, AktG, 2. Aufl., § 93 Rdn. 1.

953 Vgl. Großkomm. AktG/*Hopt*, 4. Aufl., § 93 Rdn. 80.

bb) Pflichtwidrigkeit nach § 93 Abs. 3 AktG

§ 93 Abs. 3 AktG konkretisiert den Pflichtenkreis des Vorstands und stellt weitergehend eine eigene Anspruchsgrundlage dar. Mit einem Verstoß gegen Abs. 3 liegt immer auch eine Verletzung des Abs. 1 und infolgedessen ein pflichtwidriges Handeln des Vorstands vor. Die Bestimmung des § 93 Abs. 3 AktG nennt Einzelfälle, in denen ein entsprechendes Verhalten des Vorstands in jedem Fall eine Pflichtverletzung darstellt.[954] Verglichen mit der Generalklausel des Abs. 1 handelt es sich bei den in § 93 Abs. 3 AktG aufgeführten Verstößen um solche schwerwiegender Art, da diese direkt und unmittelbar einen Abfluss von Teilen des Gesellschaftsvermögens zur Folge haben. Aufgrund der gesetzlichen Konzeption, die weitergehend als in Abs. 1 ist, wo nur die Pflichtwidrigkeit festgestellt wird, können diese Verletzungen nach überwiegender Meinung immer auch einen eigenständigen Schadensersatzanspruch der Gesellschaft zur Folge haben.[955]

Die Qualifizierung der Auszahlung der Dividende als verfrüht, ist im Rahmen des § 93 Abs. 3 AktG gleich mehrfach von Bedeutung. Denn aufgrund dieser Ausschüttung liegt ein Verstoß gegen § 93 Abs. 3 Nr. 1, Nr. 2 und Nr. 5 AktG vor, weil das Gesellschaftsvermögen angegriffen wird. Wenn die Vorstandshaftung des § 93 AktG so konkret und differenziert ausgestaltet ist, dass mit einer solchen Handlung ein gleich dreifacher Verstoß des Vorstands gegen seine Pflichten vorliegt, unterstreicht dies nicht nur die Bedeutung der aktienrechtlichen Kapitalerhaltung. Vor allem zeigt diese Regelung des Gesetzgebers, der für solche Fälle die persönliche Verantwortlichkeit des handelnden Vorstands anordnet, dass die Kapitalerhaltung aus Sicht der betroffenen Gesellschaft wesentlicher Aspekt bei der Unternehmensführung ist. Zu Recht werden Verstöße gegen den Kapitalerhaltungsgrundsatz im Aktienrecht daher als schwere Sorgfaltspflichtverletzung der Verantwortlichen bewertet.[956]

---

954 Vgl. Großkomm. AktG/*Hopt*, 4. Aufl., § 93 Rdn. 233; *Hüffer*, AktG, 10. Aufl., § 93 Rdn. 22.; MünchKomm. AktG/*Spindler*, 3. Aufl., § 93 Rdn. 192.

955 RGZ 159, 211, 228 ff; LG Bochum ZIP 1989, 1557, 1559; vgl. Großkomm. AktG/*Hopt*, 4. Aufl., § 93 Rdn. 234, 239; K. Schmidt/Lutter/*Krieger/Sailer, AktG, 2. Aufl., § 93 Rdn.* 37; MünchKomm. AktG/*Spindler*, 3. Aufl., § 93 Rdn. 192. Nach **a. A.** soll § 93 Abs. 3 AktG einen schadensunabhängigen Anspruch gewähren: dazu *Habersack/Schürnbrandt*, WM 2005, 957, 960 f.; vgl. auch die Darstellung bei Großkomm. AktG/*Schilling*, 3. Aufl. § 93 Anm. 27.

956 Vgl. OLG Hamm ZIP 1995, 1263, 1265, 1270; Henn/Frodermann/Jannott/*Schwintowski*, a. a. O. (Fn. 250), § 6 Rdn. 189; *Haertlein*, ZHR 168 (2004), 437, 439, 447, für die voreilige Dividendenausschüttung; MünchKomm. AktG/*Bayer*, 3. Aufl., § 57 Rdn. 151; *Thümmel*, Persönliche Haftung von Managern und Aufsichtsräten, 4. Aufl., Rdn. 161;

b) Schaden der AG

§ 93 Abs. 3 AktG gewährt nach herrschender Meinung einen Schadensersatzanspruch für die Gesellschaft, was jedoch einen entsprechenden Schaden im Sinne der §§ 249 ff. BGB voraussetzt.[957] Da bei Verstößen gegen die Kapitalerhaltung vornehmlich ein Abfluss von Gesellschaftsmitteln im Fokus der Betrachtung steht, sind vor allem Vermögensschäden von Bedeutung.[958] Sehr interessant gestaltet sich in diesem Zusammenhang die Überlegung, worauf der Schadensersatzanspruch gerichtet ist: So wird vertreten, dass als zu ersetzender Schaden lediglich der Betrag in Betracht kommt, der nicht über § 62 Abs. 1 S. 1 AktG vom Gesellschafter ersetzt verlangt werden kann.[959] Das sind Fälle, in denen der Aktionär gutgläubig im Sinne des § 62 Abs. 1 S. 2 AktG ist und daher nicht zur Erstattung verpflichtet ist. Im Ergebnis führt diese Meinung zu einer tatsächlichen Begrenzung des Schadensersatzes. Demgegenüber steht die Ansicht, dass als ersatzfähiger Schaden der komplette Vermögensabfluss der Gesellschaft zu betrachten ist[960]: In genau dieser Höhe soll eine Pflicht des verantwortlichen Vorstands zum Schadensersatz bestehen. Ist er dieser nachgekommen, geht der Ersatzanspruch der Gesellschaft gegen den Gesellschafter aus § 62 Abs. 1 S. 1 AktG auf ihn über, womit nunmehr die Möglichkeit zum Regress gegenüber dem Gesellschafter besteht.

Mit diesem Streit ist auch die schon oben dargestellte Frage verknüpft, ob ein Verstoß gegen § 57 AktG zur Nichtigkeit des (vor allem dinglichen) Rechtsgeschäfts führt. Diese Verknüpfung zeigt sich im Punkt der Insolvenz des Gesellschafters, beziehungsweise dessen Insolvenzrisikos. Unter dem Blickwinkel einer möglichen Insolvenz des Gesellschafters lässt sich die Ansicht, der Schaden bestehe nur insoweit, wie Erstattungsansprüche nach § 62 AktG gegeben sind, sehr gut in Abhängigkeit zur Frage der Nichtigkeitsfolge bringen: Wird der oben bereits abgelehnten Nichtigkeitslehre gefolgt, genügt zumindest im vorliegenden Fall[961] eine eben solche Begrenzung des Schadens, da im Fall der Insolvenz des Gesellschafters

---

Thümmel/Burkhardt, AG 2009, 885, 890 f.; so auch zuletzt in der sogenannten Telekom-III-Entscheidung des Bundesgerichtshofs, BGH NZG 2011, 829, 833 Rdn. 38.

957 Vgl. nur *Hüffer*, AktG, 10. Aufl., § 93 Rdn. 15.

958 Vgl. nur *Hüffer*, AktG, 10. Aufl., § 93 Rdn. 15.

959 So KölnKomm. AktG/*Lutter*, 2. Aufl., § 57 Rdn. 106; vgl. Bürgers/Körber/*Westermann*, AktG, 2. Aufl., § 57 Rdn. 47.

960 So MünchKomm. AktG/*Bayer*, 3. Aufl., § 57 Rdn. 168; vgl. dazu K. Schmidt/Lutter/*Fleischer*, AktG, 2. Aufl., § 57 Rdn. 76.

961 Da hier jedenfalls ein vindikationsfähiger Gegenstand vorliegt, was im üblichen Fall der Dividendenaus-zahlung aufgrund Überweisung auf ein Bankkonto regelmäßig nicht der Fall ist.

ein Schaden nicht entstehen kann. Schließlich kann die Gesellschaft, eine Sachleistung vorausgesetzt, die vollständige Leistung gemäß § 985 BGB zurückerlangen. Insofern wäre die Begrenzung des Schadens auf den wegen einer möglichen Gutgläubigkeit des Gesellschafters nicht über § 62 Abs. 1 S. 1 AktG erstattungsfähigen Betrag ausreichend.[962] Wird aber die Nichtigkeitsfolge des § 134 BGB zugunsten einer abschließenden Anwendung des § 62 AktG richtigerweise abgelehnt, genügt diese Art des Schadensumfangs nicht. Denn in diesem Fall würde sich die Gefahr einer Insolvenz des Gesellschafters bei der Aktiengesellschaft auswirken, weil eine Insolvenz des Aktionärs nicht von § 62 Abs. 1 S. 1 AktG berücksichtigt wird und eine Vindikation der Gesellschaft nicht möglich ist. Im Verhältnis zur Gesellschaft muss daher eine Verpflichtung des verantwortlichen Vorstandsmitglieds zum Schadensersatz in Höhe des gesamten Vermögensabflusses gegeben sein. Schließlich ist dieser gesamte Abfluss dem Insolvenzrisiko ausgesetzt. Besteht für den betroffenen Vorstand in der Folge ein Regressanspruch gegenüber dem Gesellschafter, trägt er auch dessen Insolvenzrisiko. Die Gesellschaft selbst kann sich bei ihrem Vorstand idealerweise vollständig befriedigen. Diese Folgen sichern den bestmöglichen Erhalt des Gesellschaftsvermögens, ohne jedoch die Aktiengesellschaft im Insolvenzfall unangemessen zu privilegieren. Mit der Entscheidung gegen die Nichtigkeitsfolge des § 134 BGB ist daher, zumindest unter dem Blickwinkel des Insolvenzrisikos, notwendigerweise die Entscheidung für eine vollständige Schadenshaftung des handelnden Vorstandsmitglieds mit anschließender Möglichkeit zum Regress gegenüber dem betroffenen Gesellschafter verknüpft.

Die Eröffnung des Insolvenzverfahrens bei gleichzeitig fehlender Aussonderungs- und Anfechtungsmöglichkeit führt dazu, dass die A-AG im vorliegenden Fall die verfrühte Leistung nur zu einem geringen Teil zurückerhalten hat. Im Gegenzug bleibt sie aber weiterhin zur Zahlung der nunmehr geschuldeten Dividende in voller Höhe verpflichtet. Der Schaden der Gesellschaft besteht damit in der Höhe des Betrages, den die Gesellschaft in Folge einer niedrigen Insolvenzquote auf der Grundlage des aktienrechtlichen Erstattungsanspruches nach § 62 Abs. 1 S. 1 AktG nicht zurückerhalten hat.[963] Der Schaden entspricht hier einem Betrag von 980.000,00 Euro. Wenn die Gesellschaft gegenüber dem handelnden Vorstand nun nicht einen Betrag in Höhe von 1.000.000,00 Euro geltend macht, was dem tatsächlichen bereits eingetretenen Mittelabfluss entsprechen

962 So in entsprechender Konsequenz KölnKomm. AktG/*Lutter*, 2. Aufl., § 57 Rdn. 106, der von der Nichtigkeitsfolge im Sinne des § 134 BGB ausgeht.

963 Vorausgesetzt ist natürlich entsprechend der Fallgestaltung die Bösgläubigkeit des Aktionärs im Sinne des § 62 Abs. 1 S. 2 AktG.

würde und den Vorstand seinerseits auf die Regressmöglichkeit gegenüber dem Aktionär verweist, kann dies mit der hier bereits teilweise erfolgten Erstattung durch den Insolvenzverwalter in Höhe von 20.000,00 Euro begründet werden. Denn liegt eine solche vor, entfällt der Schaden der Gesellschaft – und damit auch eine Verantwortung des handelnden Vorstandsmitglieds – in der der Erstattung entsprechenden Höhe, sodass dieser Betrag im Rahmen des Schadensersatzes nicht weiter zu berücksichtigen ist.[964] In jedem Fall ist die Haftung des Vorstandsmitglieds nicht auf den Betrag beschränkt, der lediglich aufgrund der Gutgläubigkeit des Gesellschafters und der Anwendbarkeit des § 62 Abs. 1 S. 2 AktG nicht zurückverlangt werden kann.[965] Denn ein wie vorliegend eröffnetes Insolvenzverfahren würde sich dann ausschließlich zu Lasten der Gesellschaft auswirken, obwohl in der Person des verantwortlichen Vorstandsmitglieds ein beachtliches Fehlverhalten festgestellt werden kann.

c) Verschulden

Im Rahmen der für eine Ersatzpflicht nach der Konzeption des § 93 AktG erforderlichen Verschuldensprüfung soll noch einmal näher auf die Rolle des Notars näher eingegangen werden. Denn möglicherweise liegt ein schuldhaftes Verhalten der betroffenen Vorstandsmitglieder im Sinne des § 93 Abs. 3 AktG dann nicht vor, wenn der Notar es unterlassen hat, diese darauf hinzuweisen, dass die vorläufige Unterschrift noch nicht zu einem wirksamen Dividendenanspruch der Aktionäre führt. Das gilt jedenfalls dann, wenn er das Protokoll überarbeiten möchte und dieses daher noch nicht in den Rechtsverkehr gibt, sodass die vorläufige Unterschrift keine gültige Unterschrift im Sinne des § 130 Abs. 4 AktG darstellt.[966]

Das einzelne Vorstandsmitglied haftet im Fall einer Pflichtverletzung schon für leichte Fahrlässigkeit.[967] Dabei liegt ein Verschulden in der Regel schon dann vor,

---

964 Vgl. OLG Hamburg AG 2010, 502 ff.; Großkomm. AktG/*Hopt*, 4. Aufl., § 93 Rdn. 235, 240; *Habersack/Schürnbrandt*, WM 2005, 957, 960 f.; KölnKomm. AktG/*Drygala*, 3. Aufl., § 57 Rdn. 137; KölnKomm. AktG/*Mertens/Cahn*, 3. Aufl., § 93 Rdn. 134; Spindler/Stilz/*Fleischer*, AktG, 2. Aufl., § 93 Rdn. 259.

965 Vgl. Bürgers/Körber/*Westermann*, AktG, 2. Aufl., § 57 Rdn. 47; so auch noch KölnKomm. AktG/*Lutter*, 2. Aufl., § 57 Rdn. 106; unklar Großkomm. AktG/*Henze*, 4. Aufl., § 57 Rdn. 226, wo offen bleibt, ob sich die Formulierung *„sonst aus tatsächlichen Gründen (...) nicht durchgesetzt werden kann“* ausschließlich auf § 62 Abs. 1 S. 2 AktG bezieht.

966 So BGHZ 180, 9, 15 Rdn. 11 = BGH NJW 2009, 2207, 2208 Rdn. 11 am Ende.

967 Vgl. Großkomm. AktG/*Hopt*, 4. Aufl., § 93 Rdn. 253; Hölters/*Hölters*, AktG, 1. Aufl., § 93 Rdn. 251; Spindler/Stilz/*Fleischer*, AktG, 2. Aufl., § 93 Rdn. 206: *„omnis culpa“*.

wenn das betroffene Mitglied eine Pflicht verletzt hat.[968] Der Verstoß des Vorstandsmitglieds gegen die ihm obliegende Pflicht eines ordentlichen und gewissenhaften Geschäftsleiters indiziert damit das Verschulden, da bei ausreichender leichter Fahrlässigkeit schon im Unterlassen einer Überprüfung eines Sachverhaltes auf dessen Pflichtwidrigkeit hin ein relevantes Verschulden zu erkennen ist.[969] Der Verstoß gegen § 93 Abs. 3 Nr. 1, 2 und 5 AktG als qualifizierte Fälle einer Pflichtverletzung stellt ein bedeutsames Verschulden dar.

Allerdings entfällt ein Verschulden des Vorstands, soweit sich das betroffene Vorstandsmitglied hat rechtlich beraten lassen und die Beratung als sachgerecht und ausreichend betrachten durfte, diese sich jedoch später als fehlerhaft herausgestellt hat.[970] Damit wird im vorliegenden Fall die Überlegung aufgeworfen, ob die notarielle Tätigkeit im Rahmen der Hauptversammlung, insbesondere die Erstellung einer Niederschrift unter Beachtung des § 130 AktG, eine rechtliche Beratung in einem solchen Sinne darstellt, welche auch die Folgen einer noch fehlenden Einbringung in den Rechtsverkehr umfasst.[971] Würde eine solche angenommen, könnte ein fehlender Hinweis des Notars auf die drohende Verletzung des § 57 AktG, ausnahmsweise das Verschulden des für die Auszahlung zuständigen und diese auch vornehmenden Vorstandsmitglieds entfallen lassen. Beachtlich ist hierbei jedoch, dass die Einholung rechtlichen Rats nur unter bestimmten Voraussetzungen von wesentlicher Bedeutung ist. Schließlich führt die Annahme einer solchen Hinweispflicht zu einem Wegfall des Verschuldens der verantwortlichen Person. Insofern darf das Vorliegen einer bloßen notariellen Tätigkeit, wie etwa im Rahmen einer Hauptversammlung, nicht vorschnell zu einem für die Frage des Verschuldens wesentlichen Rechtsrat ausgelegt werden. Die Folge wäre eine Privilegierung des Vorstands, weil dieser in vielen Fällen auf eine solche notarielle Tätigkeit verweisen könnte, um sich einer Haftung zu entledigen. Da das Tätigwerden eines Notars bei einer Hauptversammlung in den meisten Fällen vom Gesetzgeber vorgegeben wird, könnte eine solche Privilegierung aufgrund der Beurkundung durch den Notar regelmäßig gegeben sein.[972] Um dies zu vermeiden,

---

968 Vgl. Großkomm. AktG/*Hopt*, 4. Aufl., § 93 Rdn. 255.

969 Vgl. Henssler/Strohn/*Dauner-Lieb*, Gesellschaftsrecht, 1. Aufl., § 93 AktG Rdn. 32; MünchKomm. AktG/*Spindler*, 3. Aufl., § 93 Rdn. 158 f., 160.

970 OLG Stuttgart GmbHR 1998, 89, 90 (für den GmbH-Geschäftsführer); vgl. Hölters/*Hölters*, AktG, 1. Aufl., § 93 Rdn. 249; zur Kompetenzverteilung innerhalb des Vorstands einer AG siehe auch OLG Hamm ZIP 1995, 1263, 1266 f.

971 Im Hinblick auf BGHZ 180, 9, 15 Rdn. 11 = BGH NJW 2009, 2207, 2208 Rdn. 11.

972 Es sei denn es liegt ausnahmsweise eine nicht börsennotierte Gesellschaft vor, vgl. *Grumann/Gillmann*, NZG 2004, 839; *Langenbucher*, a. a. O. (Fn. 250), § 6 Rdn. 136.

sind an ein relevantes rechtliches Beratungsverhältnis besondere Voraussetzungen geknüpft: Der Vorstand muss zum einen dem Rechtsberater den Sachverhalt umfassend und detailliert darstellen, diesen zum anderen aber auch auf alle beachtlichen Umstände hinweisen. Davon umfasst ist selbstverständlich auch Klarheit im Hinblick auf die zu prüfende Rechtsfrage. Nur wenn der zur Beratung bestellte Rechtsberater über alle Umstände informiert ist und weiß, was konkret zu prüfen ist, kann der dann zu erteilende oder bereits erteilte Rat den Vorstand im Rahmen des § 93 AktG entlasten.[973] Liegt ein solcher Rat vor, entbindet dies den Vorstand im Weiteren jedoch nicht von der Pflicht, das erteilte Rechtsgutachten oder den erteilten Rechtsrat auf seine Plausibilität hin zu untersuchen.[974] Eine Entlastung des Vorstands kommt daher nur unter hohen Voraussetzungen in Betracht.

Dem die Hauptversammlung protokollierenden Notar kommt zwar eine allgemeine Beratungspflicht nicht zu.[975] Er ist allerdings verpflichtet, auf offensichtliche Fehler im Rahmen der Hauptversammlung hinzuweisen.[976] Hält die Gesellschaft eine tiefergehende Beratungstätigkeit im Rahmen der Hauptversammlung für erforderlich, setzt dies einen separaten Auftrag voraus, der auf die Beratung außerhalb der eigentlichen Urkundstätigkeit des Notars gerichtet ist.[977] Zwar kann im Einzelfall eine Belehrungspflicht des Notars gegenüber den Parteien in Bezug auf die Wirksamkeitsvoraussetzungen von Rechtsgeschäften bestehen; diese ergibt sich aus seiner Stellung in der Rechtspflege.[978] Wie schon gezeigt, ist eine finalisierende Unterschrift des Hauptversammlungsprotokolls und dessen Entlassung in den Rechtsverkehr rechtliche Voraussetzung für das Entstehen des Dividendenanspruchs Auf den ersten Blick könnte man daher einen Hinweis auf die Auswirkungen einer noch fehlenden Finalisierung auf den Dividendenanspruch der Gesellschafter durchaus für erforderlich halten.[979] Eine solche allgemeine Belehrungspflicht des Notars bezieht sich aber auf Rechtsgeschäfte und die Beurkundung von hierzu erforderlichen Willenserklärungen

973 So BGH NJW 2007, 2118, 2120; BGH DStR 2007, 1641; OLG Stuttgart NZG 2010, 141, 143; *Binder*, AG 2008, 274; *Fleischer*, NZG 2010, 121, 124.

974 Vgl. *Fleischer*, NZG 2010, 121, 124.

975 Vgl. Henn/Frodermann/Janott/*Göhmann*, a. a. O. (Fn. 250), § 9 Rdn. 273; *Hüffer*, AktG, 10. Aufl., § 130 Rdn. 12; *Priester*, DNotZ 2001, 661, 669; Schaaf/*Schaaf*, a. a. O. (Fn. 214), Rdn. 64; *Wilhelmi*, BB 1987, 1331, 1335.

976 Vgl. *Sigel/Schäfer*, BB 2005, 2137.

977 Vgl. *Faßbender*, RNotZ 2009, 425, 431; Münch. Hdb. AG/*Semler*, § 40 Rdn. 6; Schaaf/*Schaaf*, a. a. O. (Fn. 214), Rdn. 64.

978 BGH WM 1957, 166 ff.; Armbrüster/Preuss/Renner/*Armbrüster*, BeurkG/DONot, 5. Aufl., § 17 Rdn. 115.

979 BGHZ 180, 9 ff. = BGH NJW 2009, 2207 ff.

im Sinne des § 17 BeurkG.[980] Durch diese Belehrungspflicht soll sichergestellt werden, dass die Beteiligten durch das Rechtsgeschäft keine folgenschweren Schäden erleiden.[981] Bei der notariellen Niederschrift einer Hauptversammlung gemäß § 130 AktG geht es allerdings nicht um die Beurkundung von Rechtsgeschäften im Sinne des § 17 BeurkG, sondern vielmehr um sonstige Tatsachen, die unter § 36 BeurkG fallen.[982] Dem steht auch nicht entgegen, dass Beschlüsse der Hauptversammlung Rechtsgeschäfte eigener Art darstellen, weil diese von § 17 BeurkG nicht erfasst sind.[983] Die Beurkundungspflicht knüpft an § 130 AktG selbst an, gegebenenfalls unter Rückgriff auf die §§ 36, 37 BeurkG.[984] Die Beratungspflichten des Notars beschränken sich in diesem Rahmen auf die bereits aufgezeigten Aspekte. Der Notar ist damit nicht verpflichtet, den Vorstand darauf hinzuweisen, dass mit der vorläufigen Unterschrift der Anspruch der Aktionäre auf Dividendenzahlung noch nicht entstanden ist. Auch hat er einen entsprechenden Rechtsschein nicht gesetzt, da er das Protokoll nicht in den Rechtsverkehr gegeben hat, sondern dieses noch bei ihm zur Korrektur verblieben ist. Vielmehr hätte der verantwortliche Vorstand unter diesen Voraussetzungen vor der Ausschüttung der Dividende rechtlichen Rat einholen müssen. Dies hätte der Sorgfalt eines ordentlichen und gewissenhaften Geschäftsleiters entsprochen und so eine Verletzung des Kapitalerhaltungsgrundsatzes im Sinne des § 93 Abs. 3 Nr. 1, 2 und 5 AktG vermieden. Unterlässt er die Einholung von Rechtsrat, handelt er mit den obigen Ausführungen jedenfalls fahrlässig. Dies gilt insbesondere vor dem Hintergrund, dass die Ausschüttung vorgenommen wurde, bevor der verantwortliche Vorstand überhaupt Einblick in die endgültige notarielle Niederschrift nehmen konnte. Dieser Umstand hätte ihm auffallen müssen.

Ein Verschulden des zuständigen Vorstandsmitglieds kann damit angenommen werden. Die Ersatzpflicht ist auch nicht nach § 93 Abs. 4 S. 1 AktG ausgeschlossen. Ein solcher Ausschluss ist zwar grundsätzlich möglich, wenn die vom Vorstand vorgenommen Handlung auf einem gesetzmäßigen Beschluß der Hauptversammlung beruht. Die Regelung erfasst aber nicht den Gewinnverwendungsbeschluss als Hauptversammlungsbeschluss: Liegt ein gesetzmäßiger Gewinnverwendungsbeschluss vor, ist der Vorstand zu dessen Ausführung verpflichtet. Tut er dies nicht,

---

980 Vgl. Eylmann/Vaasen/*Frenz*, BNotO/BeurkG, 3. Aufl., § 17 BeurkG Rdn. 7.

981 Vgl. Armbrüster/Preuss/Renner/*Armbrüster*, BeurkG/DONot, 5. Aufl., § 17 Rdn. 7.

982 So BGHZ 180, 9 ff. = BGH NJW 2009, 2207 ff.; Armbrüster/Preuss/Renner/*Armbrüster*, BeurkG/DONot, 5. Aufl., § 17 Rdn. 119; Henn/Frodermann/Janott/*Göhmann*, a. a. O. (Fn. 250), § 9 Rdn. 273.

983 Vgl. Eylmann/Vaasen/*Limmer*, BNotO/BeurkG, 3. Aufl., § 37 BeurkG Rdn. 11.

984 Vgl. Spindler/Stilz/*Wicke*, AktG, 2. Aufl., § 130 Rdn. 16.

widerspricht seine Verweigerung dem gefassten Beschluss, sodass der Tatbestand des § 93 bs. 4 S. 1 AktG nicht erfüllt ist. Folgt er dem Beschluss, dann kann auch dies zu einer Haftung führen, wenn nämlich dieser nicht gesetzmäßig ist. Liegt dagegen ein gesetzmäßiger Beschluss vor und wird dieser ausgeführt, fehlt es schon an einer Pflichtverletzung im Sinne des § 93 Abs. 1, 3 AktG. Auf § 93 Abs. 4 S. 1 AktG kommt es damit nicht mehr an.[985] Der voranstehend dargestellte Haftungsausschluss findet aufgrund seines Regelungsinhalts nur im Rahmen des § 119 Abs. 2 AktG Anwendung.[986]

d) Zwischenergebnis

Die Haftung nach § 93 Abs. 3 AktG trifft primär das handelnde Vorstandsmitglied, also den für die Ausschüttung der Dividende Verantwortlichen.[987] Dieser ist daher gegenüber der Gesellschaft zum Schadensausgleich verpflichtet. Hier zeigt sich, dass die Ablehnung der Nichtigkeitsfolge auch zu einem Ergebnis führt, welches der Billigkeit entspricht: Mit der Haftung des betroffenen Vorstandsmitglieds liegt eine Verantwortlichkeit desjenigen vor, der die Auszahlung veranlasst hat. Wenn der entstandene Schaden aufgrund der Ersatzpflicht, eine entsprechende Solvenz des Vorstandsmitglieds vorausgesetzt, bei diesem liegt und nicht durch eine Verkürzung der Insolvenzmasse bei den Gläubigern des insolventen Gesellschafters, wie im Fall einer Aussonderung nach § 47 InsO, führt eine ausschließliche und abschließende Anwendbarkeit des § 62 AktG zu einem gerechten Ergebnis. Soweit das betroffene Mitglied des Vorstands seinerseits beim Gesellschafter Regress nehmen kann, der Erstattungsanspruch nach § 62 Abs. 1 S. 1 AktG geht im Rahmen eines Ausgleichs gegenüber der Gesellschaft bekanntlich auf ihn über, trifft ihn das Insolvenzrisiko des Gesellschafters völlig zu Recht.

---

985 Vgl. dazu insgesamt *Haertlein*, ZHR 168 (2004), 437, 464; ein gesetzmäßiger Gewinnverwendungbeschluss scheitert hier an der fehlenden Unterzeichnung im Sinne des § 130 Abs. 1 S. 1, Abs. 4 S. 1 AktG zum Zeitpunkt der Dividendenauszahlung.

986 So *Haertlein*, ZHR 168 (2004), 437, 464.

987 Vgl. Großkomm. AktG/*Hopt*, 4. Aufl., § 93 Rdn. 61 f.; Hölters/*Hölters*, AktG, 1. Aufl., § 93 Rdn. 237; MünchKomm. AktG/*Spindler*, 3. Aufl., § 93 Rdn. 161. Nicht näher eingegangen wird auf die Frage, ob sich auch eine Haftung anderer Vorstandsmitglieder daraus ergeben kann, dass diese mögliche Überwachungsaufgaben in Bezug auf die übrigen Vorstandsmitglieder nicht wahrgenommen haben. Dies hängt von den näheren Umständen des Einzelfalls ab, vgl. *Thümmel*, a. a. O. (Fn. 956), Rdn. 205 ff.; Großkomm. AktG/*Hopt*, 4. Aufl., § 93 Rdn. 60 ff., 258.

2. Die Haftung des Aufsichtsrats

Neben einer Haftung des handelnden Vorstandsmitglieds kommt auch eine Verantwortlichkeit des Aufsichtsrats für den der Gesellschaft entstandenen Schaden nach §§ 93 Abs. 3, 116 S. 1 AktG in Betracht. Im Gegensatz zum Vorstand wird der Aufsichtsrat hauptsächlich im Innenverhältnis der Aktiengesellschaft tätig. Dort ist er nach § 111 AktG vor allem für die Überwachung der Geschäftsführung zuständig.[988]

Eine pflichtwidrige Handlung liegt in einem solchen Fall allerdings nicht in der Auszahlung der Dividende vor der Entstehung ihres zugrundeliegenden Anspruchs. Schließlich ist der Aufsichtsrat für die Ausschüttung nicht zuständig und nimmt diese auch nicht vor. Vielmehr besteht seine Verantwortlichkeit auch der Gesellschaft gegenüber, da im Fall eines solchen Verstoßes dieser seiner geschuldeten Überwachungspflicht nicht wie erforderlich nachgekommen ist.[989] Die Verletzung seiner Überwachungspflichten ist für eine Haftung aus-reichend.[990] Er hat die Pflicht solche Zahlungen zu verhindern, die gegen den Kapitalerhaltungsgrundsatz verstoßen.[991] Was die Frage des Verschuldens betrifft, so gelten die obigen Ausführungen. Die Haftung setzt eigenes Verschulden voraus, sodass in einem Fall wie dem vorliegenden jedes Mitglied des Aufsichtsrats haftet. Schließlich schuldet grundsätzlich jedes einzelne die Überwachung. Diese kann auch darin liegen, dass das jeweilige Mitglied darauf hinwirken muss, dass sich ein möglicher Ausschuss des Aufsichtsrats mit der Rechtmäßigkeit der Ausschüttung in dieser Phase beschäftigen muss.[992] Das gleichermaßen vorliegende Verschulden des zuständigen Vorstandsmitglieds ist in diesem Zusammenhang unbeachtlich.[993] Denn besteht eine Verantwortung mehrerer Organangehöriger, dann haften alle Verantwortlichen als Gesamtschuldner nach dem Maß ihrer Verursachung sowie dem Grad ihres Verschuldens, § 254 BGB.[994] Auch wenn der Aufsichtsrat lediglich seine Überwachungspflichten verletzt hat und der Schaden

---

988 Vgl. *Thümmel*, a. a. O. (Fn. 956), 4. Aufl., Rdn. 235.

989 BGH NZG 2009, 107, 110 Rdn. 21; OLG Frankfurt OLGR 2004, 169; LG Dortmund AG 2002, 97; vgl. KölnKomm. AktG/*Drygala*, 3. Aufl., § 57 Rdn. 138; MünchKomm. AktG/*Habersack*, 3. Aufl., § 116 Rdn. 67.

990 Vgl. Großkomm. AktG/*Hopt*/*Roth*, 4. Aufl., § 116 Rdn. 294.

991 Vgl. Spindler/Stilz/*Spindler*, AktG, § 116 Rdn. 120.

992 Vgl. MünchKomm. AktG/*Habersack*, 3. Aufl., § 116 Rdn. 33.

993 LG München I AG 2007, 827, 828; vgl. KölnKomm. AktG/*Mertens*/*Cahn*, 3. Aufl., § 93 Rdn. 50; MünchKomm. AktG/*Habersack*, 3. Aufl., § 116 Rdn. 70.

994 So MünchKomm. AktG/*Habersack*, 3. Aufl., § 116 Rdn. 73; vgl. dazu BGHZ 17, 214, 222 sowie BGHZ 51, 275, 279.

vielmehr durch die Handlung des Vorstandsmitglieds, nämlich die verfrühte Auszahlung, entstanden ist, führt dies im Rahmen des Gesamtschuldnerausgleich nach überwiegender Meinung regelmäßig nicht zu einer alleinigen Verantwortlichkeit des Vorstandsmitglieds.[995] Dem ist zuzustimmen. Denn der Aufsichtsrat hat aufgrund der Verletzung seiner Überwachungspflichten maßgeblich zum Entstehen des Schadens beigetragen.[996] Zwar wäre es zu einem Verstoß gegen § 57 AktG ohne die verfrühte Auszahlung durch den Vorstand nicht gekommen. Der Verstoß wäre aber eben verhindert worden, wenn der Aufsichtsrat seine Pflicht zur Überwachung wahrgenommen hätte. Soweit der Aufsichtsrat in Anspruch genommen wurde, geht der Erstattungsanspruch der Gesellschaft gegen den Aktionär aus § 62 Abs. 1 S. 1 AktG, falls er denn, so wie hier, besteht[997], auf ihn über. Hierbei trägt das einzelne Mitglied des Aufsichtsrats, entsprechend den obigen Ausführungen zum Vorstand, ebenfalls und zu Recht das Insolvenzrisiko des zur Erstattung verpflichteten Gesellschafters.

3. Die tatsächliche Durchsetzung der Ansprüche gegen die Gesellschaftsorgane

Das bloße Bestehen von Ersatzansprüchen reicht zur Vermeidung eines Schadens nicht aus. Vielmehr müssen diese auch effektiv durchgesetzt werden können. Dies ist sowohl im Hinblick auf den Aufsichtsrat als auch den Vorstand in der Praxis nicht selten problematisch

a) Ansprüche gegen den Aufsichtsrat

Ein praktisches Problem ergibt sich im Hinblick auf mögliche Ansprüche der Gesellschaft gegen ihren Aufsichtsrat schließlich noch im Rahmen ihrer möglichen Geltendmachung. Denn nach § 78 Abs. 1 AktG wird die Gesellschaft vor Gericht von ihrem Vorstand vertreten. Dies gilt damit auch für die Durchsetzung von Schadensersatzansprüchen der Aktiengesellschaft gegenüber dem einzelnen Aufsichtsratsmitglied. Der Vorstand ist zwar in aller Regel in der Frage der Verfolgung eines solchen Anspruchs in seiner Entscheidung gebunden: Liegt eine Schädigung des

995 Vgl. KölnKomm. AktG/*Mertens*, 2. Aufl., § 93 Rdn. 21; MünchKomm. AktG/*Habersack*, 3. Aufl., § 116 Rdn. 73; **a. A.** für den Fall der GmbH Baumbach/Hueck/*Zöllner/Noack*, GmbHG, 19. Aufl., § 43 Rdn. 29.

996 Angemessen erscheint eine Haftung des Organs Aufsichtsrat im Verhältnis zum Organ Vorstand in Höhe von 30 bis 40% zu 60 bis 70%, da dem Vorstand aktives Tun, dem Aufsichtsrat dagegen „nur“ ein Unterlassen vorzuwerfen ist.

997 Beachte § 62 Abs. 1 S. 2 AktG.

Gesellschaftsvermögens vor, ist er zur Inanspruchnahme des Aufsichtsrats verpflichtet.[998] Von dieser Pflicht ist er nur in wenigen Fällen befreit.[999] Entscheidend ist jedoch – und deshalb soll diese Frage hier kurz Erwähnung finden – dass in der voreiligen Ausschüttung der Dividende auch eine Pflichtverletzung des für die Verfolgung eventueller Ersatzansprüche zuständigen Vorstands zu erkennen ist. Ist eine Haftung des Aufsichtsrats in der fehlerhaften Überwachung der Geschäftsführung begründet, führt dies dazu, dass der Vorstand eigenes Fehlverhalten zugeben müsste.[1000] Diese Folge bringt üblicherweise einen Interessenkonflikt mit sich, da zum einen fehlerhaftes Verhalten des Vorstands in manchen Fällen doch erst dann bekannt wird, wenn Ansprüche gegen den eigenen Aufsichtsrat verfolgt werden und zum anderen, weil sich Vorstand und Aufsichtsrat häufig kollegial gegenüberstehen.[1001] Daher ist die Durchsetzung von Ansprüchen auf diesem Weg in der Praxis die Ausnahme.[1002] Damit die Gesellschaftsinteressen jedoch auch in solchen Fällen gewahrt bleiben, bestehen mit den §§ 147, 148 AktG Möglichkeiten unter Vorliegen weiterer Voraussetzungen eventuelle Ersatzansprüche durchzusetzen, ohne dass der Vorstand dies verhindern kann.[1003] Hierzu kommt es maßgeblich auf die in der Hauptversammlung zusammenkommenden Aktionäre an, deren Rechtsstellung durch das Gesetz zur Unternehmensintegrität und Modernisierung des Anfechtungsrechts deutlich verbessert wurde.[1004]

b) Ansprüche gegen den Vorstand

Gleiches gilt in Bezug auf die Ansprüche der Gesellschaft gegen ihren Vorstand. Hier vertritt der Aufsichtsrat die Aktiengesellschaft nach § 112 AktG gegenüber dem verantwortlichen Vorstandsmitglied. Das Bestehen von Schadensersatzansprüchen

998 Vgl. *Lutter/Krieger*, Rechte und Pflichten des Aufsichtsrats, 4. Aufl., Rdn. 854; *Zieglmaier*, ZGR 2007, 144, 147 f.

999 Vgl. zum Beispiel § 148 Abs. 1 S. 2 Nr. 4 AktG; *Zieglmaier*, ZGR 2007, 144, 147.

1000 Vgl. *Thümmel*, a. a. O. (Fn. 956), Rdn. 304; *Zieglmaier*, ZGR 2007, 144, 148.

1001 Vgl. Hölters/*Hirschmann*, AktG, 1. Aufl., § 147 Rdn. 1; *Hüffer*, AktG, 10. Aufl. § 147 Rdn. 1; MünchKomm. AktG/*Spindler*, 3. Aufl., § 93 Rdn. 2; Spindler/Stilz/*Mock*, AktG, 2. Aufl., § 147 Rdn. 1.

1002 Vgl. *Drygala/Staake/Szalai*, a. a. O (Fn. 39), § 21 Rdn. 98; *Lutter*, NJW 1995, 1133, 1134; *Zieglmaier*, ZGR 2007, 144, 148.

1003 Näheres dazu bei *Fischer*, Der Konzern 2005, 67, 72 ff. sowie *Zieglmaier*, ZGR 2007, S. 144, 148 ff.

1004 UMAG, BGBl. I, S. 2802; zur Geltendmachung von Ansprüchen durch die Aktionäre vgl. OLG Frankfurt NJW-RR 2004, 686; K. Schmidt/Lutter/*Spindler*, AktG, 2. Aufl., § 148 Rdn. 3, 40 ff.; *Seibt*, WM 2004, 2137 ff.; Spindler/Stilz/*Mock*, AktG, 2. Aufl., § 148 Rdn. 127 ff.; *Zieglmaier*, ZGR 2007, 144, 148 ff.

aufgrund einer Pflichtverletzung impliziert in den meisten Fällen aber auch, dass der Aufsichtsrat seiner Überwachungspflicht nicht in einem erforderlichen Maße nachgekommen ist; daher ist das Interesse an einer Durchsetzung eventueller Ansprüche häufig gering.[1005] Allerdings ist der Aufsichtsrat nach dem ARAG/Garmenbeck-Urteil[1006] des Bundesgerichtshofs zur Verfolgung durchsetzbarer Ansprüche grundsätzlich verpflichtet. Nach herrschender Meinung kommt diesem bei der Entscheidung über die Geltendmachung möglicher Ansprüche in einem begrenzten Umfang ein Ermessens- oder Beurteilungsspielraum zu.[1007] Die Pflicht und auch ein möglicher Spielraum sind vom einzelnen Aufsichtsratsmitglied, der Aufsichtsrat entscheidet über die Anspruchsverfolgung durch einfachen Beschluss, vor dem Hintergund einer daran anknüpfenden eigenen Verantwortlichkeit jedenfalls zu beachten. Denn der Verzicht auf die Geltendmachung aussichtsreicher Erstattungsansprüche stellt eine Pflichtverletzung dar und führt seinerseits zu einem Haftungsrisiko des Aufsichtsrats nach den §§ 116, 93 Abs. 2 S. 1 AktG.[1008]

4. Zwischenergebnis

In aller Regel stellt die verfrühte Dividendenzahlung eine Pflichtverletzung im Sinne des § 93 Abs. 3 Nr. 1, 2 und Nr. 5 AktG dar, die eine Verantwortung sowohl des handelnden Vorstands als auch des diesen überwachenden Aufsichtsrates nach sich zieht und daher zu einem Anspruch der Gesellschaft auf Schadensersatz gegen ihre Organmitglieder führt. Dieses Ergebnis ist auch vor dem Hintergund zu sehen, dass seit der ARAG/Garmenbeck-Entscheidung des Bundesgerichtshofs Gesellschaftsorgane für die Verletzung ihrer Pflichten von der Gesellschaft zunehmend persönlich in Anspruch genommen werden.[1009] Die tatsächliche Durchsetzung der

---

1005 Vgl. *Raiser/Veil*, a. a. O. (Fn. 19), § 14 Rdn. 97 f.

1006 BGH NJW 1997, 1926 ff.

1007 BGH NJW 1997, 1926 ff. mit Besprechung von *Götz*, NJW 1997, 3275 ff.; OLG Düsseldorf ZIP 1995, 1183 ff. mit Besprechung von *Jaeger/Trölitzsch*, ZIP 1995, 1157 ff.; vgl. zu dieser Frage Großkomm. AktG/*Hopt/Roth*, 4. Aufl., § 111 Rdn. 353 ff.; K. Schmidt/Lutter/*Drygala*, AktG, 2. Aufl., § 111 Rdn. 17, § 116 Rdn. 9; *Kling*, DZWiR 2005, 45, 53; *Koch*, AG 2009, 93; MünchKomm. AktG/*Habersack*, 3. Aufl., § 111 Rdn. 35 ff.; *Paefgen*, Unternehmerische Entscheidungen und Rechtsbindung der Organe in der AG, 145 ff.; *ders.*, AG 2008, 761 ff.; *Raiser*, NJW 1996, 552; Spindler/Stilz/*Spindler*, AktG, 2. Aufl., § 116 Rdn. 47 f.; *Thümmel*, a. a. O. (Fn. 956), Rdn. 298; zu den Pflichten des Aufsichtsrats nach dem ARAG/Garmenbeck-Urteil vgl. *Mertens*, FS K. Schmidt, 1183, 1184 ff.

1008 BGH NJW 1997, 1926 ff.; Spindler/Stilz/*Spindler*, AktG, 2. Aufl., § 116 Rdn. 47.

1009 LG Stuttgart AG 2000, 237, 238; LG Bielefeld AG 2000, 136; LG Dortmund AG

Ansprüche der Gesellschaft gegen ihre Organe dürfte sich mit dem angesprochenen Urteil des Bundesgerichtshofs wenig problematisch gestalten. Hierbei ist zu berücksichtigen, dass der Gesetzgeber auch den in der Hauptversammlung zusammenkommenden Aktionären mit den §§ 147, 148 AktG mögliche Instrumentarien zur Verfolgung etwaiger Ansprüche an die Hand gegeben hat. Mithin kann festgestellt werden, dass die voreilige Ausschüttung der Dividende auch zu einer persönlichen Verantwortlichkeit der Gesellschaftsorgane führen kann, mitunter sogar in einem beträchtlichen Umfang.

II. Die Haftung des protokollierenden Notars N

Der unterbliebene Hinweis des Notars gegenüber dem Vorstand betreffend den noch fehlenden Dividendenanspruch der Aktionäre lässt ein Verschulden des Vorstands nicht entfallen und entlastet diesen daher nicht.[1010] Dennoch stellt sich die Frage, ob nicht der Notar selbst aus diesem Grund der Gesellschaft gegenüber zum Schadensersatz verpflichtet ist. Das Gesetz sieht mit § 19 Abs. 1 BNotO in einem solchen Fall als ausschließliche Anspruchsgrundlage die Amtshaftung des Notars vor.[1011] Diese erfordert allerdings die Verletzung einer Amtspflicht.[1012] § 19 BNotO enthält keine Bestimmung der Amtspflicht sondern setzt sie voraus; abzustellen ist für diese Frage auch auf Vorschriften des BeurkG, die bei der Beurkundung einer Hauptversammlung aber vor dem Hintergrund des § 130 AktG zu sehen sind.[1013] Im Rahmen der Feststellung eines Verschuldens des Vorstands wurden die den Notar treffenden Amtspflichten bereits dargestellt.[1014] Das bloße Unterlassen des Hinweises, bei einer Auszahlung drohe ein Verstoß gegen § 57 AktG, kann richtigerweise

2002, 97, 98; vgl. Marsch-Barner/Schäfer/*Vetter*, Handbuch börsennotierte AG, 2. Aufl., § 29 Rdn. 53; MünchKomm. AktG/*Spindler*, 3. Aufl., § 93 Rdn. 3; zur Entwicklung der Inanspruchnahme von Gesellschaftsorganen in jüngerer Zeit siehe auch *Fischer*, Der Konzern 2005, 67 ff.; *Zieglmeier*, ZGR 2007, 144, 145 f.; für einen möglichen Vergleich zwischen Organ und Gesellschaft siehe *Dietz-Vellmer*, NZG 2011, 248 ff.

1010 Siehe oben Seite 233 ff.

1011 Vgl. Borgmann/Jungk/Grams/*Jungk*, Anwaltshaftung, 4. Aufl., § 7 Rdn. 54; Schippel/Bracker/*Schramm*, Bundesnotarordnung, 9. Aufl., § 19 Rdn. 1.

1012 Vgl. Arndt/Lerch/Sandkühler/*Sandkühler*, BNotO, 6. Aufl., § 19 Rdn. 24; Eylmann/Vaasen/*Frenz*, BNotO/BeurkG, 3. Aufl., § 19 BNotO Rdn. 8.

1013 Vgl. Eylmann/Vaasen/*Frenz*, BNotO/BeurkG, 3. Aufl., § 19 BNotO Rdn. 8; Spindler/Stilz/*Wicke*, AktG, 2. Aufl., § 130 Rdn. 16.

1014 Vgl. oben Seite 233 ff.

dann nicht als Verletzung der Amtspflichten qualifiziert werden, wenn es um die bloße Begleitung einer Hauptversammlung mit Blick auf die Bestimmungen des § 130 AktG geht.

Anderes kann freilich dann gelten, wenn zwischen Gesellschaft und Notar ein besonderer Beratungsvertrag geschlossen wurde, was im Rahmen einer Hauptversammlung nicht unüblich ist.[1015] Ein solches Vorgehen böte sich sogar an, da der Notar unter bestimmten Umständen durchaus auch als Rechtsanwalt tätig werden kann. Dies ergibt sich aus § 3 Abs. 2 BNotO, wonach das Amt des Notars in bestimmten Fällen auch durch Rechtsanwälte ausgeübt werden kann, sodass der Notar auch als dieser Beratungsleistungen erbingen darf. Unterbleibt bei Bestehen eines außernotariellen Beratungsvertrags ein Hinweis des Beraters in Bezug auf die Abhängigkeit des Dividendenanspruchs von der Wirksamkeit des Hauptversammlungsprotokolls, ist ein Anspruch auf Schadensersatz der Gesellschaft gegen diesen durchaus im Bereich des Möglichen. Dieser beruht dann allerdings nicht auf § 19 BNotO sondern auf den allgemeinen Regeln über die Haftung des Rechtsanwalts.[1016] Eine Verantwortlichkeit ergibt sich dann üblicherweise aus den Bestimmungen der §§ 675, 280 Abs. 1 BGB.[1017]

III. Ergebnisse zur Abwandlung

Damit sind im Hinblick auf die persönliche Verantwortlichkeit der einzelnen Gesellschaftsorgane sowie des Notars folgende Ergebnisse festzuhalten. Diese können unter bestimmten Umständen auch für die Gesellschaft selbst von Bedeutung sein:

Im Fall der voreiligen Dividendenzahlung besteht sowohl eine persönliche Verantwortlichkeit des handelnden Vorstands als auch des diesen überwachenden Aufsichtsrats als Gesamtschuldner. Eine Haftung des Notars scheidet in der Regel jedenfalls dann aus, wenn er lediglich zur Erstellung der notariellen Niederschrift beauftragt war. In welcher Höhe ein Ersatzanspruch der Gesellschaft besteht, hängt davon ab, ob diese ihrerseits bereits den betroffenen Aktionär in Anspruch genommen hat. Inwieweit das jeweilige verantwortliche Mitglied des Vorstands und die Mitglieder des Aufsichtsrats einen eigenen Schaden erfahren,

---

1015 Vgl. *Faßbender*, RNotZ 2009, 425, 431; Münch. Hdb. AG/*Semler*, 3. Aufl., § 40 Rdn. 6; *Priester*, DNotZ 2001, 661, 670; beispielsweise mit einem Anwaltsnotar.

1016 Vgl. Arndt/Lerch/Sandkühler/*Sandkühler*, BNotO, 6. Aufl., § 19 Rdn. 12; Borgmann/Jungk/Grams/*Jungk*, a. a. O. (Fn. 1011), § 7 Rdn. 38 ff.

1017 Vgl. Borgmann/Jungk/Grams/*Borgmann*, a. a. O. (Fn. 1011), § 25 Rdn. 5.

steht in Abhängigkeit zu der Zahlungsfähigkeit des bösgläubigen Aktionärs und damit zur Werthaltigkeit des konkreten Regressanspruchs. Richtigerweise geht das zunächst von der Aktiengesellschaft zu tragende Insolvenzrisiko ihres Gesellschafters auf die haftenden Organe über. Dies schließt allerdings die Gefahr eines dennoch eintretenden Schadens bei der Gesellschaft nicht vollständig aus. Denn ist das haftende Gesellschaftsorgan nicht in der Lage den entstandenen Schaden zu ersetzen, weil ihm selbst oder aber dem ihm zur Erstattung verpflichteten Aktionär die finanziellen Mittel fehlen, was bei einer Insolvenz regelmäßig der Fall ist, wirkt sich dieser Umstand schlussendlich doch noch zu Lasten des Gesellschaftsvermögens aus. Schließlich bleibt die Gesellschaft zur Dividendenzahlung in voller Höhe verpflichtet. Den Organen der Gesellschaft ist in der Praxis bei der Organsiation der Dividendenausschüttung jedenfalls zur Vorsicht geraten. Eine verfrühte Dividendenzahlung kann nach den obigen Ausführungen eine persönliche Verantwortung der handelnden und der zu Handeln verpflichteten Personen begründen und zu erheblichen Folgen führen. Dies gilt besonders dann, wenn der Aktionär nicht gutgläubig im Sinne des § 62 Abs. 1 S. 2 AktG ist sowie in die Insolvenz gerät.

Eine solche Gutgläubigkeit des Aktionärs lässt übrigens eine Pflichtverletzung der erwähnten Gesellschaftsorgane nicht entfallen, da in jedem Fall eine verfrühte und damit verbotene Ausschüttung vorliegt. Aufgrund der mit der Privilegierung nach § 62 Abs. 1 S. 2 AktG einhergehenden Erfüllungswirkung kommt es dann jedoch in aller Regel nicht zu einem Schaden der Gesellschaft. Denn erfüllt wird der spätere Dividendenanspruch in der Höhe, die von der Hauptversammlung beschlossen wurde.

6. Kapitel: Zusammenfassende Thesen

Die Ergebnisse der oben aufgeworfenen Fragen und Überlegungen lassen sich in den folgenden Thesen zusammenfassen:

1. Die Gründerkrise und der damit zu Tage tretende Mangel an Schutz für Aktionäre einer Aktiengesellschaft waren für die Einführung der notariellen Beurkundung von Beschlüssen der damaligen General- und heutigen Hauptversammlung der Gesellschaft von wesentlicher Bedeutung. Wenngleich sie auf Kapitalaufbringung und Kapitalerhaltung der Gesellschaft keinen unmittelbaren Einfluss hatte, sollte mit ihr doch schon zum Zeitpunkt ihrer Einführung das öffentliche Vertrauen in die Richtigkeit der gefassten Beschlüsse gestärkt werden. Diese Funktion erfüllt sie auch heute noch, was besonders für die an der Börse notierten Aktiengesellschaften gilt.
2. Der Anspruch der Aktionäre auf Ausschüttung der Dividende hängt von der Wirksamkeit des der Ausschüttung zugrunde liegenden und diesen Anspruch begründenden Gewinnverwendungsbeschlusses ab. Typischerweise ist die Wirksamkeit dieses Beschlusses vom Hauptversammlungsprotokoll, der Niederschrift nach § 130 AktG, abhängig. Dieses gibt den gesamten Ablauf der Hauptversammlung und alle dort gefassten Beschlüsse wieder. Unterschreibt der Notar die Niederschrift jedoch bloß vorläufig um sie anschließend noch zu ergänzen, liegen eine Niederschrift im Sinne des § 130 AktG und damit auch ein wirksamer Gewinnverwendungsbeschluss erst dann vor, wenn der Notar diese final unterschrieben und in den Rechtsverkehr entlassen hat. Eine solche Entlassung liegt typischerweise dann vor, wenn der Notar eine öffentlich beglaubigte Abschrift der Niederschrift an den Vorstand richtet, damit dieser seine Einreichungspflicht nach § 130 Abs. 5 AktG erfüllen kann. Bis zu diesem Zeitpunkt handelt es sich bei dem Gewinnverwendungsbeschluss um ein juristisches Nullum, welches keine Rechtsfolgen herbeizuführen vermag.
3. Schüttet die Aktiengesellschaft die beschlossene Dividende, wie so häufig in der Praxis, vor der Wirksamkeit des den Anspruch erst begründenden Gewinnverwendungsbeschlusses aus, liegt darin eine verfrühte und aktienrechtswidrige Leistung der Gesellschaft an ihre Aktionäre. Diese führt grundsätzlich zu einem aktienrechtlichen Erstattungsanspruch nach § 62 Abs. 1 S. 1 AktG.

Dieser ist Ausprägung des Kapitalerhaltungsgrundsatzes im Aktienrecht und hängt von den konkreten Umständen im Einzelfall ab. Ausnahmsweise ist der Anspruch jedoch ausgeschlossen, wenn der Aktionär die Privilegierung des § 62 Abs. 1 S. 2 AktG, der eine Ausnahme der Kapitalerhaltung zu Gunsten des Einzelnen darstellt, einwenden kann.

4. Die Regelung des § 57 Abs. 1 S. 3 Alt. 2 AktG findet nur im Rahmen von zweiseitigen Rechtsgeschäften Anwendung, also bei verdeckten Verstößen gegen den aktienrechtlichen Kapitalerhaltungsgrundsatz. Bei dem speziellen aktienrechtlichen Erstattungsanspruch aus § 62 Abs. 1 S. 1 AktG handelt es sich nicht um einen Rückgewähranspruch im Sinne des § 57 Abs. 1 S. 3 Alt. 2 AktG.
5. Die verfrühte Dividendenzahlung kann den später entstehenden Dividendenanspruch des Aktionärs nicht zur Erfüllung bringen. Eine Vorausleistung im Sinne des § 362 BGB ist im Rahmen der Dividendenausschüttung aufgrund der entgegenstehenden Regelung des § 57 Abs. 1 S. 1 AktG nicht möglich. Der aktienrechtliche Kapitalerhaltungsgrundsatz steht auch einem möglichen Anwartschaftsrecht des Aktionärs an der Dividende, ausgehend von der verfrühten Leistung, entgegen.
6. Im Fall der Dividendenzahlung auf der Grundlage eines nichtigen Gewinnverwendungsbeschlusses, dessen zukünftige Heilung aber von der Gesellschaft verfolgt wird, kann auch vor Eintritt der Heilungswirkung die Aktiengesellschaft die aktienrechtswidrige Leistung vom bösgläubigen Aktionär zurückfordern. Die Einrede des dolo agit, qui petit, quod statim redditurus est sowie das Verbot des venire contra factum proprium als Ausfluss der Generalklausel des § 242 BGB stehen einem solchen Verlangen nicht entgegen. Die Regelungen der Kapitalerhaltung im Aktienrecht sind abschließend und verhindern eine Anwendung dieser Ausprägungen, da sie den hinter diesen Einreden stehenden Rechtsgedanken bereits selbst enthalten.
7. Die Heilung eines nichtigen Gewinnverwendungsbeschlusses aufgrund eines nichtigen Jahresabschlusses durch Zeitablauf gemäß §§ 253 Abs. 1 S. 1, 256 Abs. 6 AktG führt dazu, dass diesem „ex-tunc" rechtliche Wirksamkeit zukommt. Die Heilung bewirkt also eine materielle Rückwirkung. Mit Eintritt der Heilungsfolge entfällt ein bis dahin möglicherweise bestehender Erstattungsanspruch der Gesellschaft aus § 62 Abs. 1 S. 1 AktG.
8. Die Leistung aufgrund eines Gewinnverwendungsbeschlusses als juristisches Nullum kann einer Leistung auf der Grundlage eines nichtigen Gewinnverwendungsbeschlusses nicht gleichgesetzt werden. Die zurückwirkende Heilungsfolge des nicht mehr nichtigen Gewinnverwendungsbeschlusses kann auf den Fall des Gewinnverwendungsbeschlusses als bloßer Entwurf nicht übertragen

werden. Die endgültige Unterzeichnung und die Weggabe der Niederschrift in den Rechtsverkehr entfalten nur „ex-nunc“ Wirkung.

9. Der Aktionär hat als Empfänger einer verfrühten und aktienrechtswidrigen Leistung bei Gutgläubigkeit im Sinne des § 62 Abs. 1 S. 2 AktG mit Wirksamkeit des Gewinnverwendungsbeschlusses keinen Anspruch auf eine erneute Dividendenzahlung. Darf der Aktionär aufgrund der Einwendung des § 62 Abs. 1 S. 2 AktG die verbotene Zahlung behalten, führt dies auch zur späteren Erfüllung des noch entstehenden oder bereits entstandenen Dividendenanspruchs. Die genannte Privilegierung will den Aktionär nur so stellen, wie er im Fall eines tatsächlich bestehenden Dividendenanspruchs stünde. Eine darüber hinausgehende Besserstellung des Gesellschafters in Form einer zweiten Dividendenzahlung widerspricht dem Sinn der Vorschrift und dem zwingend zu beachtenden aktienrechtlichen Kapitalerhaltungsgrundsatz. § 62 Abs. 1 S. 2 AktG ist daher auch als eine Ausprägung der Generalklausel des § 242 BGB zu verstehen.
10. § 57 AktG stellt zwar ein Verbotsgesetz im Sinne des § 134 BGB dar. Verstöße gegen den Kapitalerhaltungsgrundsatz auf der Ebene der Erfüllung führen jedoch nicht zur Nichtigkeit des betroffenen Rechtsgeschäfts. Die aktienrechtlichen Regelungen über die Kapitalerhaltung stellen „ein anderes“ im Sinne des § 134 2. HS. BGB dar und gehen der Nichtigkeitsfolge des § 134 BGB vor. Gleiches gilt für schuldrechtliche Kausalgeschäfte, welche die Bestimmung des § 57 AktG verletzen.
11. Neben dem aktienrechtlichen Erstattungsanspruch nach § 62 Abs. 1 S. 1 AktG besteht für die aktienrechtswidrig leistende Aktiengesellschaft keine Möglichkeit zur Vindikation im Hinblick auf die erbrachte Leistung. Der Kapitalerhaltungsgrundsatz im Aktienrecht ist nicht insolvenzfest ausgestaltet, da dies zu einer Besserstellung von Aktionären und Gläubiger der Gesellschaft zu Lasten der Gläubiger des insolventen Gesellschafters führen würde, die so im Aktienrecht nicht angelegt ist. Vielmehr unterliegt die Aktiengesellschaft im Fall der verfrühten Leistung dem allgemeinen Insolvenzrisiko ihres im Sinne des § 62 Abs. 1 S. 2 AktG bösgläubigen Aktionärs und Erstattungsschuldners.
12. Die Ersatzpflicht des Gesellschafters aus § 62 Abs. 1 S. 1 AktG stellt eine Wertersatzpflicht dar und beschränkt sich nicht auf den erhaltenen Gegenstand. Nur so wird eine Aushöhlung der Kapitalerhaltungsregeln im Fall des Untergangs einer bereits erhaltenen Sache verhindert.
13. Das im Rahmen der Dividendenausschüttung handelnde Vorstandsmitglied sowie die Mitglieder des Aufsichtsrats sind gegenüber der Gesellschaft für

den gesamten Abfluss von Gesellschaftsmitteln ersatzpflichtig. Hat die Gesellschaft bereits eine Erstattung vom rechtswidrig begünstigten Aktionär erlangen können, mindert sich die Ersatzpflicht der verantwortlichen Personen um den bereits erhaltenen Betrag. Im Übrigen besteht eine Regressmöglichkeit dieser gegenüber dem Gesellschafter. Wurde über das Vermögen des erstattungspflichtigen Aktionärs das Insolvenzverfahren eröffnet, droht ein endgültiger Schaden der Gesellschaft, soweit die der Gesellschaft verantwortlichen Organmitglieder ihrerseits nicht in der Lage sind, den erfahrenen Vermögensabfluss auszugleichen. Verfügen diese über ausreichendes Vermögen, führt eine Insolvenz des erstattungspflichtigen Gesellschafters zu einem Schaden bei ihnen. Eine solche Haftung ist jedoch in aller Regel ausgeschlossen, wenn eine Privilegierung des Aktionärs nach § 62 Abs. 1 S. 2 AktG gegeben ist.[1018]

14. Soweit die Gesellschaft die beschlossene Dividende verfrüht ausschütten lässt, kann dies eine Haftung des Notars, der über die Hauptversammlung eine Niederschrift gemäß § 130 AktG anfertigt, in aller Regel nicht begründen. Für einen möglichen Schaden der Gesellschaft ist er damit nicht verantwortlich.

1018 Siehe These 9.

7. Kapitel: Schlußwort

Wenngleich in der heutigen Zeit das Erfordernis der notariellen Niederschrift nicht vor Betrug oder Manipulation durch oder mithilfe von Aktiengesellschaften schützen kann, wie zu Zeiten des Neuen Markts das Beispiel „Comroad“[1019] besonders eindrucksvoll gezeigt hat, verfolgt die Niederschrift doch immer noch die gleichen grundsätzlichen Ziele wie zum Zeitpunkt ihrer Einführung im Jahr 1884.[1020] Das zeigt sich auch an der Regelung des § 130 Abs. 1 S. 3 AktG, nach der die notarielle Niederschrift grundsätzlich zwar durch eine vom Vorsitzenden des Aufsichtsrats zu unterzeichnende Niederschrift ersetzt werden kann. Dieses setzt jedoch voraus, dass die Gesellschaft nicht an der Börse notiert ist und keine wesentlichen Beschlüsse fasst. Erfüllt die notarielle Niederschrift eine vertrauensschaffende Funktion, ist diese bei Aktiengesellschaften ohne breites Anlagepublikum über die Börse nämlich nicht im gleichen Umfang erforderlich. Auch wenn es in diesem Fall vor allem um die Einsparung von Kosten geht, zeigt die Regelung doch, dass auch der Gesetzgeber weiterhin davon ausgeht, dass die notarielle Niederschrift auch vom Gedanken des breiten Anlegerpublikums und dessen Schutz geprägt wird. Eine Ausweitung des § 130 Abs. 1 S. 3 AktG auf andere Fälle ist damit nicht zu erwarten. Vorsorglich soll erwähnt sein, dass von einer solchen jedenfalls abzuraten ist. Denn die notarielle Niederschrift hat einen wichtigen Platz gefunden und für erhöhtes Vertrauen des Anlegerpublikums bei der Beschlussfassung von Aktiengesellschaften gesorgt. Dies wird sie auch weiter tun.

Die oben dargestellte notarielle Praxis der Beurkundung der Hauptversammlung kann aufgrund der Dividendenausschüttung, die üblicherweise am Tag nach der Hauptversammlung vorgenommen wird, durchaus zu erheblichen Komplikationen führen. Den Vorstandsmitgliedern, aber auch den Mitgliedern des Aufsichtsrats einer Aktiengesellschaft sei daher geraten, im Fall einer bevorstehenden Dividendenzahlung darauf zu achten, dass der entsprechende Gewinnverwendungsbeschluss im Moment der Auszahlung auch wirksam ist und der Dividendenanspruch des Gesellschafters tatsächlich besteht.

Für die Praxis der Dividendenausschüttung sollen noch folgende Überlegungen ihre Darstellung finden: Bei der Durchsicht verschiedener Finanzberichte fällt auf,

---

1019 Vgl. BGH ZIP 2007, 326.

1020 Vgl. *Priester*, DNotZ 2001, 661, 662.

dass in manchen Fällen die Dividende nicht schon an dem der Hauptversammlung folgenden Tag ausgeschüttet wurde, sondern erst am dritten Tag.[1021] Dieser Umstand liegt darin begründet, dass die Hauptversammlung in diesen Fällen an einem Freitag abgehalten wurde. Der nächste Bankarbeitstag war daher erst der folgende Montag[1022], sodass erst an diesem dritten Tag eine Auszahlung an die Aktionäre möglich war. Festzustellen ist, daß diese Zeitspanne für den Notar ausreichen sollte, um das Hauptversammlungsprotokoll zu überarbeiten, endgültig zu unterschreiben und in den Rechtsverkehr zu geben. Zum Zeitpunkt der Dividendenausschüttung könnte damit ein entsprechender Anspruch der Gesellschafter in aller Regel bestehen. Ein Verstoß gegen den Kapitalerhaltungsgrundsatz mit seinen oben dargestellten rechtlichen Folgen wäre unter diesen Gesichtspunkten folglich ausgeschlossen. Dem Wunsch vieler Aktionäre, insbesondere dem der Großaktionäre, nach möglichst früher Dividendenzahlung könnte auch auf diese Weise entsprochen werden. Die Verlegung der ordentlichen Hauptversammlung auf einen Freitag stellt daher die einfachste Lösung dar. Die möglichen und in der Arbeit beschriebenen Probleme könnten so leicht vermieden werden, zumal dies in der Vergangenheit schon teilweise vorgekommen ist. Der tatsächliche Abschluss der notariellen Tätigkeit vor Auszahlung an die Aktionäre ist aber auch in diesem Fall sicherzustellen.

1021 Vgl. als Beispiel die Ausschüttung der Deutschen Börse AG für das Geschäftsjahr 2006: http://deutsche-boerse.com/dbg/dispatch/de/kir/dbg_nav/investor_relations/40_Financial_Calendar sowie die der TyssenKrupp AG für das Geschäftsjahr 2009/2010: http://www.thyssenkrupp.com/de/investor/finanzkalender.html&period=2010/2011, Zugriff jeweils am 25.06.2012.

1022 Vgl. dazu Kreikebohm/*Schmidt*, SGB VI, 3. Aufl., § 118 Rdn. 14.

Literaturverzeichnis

Andres, Dirk/ *Leithaus*, Rolf	Insolvenzordnung, Kommentar, 2. Auflage, München 2011, zitiert: Andres/Leithaus/*Bearbeiter*
Armbrüster, Christian/ *Preuß*, Nicola/ *Renner*, Thomas	Beurkundungsgesetz und Dienstordnung für Notarinnen und Notare, 5. Auflage, Berlin, zitiert: Armbrüster/ Preuß/Renner/*Bearbeiter*
Arndt, Herbert/ *Lerch*, Klaus/ *Sandkühler*, Gerd	Bundesnotarordnung, 6. Auflage, Köln 2008, zitiert: Arndt/Lerch/Sandkühler/*Bearbeiter*
Backhaus, Ralph	Schwierige Grenzziehung beim Formgebot des § 313 S. 1 BGB – BGH, NJW 1984, 973 und 974, JuS 1985, 512 ff.
Ballerstedt, Kurt	Kapital, Gewinn und Ausschüttung bei Kapitalgesellschaften, Tübingen 1949
Baumbach, Adolf/ *Hueck*, Alfred	GmbH-Gesetz, 19. Auflage, München 2010, zitiert: Baumbach/Hueck/*Bearbeiter*
Baums, Theodor	Gesetz über die Aktiengesellschaften für die Königlich Preussischen Staaten: vom 9. November 1843, Aalen 1981
Bezzenberger, Tilmann	Das Kapital der Aktiengesellschaft, Köln 2005
Binder, Jens-Hinrich	Geschäftsleiterhaftung und fachkundiger Rat, AG 2008, 274 ff.
Bitter, Georg	Rechtsperson und Kapitalerhaltung – Gesellschafterschutz vor „verdeckten Gewinnausschüttungen" bei Kapital- und Personengesellschaften, ZHR 168 (2004), 302 ff.
Bösselmann, Kurt	Die Entwicklung des deutschen Aktienwesens im 19. Jahrhundert, Berlin 1939

Borgmann, Brigitte/ *Jungk*, Antje/ *Grams*, Holger — Anwaltshaftung, 4. Auflage, München 2005, zitiert: Borgmann/Jungk/Grams/*Bearbeiter*

Bohrer, Michael — Notare – Ein Berufsstand der Urkundsvernichter?, NJW 2007, 2019 ff.

Bommert, Rainer — Verdeckte Vermögensverlagerungen im Aktienrecht, Köln 1989

Braun, Eberhard — Insolvenzordnung (InsO), Kommentar, 4. Auflage, München 2010, zitiert: Braun/*Bearbeiter*

Bürgers, Tobias/ *Körber*, Torsten — Aktiengesetz, 2. Aufl., Heidelberg 2011, zitiert: Bürgers/Körber/*Bearbeiter*

Butzke, Volker — Die Hauptversammlung der Aktiengesellschaft, 5. Auflage, Stuttgart 2011

Canaris, Claus-Wilhelm — Die Vertrauenshaftung im deutschen Privatrecht, München 1971
Die Rückgewähr von Gesellschaftereinlagen durch Zuwendung an Dritte, FS Fischer, Berlin 1979, S. 31 ff.

Cahn, Andreas — Kapitalerhaltung im Konzern, Köln 1998

Casper, Matthias — Die Heilung nichtiger Beschlüsse im Kapitalgesellschaftsrecht, Köln 1998

Claussen, Carsten Peter — Der Aktionär – das unbekannte Wesen, FS K. Schmidt, Köln 2009, S. 217 ff.

Dette, Hans Walter Sebastian — Venire contra factum proprium nulli conceditur, Berlin 1985

Dietz-Vellmer, Fabian — Organhaftungsansprüche in der Aktiengesellschaft – Anforderungen an Verzicht oder Vergleich durch die Gesellschaft, NZG 2011, 248 ff.

Dippel, Karlhans — Die Reform des Aktienrechts, DRiZ 1965, 315 ff.

Drygala, Tim — Stammkapital heute – Zum veränderten Verständnis vom System des festen Kapitals und seinen Konsequenzen, ZGR 2006, 587 ff.

Drygala, Tim/ *Staake*, Marco/ *Szalai*, Stephan — Kapitalgesellschaftsrecht, 1. Auflage, Berlin 2012

Düringer, Adelbert/ *Hachenburg*, Max — Das Handelsgesetzbuch, Band 3, 3. Auflage, Mannheim 1932, zitiert: Düringer/Hachenburg/ *Bearbeiter*

Eckhardt, Dirk/ *Hermanns*, Marc — Kölner Handbuch Gesellschaftsrecht, Köln 2011, zitiert: Eckhardt/Hermanns/*Bearbeiter*

Eder, Ulrich — Aktuelle Aspekte der Vorabausschüttung, BB 1994, 1260 ff.

Eichler, Hermann — Die Rechtslehre vom Vertrauen, Tübingen 1950

Ek, Ralf — Praxisleitfaden für die Hauptversammlung, 2. Auflage, München 2009

Erman, Walter/ *Westermann*, Harm Peter — Bürgerliches Gesetzbuch, 13. Auflage, Köln 2011, zitiert: Erman/*Bearbeiter*

Eylmann, Horst — Fragwürdige Praxis bei der Abfassung von Hauptversammlungsprotokollen, ZNotP 2005, 300 ff. Erneut: Hauptversammlungsprotokolle, ZNotP 2005, 458.

Eylmann, Horst/ *Vaasen*, Hans — Bundesnotarordnung, Beurkundungsgesetz, 3. Auflage, München 2011, zitiert: Eylmann/Vaasen/ *Bearbeiter*

Fabritius, Andreas — Vermögensbindung in AG und GmbH – tiefgreifender Unterschied oder grundsätzliche Identität?, ZHR 144 (1980), 628 ff.

Faßbender, Karl-Josef — Die Hauptversammlung der Aktiengesellschaft aus notarieller Sicht, RNotZ 2009, 425 ff.

Fischer, Christian — Die persönliche Haftung, ein wirksames Mittel zur Verbesserung der Kontrolltätigkeit des Aufsichtsrats bei kapitalmarktorientierten Unternehmen?, Der Konzern 2005, 67 ff.

Fleck, Hans-Joachim — Der Grundsatz der Kapitalerhaltung – seine Ausweitung und seine Grenzen, FS 100 Jahre GmbH-Gesetz, Köln 1992, S. 391 ff.

Fleischer, Holger — Zweifelsfragen der verdeckten Gewinnausschüttung im Aktienrecht, WM 2007, 909 ff.

Vorstandshaftung und Vertrauen auf anwaltlichen Rat, NZG 2010, 121 ff.

Flume, Werner — Der Gesellschafter und das Vermögen der Kapitalgesellschaft und die Problematik der verdeckten Gewinnausschüttung, ZHR 144 (1980), 118 ff.

Forkel, Hans — Grundfragen der Lehre vom privatrechtlichen Anwartschaftsrecht, Berlin 1962

Geist, Reinhard — Die Pflicht zur Berichtigung nichtiger Jahresabschlüsse bei Kapitalgesellschaften, DStR 1996, 306 ff.

Gernhuber, Joachim — Die Erfüllung und ihre Surrogate, 2. Auflage, Tübingen 1994

Geßler, Ernst — Zur handelsrechtlichen verdeckten Gewinnausschüttung, FS Fischer, Berlin 1979, S. 131 ff.

Geßler, Ernst/ *Hefermehl*, Wolfgang/ *Eckardt*, Ulrich/ *Kropff*, Bruno — Kommentar zum Aktiengesetz, 1. Aufl., München 1973 ff., zitiert: Geßler/Hefermehl/*Bearbeiter*

Gillmann, Michael/ *Grumann*, Marc-Olaf — Aktienrechtliche Hauptversammlungsniederschriften und Auswirkungen von formalen Mängeln, NZG 2004, 839 ff.

Goette, Wulf — Neuere aktienrechtliche Rechtsprechung des II. Zivilsenats des Bundesgerichtshofes, DStR 2009, 2602 ff.

Gömmel, Rainer/ *Pohl*, Hans — Deutsche Börsengeschichte, Frankfurt am Main 1992

Götz, Heinrich — Die Pflicht des Aufsichtsrats zur Haftbarmachung von Vorstandsmitgliedern, NJW 1997, 3275 ff.

Gottwald, Peter — Insolvenzrechts-Handbuch, 4. Auflage, München 2010, zitiert: Gottwald/*Bearbeiter*

Görk, Stefan — Zur Zulässigkeit der Änderung von Hauptversammlungsniederschriften, MittBayNot 2007, 382 ff.

Großfeld, Bernhard — Aktiengesellschaft, Unternehmenskonzentration und Kleinaktionär, Tübingen 1968

Großkommentar zum Aktiengesetz, 2. Auflage, Berlin 1961, zitiert: Großkomm. AktG/*Bearbeiter*

Großkommentar zum Aktiengesetz, 3. Auflage, Berlin 1973, zitiert: Großkomm. AktG/*Bearbeiter*

Großkommentar zum Aktiengesetz, 4. Auflage, Berlin 1992 ff., zitiert: Großkomm. AktG/*Bearbeiter*

Großkommentar zum Handelsgesetzbuch, 4. Auflage, Berlin 1982 ff., zitiert: Großkomm. HGB/*Bearbeiter*

Großkommentar zur Insolvenzordnung, 1. Auflage, Berlin 2004 ff., zitiert: Großkomm. InsO/*Bearbeiter*

Grundmann, Stefan — Europäisches Gesellschaftsrecht, 2. Auflage, Heidelberg 2011

Grunewald, Barbara — Cash-Pooling und Sacheinlagen: Was bringt das MoMiG, was könnte es bringen?, WM 2006, 2333 ff.

Habersack, Mathias — „Superdividenden“, FS K. Schmidt, Köln 2009, S. 523 ff.

ders. — Aufsteigende Verträge nach MoMiG, FS Schaumburg, Köln 2009, S. 1291 ff.

Habersack, Mathias/ *Bayer*, Walter — Aktienrecht im Wandel, Band 1, Entwicklung des Aktienrechts, Tübingen 2007, zitiert: Habersack/ Bayer/*Bearbeiter*

Habersack, Mathias/ *Schürnbrandt*, Jan — Die Rechtsnatur der Haftung aus §§ 93 Abs. 3 AktG, 43 Abs. 3 GmbHG, WM 2005, 957 ff.

Haertlein, Lutz — Vorstandshaftung wegen (Nicht-)Ausführung eines Gewinnverwendungsbeschlusses mit Dividendenausschüttung, ZHR 168 (2004), 437 ff.

Happ, Wilhelm — Aktienrecht, 3. Auflage, Köln 2007, zitiert: Happ/ *Bearbeiter*

Heckschen, Heribert — Die „kleine AG“ und Deregulierung des Aktienrechts – Eine kritische Bestandsaufnahme, DNotZ 1995, 275 ff.

Heidel, Thomas — Aktienrecht und Kapitalmarktrecht, 3. Auflage, Baden-Baden 2011, zitiert: Heidel/*Bearbeiter*,

Henn, Günter/ *Frodermann*, Jürgen/ *Janott*, Dirk — Handbuch des Aktienrechts, 8. Auflage, Heidelberg 2009, zitiert: Henn/Frodermann/Janott/ *Bearbeiter*

Heinrich, Christian — Die Generalklausel des § 242 BGB, FS Laufs, Berlin 2006, S. 585 ff.

Hennrichs, Joachim — Fehlerhafte Bilanzen, Enforcement und Aktienrecht, ZHR 168 (2004), 383 ff.

Henssler, Martin/ *Strohn*, Lutz — Kommentar zum Gesellschaftsrecht, 1. Auflage, München 2011, zitiert: Henssler/Strohn/*Bearbeiter*

Henze, Hartwig — Vermögensbindungsprinzip und Anlegerschutz, NZG 2005, 115 ff.

Hirte, Heribert — Kapitalgesellschaftsrecht, 6. Auflage, Köln 2009

Hölters, Wolfgang — Kommentar zum Aktiengesetz, 1. Auflage, München 2011, zitiert: Hölters/*Bearbeiter*

Hoffmann-Becking, Michael — Gesetz zur kleinen AG – unwesentliche Randkorrekturen oder grundlegende Reform?, ZIP 1995, 1 ff.

Wirksamkeit der Beschlüsse der Hauptversammlung bei späterer Protokollierung, FS Hellwig, Köln 2010, S. 153 ff.

Hopt, Klaus J. — Börsenreform: eine ökonomische, rechtsvergleichende und rechtspolitische Untersuchung, Stuttgart 1997

Hüffer, Uwe — Aktiengesetz, 10. Auflage, München 2012, zitiert: *Hüffer*

Jaeger, Carsten/ *Trölitzsch*, Thomas — Unternehmerisches Ermessen des Aufsichtsrats bei der Geltendmachung von Schadensersatzansprüchen gegenüber Vorstandsmitgliedern, ZIP 1995, 1157 ff.

Joost, Detlef — Grundlagen und Rechtsfolgen der Kapitalerhaltungsregeln im Aktienrecht, ZHR 149 (1985), 419 ff.
Grundlagen und Rechtsfolgen der Kapitaler-haltungsregeln in der GmbH, ZHR 148 (1984), 27 ff.

Kanzleiter, Rainer — Die Berichtigung der notariellen Niederschrift über die Hauptversammlung einer Aktiengesellschaft und die Zulässigkeit mehrerer Niederschriften, DNotZ 2007, 804 ff.

Kiefner, Alexander/ *Theusinger*, Ingo — Aufsteigende Darlehen und Sicherheitenbegebung im Aktienrecht nach dem MoMiG, NZG 2008, 801 ff.

Kling, Michael — Die Innenhaftung des Aufsichtsratsmitglieds in der Aktiengesellschaft, DZWiR 2005, 45 ff.

Koch, Jens — Keine Ermessensspielräume bei der Entscheidung über die Inanspruchnahme von Vorstandsmitgliedern, AG 2009, 93 ff.

Kölner Kommentar zum Aktiengesetz, 1. Auflage, Köln 1984 ff., zitiert: Köln-Komm. AktG/*Bearbeiter*

Kölner Kommentar zum Aktiengesetz, 2. Auflage, Köln 1988 ff., zitiert: Köln-Komm. AktG/*Bearbeiter*

Kölner Kommentar zum Aktiengesetz, 3. Auflage, Köln 2004 ff., zitiert: Köln-Komm. AktG/*Bearbeiter*

Kowalski, Andre — Der nichtige Jahresabschluß – was nun?, AG 1993, 502 ff.

Kreikebohm, Ralf — Sozialgesetzbuch, gesetzliche Rentenversicherung, SGB VI, 3. Auflage, München 2008, zitiert: Kreikebohm/*Bearbeiter*

Krieger, Gerd/ *Lutter*, Marcus — Rechte und Pflichten des Aufsichtsrats, 4. Auflage, Köln 2002

Kropff, Bruno — Das Aktiengesetz mit Materialien von 1965,Düsseldorf 1965

Lamers, Manfred — Die Beurkundung der Hauptversammlung einer Aktiengesellschaft, DNotZ 1962, 287

Langenbucher, Katja — Aktien- und Kapitalmarktrecht, 2. Auflage, München 2011

Larenz, Karl — Lehrbuch des Schuldrechts, Band 1, Allgemeiner Teil, 14. Aufl., München 1987

Larenz, Karl/ *Canaris*, Claus Wilhelm — Methodenlehre der Rechtswissenschaft, 3. Auflage, Berlin 1995

Lerch, Klaus — Beurkundungsgesetz, 4. Auflage, Köln 2011, zitiert: *Lerch*

Ludwig, Georg — Das vorsorgliche Hauptversammlungsprotokoll, ZNotP 2008, 345 ff.

Lutter, Marcus — Das neue „Gesetz für kleine Aktiengesellschaften und zur Deregulierung des Aktienrechts", AG 1994, 429 ff.

Europäisches Gesellschaftsrecht, 2. Auflage, Berlin 1984

Verdeckte Leistungen und Kapitalschutz, FS Stiefel, München 1987, S. 505 ff.

Das Kapital der Aktiengesellschaft in Europa, ZGR-Sonderheft 17, Berlin 2006, S. 342 ff.

Vermögensveräußerungen einer abhängigen Aktiengesellschaft – Haftungsrisiken beim ‚asset-stripping', FS Steindorff, Berlin 1990, S. 125 ff.

Kapital, Sicherung der Kapitalaufbringung und Kapitalerhaltung in den Aktien- und GmbH-Rechten der EWG, Karlsruhe 1964

Professionalisierung der Aufsichtsräte, NJW 1995, 1133 ff.

Lutter, Marcus/ *Krieger*, Gerd — Rechte und Pflichten des Aufsichtsrats, 4. Auflage, Köln 2002

Maaß, Eike — Welche Praxis bei der Abfassung von Hauptversammlungsprotokollen ist fragwürdig?, ZNotP 2005, 377 ff.

Der Hauptversammlungsnotar – Ein Straftäter von Urkundsdelikten? ZNotP 2007, 326 ff.

Marsch-Barner, Reinhard/ *Schäfer*, Frank A. — Handbuch börsennotierte AG, 2. Auflage, Köln 2009, zitiert: Marsch-Barner/Schäfer/*Bearbeiter*

Mayer, Dieter — Grenzen von Aktionärsvereinbarungen, MittBayNot 2006, 281 ff.

Mayer-Maly, Theo — Handelsrechtliche Verbotsgesetze, FS Hefermehl, München 1976, S. 103 ff.

Merkt, Hanno — Der Kapitalschutz in Europa – ein rocher de bronze?, ZGR 2004, 305 ff.

Mertens, Hans-Joachim — Schadensersatzhaftung des Aufsichtsrats bei Nichtbeachtung der Regeln des ARAG-Urteils über die Inanspruchnahme von Vorstandsmitgliedern?, FS K. Schmidt, Köln 2009, S. 1183 ff.

Michalski, Lutz — Kommentar zum Gesetz betreffend die Gesellschaften mit beschränkter Haftung, 2. Auflage, München 2010, zitiert: Michalski/*Bearbeiter*

Mommsen, Wolfgang J. — Das Ringen um den nationalen Staat, Band 7 Erster Teil, 1850 – 1890, Berlin 1993

Mülbert, Peter O. — Zukunft der Kapitalaufbringung/Kapitalerhaltung, Der Konzern 2004, 151 ff.

Mülbert, Peter O./ *Leuschner*, Lars — Aufsteigende Darlehen im Kapitalerhaltungs- und Konzernrecht – Gesetzgeber und BGH haben gesprochen, NZG 2009, 281 ff.

Müller, Welf — Die Änderung von Jahresabschlüssen – Möglichkeiten und Grenzen, FS Quack, Berlin 1991, S. 359 ff.

Münchener Handbuch des Gesellschaftsrechts, Band 3, Gesellschaft mit beschränkter Haftung, 3. Auflage, München 2009, zitiert: Münch. Hdb. GmbHG/ *Bearbeiter*

Münchener Handbuch des Gesellschaftsrechts, Band 4, Aktiengesellschaft, 3. Auflage, München 2007, zitiert: Münch. Hdb. AG/*Bearbeiter*

Münchener Kommentar zum Aktiengesetz, 3. Auflage, München 2008, zitiert: MünchKomm. AktG/*Bearbeiter*

Münchener Kommentar zum Bürgerlichen Gesetzbuch, 5. Auflage, München 2007, zitiert: MünchKomm. BGB/*Bearbeiter*

Münchener Kommentar zum Bürgerlichen Gesetzbuch, 6. Auflage, München 2012, zitiert: MünchKomm. BGB/*Bearbeiter*

Münchener Kommentar zum Gesetz über die Gesellschaft mit beschränkter Haftung, 1. Auflage, München 2010, zitiert: MünchKomm. GmbHG/*Bearbeiter*

Münchener Kommentar zur Insolvenzordnung, 2. Auflage, München 2007, zitiert: MünchKomm. InsO/*Bearbeiter*

Nerlich, Jörg/ *Römermann*, Volker — Insolvenzordnung (InsO), Kommentar, Loseblatt, München, zitiert: Nerlich/Römermann/*Bearbeiter*

Nipperdey, Thomas — Deutsche Geschichte Band 1, Arbeitswelt und Bürgergeist, München 1994

Paefgen, Walter — Unternehmerische Entscheidungen und Rechtsbindung der Organe in der AG, Köln 2002

Die Inanspruchnahme pflichtvergessener Vorstandsmitglieder als unternehmerische Ermessensentscheidung des Aufsichtsrats, AG 2008, 761 ff.

Palandt, Otto — Bürgerliches Gesetzbuch, 71. Auflage, München 2012, zitiert: Palandt/*Bearbeiter*

Pape, Gerhard/ *Uhlenbruck*, Wilhelm — Insolvenzrecht, 2. Auflage, München 2010, zitiert: Pape/Uhlenbruck/*Bearbeiter*

Pentz, Andreas — Die verdeckte Sacheinlage im GmbH-Recht nach dem MoMiG, FS. K. Schmidt, Köln 2009, S. 1265 ff.

Priester, Hans-Joachim — Aufgaben und Funktionen des Notars in der Hauptversammlung, DNotZ 2001, 661 ff.

Raiser, Thomas — Pflicht und Ermessen von Aufsichtsratsmitgliedern, NJW 1996, 552 ff.

Raiser, Thomas/ *Veil*, Rüdiger — Recht der Kapitalgesellschaften, 5. Auflage, München 2010

Reich, Norbert — Die Entwicklung des deutschen Aktienrechts im 19. Jahrhundert, in: Ius Commune, Veröffentlichungen des Max-Planck-Instituts zur Rechtsgeschichte, Band 2, Frankfurt am Main 1969, S. 239

Riedel, Jens — Unzulässige Vermögenszuwendungen und ihre Rechtsfolgen im Recht der Aktiengesellschaft, München 2004

Roeckl-Schmidt, Sabine/ *Stoll*, Thomas — Auswirkungen der späteren Fertigstellung der notariellen Niederschrift auf die Wirksamkeit von Beschlüssen der Hauptversammlung, AG 2012, 225 ff.

Rosenberg, Leo — Die Beweislast auf der Grundlage des Bürgerlichen Gesetzbuchs und der Zivilprozessordnung, 5. Aufl., München 1965

Rosengarten, Joachim — Die Rechtsfolgen eines „verdeckten" Verstoßes gegen § 57 AktG: Endgültiger Abschied von der Nichtigkeit, ZHR 168 (2004), 708 ff.

Roth, Günter H./ *Altmeppen*, Holger — Kommentar zum GmbhG, 7. Auflage, München 2012, zitiert: Roth/Altmeppen/*Bearbeiter*

Schaaf, Andreas — Praxis der Hauptversammlung: erfolgreiche Vorbereitung und Durchführung, 3. Aufl., Köln 2011, zitiert: Schaaf/*Bearbeiter*

Schaub, Bernhard/ *Schüppen*, Matthias — Münchener Anwaltshandbuch Aktienrecht, 2. Auflage 2010, München, zitiert: Schüppen/Schaub/ *Bearbeiter*

Schäfer, Achim/ *Sigel*, Peter — Die Hauptversammlung der Aktiengesellschaft aus notarieller Sicht, BB 2005, 2137 ff.

Schippel, Helmut/ *Bracker*, Ulrich — Bundesnotarordnung, 9. Aufl. München 2011, zitiert: Schippel/Bracker/*Bearbeiter*

Schmidt, Karsten — Reform der Kapitalsicherung und Haftung in der Krise nach dem Regierungsentwurf des MoMiG, GmbHR 2007, 1072 ff.

Der gutgläubige Empfang von Scheingewinnen und die Kapitalsicherung im Aktienrecht, im Recht der GmbH und im Kommanditgesellschaftsrecht, BB 1984, 1588 ff.

Gesellschaftsrecht, 4. Auflage, Köln 2002

Schmidt, Karsten/ *Lutter*, Marcus — Aktiengesetz, Kommentar, Band 1 und 2, 2. Auflage, Köln 2010, zitiert: K. Schmidt/Lutter/ *Bearbeiter*

Schnorr, Tanja — Historie und Rechts des Aufsichtsrats – Deutsche Erfahrungen als Beitrag zum Statut der Europäischen Aktiengesellschaft 1991

Schön, Wolfgang — Vermögensbindung und Kapitalschutz in der AG – Versuch einer Differenzierung, FS Röhricht, Köln 2005, S. 559 ff.

Scholz, Franz — Kommentar zum GmbH-Gesetz, Band 1, 11. Auflage, Köln 2012, zitiert: Scholz/*Bearbeiter*

Schubert, Werner — Verhandlungen über die Entwürfe eines Allgemeinen Deutschen Handelsgesetzbuches und eines Einführungs-Gesetzes zu demselben in beiden Häusern des preußischen Landtages im Jahre 1861, Frankfurt am Main 1986

Quellen zum Handelsgesetzbuch von 1897, Band 1, Frankfurt am Main 1986

Schubert, Werner/ *Hommelhoff*, Peter — Hundert Jahre modernes Aktienrecht, ZGR-Sonderheft 4, Berlin 1985

Schüppen, Matthias — Dividende ohne Hauptversammlungsbeschluss? – Zur Durchsetzung des mitgliedschaftlichen Gewinnanspruchs in Pattsituationen, FS Röhricht, Köln 2005, S. 571 ff.

Schulze, Reiner/ *Dörner*, Heinrich — Bürgerliches Gesetzbuch: Handkommentar, 7. Auflage, Baden-Baden 2012, zitiert: Schulze/*Bearbeiter*

Schwartzkopff, Michael — Vorbereitung und Durchführung der Hauptversammlung, Köln 2011

Seibt, Christoph — Die Reform des Verfolgungsrechts nach § 147 AktG und des Rechts der Sonderprüfung, WM 2004, 2137 ff.

Siebel, Ulf/ *Gebauer*, Stefan — Interimsdividende, AG 1999, 385 ff.

Singer, Reinhard — Vorausleistungen auf künftige Schuldverhältnisse, JR 1983, 356 ff.

Das Verbot widersprüchlichen Verhaltens, München 1993

Soergel, Hans Theodor/ *Siebert*, Wolfgang — Bürgerliches Gesetzbuch, 10. Auflage, Stuttgart 1967 ff., zitiert: Soergel/*Bearbeiter*

Soergel, Hans Theodor/ *Siebert*, Wolfgang — Bürgerliches Gesetzbuch, 12. Auflage, Stuttgart 1987 ff., zitiert: Soergel/*Bearbeiter*

Soergel, Hans Theodor/ *Siebert*, Wolfgang — Bürgerliches Gesetzbuch, 13. Auflage, Stuttgart 1999 ff., zitiert: Soergel/*Bearbeiter*

Spindler, Gerhard/ *Stilz*, Eberhard — Kommentar zum Aktiengesetz, 2. Aufl., Band 1 und 2, München 2010, zitiert: Spindler/Stilz/ *Bearbeiter*

Staub, Hermann/ *Pinner*, Albert — Kommentar zum Handelsgesetzbuch, Band 2, 14. Auflage, Berlin 1933

Staudinger, Julius von — Bürgerliches Gesetzbuch, Berlin, zitiert: Staudinger/ *Bearbeiter*

Stimpel, Walter — Zum Auszahlungsverbot des § 30 Abs. 1 GmbHG. Die Befreiung vom handelsbilanziellen Denken und die Unzulässigkeit von Vermögenszuwendungen an Gesellschafter gegen hinausgeschobene schuldrechtliche Ausgleichsverpflichtungen, FS 100 Jahre GmbH-Gesetz, Köln 1992, S. 391 ff.

Sudhoff, Heinrich — Unternehmensnachfolge, 5. Auflage, München 2005, zitiert: Sudhoff/*Bearbeiter*

Thümmel, Roderich C. — Persönliche Haftung von Managern und Aufsichtsräten, 4. Auflage, Stuttgart 2008

Thümmel, Roderich C./ *Burkhardt*, Anastasia — Neue Haftungsrisiken für Vorstände und Aufsichtsräte aus § 57 Abs 1 AktG und § 92 Abs 2 Satz 3 AktG in der Neufassung des MoMiG, AG 2009, 885 ff.

Uhlenbruck — Insolvenzordnung, Kommentar, 13. Auflage, München 2010, zitiert: Uhlenbruck/*Bearbeiter*

von Godin, Reinhard/ *Wilhelmi*, Hans — Gesetz über Aktiengesellschaften und Kommanditgesellschaften auf Aktien, Berlin 1937

Wacke, Andreas — Dolo facit, qui petit quod (statim) redditurus est, JA 1982, 477 ff.

Wachter, Thomas/ *Blaurock*, Uwe — Kommentar zum Aktiengesetz, 1. Auflage, Köln 2012, zitiert: Wachter/*Bearbeiter*

Waclawik, Erich — Die neue Sachdividende: Was ist sie wert?, WM 2003, 2266 ff.

Weber, Robert/ *Kersjes*, Julia — Hauptversammlungsbeschlüsse vor Gericht: die akti enrechtliche Anfechtungs- und Nichtigkeitsklage, Freigabeverfahren und Spruchverfahren, München 2010

Weigt, Anja — Der deutsche Kapitalmarkt vor dem ersten Weltkrieg – Gründerboom, Gründerkrise und Effizienz des deutschen Aktienmarktes bis 1914, Frankfurt am Main 2005

Weilep, Volker/ *Weilep*, Jan-Henning — Nichtigkeit von Jahresabschlüssen: Tatbestandsvoraussetzungen sowie Konsequenzen für die Unternehmensleitung, BB 2006, 147 ff.

Wicke, Hartmut — Gesetz betreffend die Gesellschaften mit beschränkter Haftung, 2. Auflage, München 2011, zitiert: *Wicke*

Wieling, Hans — zu Hans Walter Dette: Venire contra factum proprium, AcP 187 (1987), 95 ff.

Wieling, Josef — Venire contra factum proprium und Verschulden gegen sich selbst, AcP 176 (1976), 334 ff.

Wiethölter, Rudolf — Interessen und Organisation der Aktiengesellschaft im amerikanischen und deutschen Recht, Karlsruhe 1961

Wilhelm, Jan — Sachenrecht, 4. Auflage, Berlin 2010

Die Vermögensbindung bei der Aktiengesellschaft und der GmbH und das Problem der Unterkapitalisierung, FS Flume, Band 2, Köln 1978, S. 337 ff.

Wilhelmi, Carl-Heinz — Der Notar in der Hauptversammlung der Aktiengesellschaft, BB 1987, 1331 ff.

Wilhelmi, Rüdiger — Der Grundsatz der Kapitalerhaltung im System des GmbH Rechts, Baden-Baden 2001

Winkler, Karl — Beurkundungsgesetz, 16. Auflage, München 2008, zitiert: *Winkler*

Winter, Michael — Upstream-Finanzierung nach dem MoMiG-Regierungsentwurf, Rückkehr zum bilanziellen Denken, DStR 2007, 1484 ff.

Wolfsteiner, Hans — Nochmals: Hauptversammlungsprotokolle, ZNotP 2005, 376 ff.

Zieglmaier, Christian — Die Systematik der Haftung von Aufsichtsratsmitgliedern gegenüber der Gesellschaft, ZGR 2007, 144 ff.

www.ingramcontent.com/pod-product-compliance
Ingram Content Group UK Ltd.
Pitfield, Milton Keynes, MK11 3LW, UK
UKHW041824290926
8980IPUK00002B/55

9 783631 64886